KB074198

역사교육의 입론과 구상

역사교육의 입론과 구상

양호환 지음

cum libro
책과함께

머리말

　이 책은 필자가 1990년 이후 역사교육을 연구하면서 발표한 논문들을 일부 수정하여 함께 모은 것이다. 1950년대 중반에 역사교육연구회가 창립된 데서도 알 수 있듯이, 일찍부터 많은 역사학자와 역사교육 관계자들이 해방 이후 새로운 국가를 건설하는 과정에서 역사교육의 중요성을 인식하고 학회지와 발표회를 통해서 관련 논문을 발표해왔다. 1970년대 말 이후로는 수준 있는 연구논문과 개설서도 등장하였다. 1990년대에는 이전 시기의 시도와 모색이 좀 더 전문적인 연구 분야로 성장하여 역사교육을 하나의 학문체계로 구성하려는 노력이 본격화하였다. 또한 이 무렵에 사범대학의 위상과 역할, 교사양성 교육과정의 문제를 둘러싸고 교과교육이라고 하는 새로운 연구·교육 분야가 등장하면서 교과교육의 개념과 범주에 대한 논의가 활발해졌다. 필자는 이러한 맥락에서 연구작업을 시작하였고 이 책은 그 결실이다.

　필자는 이 책에서 그간 발표한 논문을 세 부분으로 나누어 정리하였다. 먼저 1부에서는 역사교육이 교과교육으로서 어떤 의미와 가치를 가지고 있는지 탐색하였다. 제목이 말해주는 그대로 첫 논문은 역사교과 교육이론의 가능성과 문제점을 타진한 것인데, 지금도 활발하게 논의되는 교수내용지식이라는 개념을 통해 역사교과 교육이론의 성격을 규명하고자 한 것이다. 두 번째 글은 교과교육에 관한 논란 속에서 '교과학(敎科學)'이라는 용어와 개념을 제안한 것이다. 교과교육은 교육학의 방법론적인 하위 분야가 아니라 모(母)학문 분야의 연구방법과 인식론을 반영하는 독자 체계여야 한다는 것이 그 취지였다. 지금 교과학이라는 용어는 널리 사용되지 않지만, 이 글은 교과교육의 의미에 관한 논란, 특히 교과와 학문의 구분과 역할, 각 교과의 모학문과 교육학 간의 차이와 갈등을 검토하여 발표 당시의 시점에서 역사교육 연구의 대상과 방향을 모색한 것이다.

세 번째 논문에서는 연구방법에 관한 논의가 역사를 매개로 하는 교육 현상을 분석하는 관점과 시야를 다양하게 하고 확대할 것이라고 전망하면서, 역사교육이 독자적인 연구 분야가 되려면 고유의 연구대상과 방법론이 필요하다는 것을 사례를 들어 주장하였다. 담론분석의 방법을 통해 역사교육의 쟁점과 그에 대한 논의가 전개된 모습과 특징을 고구(考究)한 것이 네 번째 논문이다. 역사교육연구회와 전국역사교사모임의 창립선언문을 분석 사례로 해서 이론과 현장, 내용과 방법, 위기와 정상화라는 역사교육의 이분법적 논의구도의 문제점과 배경, 이것이 초래한 결과를 살펴보았다.

1부 마지막 논문의 주제는 역사교사를 양성하기 위해 적합한 교육과정은 무엇인가이다. 잘 가르치는 역사교사를 길러내려면 교과교육을 강화해야 한다는 주장의 문제점을 진단하였다. 또한 가르칠 내용에 대한 숙련을 통해서 역사교사에게 필요한 지식과 역량을 체득하게 해야 하고, 그러려면 교과교육을 교사양성과정의 구성원리로서 통합적으로 이해하고 적용할 필요가 있다는 견해를 밝혔다.

2부에서는 '역사서술과 역사인식'이라는 주제로 다섯 개의 논문을 모았다. 역사 교과서는 역사교육의 핵심도구로서 그 서술과 활용에 관해 수많은 논문이 발표되었는데, 그 대부분이 역사 교과서의 서술 내용이나 발행체제와 관련된 것이었다. 첫 번째 논문에서는 역사 교과서의 서술양식도 중요한 문제라는 것을 지적하면서, 그것의 특징과 효과는 무엇인지 그리고 이것은 학생의 역사이해와 어떠한 관련이 있는지를 검토하였다. 텍스트의 성격과 독해방식의 상호 관련성에 입각해 역사 교과서를 이해하는 양상도 조망하였다. 이것은 역사서술의 기본요소로서의 해석과 관점의 문제로 이어졌다. 그리하여 역사학의 전문화와 그에 따른 서술방식의 변화 속에서 저자와 해석, 해석을 가능하게 하는 관점의 문제를 정리하고, 이러한 바탕에서 역사가의 관점에 따른 서술의 구성과 선택, 다양한 관점에 따라 펼쳐진 서로 다른 서술을 이해하는 방식에 관한 쟁점을 논구한 것이 두 번째 글이다.

세 번째 논문은, 역사서술의 전통적인 방식이라 할 수 있는 내러티브가 새롭게 부각되는 데 주목하여 '내러티브 부활'의 배경과 이것의 역사교육적인 의미를 다룬 것이다. 내러티브에 관련된 인식론적인 쟁점을 설명과 묘사, 구조와 행위, 이데올로기적 특성, 핍진성과 실재성으로 나누어 검토하고, 내러티브의 인지도구적 측면, 즉 내러티브적 사고양식을 소개하였다. 아울러 내러티브를 역사학습에 이용하는 경우에 나타나는 장단점을 지적하였다. 네 번째 논문에서는 흔히 암기의 대상이라고 비난받는 역사적 사실의 특징을 새롭게 살펴보았다. 과거와 기록이라는 두 가지 의미의 구별과 중첩은 어떻게, 왜 발생하는 것이며 역사학습에서 이러한 특징을 어떻게 다루어야 하는가를 검토하였다. 그리고 역사사실의 선택과 배제, 학습내용으로의 전달과 수용에 관한 질문이 역사학습의 주요 과정이 되어야 한다는 것을 강조하였다.

다섯 번째 논문에서는 최근 우리 역사학계의 주요 이슈라고 할 수 있는 유럽중심주의 극복과 관련하여 역사 교과서 서술과 용어를 검토하였다. 유럽중심주의를 극복하려는 방안으로 제시된 주제별 접근 등의 새로운 교과서 구성과 서술상의 문제점을 제시하고, 유럽사의 진행 패턴과 개념을 모범이나 표준으로 받아들여 유럽사와의 차이점을 결과론적으로 설명·분석하는 방식의 서술을 바꾸어야 한다고 주장하였다. 아울러 학생들에게 이러한 서술의 배경과 출발점에 관하여 알려줄 필요가 있다는 점을 지적하였다.

3부의 논문을 관통하는 주제는 '역사적 사고'다. 성장과정에 있는 학생들에게 역사를 가르치려면 먼저 학생들의 지적 수준이나 단계, 인지활동의 특징을 파악해야 하는 것이 당연하다. 국내외 역사교육 연구자들은 일찍부터 이 문제에 관심을 두고 여러 측면에서 초중등 학생들에 대한 역사교육의 가능성과 방법을 탐색해왔다. 그 가운데 피아제의 인지발달론을 역사학습에 적용한 연구 결과는 많은 논란을 일으켰다. 첫 번째 논문은 바로 이러한 계통에 있는 연구의 성과와 한계를 정리하고 향후 연구의 방향을 타진한 것이다. 이른바 피아제-필-할람 모델에서 제시한 역사학습에 필요한 학생들의 사고 수준과 기능은, 교육심리학의 계량적 범주를 넘어 역사적으로 생각한다는 것의 본질적인 의미와 맞물려 논의되었다. 즉 역사적 사고라는 개념의 등장과 함께 역사학습에 대한 철학적, 인식론적 접근으로 역사교육 연구의 범위가 확대된 것이다.

이러한 맥락에서 두 번째 논문에서는 주로 방법 위주의 교수학습론 차원에서 논의해온 역사학습의 문제를 인식론적으로 전환하고자 하였다. 연구하며 가르치고 배우는 과정은 동일한 인식행위의 연속이며 어떻게 가르치고 배우는가 하는 것은 어떻게 이해하고 있는가의 적극적인 표현이므로, 교수학습론은 그 대상과 과정에서 학생과 교사의 존재를 고려하는 인식론이라 할 수 있다. 따라서 가르치고 배우는 상황에서 역사지식의 생성과정을 이해하려는 노력이 중요하다는 것을 주장하였다. 이러한 인식론적 접근은 세 번째 논문에서 제시한 '역사화(歷史化)'로 이어진다. 이 글에서 필자는, 역사적 사고에 관한 연구들이 역사적으로 생각한다는 것의 고유한 의미와 특징을 규명하기보다 사고기능의 분류와 계서화에 관련된 문제에 주력하는 것을 비판하였다. 역사화란, 역사적 사고가 모델로 하고 있는 역사가의 사고행위를 본질화하는 대신, 당연시해온 계급, 인종, 젠더, 생산관계, 정체성, 경험과 같은 분석의 범주들이 어떻게 근원적 위상을 차지하게 되었는지, 또한 이러한 범주에 근거하여 과거를 연구한다는 것이 어떤 의미인지를 묻는 것이라고 보면서, 교사와 학생이 이러한 질문의 과정에 참여하는 것이 중요함을 지적하였다.

네 번째 논문에서는 역사적 사고의 양성을 역사교육의 목적으로 하여 학습내용을 조직하는 것의 문제점을 지적하고, 더 나아가 역사교육에서 목적이라는 주제를 논의하는 방식에서 왜곡되거나 배제되는 것은 무엇인가를 규명하고자 하였다. 마지막 논문에서는 역사학계에서 활발하게 거론하고 있는 기억이 역사학습에 시사하는 바를 탐색하였다. 집단기억과 역사의 관계를 조명하면서 역사의식의 의미를 그 접점에서 파악하여 이를 진전시킬 수 있는 방안을 모색하고, 역사를 배우는 학생들이 기억을 포함하여 과거를 아는 방식을 어떻게 이해해야 하는가를 검토하였다.

이 책에 실은 논문의 대부분은 이미 학술지 등을 통해 발표한 것이다. 또한 일부는 요약하거나 편집하여 단행본에 싣기도 하였다. '역사교과 교육이론의 가능성과 문제점'은 수정하여 논문집 형태의 단행본인 《역사교육의 이론과 방법》(삼지원, 1997) 1장에 같은 제목으로, '역사학습에서 인지발달에 관한 몇 가지 문제'는 개론서인 《역사교육의 이해》(삼지원, 2001)에 8장 '인지발달과 역사이해'라는 제목으로 실었다. '역사서술의 주체와 관점'은 《포스트모더니즘과 역사학》(푸른역사, 2002) 13장 '역사서술의 주체와 관점 그리고 역사 교과서'라는 제목으로 수록하였다. '역사학습의 인식론적 모색'은 《역사교육과 역사인식》(책과함께, 2005) 1장에 같은 제목으로 포함되어 있다. 이 책에 관련 논문들을 다시 싣도록 배려해준 여러 출판사 관계자에게 감사의 마음을 전한다.

이전에 발표 논문을 단행본의 일부로 포함할 때는 공동저자와의 협의와 토론으로 내용과 구성을 수정하였다. 그러나 이 책에서는 되도록 원래 발표한 상태의 논문을 그대로 실었다. 어색하고 미숙한 부분이 있더라도 필자의 문제의식을 전체적인 맥락과 시간의 흐름 속에서 음미하는 것이 의미가 있을 것이라는 생각에서였다. 꼭 필요한 경우가 아니면 한자는 한글로 바꾸었다. 오탈자와 명백한 문법상의 오류는 바로잡았으며, 난삽한 문장과 문단도 수정하였다. '역사교육의 담론: 지속과 변화'는 발표한 후 바뀐 상황에 대한 후기를 추가하였으며 '내러티브와 역사인식'은 '내러티브의 특성과 역사학습에서의 활용'(《사회과학교육》, 1999)이라는 논문을 대폭 보완하여 제목을 바꾸었다.

이 책을 발간하기까지 많은 분들이 도움을 주었다. 서울대학교 사범대학 역사교육과 명예교수이신 이원순 선생님과 윤세철 선생님께서는 학부 시절부터 필자의 학업을 지도하고 격려해주셨다. 두 분 선생님의 관심과 후원이 있었기에 필자가 역사교육에 관심을 두고 연구를 시작할 수 있었다. 같은 과의 이경식 교수님께서는 학자의 자세로 교육과 연구에 임하는 모습을 솔선하여 보여주면서 필자에게 많은 조언을 해주셨다. 역사학의 본연에서 역사교육의 문제를 다루어야 한다는 말씀으로 필자의 연구작업에 큰 방향을 일러주시고, 필자의 연구주제와 문제의식을 정확히 파악하여 '역사교육의 입론과 구상'이라는 책의 제목도 제안해주셨다. 마음 깊이 감사드린다. 박사과정의 백은진 양은 이 책의 기획 단계부터 원고를 꼼꼼히 정리하고 교정하는 데 도움을 주었다. 이 책의 발간을 맡아 수고해준 도서출판 책과함께 측에도 감사의 마음을 전한다.

이 책을 결실이라고 하기엔 아직 필자의 연구작업이 미진하다. 연구의 방향과 주제도 다시 점검해야 한다. 다만 이 책이 역사교육 연구 분야에서 개설서 수준을 넘어서는 전문화된 연구 성과 출간의 사례와 계기로 평가되기를 바란다.

2012년 7월
양호환

차례

3 부

역사적 사고와 역사화

5장 집단기억, 역사의식, 역사교육

1부

역사교과
교육이론의 모색

역사교과 교육이론의 가능성과 문제점
─교수내용지식의 성격과 의미

1. 머리말

'교과교육'이라는 말은 이제 그리 낯선 용어가 아니다. 교사의 임용과 양성에 관한 최근 변화 속에서 교과교육의 중요성이 제기되고, 사범대학의 위상 변화에 따른 교육과정 개편이 교과교육의 강화라는 말로 압축되어 표현되곤 한다. 이때 교과교육이라는 말은 각각의 교과목을 가르치는 데 고유한 교육이론, 즉 교과교육이론을 가리킨다. 그러나 정작 교과교육의 실체는 아직 불명확하다. 교과교육은 전문 연구 영역으로서 그 이론적 바탕, 개념, 방법론 등이 정립되어 있지 않으며, 연구의 축적과 비판적 교류가 활발하지 못하다.

이러한 상황은 역사교과에서도 마찬가지다. 역사에서 교과교육의 중요성에 대해서 많은 사람들이 공감하고 있지만, 그 중요성을 뒷받침할 만한 연구는 미약하다. 역사교사의 역할, 즉 역사를 '가르치는'

1장 역사교과 교육이론의 가능성과 문제점 **21**

것에 대한 연구는 특히 빈약하다. 역사교사는 역사수업에서 무엇을 근거로 설명하고 역사적 내용을 학생들에게 어떻게 제시하는가와 같은, 역사교육의 현장에서 가장 핵심적이라고 할 문제들이 간과되어왔다. 이 글은 역사교사의 역할에 대한 관심을 제고하고자, 가르치는 문제부터 접근하여 독자적인 역사교과 교육이론의 필요성에 대한 이론적 당위와 그것의 구성요소를 밝히려 한 것이다. 이른바 '교수내용지식(pedagogical content knowledge)'의 성격을 밝히고 교과교육이론이 교사양성 프로그램에 제공할 수 있는 시사점을 언급한 다음, 역사교과 교육이론의 개발을 도모할 수 있는 연구의 방향을 제안할 것이다.

2. 교과교육이론에서의 내용과 방법

교과교육이론에 관한 논의는 필연적으로 내용(what is known)과 방법(how to teach it)의 대립이라는 매우 해묵은 문제와 연결된다. 내용 전문가와 교사는 어떻게 다른가? 교직은 전문직인가? 그렇다면 어떤 의미에서 그런가? 이른바 '교수방법론(teaching method)'이라는 과목이 필요한가? 오히려 교사는 좀 더 학문적인 영역에 힘을 쏟아야 하는 것이 아닌가? 이 같은 여러 물음은, 사실 내용과 방법의 갈등적인 관계를 축으로 전개된다.

역사적으로 볼 때 내용과 방법의 대립은 그리 오래된 것이 아니다. 중세 대학에서 가르치는 것은 이해하는 것, 아는 것과 동일시되었다. 오늘날까지 대학에서의 학위 명칭과 여러 의식은 아는 것과 가르치는 것 사이의 밀접한 관계를 반영한다. 예를 들어 'master(석사)', 'doctor(박사)'라는 칭호는 모두 'teacher(교사)'라는 의미를 포함한다. 'doctor'와 'dottore'라는 말은 가르친다는 의미의 'doctrine'이라는 같은 어원을 가진 말이고 'master'라는 말은 지금도 쓰는 남자교사, 교장이라는 의미의 'school master'라는 말로 알 수 있듯이 'teacher'라는 말과 밀접한 관계가 있다.[1]

원칙적으로 중세 대학은 일종의 길드조직으로 일반교육기관이라기보다 교사교육기관(normal school)이었다. 이것은 예술, 의학, 법학, 신학을 포함한 모든 학과에 동일하였다. 특히 교사교육의 전통과 그 길드적 조직은 학생과 고용강사길드 중심이던 볼로냐대학보다, 교수길드 중심이던 파리대학과 이를 본받은 옥스퍼드와 캠브리지대학, 그 후 독일의 대학에서 두드러졌다. 당시 학사학위(bachelor)는 견습교사(apprentice teacher) 자격을 부여하는 것이었고, 석사나 박사학위는 바로 길드에의 참여를 허용하는 것이었다.

대학의 교사교육 전통은 오늘날 박사학위의 최종 관문인 구술고사(oral examination)에도 흔적이 뚜렷하다. 학위후보자는 논문의 내용을 간추려 발표하고 이후 심사위원의 질문에 대하여 자기 논지와 주장을 피력한다. 이것은 가르치는 행위의 주요한 두 양상, 강의와 토론과 동일하다. 다시 말해 구술고사는 학문내용 전문가가 되려면 통과해야 할 최종 관문으로, 강의와 토론이라는 이중의 방법을 통하여 그 학문의 내용을 가르칠 능력을 심사하는 것이라 할 수 있다.[2]

그러나 근래에 와서 내용과 방법이 매우 첨예한 갈등 관계에 있는 것으로 간주되고 있다.[3] 내용을 많이 알면 잘 가르칠 수 있다는 주장, 내용은 잘 모르더라도 교육의 제 현상을 이해하고 가르치는 방법을 잘 알면 잘 가르칠 수 있다는 주장, 이 두 가지가 대립하고 있다. '배타적 내용 전문가(content exclusivists)'는 방법이란 지적 원천을 결여한 교묘한 책략(gimmickry)이라고 생각하는 반면, '광분한 방법론자(mad methodists)'는 방법이 전부이며 내용은 부적절한 것이라고 주장한다.[4]

내용과 방법의 갈등은 역사교육에서도 마찬가지다. 이는 역사학과 교육학 간의 갈등 양상으로 더욱 심각하게 나타난다. 흔히 교육학자가 역사교육을 이야기할 때는 역사내용에 대한 이해 부족이 논의의 약점이 되고, 역사학자의 역사교육에 관한 의견은 교육 분야에 대한 비전문적 식견으로 치부되곤 한다. 때때로 역사학자들이 역사교육은 역사학을 모학문으로 하는 실천적인 응용 분야이므로 그 대상, 영역, 방법론에서 역사학의 모습을 닮을 수밖에 없다고 주장하는 반면, 교육학자들은 역사학 내용보다 더욱 중요한 것은 내용을 가르치는 데 쓰이는 교육적 측면의 방법론이라고 반박한다.

이러한 내용과 방법의 갈등은 빈번히 무리한 이분법을 강요하기도 한다. 역사를 가르칠 것이냐, 역사로써 가르칠 것이냐 하는 논쟁이 대표적이다. 우선 역사를 가르친다는 말이 내용 우위를, 역사로써 가르친다는 말이 방법 우위를 표방하면서 양자의 관계를 완전히 서로 배타적인 것으로 분리시키는 것이다. 교육학계에서도 이러한 배타적 논리의 결과로 각 과의 교육이론이 야릇한 망각지대에 놓이게 되었음을 지적한다. 정범모는, 일반적으로 학과 전문가들은 그 학과 교육이론의 연구에 관심이 없으며 교육이론을 단지 경험에 의한 통찰이나 절차에 불과한 것으로 간주하는 한편, 교육학도들은 대개 일반이론, 특히 주변학의 일반이론에만 골몰할 뿐 어떤 교과의 교육이론에 대해서 관심이 없고 그러한 교육이론을 연구하기에 필요한 최소한의 교과지식도 부족한 상태에 있다고 말한다.[5] 그에 의하면, 학과 전문학자는 교육학을 공론이라고 나무라는 사이에 실은 그 학과 교육이론을 포기하고 있고, 교육학자는 학과의 전문학자들을 교육적으로 무식하다고 비난하는 사이에 실은 한 교과의 교육에 관해서 이론적이거나 실제적으로 유용한 제안을 등한시하여, 결과적으로 각 교과교육이론이 양자에 의해 다 망각되고 포기되고 있다는 것이다.[6]

3. 역사교과 교육이론의 성격과 교수내용지식

교과교육이론을 개발·육성하는 길은, 위에서 언급한 내용과 방법 간의 관계를 갈등과 대립으로 분리시키는 것이 아니라 가르치는 행위에서 양자의 상보적(相補的) 관련성을 이해하는 것이다.

내용 없이 가르칠 수는 없다. 교사가 학급을 경영하고 학습활동을 조직하고 학습시간과 순번을 정하며 학습계획을 작성하는 등의 일들은 모두 중요하지만, 여전히 학교교육에서 가장 중요한 것은 실제로 가르치는 것의 내용이다. 특히 중등학교교육에서 교사는 하나 이상의 전공을 자격요건으로 하고 있으며, 이는 교사가 가르칠 내용의 (정도의 차이는 있지만) 전문가임을 전제하는 것이다. 일례로 역사적 사고력의 함양이라는 역사교육의 목표를 역사적 사고력이 없는 교사에게서 이끌어내기는 어려울 것이다. 사료 비판, 검토, 해석 같은 역사적 사고의 훈련, 즉 역사가의 연구방법을 경험하지 않은 교사가 역사적 사고의 양식을 제대로 가르치기는 어렵다. 근본적으로 역사를 잘 모르는 사람이 역사를 잘 가르칠 수는 없다.

방법의 중요성 역시 내용의 중요성에 비하여 못하지 않다. 특히 근대 역사학을 전공하는 학자라면 역사를 가르치는 방법에 대해 무관심할 수 없을 것이다. 적어도 독일의 실증사학적 전통이 역사학의 방법을 주도한 이래로 사료에 대한 철저한 비판과 증거에 대한 엄밀한 검토, 그것에 기초한 판단과 해석은 역사학의 학문적 특성이 되었다. 학교에서 가르치는 역사도 이러한 역사학의 특성을 반영해야 한다고 주장하는 사람들은, 당연히 그것을 가르치는 방법에도 관심을 가질 것이다. 왜냐하면 이것은 외우는 역사, 수동적인 역사학습으로는 성취될 수 없기 때문이다. 오히려 역사학의 연구방법이야말로 이른바 과학적 역사가 등장하게 된 자격요건이었음을 감안한다면, 가르치는 방법에 대해 적극적으로 고려할 수밖에 없다.[7]

내용과 방법의 상보적 관계는 역사교육의 구성요소를 고려할 때 훨씬 분명해진다. 역사연구가 과거라는 연구의 대상과 연구자 사이의 이원적 관계라면, 역사교육은 이원적 연구관계의 결과로서 얻은 역사적 내용, 학생, 교사를 축으로 하는 삼원적 관계로 구성된다고 할 수 있다. 이러한 삼원적 관계에서 역사적 내용은 성장과정에 있는 학생을 대상으로 한다는 것과 교수될 것이라는 측면에서 변형(變形, transformation)[8]되는데, 그럼으로써 그 변형은 역사학의 특성을 반영하게 된다. 따라서 역사를 가르치는 데서 내용과 방법은 분리되는 것도 대립적인 것도 아니다.

역사교육에서 내용과 방법 간의 관계를, 현실적으로 바람직한 역사교육은 무엇이고 이를 위해 교사는 역사와 교육에 대해 무엇을 알아야 하는가라는 질문으로 설명한다면, 한마디로 그것은 가장 중요한 교과의 내용과 역사가들이 사용하는 역사 연구방법의 본질을 전달하는 것이라 할 수 있다. 이처럼 교과의 내용과 방법 양면을 가르친다면, 학생들은 교과내용을 수동적으로 받아들이는 데에서 벗어나 흥미를 가지고 역사의 해석적인 측면을 사고할 수 있을 것이다.[9]

즉 훌륭한 역사교육을 위해 교사들은 우선적으로 교과의 내용에 대한 지식을 갖추고 있어야 하는데, 여기에서 교과내용에 대한 지식이란 교과의 내용을 많이 아는 것 외에 역사의 학문적 특성에 대한 이해를 포함한다. 역사적 사실에 대한 다양한(differentiated) 차원의 이해, 지식의 정교함(elaboration), 역사에서 지식이 제한적이고 임시적이며 증거에 따라 변화함(qualification)을 이해하는 것, 사건들의 인과관계와 상호관련(relatedness)을 파악하는 것 등이 역사지식의 주요 특징이다.[10]

이러한 역사학의 학문적 특성을 전달하려는 사고의 과정에서 역사교사는 학생들의 신념 · 지식 · 경험이 학생들의 역사학습에 미치는 영향, 학생들의 인식 수준, 학생들이 내용을 구조화하는 양식 등을 고려한 최상의 교수방법에 대해 생각하게 된다. 윌슨(S. M. Wilson)과 사이크스(G. Sykes)는, 이처럼 교육, 학습자, 교과목을 통합적으로 반영하여 정한 목표에 맞게 가르치는 방법을 구상하기 위해 필요한 지식을 '교과에 특정적(特定的)인 교수지식(subject-specific pedagogical knowledge)'이라고 부른다.[11]

'교과에 특정적인 교수지식'은 무엇보다도 가르칠 내용에 대한 지식과 밀접한 관련이 있다. 역사적 사고의 바탕은 역사자료다. 즉 내용에 대한 지식은 역사적 사고의 결정적 요건이다. 따라서 교사가 학습에 알맞은 준거틀을 세우려면 내용지식이 필요하다.[12] 교사의 입장에서 학습자가 잘못 이해하고 있는 것을 바로잡기 위해 필요한 것은 학습자가 이해할 수 있는 다른 방식의 설명을 제공하는 것인데, 이런 다른 방식의 설명은 다름 아닌 교과내용을 깊이 이해해야 가능하기 때문이다. 역사에서 이러한 이해는 바로 역사사건의 다양한 해석의 관점을 교사 스스로가 파악해야 함을 의미한다.

윌슨과 와인버그(S. Wineburg)는 전공이 다른 사회과 견습교사 (intern teacher) 네 명을 관찰·연구하여, 무엇을 전공했다고 하는 것이 단지 지식내용을 배웠다는 것뿐 아니라 전공학문의 신념체계까지 경험하는 것을 의미하며, 이러한 신념체계는 쉽게 무너지지 않으므로 교사가 전공하지 않은 과목에 대해서는 그릇된 견해를 갖기 쉽다는 것을 보고하고 있다.[13] 그들은, 역사를 전공하지 않은 사회과 교사들이 미국사와 그 밖의 역사과목을 가르치는 경우, 역사라는 교과의 학문적 특성과 독특한 앎의 방식이 있다는 것을 모르기 때문에 역사학습에서 역사적 사실, 해석, 증거의 활용, 인과관계의 역할을 제대로 깨닫지도 가르치지도 못한다고 지적한다.[14] 더불어 이 연구는 사회과의 내용을 이루는 역사학, 지리학, 사회학, 경제학, 인류학, 정치학, 심리학 등의 앎의 방식이 서로 다름을 깨닫는 것이 중요하며, 이런 의미에서 교과내용에 대한 지식이 역사를 가르치는 방법에서 가장 결정적 요인임을 강조한다.[15] 에번스(R. Evans) 역시 역사라는 학문에 대한 교사의 견해가 역사를 가르치는 방법과 내용에 크게 영향을 끼친다고 주장한다.[16]

사실 교과에 특정적인 교수지식은 슐만(L. S. Shulman)이 강조하는 교수내용지식과 유사한 것이다. 슐만은 교사에게 필요한 지식을 내용지식(content knowledge), 교수내용지식(pedagogical content knowledge), 교육과정지식(curricular knowledge)으로 분류하는데, 그중 내용지식은 교사가 지닌 지식의 양과 구조를 의미한다. 교사는, 고유한 지식구조가 있는 교과의 사실들을 통합하고 조직하는 기본 개념과 원리를 뜻하는 실재적 구조(substantive structure)뿐 아니라 정당성과 부당함을 결정짓는 판단 기준인 구문적 구조(syntactic structure)[17]까지 파악하고 있어야 한다.[18]

교수내용지식은 가르치기 위한 내용지식(teachable knowledge)으로, 학생들이 교과를 이해할 수 있게 가장 유용한 아이디어, 유추(analogy), 은유(metaphor), 직유(similes), 예증(examples) 등을 제시하고 조직하는 방식을 포함한다. 또한 특정 주제를 쉽거나 어렵게 만드는 것, 연령과 배경이 다양한 학생들이 종종 가지는 개념적 오해와 편견들, 학생의 인지구조에 대한 이해 등을 의미한다.[19]

교육과정 내용지식은 일정한 단계에서 특수한 주제나 교과를 가르치기 위하여 고안한 일련의 프로그램과 그에 관련된 교육과정 자료를 이용할 수 있는 지식을 의미한다. 교과를 잘 가르치려면 주어진 주제를 위해 개발된 다양한 교육과정 자료들과 학생들이 다른 교과에서 학습할 교육과정 자료에 대한 지식이 있어야 한다. 또한 이전 학년에서 배웠거나 다음 학년에서 배울 주제들을 연관시켜 가르칠 수 있는 지식도 구비돼 있어야 한다. 한마디로 교육과정지식은, 주어진 상황과 단계에서 유용하게 사용할 수 있는 교육과정 대안(curricular alternatives)과 다른 교과교육과정을 이해하는 것이다.[20]

이 가운데 특별히 관심을 끄는 것은, 슐만의 설명에서 나타난 교수내용지식 또는 윌슨과 사이크스가 제기하는 교과에 특정적인 교수지식이다. 이는 교과에 대한 단순한 내용지식에도, 교과와 거의 유리되어 존재하는 일반 교육학의 범주에도 포함되지 않는 것으로, 가르치는 것의 독특한 지적 기반을 구성하는 것이라 할 수 있다. 이는 학습자를 고려해 교과에 특정적인 내용지식의 구조를 전달하는 양식이라 이해할 수 있다. 즉 교과목이 교사의 지식에서 교육의 내용으로 변화하는 과정에서 내용과 가르치는 방법을 혼합하여 특정 주제나 문제가 어떻게 조직되고 표현되는가, 그것이 학습자의 다양한 흥미와 능력에 따라 어떻게 적용되고 교수되는가를 이해하는 것이 바로 교수내용지식이다. 교수내용지식이야말로 교과내용 전문가와 그 교과를 가르치는 사람을 구별해주는 요소라 할 것이다.[21]

굿문즈도티(S. gudmundsdottir)와 슐만은, 경험 많은 경력교사와 신임교사를 참여관찰 및 인터뷰 방법으로 비교·연구함으로써 교수내용지식의 중요성을 입증하였다. 대학원에서 미국혁명을 전공한 경력 37년차 교사는 미국의 역사가 민주적 과정에 대한 참여 기회의 확대라고 보는 관점을 가지고 있다. 그는 오랜 경험을 통하여 독특한 교수방법을 체득했으며, 학생들에게 가르칠 내용을 재조직하는 방법을 터득하고 있다. 반면 대학에서 인류학을 전공한 신임교사는 인류학 지식은 깊이가 있지만, 그 밖에 사회과 내용은 잘 알지 못하며 학생들을 가르치는 데 빈번히 어려움을 겪는다.

경력교사와 신임교사 사이의 차이는 첫째, 내용지식을 가르치기 위한 지식, 즉 교수내용지식으로 변형하는 데 중요한 역할을 하는 관점의 소유 여부와 둘째, 경험의 차이, 즉 가르치기 위해 내용지식을 재구성해본 기회의 차이라 할 수 있다. 신임교사는 그가 알고 있는 내용을 어떻게 학생들에게 재정의하여 가르쳐야 할지 모르기 때문에 적절한 은유와 마땅한 예를 찾으려고 고심한다. 그는 대학에서 배운 인류학적 개념들을 이해하는 방식으로 학생들에게 접근하며, 영화나 사진을 보여주는 것으로 수업에서 교사의 활동영역을 스스로 축소시킨다. 경력교사는 교수내용지식을 통하여 전체적인 관점을 가지고 있으며 교수방법 선택에 유연하다. 두 교사는 모두 자신의 전공 분야에서는 훌륭한 학자이지만, 둘 사이의 차이는 교수내용지식의 소유 여부였다.[22]

4. 역사수업에서의 교수내용지식의 역할

지금까지 우리는 교수내용지식의 성격을 다음과 같이 논의하여 왔다. 가르치는 일에서 핵심은 교사의 지식이 학생들에게 전달되는 과정이다. 교과를 효과적인 교육 경험으로 변형시키려 할 때 교사는 적절한 표현 혹은 설명의 방식을 창출한다. 은유, 예시, 보기, 유추 등의 설명방식은, 교과내용에 대한 지식, 학습자에 대한 이해, 일반 교육학의 지식 등이 반영된 가르치기 위한 내용지식 혹은 교수내용 지식의 산물이다. 내용과 방법이 혼합된 교수내용지식은 교과내용에 대한 지식이 결정적 요인이므로, 교과마다 특정적인 성격을 지닌다. 이제 이러한 이론에 바탕해 역사수업에서 유추와 감정이입이라는 설명방식이 이용된 사례를 살펴보고, 역사교과의 교수내용지식이 실제 역사를 가르치는 데 어떠한 역할을 하는지 알아보자.[23]

1) 유추

교사는 역사수업에서 유추(analogy)에 의한 설명방법을 흔히 사용한다. 넓은 의미에서 유추란 둘 이상의 대상 사이에서 보이는 유사성의 관계를 암시하거나 인식하는 추론 방식을 의미한다. 역사에서 유추란 역사적 사실을 설명하기 위해 알고 있는 기존 지식이나 경험 가운데 설명하려는 사실과 유사한 형태를 이용하는 것이다. 법칙적으로 설명하기 어려운 역사적 사건의 개별성(particularity)이 유추를 통해 일반성과 연결된다. 즉 개별적인 역사사건은 역사에서 나타나는 유사한 사건, 이른바 동형(同形, isomorph)의 사건을 찾아내어 양자의 관계를 유추함으로써 설명될 수 있다. 이런 의미에서 역사지식은 기본적으로 동형적인(ismorphic) 것이다. 사람들은 개별 사건 간의

유추를 통하여 맥락을 이해하고, 이를 체계화하여 여러 사건의 이해 기반이 되는 준거틀을 형성한다.[24]

역사교사는 학생과 거리가 먼 시간과 장소 속의 인간 행위, 즉 역사적 사건을 설명하기 위하여 학생들이 학습해야 할 사실과 그들이 가지고 있는 경험 사이에 유추를 이끌어내는 경우가 많다.[25] 역사수업에서 특히 유추의 방식이 이용되는 예로, 중학교 사회과 세계사 내용 중 아테네 민주정치를 현재 우리나라 민주정치와 비교하는 경우를 들 수 있다. 필자가 관찰한 수업에서 교사는 "지금 우리나라의 민주정치와 아테네 민주정치를 비교해봅시다. 차이점은 무엇이라고 할 수 있지요?"라고 학생들에게 질문하였고, 학생들은 이에 대해 "선거권이 그때는……", "국민이 직접 국회의원을 뽑아요", "지금은 여성에게 선거권이 있어요"라고 답하였다. 이 경우에 수업 주제인 아테네 민주정치에 대한 동형을 현재 우리나라 민주정치로 설정하였으나, 무엇을 수단으로 무엇을 설명하려고 하는가, 즉 설명의 대상(explicandum)과 그것을 위한 모델(model)을 분명히 하지 못하고 있음이 발견된다. 아테네 민주정치의 특징인 직접민주정치를 강조할 경우 현재 간접민주정치의 한계를 지적하는 방향으로 유추할 수 있으며, 반대로 현재 민주정치가 갖는 참정권의 평등한 실현을 강조할 경우 아테네 민주정치에서는 참정권 행사에 큰 제한이 있었음을 지적하는 방향으로 유추할 것이다. 단순히 둘의 차이점을 열거하는 것을 목적으로 한 것이 아니었다면, 이 수업에서 교사는 유추를 통한 설명의 대상과 모델을 설정하고 구분하는 데 더 유의했어야 한다.[26]

한 여자중학교 2학년 국사 수업에서 교사는 고려 말기 농장의 성격과 그 확대과정을 로마 라티푼디움과 관련시켰다. 아마도 이 교사는 고려시대 농장 확대와 백성들의 실상을 1학년 사회과 세계사 부분에서 배운 로마 라티푼디움의 특성을 통하여 설명하고자 한 듯하다. 그러나 실제 수업에서 "라티푼디움이라는 말 들어보았니?"라는 교사의 물음에 학생들은 "아니요", "몰라요", "네! 맞아요"라는 내용상 별 의미 없는 반응에 이어 "그냥 넘어가요!"라는 제안을 하기에 이르렀고, 급기야 교사마저 이 부정적 제안에 "그래, 넘어가자"라고 동의했다. 이 교사는 두 대상에서 어떤 점을 부각시킬 것인지를 명확히 하지 못하였다. 인신 구속 상태를 공통 특성으로 이끌어낼 것인지, 아니면 라티푼디움의 광대함을 고려시대 농장과 비교할 것인지 불분명하였다. 더불어 학생들의 이해 정도, 즉 선수학습과 경험에 대한 교사의 이해 부족이 유추의 실패뿐 아니라 학생들의 학습의욕 이완으로 이어져 수업의 흐름이 끊겼다.

요컨대 방향과 목적이 분명한 유추를 하려면 교사는 유추 대상의 공통적 성격을 잘 파악하여야 하며,[27] 선수학습 정도와 경험의 양과 질을 철저히 고려해야 한다. 더불어 유추를 통한 추론은 학생들이 친숙한 경험에서 출발해야 하는데도, 이 수업에서는 라티푼디움과 같이 학생에게 친숙하지 못한 경험에서 출발함으로써 유추가 좌절되고, 이 때문에 전체적인 수업에서 예상하지 못한 부정적 효과가 초래되고 말았다.

2) 감정이입

역사수업에서 교사는 학생들로 하여금 과거 상황에 처하게 하거나 과거인과 동일시하도록 유도하는 경우가 많다. 예를 들어 고려 말기에 가혹한 부세 때문에 농민들이 겪어야 했던 생활의 어려움을 학생들에게 전달하려고 "지배층에게 이중 삼중으로 고통을 받던 농민들이 얼마나 힘들게 살았을지 생각해봐라"라든지 "여러분들이 만일 당시 농민이었다면 어떻게 했을까?"라는 식의 권유나 질문을 제시한다. 이를 통해 교사는 학생들의 학습동기를 유발하고 그들에게 과거 상황을 생생하게 전달하려 하는 것이다. 이처럼 역사를 가르치기 위해 다른 사람이나 집단과 동료의식을 갖게 하고 감정적으로 동참하거나 동일시(identification)하게 하는 것을 감정이입(empathy)이라 부른다.[28]

보통 감정이입이라는 용어는 사실 심리학에서 빈번히 사용된다. 일반적으로 심리학적 의미의 감정이입은 정의적(affective), 인지적(cognitive), 대화적(communicative)인 세 가지 요소를 포함하고 있다. 정의적 요소는 개인이 타인의 감정 상태를 경험할 수 있는 능력을 의미하는 것이며, 인지적 요소는 타인의 관점에서 상황을 이해하기 위해 개인이 타인의 정의적 상태를 분별하고 그의 관점을 이해하는 것을 가리킨다. 또한 심리치료에서 주로 이용되듯이 이입될 수 있는 감정을 교환하는 개인 간 상호작용, 즉 대화적 요소도 감정이입의 일부다.[29]

역사에서 감정이입은 더 정확히 말해 감정이입적 이해(empathic understanding)로, 우리 자신을 타인과 동일시하려는 시도이며 타인의 행위를 우리가 기억하거나 상상하는 유사한 상황 속에서 겪은 동기와 태도의 경험을 통하여 설명하려는 것이다. 이 말은 베버(M. Weber)와 딜타이(W. Dilthey)의 'Nacherleben'의 번역어로, 많은 학자들이 사회과학의 독특한 방법론적 기반으로 여겨왔다. 이러한 이해 방식은, 이들보다 먼저 비코(G. Vico)가 제기한 바와 같이 과거 상황을 재구성해 과거인의 관습을 이해하려는 시도에서 나왔다.[30] 이러한 방법의 근본은, 연구자가 연구대상인 인물의 관점과 동기에 자신을 동정적으로 동일시하는 것에 달려 있다. 과거 특정한 상황에서 특정인의 행위를 설명하려는 역사가는, 먼저 그 과거의 특정인이 직면한 상황에 그 자신을 상상적으로 투사하여야 한다. 대리 구성된 상황에서 자신의 상상적 반응을 발견함으로써 역사가는 그의 연구 대상이 되는 인물의 행위를 설명하는 기반을 마련한다. 곧 역사가는 카이사르가 됨으로써 그가 왜 루비콘 강을 건너게 되었는가를 이해할 수 있다.

이런 의미에서 역사학에서의 감정이입적 이해는, 19세기 후반 독일에서 사용한 'Einfühlung'의 번역어인 심리학에서의 감정이입과 차이가 있다. 즉 심리학에서의 감정이입이 지적 영역과 큰 관련 없는 타인의 느낌과 감정에 대한 동일시에 치중하는 반면, 역사학에서의 감정이입적 이해는 동기와 정신적 의도를 재경험해 타인의 행위 원인에 대한 지적 기반을 형성하는 것을 강조한다.

리(P. Lee)는, 감정이입을 다른 사람의 사상이나 느낌을 직접적으로 알게 하는 어떤 특별한 능력(power), 과거인의 신념, 가치, 목표 간의 내적 연관을 이해한 성과(achievement), 증거를 통하여 과거인의 신념과 가치 등을 알게 되는 과정(process), 또는 다른 관점을 이해하려는 태도와 성향(disposition or propensity) 등으로 나누었다. 그리고 이 가운데 가장 핵심적인 것은 감정이입의 정의적 영역이 아니라 인지적 영역으로서, 역사가는 비록 다른 사람의 신념, 목표, 혹은 관점을 함께하지는 않는다 하더라도 자신의 신념을 제쳐두고 연구대상 인물의 행위를 이해하는 이성을 추구할 수 있어야 한다고 주장한다. 즉 감정이입을 한다는 것이 증거를 존중하고 진실을 밝히는 역사가의 업무와 양립 불능이 아니라는 것이다.[31]

그에 의하면, 단지 느낌이나 감정에만 국한하는 것은 감정이입을 역사에서 주변적 요소로 취급하는 것이다. 감정이입이란, 역사가로 하여금 그의 연구대상이 자신의 행위에 대한 사실과 가치에 감정과 신념을 가지고 있었음을 깨닫게 하는 것이지, 반드시 그 신념과 감정을 함께하도록 요구하는 것은 아니다. 오히려 감정이입이란 이러한 신념과 감정이 당시 맥락에서 어느 정도 적절한 것임을 인식하도록 요구하는 것이다.[32]

필자가 참관한 수업에서 가르치는 방식으로서의 감정이입은 위에서 논의된 바와 같은 역사적 특성 중에서 인지적 측면이 충분히 반영되지 않았다. 앞에서 예를 든 "지배층에게 고통받는 농민의 처지를 생각해보라"라고 제시한 교사는 "여러분이 만일 노부모를 모시고 처자식까지 있는 생활에서 세금도 많이 내고 부역에까지 동원되었다면, 마음이 어떻겠어요?"라고 상황을 구체화시켰고, 그에 대해 학생들은 "가슴이 찢어져요"라고 답하였다. 이에 대해 교사는 "가슴이 찢어져? 그런 심정을 너희들이 정말 아니?"라고 부언하였다. 이 경우 교사는 당시 역사적 배경에 대한 사실적 언급 없이 가정으로 상황을 제시하여 학생들에게 매우 감각적이고 감정적인 답변만을 얻어내었다.

다른 여자중학교 3학년 국사수업에서 교사는 당시 장안의 화제가 되었던 〈여명의 눈동자〉라는 드라마의 여주인공 '여옥'을 이용하여 일제 식민지배의 참혹함을 설명하려 했다. "너희들이 당시의 여옥이었다고 생각해보자"라는 제안에 학생들은 야유가 섞인 "우!" 하는 소리와 함께 "싫어요!"라고 외쳤다. 이 경우 여옥이라는 인물의 가치와 행위 간 내적 연관이나 증거를 통한 추론이 포기되었을 뿐 아니라, 오히려 학생들이 텔레비전이라는 강력한 대중매체가 전달한 매우 자극적인 성적 표현을 주로 연상하여 식민지배의 참혹함을 전달하려던 교사의 의도가 무참하게 좌절되었다. 특히 감수성이 예민한 사춘기 여학생이 방송매체를 통하여 얻은 여옥이라는 인물에 대한 인상을 교사가 파악하지 못했거나 오해했기 때문에 전반적인 수업 분위기가 혼란스러울 정도로 희화화되었다.

가르치는 방식으로서의 감정이입은 동기 유발 효과가 상당하고 구체적인 설명력을 가지고 있음에도, 위의 사례에서 교사는 감정이입의 효과를 실현하기 위한 여러 가지 조건을 충분히 고려하지 않았다. 사실 많은 교사들이 자신이 이용하는 방법이 감정이입이라는 것을 모르고 있을 수 있으며, 혹은 단순히 학생들의 감정적 동기 유발을 위해 이 방법을 채택할 수도 있다. 그러나 교사가 감정이입의 인지적 측면, 특히 역사적인 특성을 파악하고 그 이용방법을 사전에 나름대로 구상한다면, 이로 인한 학습효과는 상당히 개선될 수 있었을 것이다.

이 글의 의도는 일부 교실에서 역사수업이 잘못 진행되고 있다는 사실을 지적하려는 것이 아니다. 또한 감정이입과 유추라는 방식이 역사교과의 내용을 학생들에게 전달하는 데 가장 효과적이라고 주장하려는 것도 아니다. 가르치는 방식으로서의 유추와 감정이입을 논하고 현장 수업에서 이것이 어떻게 활용되고 있는가를 검토한 목적은, 이른바 교수내용지식의 중요성을 사례를 들어 강조하기 위해서이다.

현장 수업에서 유추와 감정이입 같은 설명방식이 적절히 사용되지 못하는 이유는, 우선 교사들이 역사를 가르치는 수단으로서의 유추와 감정이입이 가지는 특성을 파악하지 못하고 있기 때문일 것이다. 더불어 어떠한 설명방식을 동원하기에 앞서 학생들의 경험과 선수학습 상태에 대한 교사의 이해가 부족하였다는 점도 또 다른 요인이라 할 수 있다. 그런데 이러한 설명방식과 학생에 대한 이해는 교과내용을 전달하는 데 따른 것이므로, 결국 더 근원적으로 이러한 것을 포괄하는 교수내용지식의 중요성이 다시 부각된다. 그렇다면 이처럼 사례를 통하여 강조한 교수내용지식이 현실적으로 교사교육에 던지는 시사점과 문제점은 무엇일까?

5. 교수내용지식과 교사교육

교수내용지식은 교사교육에 매우 중요한 하나의 원칙을 제공하고 있다. 바로 교과교육 강화로 교사교육을 특성화하자는 주장은 결국 내용에 대한 교육을 포기하고 이루어질 수는 없다는 것, 즉 교과교육이론은 교과내용에 대한 충분한 이해를 전제로 한다는 것이다. 다시 말하여 교수내용지식은 내용지식을 바탕으로 형성되는 것이므로 교사교육에서는 교과내용에 대한 교육이 우선적으로 강조되어야 한다. 사실 교수내용지식의 중요성에 대한 강조는 방법만 알면 잘 가르칠 수 있다는 것에 대한 반론으로서, 가르치기 위해서는 내용에 대한 최고 수준의 이해가 필요하다는 주장과 마찬가지다. 가르치는 것에서 근본적으로 중요한 것은, 단지 방법적 행위이기보다 교과내용에 대한 지적 기반이라는 것이다.

그러나 잘 가르치기 위해서는 과정상의 교수기술만으로 불충분한 것처럼, 많이 아는 것만으로도 부족하다. 교사가 교과내용을 학생에게 전달하는 과정에서 교과내용에 대한 지식을 가르치기 위한 지식으로 바꾸려면, 교과내용에 대한 이해와 더불어 학생에 대한 이해가 필요하다. 피아제류의 단계적 인지발달이론은 모든 교과목에 무차별적으로 적용될 수 있는 것이 아니다. 오히려 학습은 영역별로 독특한 것이어서 학생들이 관여하고 있는 영역의 주제나 개념에 대한 이해가 그들의 인지에 직접적으로 영향을 끼친다.[33] 이러한 관점에서 보면 역사학습에서 특정적으로 나타나는 학습자들의 인식 수준과 유형에 대한 이해는 역사교사에게 필수적이라 할 수 있다. 교사교육 프로그램은, 예비교사들의 이러한 이해를 도모하기 위하여 역사학습에서 학생이 지닌 시간 개념과 학생이 사료와 증거를 인식하고 해석하는 특성을 다루는 과목을 제공하여야 한다. 또한 교사양성 과정에서는 역사학습에서 학생들이 갖고 있는 지식과 신념이 이후 학습에 어떠한 영향을 미치는지, 또 학생들이 역사의 특정 주제에 대해 어떤 선입견을 가지고 있는지 등의 문제에도 예비교사들이 관심을 갖게 해야 할 것이다.

이 밖에도 예비교사에게는 설명 또는 표현의 방식, 즉 자신이 이해하고 있는 것을 학생들에게 어떻게 표현할 것인가에 대한 이해가 필요하다. 교사는 다양한 설명방법 가운데 하나를 선택해야 하며, 이러한 선택은 학생과 교과내용에 대해서뿐 아니라 설명방식 자체의 특성을 파악하고 있어야 가능하다. 학생에게 적합한 설명을 찾아내려면, 즉 선택하려면 교사 자신이 다양한 설명방식을 준비하고 있어야 한다. 이는 경력교사와 신임교사의 대비연구에서 드러나듯이 기본적으로 교사가 교과내용에 대해 다양한 관점을 갖추고 있어야 한다는 것을 뜻한다. 또한 여러 가지 설명방식을 개발하고 실제 수업 활용상의 문제점을 탐색하기 위한 교사양성 프로그램에서는 역사 설명의 방식과 특성에 대한 역사이론적인 이해가 함께 다루어져야 할 것이다.

교수내용지식의 소유 여부가 경험 있는 교사와 신임교사를 구분한다는 굿문즈도티와 슐만의 연구[34]는, 현직 교사에게도 유익한 시사점을 제공하고 있다. 가르치는 경험을 통하여 교수내용지식이 신장될 수 있는 것이라면, 당연히 교수내용지식을 풍부히 갖춘 경력교사는 신임교사에게 도움을 주어야 할 것이다. 현재 우리나라에서는 신임교사 대부분이 일단 교단에 서게 되면 동료나 선배교사에게서 협력이나 경험적인 조언 없이 홀로 시행착오를 겪으며 학생을 가르치는 듯하다. 이러한 신임교사들에게는 무엇보다도 교사의 기본과업인 교과내용을 가르치는 문제, 즉 교수내용지식에 대한 경험적인 조언이 필요하다. 경력교사는 아직도 배워야 할 것이 많은 신임교사의 교사여야 한다. 물론 이러한 도움을 주고받으려면 교사들이 가르치는 내용과 방법을 서로가 개방적이고 협력적으로 소통해야 할 것이다.

서로 연관성 없이 발전하는 교과목 내용과 교육학의 방법들을 단순히 결합시키는 것에서 벗어나서, 학습자의 특성을 고려하여 교과의 독특한 내용과 구조를 연구하고 그에 맞는 구체적인 교수방법을 개발하고자 할 때, 교수내용지식이라는 개념은 매우 매력적이다. 가르치기 위한 지식이야말로 최고의 이해라는 그 이론적 전제는, 가르치는 일에 대한 자존심과 자신감이 결여되어 있는 교사에게 더없는 격려가 될 뿐 아니라, 전문직으로서의 교직에 대한 경멸적 회의에 대해서는 가르치는 일의 독자성과 중요성을 알리는 강력한 계몽이 된다. 그러나 교수내용지식이 교사교육과 관련하여 매듭지어야 할 몇 가지 기본적인 문제점을 지니고 있는 것 또한 사실이다. 그중에서 우선적으로 지적할 수 있는 것은 교사의 내용지식 혹은 전공과 교수내용지식의 관계이다.

교수내용지식의 중요성에 대한 논의는, 교수내용지식의 결정적 요인이 내용에 대한 지식이라는 것과 가르치는 방법의 선택도 내용에 대한 심층적 이해 속에서만 가능하다는 것, 즉 잘 알아야 잘 가르칠 수 있다는 것으로 귀결된다. 그러나 불행하게도 어떠한 교과에서도 모든 내용을 잘 안다고 말할 수 있는 교사를 양성하기는 쉽지 않을 것이다. 이 말은, 교사준비생들이 교과내용에 대해 최고 수준의 이해를 달성해야 한다는 이전의 주장을 희석시키려는 것이 아니다. 교사가 배우고 가르친다는 의미에서 학문직(learned profession)이며, 따라서 가르칠 내용을 스스로 꾸준히 배워야 한다는 것에는 의문의 여지가 없다. 다만 지적해야 할 점은, 일반적으로 학교교육에서 교과의 범위가 이미 너무나 다양하고 넓어서 현장교사 개인이 그와 관련된 모든 내용을 충분히 파악할 수 없다는 사실이다. 그렇기 때문에 가르치는 방법이 중요하다는 말이 득세하게 되었겠지만, 여러 차례 강조하였듯이 방법은 내용의 대체물이 되지 못한다.

내용의 광범위함은 역사교과의 경우에 특히 심각하다. 국사학계의 새로운 연구 동향과 왕성한 연구 성과의 축적, 세계사 내용의 다양함과 풍부함 속에서 역사교사는 현실적으로 단 한 번도 배우거나 접하지 못한 시대와 장소의 역사적 사건을 가르치게 될 경우가 허다하다. 교과내용이 논리적 위계성으로 구성되어 있는 수학이나 자연과학 분야와 달리, 하나의 역사사건과 시대에 대한 지식은 또 다른 역사사건이나 시대의 이해에 기계적으로 전이되기 어렵다. 역사학자들은 역사의 중심 개념을 선정하는 데 쉽게 동의하지 않는다. 설혹 동의를 얻은 중심 개념이 선정된다 하더라도, 역사사건과 시대는 여전히 그러한 중심 개념으로 설명되지 않는 완강한 독특함을 가지고 있다. 그리고 갈수록 연구 분야가 전문화됨에 따라 역사학은 주로 전체적인 관점보다는 세분된 지역과 시대를 개별적으로 파악하는 데 주력하고 있다. 이러한 내용상의 방대함과 그 구조의 특이성 그리고 역사학 내의 전문화로 인해, 잘 가르치기 위해서 잘 알아야 한다는 전제는 역사의 경우에 달성되기 어려운 주문이 될 가능성이 있다.

교사는 자신이 잘 알고 있는 부분의 오아시스를 찾아서 그보다 훨씬 아는 바가 적은 드넓은 모래사막을 헤매는 존재라 한다.[35] 대체 또 다른 오아시스를 찾기까지 교사는 어떠한 여행을 해야 하는 것일까? 이 행로 중에 교사는 어떠한 도움을 받을 수 있는 것일까? 이런 질문을 던지고 보면, 잘 가르치려면 잘 알아야 한다는 이론적 전제가 너무 이상적이라는 점에서 교수내용지식이 '잘 알지 못하는 것을 가르치는 문제'를 조망하는 데 크게 효과적이지 못하다는 것을 깨닫게 된다.

또한 현실적으로 통합 추세에 있는 사회 관련 교과목의 경우는 내용지식의 문제를 더욱 복잡하게 만든다. 전공이 다른 견습교사에 대한 연구에서 교사의 전공이 단지 지식뿐 아니라 해당 학문 영역에 대한 신념까지를 포함한다는 윌슨과 와인버그의 연구[36]는, 교사가 무엇을 전공했는가의 중요성을 강조하는 데에는 효과적일지 모르나 미국 사회과나 현행 우리나라 중학교 사회과처럼 교사가 다양한 학문 영역을 모두 다루어야 한다고 할 때 전공 외 영역에 어떻게 대처해야 하는지의 문제를 남긴다. 이들의 연구는, 사회과를 분과해서 각 교과를 전공한 교사가 가르쳐야 한다고 제안한다기보다 오히려 교사가 앎의 다른 방식을 이해해야 한다는 것을 강조하고 있다. 결국 앎의 방식이라는 것이 지식의 전공 영역에 속한 절차적 구조를 통해서 얻어지는 경험적 산물이자 신념체계까지 포함하는 것이라면, 전공이 아닌 영역의 앎의 방식을 이해한다는 것은 거의 불가능하지 않은가 하는 의문이 제기될 수 있다. 또한 교수내용지식을 바탕으로 한 교사의 전공 혹은 내용지식에 대한 논의가 통합사회과의 이론과 실제에 어떠한 제안을 할 수 있는가도 명백히 규명되어야 할 부분이다.

6. 역사교과 교육이론 연구의 지향

이상에서 소개한 교수내용지식이 지금까지 미진했던 역사교과 교육이론 연구에 당장 획기적인 도약의 발판을 마련해 줄 수는 없다. 더구나 이미 지적한 대로 교수내용지식에는 그 이론과 실제적인 적용상에 매듭지어야 할 문제가 남아 있다. 또한 그 이론과 그에 기초한 조사연구도 우리의 실정과 필요에 따라 실시된 것이 아니다. 그럼에도 교수내용지식에 대한 논의는 우리의 교과교육이론 연구 방향에 몇 가지 도움을 줄 수 있다.

교과교육 연구의 양축은 교육과정과 교수라 할 수 있다. 그 가운데 교육과정에 대한 논의와 교과서 내용 분석 및 비판이 지금까지 우리나라에서 진행된 교과교육 연구의 대종을 이루어온 분야이다. 역사교육 연구도 주로 교육과정 개정과 교과서 내용에 관심을 기울여왔다. 그러나 교육과정과 교과서에 관한 논의는, 자칫 교육 현장의 외부적 요소만을 조망할 뿐 교육내용의 전달이라는 측면은 간과할 취약성을 갖고 있다. 현재 교과교육 논의가 주목하고 있는 교과서와 교육과정은 교사의 역할이라는 문제와 맞물려야 한다. 교육의 외부적인 틀인 교과서나 교육과정은 결국 실제 수업에서 교사의 행위를 통해 교육내용으로 구체화한다. 즉 긍정적이든 부정적이든 교사는 거의 폐쇄된 교실에서 나름의 판단에 따라 교육내용을 선택하거나 재조직하고, 심지어는 가르칠 내용의 주요 부분을 포기하기도 한다. 이런 의미에서 교사는 교육과정 시행에서 일종의 문지기(gatekeeper) 같은 역할을 하는 것이다.[37]

이러한 점에서 본다면 우리나라 교과교육 연구는 가르치는 것, 즉 교사의 역할에 지나치게 무관심한 편이었다. 더구나 가르치는 것의 핵심이라고 할 교과내용을 함께 고려한 연구는 형편이 더욱 열악하였다. 역사수업을 주재하는 교사의 역할은 무엇일까? 역사교사에게 특별히 요구되는 자질은 무엇이며 그것은 어떻게 함양될 수 있는가? 사범대학처럼 교사를 양성하는 기관은 이러한 자질을 양성하기 위하여 어떠한 노력을 할 수 있는가? 단지 교사라는 직업에 대한 소명감, 윤리의식 등을 당위적으로 강조하는 것을 넘어서서, 실제 교사의 가장 중요한 임무인 교과목의 교수와 관련하여 교사에게 절실하게 요구되는 바가 무엇인가 하는 문제의식이야말로 앞으로 교과교육의 주요 연구주제가 될 것이며, 그것은 결국 교과목의 특정적인 교수이론을 개발하는 것과 맥을 같이하게 될 것이다.

방법론적으로 교과의 특성을 감안한 역사교사 역할에 대한 연구는, 직무분석(job analysis)이나 과정산출분석(process-product analysis) 같은 방식보다는 직접 관찰과 사례 분석에 기초해야 할 것이다. 왜냐하면 전자의 연구 패러다임은 흔히 가르치는 데 가장 핵심이라 할 내용, 즉 교과내용을 간과하고 있기 때문이다. 결국 역사교사의 역할은 그들이 실제 수업에서 행하는 사례를 바탕으로 논의해야 할 것이다. 사례를 통한 실천적 지혜(wisdom of practice)는, 사실상 전문직이라고 부르는 직종에서 낯선 것이 아니다. 그리고 그 전통은 고대 그리스의 아리스토텔레스가 언급한 내용에도 이미 분명하게 나타난다. 그는 이론적 지혜(theoretical wisdom)와 분리하여 실천적 지혜(practical wisdom)의 영역을 설정하고, 전자는 인간의 순수한 지적 관심과 관련된 것이고 후자는 인간 행위를 이끄는 실질적 관심, 즉 응용의 영역임을 설파하였다.[38] 의사들은 환자의 증상과 처방의 선택, 그 효과 등에 대한 임상의 예를 보고하고, 이러한 사례들을 유사한 경우의 환자 치료에 유용하게 참고한다. 판례의 활용은 사법적 판단에서 중추적인 역할을 담당한다. 사례는 매우 특정적이기에 일반화의 성립에 필수적인 대표성을 가지고 있지 않지만, 그것을 통하여 우리는 어떠한 문제가 처리되는 과정을 구체적으로 살펴볼 수 있다. 마찬가지 이치로 역사교사가 교실에서 학생들에게 역사를 가르치는 사례의 구체성과 현장성을 토대로 할 때 우리는 훌륭한 역사교사와 좋은 역사수업의 논의에 더 실천적으로 접근할 수 있을 것이다.

7. 맺음말

잘 가르치려면 많이 아는 것만으로는 부족하다. 또 과정상의 교수기술만으로도 불충분하다. 가르치는 방법이란 내용에 대한 이해에서 개발될 수 있는 것이며, 다른 사람에게 가르치기 위한 내용의 이해야말로 최고 수준의 이해이다. 교사로서 가르치는 것의 최고 수준에 도달하려면 지식(내용)과 과정(방법)의 혼합이 필요하다. 교사는 수업을 준비하면서 적절한 설명과 표현의 방법을 개발하기 위해 내용 전문가나 보통 사람과 다른 고민, 즉 가르칠 궁리(pedagogical reasoning)를 하는데, 그것은 가르칠 내용과 학생의 상태 및 이용 가능한 교수기술 그리고 교육자료를 종합적으로 이해하는 것이다.[39] 이러한 이해, 즉 교수내용지식은 교사가 갖는 전문성의 표징이다. 교수내용지식은 가르칠 내용에 대한 최고 수준의 이해를 뜻하는 것으로, 교과에 특정적인 성격을 갖는다. 교사교육은 바로 교수내용지식을 신장하는 데 초점을 맞추어야 한다. 예비교사에게 내용에 대한 숙지와 더불어 역사학습에서 학생을 이해하고 역사적 내용을 설명하는 방식의 특성을 파악할 수 있게 하는 교과목이 제공되어야 한다. 또한 교과교육이론을 개발함에 있어 교수내용지식의 신장을 위주로 하는 교사교육을 위해 가르치는 것에 대한 논의와 현장 역사수업 사례 연구가 절실하다.

2장

'역사교과학'의 성과와 숙제

1. 머리말

해방 후 많은 사람들이 역사교육에 관심을 표명하고 그 중요성을 강조하는 한편, 현장 개선과 이론 연구를 위해 노력해왔다. 이러한 관심과 노력의 결과로 그동안 다양한 연구주제에 따른 주목할 만한 성과들이 발표되었다. 그러나 아직도 역사교육의 이론체계는 확립되어 있지 못하며, 학문적 위상도 분명하지 않은 듯하다.

이처럼 불만족스러운 상황을 개선하려는 노력의 일환으로, 이 글은 해방 후 역사교육이 거둔 연구 성과와 논의의 여건을 점검하고 이를 바탕으로 '역사교과학'이라는 개념을 제안한다. 역사교과학이라는 개념은 왜 필요하며, 그 의미는 무엇인가? 역사교과학의 구성 영역은 무엇이며, 해결해야 할 숙제는 무엇인가? 이러한 질문을 통해 역사교육의 전망에 대한 새로운 논의의 실마리를 제공하고자 한다.

2. 해방 후 역사교육의 연구 성과

1950년대 중반에 '역사를 연구하여 교육 발전에 기여한다는 취지 아래 직접 사학 연구와 역사교육을 담당하고 있는 일선 교사를 중심으로' 역사교육연구회가 창립되고(1955), 학회지인 《역사교육(歷史教育)》이 창간되면서(1956), 역사교육은 독자적인 연구 분야와 연구집단의 확립을 공식화하였다. 이것은 물론 해방 후 역사교육 문제에 대한 점증하는 관심을 반영하는 것이었다. 《역사교육》 창간호는 "일제의 식민지교육 하에서 가장 학대를 받아온 것이 역사교육이었으나, 일제의 질곡에서 벗어나 역사교육의 자주성을 회복한 지 십여 년 동안 역사교육을 둘러싸고 제기된 문제에 대한 관심과 노력을 기울이지 않은 채 과거의 체계와 방법을 대부분 무감각적으로 답습하고 있다"[1]라고 비판하면서, "그 책임의 대부분은 상부의 지시와 방침에만 의존하는 일선 교육자가 져야 한다"[2]라고 밝히고 있다. 역사교육 현장의 문제에 대한 관심 속에서 역사교육연구회 초기 구성원들은 교육과정과 교과서 및 보조자료, 학습지도의 실제와 평가, 학습지도안, 미국 역사교육에 대한 소개 등 현장성 짙은 논문들을 《역사교육》을 통해 발표하였다.

초기 개척자들의 노력은 1970년대 중반의 연구 성과로 이어진다. 역사학과 역사철학의 방법론에 근거하여 학습모형을 구성하고 역사교육 연구방법에 대한 교육적 접근을 시도한 전문서적[3]과 최초의 역사교육개론서[4]가 등장하였고, 또 1970년대 후반부터는 학문의 구조를 중시하는 교육이론과 탐구학습의 원리를 이용하여 역사교과의 탐구방법과 내용의 일반화와 구조화를 시도한 논문이 발표되었다.[5] 이러한 논문들은 역사학습의 문제를 단순히 기술적인 교수방법 차원에서 다룬 것이 아니라 역사학 이론과 특성에 바탕하여 접근한 것으로서, 역사교육 연구이론체계의 독자성과 학문적 진지함을 보여준 것이었다. 1980년에는 역사교육 분야의 대표적인 개론서로 인정되는 《역사교육론(歷史敎育論)》이 출간되기도 하였다.[6]

1980년대 중반에는 서울대학교 사범대학에 역사교육전공 박사과정이 개설되는 등, 대학원 과정이 활성화되고 전문 연구 인원이 증가하면서 연구 범위도 확대되고 내용도 심화되었다. 역사에서의 설명이론과 역사이해에 관한 부분의 연구가 박사학위논문을 통하여더욱 세밀해졌으며, 역사적 사고의 특성과 발달에 관한 연구도 국외의 연구 결과를 단순히 수용하는 단계에서 이론과 적용 측면의 문제점을 비판하는 방향으로 발전하고 있다. 역사교과의 특성에 기반한교수이론의 의미와 특성을 규명하려는 노력도 등장하였고, 효율적인 역사학습을 위한 내용 선정이나 단원 구성 방안에 대한 연구도활발하다. 또한 역사교육의 실천적인 측면을 중시하는 전·현직 역사교사들이 나름대로 역사교육 현장에서 절실히 요구되는 교재와사료집, 효과적인 수업방법과 사례를 담은 간행물과 단행본을 펴내고 있는 것도 그간 역사교육이 거둔 중요 성과라 할 수 있다.

한편 역사교육과 관련하여 큰 관심을 끌어온 교과서에 대한 연구도 왕성하게 발표되고 있다. 교과서에 대한 다양한 분석형태 중에서최근의 연구 동향으로 주목할 만한 것은, 한국사의 시기별, 주제별연구 성과를 국사 교과서가 어떻게 반영하고 있는가 하는 것과 교과서 서술내용의 이데올로기적인 편향성에 대한 문제이다.

3. 역사교육 논의의 여건

해방 후 지금까지 역사교육은 연구의 질과 양 측면에서 큰 진전을 이룩했지만, 이 기간의 연구 성과를 좀 더 진지하게 고찰하기 위해서는 역사교육 문제의 논의 여건과 한계 그리고 갈등을 야기한 몇 가지 요인을 지적해야 한다.

첫 번째로 지적해야 할 것은, 해방 직후 미군정 하에서의 사회과 도입이다. 미군정의 커다란 관심사 가운데 하나는 군정의 기본 방향을 구체적으로 실현하고 새로운 정치 상황을 반영하는 정치사회화로서의 교육이었고, 이를 위한 방편으로 나타난 것이 '사람과 자연환경 및 사회환경과의 관계를 밝게 인식시켜 사회생활에 성실·유능한 국민이 되게 함'을 목적으로 한 사회생활과였다(1947). 사회(생활)과는 이후 교육과정상에서 역사교육의 문제를 논의하는 데 빠질 수 없는 부분이 되었다. 역사교과의 위상과 유용성, 가치를 문제삼는 사회과는 역사교과의 대립물로 인식되었고, 역사교육 관계자들에게 이에 대한 대응은 피할 수 없는 것이었다.

둘째, 독립정부 수립(1948) 후 6·25동란(1950~1953)의 막대한 피해와 1960~70년대의 정치 동요, 산업화의 격심한 사회변화를 겪으면서 교육의 체제와 내용을 개선하려는 움직임이 여섯 차례에 걸친 전국 규모의 교육과정 개편으로 나타났다. 군사정권 통치기간 중 교육과정의 개편에서 가장 두드러지게 강조된 것은 반공과 근대화의 이념, 또는 이것을 통한 통치의 합리화였다. 물론 우리나라 정치 사정의 변화, 탈냉전시대의 도래와 공산권의 변화 같은 새로운 상황도 염두에 두어야 하지만, 권위주의 정부 하에서의 반공과 근대화의 이념에 대한 강조는 역사교육 현장과 이론 연구의 내용과 범위에 무시할 수 없는 영향을 끼친 중요한 외부 여건이라 할 수 있다.

이러한 정치 상황과 교육과정은 역사교과에 체제순응적 기능을 요구하는 경향이 있었다. 이에 대한 반발로 일단의 역사교사들이 진보적인 역사교육의 이념을 내세우고 입시로 짓눌린 교육 현실 속에서 좀 더 의미 있는 역사수업을 위해 노력을 기울였고, 그 결과 앞서 언급한 현장 위주의 독자적인 논의 공간을 마련하였다. 교과서의 이데올로기적 편향성에 대한 비판도 유사한 문제의식의 발로라고 할 수 있다.

셋째, 최근 역사교육전공 교수가 확보되고 석·박사과정이 활성화되어 역사교육의 연구 역량이 확대된 것은, 이른바 교과교육을 강조하여 사범대학의 독자적 위상을 지키려는 움직임에 힘입은 바 크다. 뒤집어서 말하면 이는 앞으로 역사교육이 교과교육으로서 제도적으로 사범대학의 위상 변화와 밀접한 관련을 맺고 있음을 의미한다. 그러나 교과교육의 개념과 이른바 내용학문 간의 관계는 완전히 정립되어 있지 않으며, 각 교과의 교과교육에 대한 입장도 서로 다르다. 이러한 상황은 흔히 내용이냐 혹은 방법이냐 하는 오랜 갈등을 초래하였고, 그 과정에서 역사교육의 위치를 둘 중 한편으로 강요하기도 하고 역사교육의 논의 영역을 제한하기도 해왔다. 교과교육으로서의 역사교육에 의문을 품게 되는 것은 이런 이유에서다. 이 문제는 이어질 역사교과학의 개념과도 연결된다.

4. 역사교과학의 개념과 구성 영역

앞에서 밝힌 것처럼 해방 후 역사교육의 영역과 내용이 확대·심화되었으나, 여전히 역사교육의 개념이 확고하게 인식되지 못한 것 또한 사실이다. 여전히 일부에서는 역사교육을 단지 학교에서 가르치는 역사교과의 교수방법적인 응용으로 편협하게 해석하는 경향이 있다. 이러한 협의의 역사교육은 역사학과 교육학의 양자 사이에서 불안정하고도 옹색한 위상을 차지하고 있었으며, 단지 교사양성 교과과정의 구색을 맞추기 위한 편의적인 개념으로 간주되어왔다. 더욱이 역사교육이라는 용어는, 이전부터 잠복해 있던 교사양성 교과과정상의 전공과 교육학 관련 교직과목 간의 갈등 관계를 더욱 복잡하게 하고 첨예화하는 부작용을 불러오기도 하였다.

역사교과학은 이러한 갈등을 해소하고 역사교육의 독자성을 부각시키려는 시도로서, 역사학의 내용, 교육론, 역사교과의 성격과 기능에 관한 이론을 종합화한 개념이라 할 수 있다. 즉 역사학의 내용을 교육적 목적으로 이해하고 조직하는 데 관련된 지식과 연구의 체제로서, 광의의 그리고 내용 중심의 역사교육을 지칭한다. 역사라는 학문의 교육적 의미를 폭넓게 담아내려면 역사교과학은 필수적으로 다음과 같은 구성 영역을 포함해야 할 것이다.

첫째, 역사교과학은 학교 현장의 효율적인 역사수업을 위한 교육이론과 교수학습방법을 꾸준히 개발해야 한다. 역사라는 내용과 교육학이라는 방법의 단순하고도 기계적인 결합이 역사의 교수원리가 될 수는 없다. 역사교수방법은 무엇보다도 역사교과의 특성과 내용의 구조를 전달하는 것이어야 하며, 이를 위해 역사교사는 역사적 사고와 인식의 구조, 역사의 특정 주제에 대한 내용을 이해하기 쉽게 하거나 어렵게 만드는 요인, 다양한 연령과 배경을 가진 학생들의 선개념을 다각적으로 고려해야 한다. 역사교과학은 교사, 학습자, 교과 등이 통합적으로 고려된, 즉 가르칠 내용과 방법이 혼합된 교수원리에 대해 연구하고, 더불어 가르칠 역사내용을 학습자의 다양한 흥미와 능력에 맞추어 조직하고 제시하는 데 유용한 표현과 설명방식을 고안해야 한다.

둘째, 역사교과학은 교육목적과 제도상에서 역사교과의 가치를 정당화해야 한다. 역사는 왜 가르칠 필요가 있는가, 독립교과로서의 가치는 무엇인가 하는 물음은 역사교육의 유용성에 대한 것일 뿐 아니라, 본질적으로 역사교육의 이념에 관계된 것이기도 하다. 따지고 보면 역사적 내용을 어떠한 범위와 수준에서 가르칠 것인가, 가르치기 위한 역사내용의 시대적, 분야적 분류를 어떻게 해야 하는가 등의 문제도 역사교육의 목적에 관한 논의와 직접적으로 관련된 것이라 할 수 있다.

최근까지 교육과정의 중대한 결정요인이던 반공과 근대화라는 국가 · 사회적 요구 속에서 역사를 포함한 사회과 관련 과목들이 체제 통합적 성격과 기능을 수행해왔기 때문에, 역사교육의 목적에 대한 이데올로기적 대립이 더욱 날카로워질 수밖에 없었다. 한편에서는 역사교육의 근본적인 목적이 해방(emancipation)이며 역사적 각성을 통해 학생들로 하여금 자신의 앞날을 스스로 결정하게 하고 일상에 일어나고 있는 정치적 의사 결정에 능동적으로 참여하게 하는 것이라는, 역사교육의 사회비판적 기능을 강조하고 있다. 다른 한편에서는 역사교육은 집단적인 삶을 사는 인간들의 다양한 모습을 보여주어 삶의 양식에 대한 인식을 높이고 도덕적 판단과 선택을 돕는 것이라고 주장한다. 즉 역사교육은 인문교육의 토대이며, 민주사회 시민의 정체성을 확립하는 데 꼭 필요한 교과라는 것이다. 이에 대해 통합을 지향하는 사회과 옹호론자들은, 이는 전통적인 의미의 역사교육 강화론으로서 정치적으로 보수적인 성향의 표현이며, 사회과가 지향하는 현실 문제에 대한 비판적 안목 육성과 사고 기능의 개발을 저해할 것이라고 반박한다. 최근 미국에서 벌어진 역사교육 강화론에 따른 사회과 논쟁이 바로 이러한 양상을 보이고 있다.

물론 사회과가 진보적인 교과이며 역사가 보수적인 교과라는 이분법적인 구분은 적어도 우리나라에서는 성립하기 어렵다. 따지고 보면 억압적인 통치구조 속에서 유독 역사교과만이 체제통합적 기능에 충실했다고 할 수는 없다. 그러나 사회과 도입과 교과과정에 따른 제반 논의가 적지 않게 미국의 영향을 받아왔음을 고려할 때, 최근 미국에서 벌어진 정치화된 사회과에 대한 논쟁이 우리나라에서도 벌어질 가능성은 다분하다.

사회과와 관련된 문제를 차치하고라도 역사교육의 목적을 정당화하는 문제는 한순간에 해결되지 않을 것이다. 이것은 국가권력의 요구에 따라 결정될 문제도 아니지만, 그렇다고 교육 당사자 또는 국민 모두가 참여한 투표에 의해 다수결로 처리될 성질의 것도 아니다. 결국 이것은 이념과 가치관의 대립을 노출하는 복잡하고도 기나긴 논쟁을 겪을 것이다. 이러한 논쟁의 과정을 통해 역사교육의 이해 당사자와 그들의 상이한 견해가 밝혀질 것이며, 이는 역사교육의 규범적 본질을 이해하는 데 도움이 될 것이다.

셋째, 역사교과학은 일상생활에서의 역사의 역할과 위상에 대해 관심을 두어야 한다. 학교에서만 역사를 가르치는 것이 아니다. 돌아보면 우리 사회 곳곳에서 일반 대중에게 다양한 역사 커리큘럼을 제공하고 있다. 텔레비전, 영화, 신문 등의 대중매체는 다큐멘터리,

드라마, 뉴스 등의 프로그램을 통해 가공할 전파력으로 역사를 가르치고 있으며, 대중의 역사인식에 미치는 이들의 영향력은 학교 역사교육의 효과를 능가하는지도 모른다. 또한 역사학도만이 아니라 일반 대중을 상대로 하는 역사 관련 출판물 또한 일종의 사회적 역사교육에 한몫하고 있다.

역사가 근대 학문으로서 위치를 공고히 하고, 역사학자들이 연구집단과 전공의 세분화를 통해 전문적 영역을 구축하면서, 일반 대중은 역사학에서 멀어져갔다. 그 과정에서 방송매체의 제작물과 설화류 역사소설물들이 역사학에서 유리된 대중들에게 역사에 대한 욕구를 채워주는 역할을 하고 있음은 부인할 수 없다. 그러나 매우 광범위하게 벌어지는 대중생활에서의 역사교육 현상에 대해 현재 우리는 그 영향력이 지대할 것이라고 추측할 뿐이다. 이들이 전달하려는 메시지의 주체와 내용은 무엇이며, 대중은 이를 통해 어떠한 역사인식을 형성하는가? 학교 역사교육과의 관계는 어떠한가? 역사교과학은 이런 문제를 통찰하기 위한 연구방법과 이론을 마련해야 한다.

넷째, 역사교과학은 역사의식을 학습의 구조와 과정으로 개념화해야 하는 데 주력해야 한다. 역사의식을 어떻게 정의할 것이며 그것이 어떻게 발달하는가에 대한 연구가 국내외에서 꾸준히 계속되어왔다. 이 가운데 역사의식을 과거에 대한 단순한 지식과 구별하여, '시간과 시대의 흐름에 따른 역사의 변화와 계속성을 파악하는 시간의식 및 변천의식, 역사 속에서 자기 자신의 위치와 역할을 깨닫는 자아의식 또는 존재의식'[7]으로 의미를 규정한 것은 주목할 만한 성과라 할 수 있다. 또한 역사의식의 발달단계를 계열화하려는 노력이나, 역사의식과 역사적 사고의 관계를 규명함으로써 역사학습에서 중요시해야 할 부분으로서 역사적 문제의식의 개념을 추출한 것도 수확이다. 이처럼 연구 관점과 방법의 다양화를 통하여 역사학습에서 학생의 사고 발달에 대한 논의도 심도를 더해가고 있다.

역사교과학은 역사의식의 의미, 성격, 기능, 중요성에 대한 논의를 더욱 발전시켜야 한다. 예를 들어 역사의식의 개념을 '역사적 사고의 특수성과 인류 문화에서 역사적 사고가 수행하는 기능을 규정하는 통합적인 정신작용'[8]이라는 의미로 파악한다면, 이를 역사서술과도 관련지을 수 있다. 역사서술은 시간의 흐름 속에서 현재 생활의 방향을 잡기 위해 과거를 의미 있게 하려는 기본적인 정신과정이라 할 수 있다. 시간과 장소에 따라 상이한 집단적인 의미의 역사의식과 관련하여 역사서술의 기능과 형태가 어떻게 변화하였는가를 살펴보는 것은 매우 흥미로운 작업이다. 역사의식에 대한 이와 같은 접근을 통하여 역사교과학은 인간생활에서 역사지식의 역할에 대한 새로운 관점을 제기할 수 있다.

5. 맺음말

연구가 진척된 일부분을 제외하면, 역사교과학의 상당 부분은 새로운 문제인식과 접근방법을 통하여 장기간에 걸쳐 풀어야 할 숙제로 남아 있다. 또한 앞에서 밝힌 것 이외의 영역을 개발하고 영역 내외간의 이론체계를 갖추는 일도 필요하다. 물론 역사교과학이라는 개념을 도입한다고 해서 그간 의견이 분분하던 역사교육의 학문적 성격과 이론체계에 관한 문제가 일시에 해결되지는 않을 것이다. 그러나 적어도 역사교과학이라는 개념은 이 문제를 새롭게 바라보는 계기를 마련해줄 수 있을 것이다. 역사교과학은 교과교육으로서의 역사교육이 갖는 논의의 한계와 불필요한 갈등을 극복하여 분산돼 있던 관련 연구의 대상과 영역을 체계화하고 명확히 하고자 시도된 것이다. 이런 필요성 속에서 제안된 역사교과학의 의미와 내용이 비판과 수정을 거쳐 더욱 구체화되기를 기대해본다.

3장

역사교육의 연구와 방법론

1. 머리말

근래 역사교육의 연구 분야가 다양해지고 전문 연구자 수가 증가하고 있다. 그러나 역사교육의 전반적인 연구 수준, 특히 역사교육의 현장에 대한 연구는 아직 미약한 단계에 있다. 궁극적으로 역사교육의 연구는 역사를 매개로 이루어지는 교육 현장에 대한 이해를 바탕으로 문제점을 발견하고, 그것을 개선하고 해결하려는 노력의 일부라 할 수 있다. 역사교육의 실천적인 측면에 대한 연구를 통하여 우리는 역사교육의 현장에 내재한 문제를 선명하게 부각시킬 수 있으며, 또 이에 대한 교육정책의 결정 및 결과를 이해할 수 있을 것이다.

역사교육 현장의 문제를 포착할 수 있도록 역사교육의 연구대상에 대한 인식을 분명히 하고 연구의 축적과 비판적 교류를 활성화하려면, 연구방법론에 대한 논의가 필요하다. 여기서 방법론이란 단순히 기술적 절차뿐 아니라 연구의 시각과 논리의 정당화와도 관련된 것이다. 방법론에 대한 논의의 필요성을 강조하기 위하여 이 글은 상이한 방법론 적용의 유형을 제시하고 방법론 간의 갈등을 지적할 것이다. 더불어 우리나라 역사교육의 연구 현황을 검토하여 방법론에 대한 논의가 역사교육의 진전에 기여할 수 있는 가능성을 제시할 것이다.

2. 역사교육 연구에서 방법론의 역할

역사교육에서 방법론 논의는 왜 필요한가? 역사교육연구에서 방법론의 역할은 무엇인가? 이 질문에 답하려면 우선 이른바 탐구(inquiry)가 무엇인지를 검토할 필요가 있다. 학문적인 탐구는 일상적인 의견 혹은 신념을 피력하는 것과 다르다. 또 탐구란 수사나 피상적인 추측에 의존하는 것이 아니다. 학문적인 탐구에서 중요한 것은 연구자가 자기가 질문하고자 하는 것과 관련된 오류를 피하기 위하여 자료 수집, 추론의 각 단계를 통제하고, 만약 그러고서도 오류가 제거될 수 없다면 오류의 가능성을 그 결론에서 인정하는 것이다. 탐구는 주장하고자 하는 것에 이용되는 자료와 논리적 절차를 제시하여 좀 더 신빙성 있는 결론을 내리려고 하는 행위다. 간단히 말하여 탐구에서 가장 중요한 것은, 자료와 주장 그리고 추론이 다른 연구자들의 세밀한 검토를 견뎌낼 수 있어야 한다는 점이다. 이러한 의미에서 연구자란 바로 각 학문 분야에서 탐구의 엄격한 절차를 훈련받은 사람을 뜻한다.[1]

탐구에 관한 위의 정의에 대해 별다른 반론을 제기하는 사람은 별로 없을 것이다. 또 이러한 의미의 탐구활동을 위해 알맞은 연구방법이 필요하다는 사실에 대부분 동의한다. 그렇다면 왜 특별히 방법론에 관한 논의가 필요한 것일까? 첫째로, 탐구란 단순히 관련된 사실들을 나열하는 것이 아니라 무한한 종류의 연구대상 중에서 특정한 관찰 혹은 사실을 선택하는 것이기 때문이다. 법정에서 소송 당사자들이 서로 다른 증거와 추론과정에서 도출하는 결론의 신빙성에 이견을 가질 수 있는 것처럼, 연구자들도 탐구행위에서 추론의 근거, 출발점, 그 논리의 연결과정에 획일적으로 동의하지 않을 수 있다. 즉 탐구는 자료와 논리구성을 선택하는 활동이다. 둘째로 탐구는 상이한 원리, 절차, 규칙을 가진 각 학문 분야의 성격과도 관련된 것이기 때문이다. 각 학문의 분야란 질문을 제기하는 형식, 관계 영역을 규정하고 그 내용을 개념적으로 조직하는 방법과 또 그 영역의 지식을 산출하고 검증하는 데 필요한 발견과 증명의 원칙에 따라 구분된다.[2] 이런 의미에서 볼 때 교육 현상에 대한 연구는 매우 특이한 영역이다. 교육 분야는 그 탐구의 대상이 교육적 사건, 제도, 문제, 인물, 과정을 다양하게 포함하고 있으며, 다양한 학문적 배경의 관점과 절차를 이용한다. 또 다양한 학문 분야는 그 나름의 개념, 방법, 검증의 절차를 수반하는데, 이러한 개념, 방법, 검증의 절차들은 아무리 교육 현상에 대한 연구를 위해 조정한다 하더라도 원래 학문 분야의 원칙에서 심하게 벗어나지 않는다.

역사교육의 분야도 역사를 매개로 한 교육 현상에 대한 문제를 중심으로 그 연구대상이 매우 다양하며, 연구에 동원되는 학문의 영역도 역사학 외에 그 자체 역시 여러 학문 분야에 기반한 교육학 연구의 제 분야인 심리학, 사회학, 철학의 영역을 포함한다. 따라서 역사교육 연구에서 어떤 학문적 배경을 가지고 문제에 접근한다고 하는 것은, 직접적으로 혹은 간접적으로 그 학문의 배경, 방법, 검증의 절차를 이용한다는 의미이다.

역사교육 연구에 이용되는 탐구절차에 대한 이견의 가능성과 상이한 학문의 원칙에 대한 인정은, 결국 연구방법의 차이가 있음을 인정하는 것과 마찬가지이다. 이와 같은 방법의 차이에 관한 논의를 진전시키기 위하여 역사교육에서 매우 다양한 연구의 영역과 상이한 연구방법의 적용 유형을 예시하는 것이 좋을 것이다.

3. 상이한 방법론 적용의 사례

역사교육에서 중요한 연구 분야 가운데 하나는 역사적 사고력에 관한 것이다. 역사적 사고력의 함양은 역사학습의 중요 목표로 여겨지며, 그런 만큼 이 주제에 대한 연구도 비교적 활발한 편이다. 어떤 연구자는 학생들의 역사적 사고력을 신장시키려면 우선 역사적 사고력이 무엇인가를 밝혀야 한다고 생각할 것이다. 이를 위해 이 연구자는 역사적 사고력의 개념이 무엇이고 그 본질은 무엇인가를 탐구하면서 철학적으로 접근할 것이다.

다른 연구자는 학생들 간 역사적 사고력의 차이에 관심을 가질 수도 있을 것이다. 즉 무엇이 어떤 학생으로 하여금 다른 학생에 비해 더 풍부한 역사적 사고력을 가지게 하는가의 해답에 접근하기 위하여 이 연구자는 역사적 사고력을 풍부하게 할 수 있는 여러 요인들, 예를 들어 학생의 연령, 지능지수, 학업성취도, 교육환경 등과 관련된 자료를 수집하고, 그 요인들과 역사적 사고력 간의 관계를 규명하고자 계량적인 작업을 시도할 것이다. 이때는 특히 역사적 사고력에 의한 성취와 관련 요인 간에 어느 정도의 관계가 있는지를 밝혀 줄 상관관계 분석(correlational analysis)이 유용하다. 또는 흔히 변수(variables)라고 표현하는 관련 요인을 기초로 하여 어떤 학생이 어느 정도의 역사적 사고력 수준에 있는가를 예측하는 회귀 분석(regression analysis)도 가능하다.

또 다른 연구자들은 학생들의 역사적 사고력과 관계 있는 배경이나 적성에 관심을 갖기보다, 그것을 신장시키는 교수방법의 개발을 원할 수도 있다. 이 연구자는 개인이나 집단에 차별적인 교수방법을 시행하여 그러한 대비적 방법의 효과를 비교하려 할 것이다. 예를 들어 교수방법이 전혀 다른 두 학급 혹은 두 학교를 택하여 그 교수방법의 결과로서 나타난 학생들의 역사적 사고력 수준을 비교할 수 있을 것이며, 이러한 실험연구(experimental study)의 결과를 바탕으로 학생들의 역사적 사고력 신장을 위해 이러이러한 교수방법이 효과적이라는 제안을 할 수 있을 것이다.

또한 양적 비교나 수치화된 성취 수준보다 역사적 사고력이라는 것이 학생들에게 어떻게 형성되는가에 연구의 초점을 맞출 수도 있다. 역사교사는 학생들의 역사적 사고력을 개발하기 위하여 어떠한 노력을 기울이는가, 교사의 의도적인 노력에 대한 학생들의 반응은 어떠한가, 무엇이 학생의 반응에서 차이를 만드는가 등의 문제에 대해서는 수업 현장의 관찰이나 인터뷰를 통해 교사와 학생들의 수업 활동을 기록하고 그것을 분석함으로써 접근할 수도 있을 것이다.

다양한 연구방법의 가능성은 교과서 연구에서도 마찬가지이다. 현재 우리나라에서 가장 대표적인 교과서 연구는, 한국사의 각 시기 혹은 분야를 전공하는 전문 역사학자가 교과서 내용이 학계 연구 성과와 최근 연구 동향을 어떻게 반영하고 있는가의 여부를 검토하는 것이다. 학계의 연구 성과가 교과서에 제대로 반영되고 있는지 여부는 매우 중요한 문제다. 역사 교과서는 정확한 역사적 내용을 실어야 한다는 것을 전제로 연구자의 전문적인 식견에 따라 교과서 내용을 분석하는 것은, 교과서에 서술된 사실, 개념 등의 오류를 개선하는 데 긍정적인 효과를 미칠 것이다. 또한 연구 동향은 한국사를 파악하는 전체적인 시각과 관련되는 것이므로, 그 반영 여부는 교육 대상인 학생들의 전체적인 역사관 형성에 중대한 영향을 끼칠 것이 틀림없다.

그러나 이러한 식의 교과서 내용 분석이 교과서에 관련된 여러 가지 문제에 대한 일면적인 접근이라고 비판할 수도 있다. 이러한 비판적 입장에서는, 교과서 내용이 학문적 정당성 여부에 근거하여 결정되는 객관적인 것이 아니며 전문 연구자가 면밀히 분석하여 교과서의 내용을 개선하고자 제안하더라도 그 제안이 관철될 가능성이 빈약하다는 시각에서 교과서의 문제에 접근할 수도 있다. 이러한 시각의 연구자는, 오히려 교과서 내용의 결정과정에 나름의 구조가 있으며 그러한 절차와 구조 속에 가장 결정적인 요인이 무엇인가 하는 문제에 관심을 가질 것이다.

일반적으로 학교에서 가르치는 합법적 지식이란, 그 사회의 정치·경제체제를 유지하고 그 구성원 간 계급관계를 재생산하는 구조로 이루어져 있다. 예를 들어, 미국 역사 교과서 내용이 미국 자본주의체제 내의 자본가들이라는 특정 집단의 이익에 봉사하는 배타적 이데올로기를 반영한다는 애논(J. Anyon)의 지적[3]이나, 교과서의 생산·분배과정에서 교과서 출판업자들이 시장경제의 원리에 따라 단기 이익 추구에 집중하는 결과로 나타나는 교과서 내용 서술상의 문제를 밝힌 애플(M. W. Apple)의 논의[4]가 그러한 연구 범주에 속할 것이다.

이들의 논점은 우리나라 교과서 관련 연구에도 이용되었다. 즉 대개 정치 변혁과 맞물려 있는 교육과정 변천에 따라 역사 교과서 내용이 각 시기 지배집단의 이데올로기를 충실하게 반영하고 있다는 주장이 현장교육 무크지를 통하여 발표되기도 하였다.[5] 비판적 시각의 연구는 학문적 연구 성과 및 연구 동향을 주된 분석의 기준으로 하기보다, 교과서 내용이 특정 계급의 이해관계를 반영하거나 현 사회·경제체제를 유지하기 위한 것이라는 가설을 입증하는 내용 분석을 할 것이다.

교과서 내용 서술의 양적 분석도 가능하다. 교과서의 특정 주제에 대한 서술량을 시기별로 비교하여 그 주제가 시기별로 상이한 중요성을 부여받았음을 추론할 수도 있다. 예를 들어 다른 시기의 교과서에 비하여 어떤 시기의 교과서에 특정 주제에 대한 서술이 전반적으로 증가하였다면, 어떤 이유든 간에 이 주제의 중요성에 대한 인식이 바뀌었음을 뜻하는 것이라 할 수 있다. 이 경우에 비교 대상이 될 교과서를 어떻게 수집하여 표본화하는가, 의미 있는 주제를 어떻게 선정할 것인가에 대한 논의가 전개될 것이다. 또한 기술적으로 관련 주제의 서술량을 비교할 단위를 정하는 것도 중요하다. 아마도 특정 주제에 대한 중요성의 인식 변화는 서술분량뿐 아니라 서술내용에서도 나타날 것이므로, 이러한 양적 분석은 위에서 언급한 질적 내용 분석을 위한 전 단계 또는 기초 자료로서 더욱 효과적일 수 있다.

이와 다르게 역사 교과서의 내용 문제에 대해 좀 더 본질적으로 역사 교과서 서술의 특성을 살펴보는 것부터 접근할 수도 있다. 역사 교과서의 서술이 다른 글들과 차이가 있다면 무엇이, 어떻게, 왜, 다른가 하는 질문이 제기될 수 있다. 이 경우에 역사 교과서와 역사 학술논문이나 간행물, 소설 등의 내용을 서술형식에 따라 비교하는 방법이 이용될 수 있을 것이다. 이를 통하여 교과서 서술에 화자의 입장이 생략되어 있다든지, 유보성이나 잠정성 없이 절대 명제 혹은 선언 등의 형식으로 서술되어 있다든지 하는 것을 규명할 수 있을 것이고, 나아가 이러한 교과서 서술상의 특징이 학생들에게 어떠한 학습 효과를 초래하는가 하는 것도 검토될 수 있을 것이다.[6]

또한 국정이든 검정이든 교과서 채택에 관한 문제를 다루면서 국가기구가 교과서 편찬 방향을 정하고 집필지침과 내용을 사후 검토 및 조정함으로써 교과서에 의도하는 교육내용을 관철한다는 가설에 따라 접근할 수도 있다. 그리하여 과연 교과서 집필자들이 집필지침에 따라 단순히 기계적인 필사의 역할만 하는 것인지, 그렇지 않으면 교과서 집필자의 독자 영역이 있는 것인지, 서술내용의 조정은 어떻게 이루어지는지의 문제를 제기할 수도 있다. 이 경우 집필지침과 교과서 내용을 비교하고 검토하는 과정을 통해 교과서 내용의 변경 여부를 살피게 될 것이다. 또 교과서 내용 결정의 과정과 구조에 대한 설명을 바탕으로 하여 그 과정의 참여자, 즉 집필지침 작성 및 내용 검토 관계자와 교과서 저자 간의 상호작용을 면담조사 등의 방법으로 이해할 수도 있을 것이다.

이처럼 다양한 연구방법이 역사교육의 연구주제에 이용될 수 있다. 물론 그중에서 어떠한 방법을 선택하느냐 하는 것은 연구자의 판단에 따른 것이다. 연구자는 연구대상에 대한 이해를 바탕으로 질문을 제기하고 그 질문에 가장 적합한 탐구의 방법을 채택할 것이다. 그러나 방법의 차이란 단지 동일한 목적에 도달하거나 동일한 질문에 답하는 데서의 차이만을 의미하는 것이 아니다.

방법의 차이를 구별 짓는 것은, 연구절차뿐 아니라 문제제기의 유형이기도 하다. 연구에 사용되는 방법에 따라 연구대상을 바라보고 이해하는 개인적 관점에 적합한 연구주제를 형성하는 경우가 흔하다. 연구자의 세계관과 가치, 또 이에 대응하는 탐구방법에 대한 생각은 상보적이다. 탐구의 방법이 바로 이러한 세계관과 가치에 대한 가정을 구체화하는 것이기 때문이다. 즉 넓은 의미의 방법론이란 탐구를 통한 논리의 정당화를 뜻하는 것으로, 서로 다른 방법론 간에는 연구대상의 성격은 무엇인가, 연구자와 연구대상 간의 관계는 어떠한가, 진리는 어떻게 정의될 수 있는가 등에 대한 인식론적 갈등이 있다. 더구나 어떤 연구방법을 채택하느냐 하는 것은 종종 연구자의 이론적, 이데올로기적 성향과 관련되기도 한다. 방법론적 신념은 탐구활동을 위한 지침일 뿐 아니라, 탐구의 대상이 조망되고 기술되는 방식을 결정하는 정치적 주장이기도 하기 때문이다.[7] 이런 의미에서 방법을 선택한다는 것은 일종의 가치 판단을 하는 것과 마찬가지다. 그렇다면 각 방법론에는 문제의 인식과 접근에서 어떤 차이가 있고, 그것은 어떠한 가치의 갈등을 내포하고 있는 것일까?

4. 방법론 간의 갈등: 질적 연구와 양적 연구

현재 교육의 주요 양상을 탐구하는 데에는 크게 두 가지 연구 패러다임이 있다. 그중 하나는 실증주의적(positivisitic) 연구, 과학적(scientific) 연구, 행동주의(behavioral) 연구, 실험(experimental) 연구, 또는 양적(quantitative) 연구라고 부르며, 실험심리학 분야의 연구가 대표적인 예이다. 다른 하나는 인류학의 민족지학(ethnography)적 연구를 본뜬 해석적(interpretivist) 연구, 탈실증주의적(Post-positivistic) 연구, 또는 자연주의적(naturalistic) 연구라고 하는 것이다. 후자는 실증주의적인 양적 연구에 대비하여 질적(qualitative) 연구라고 부르기도 하는데, 이 용어는 교육 현상에서 인간 행위의 질적 측면을 탐구의 대상으로 한다는 의미이기도 하다.[8]

양적 연구는 주로 자연과학의 연구방법을 따르며 주된 목표는 인과관계를 밝히는 것이다. 즉 어떤 교수행위(과정)와 학습 효과(산출) 사이의 관계를 규명하는 것이다. 양적 연구에서 주로 쓰이는 방법은 통계와 실험이다. 따라서 타당한 주장이나 결론을 이끌어내려면 객관적인 관찰과 측정, 엄격한 통계 처리가 필수적이다. 양적 연구의 요점은 교육 현장이나 정책 결정에 적용할 수 있는 객관적 지식을 얻는 것이다. 따라서 교육행위의 과정과 결과를 예측하고 통제하는 것을 중시한다. 최근까지 실증주의적 전제에 기반한 양적 연구가 교육에 관한 연구를 주도하였다.

질적 연구는 주로 인류학이나 사회학 등 사회과학에서 발달한 연구모델로, 교육 현상을 상이한 관점과 의도를 가진 인간 사이의 상호행위로 본다. 개인이 처한 상황에 대한 주관적 이해의 방식이 그의 행위에 영향을 준다는 전제에서 질적 연구는 행위자의 관점에서 교육적인 현상을 이해하려 한다. 이를 위해 객관적인 측정도구가 아니라 연구자의 판단에 따른 참여관찰(participant observation)과 면접조사 방법이 주로 이용된다. 질적 연구는, 교육 현상 참여자 간에 상호행위가 어떻게 이루어지고 있는가에 초점을 둔다. 특정 학교의 분위기나 풍토, 특정 교실에서 교사와 학생 간의 상호행위는 질적 연구의 대표적인 주제이다.

양적 연구는 오랜 지적 전통을 지닌 실증주의적 기반 위에 매우 정교한 통계적 기술까지 겸비한 것으로, 교육 현상에 대한 연구방법론에서 가히 흔들리지 않는 주도적 지위를 누려왔다. 반면에 질적 연구의 방법론이 학문적으로 인정받게 된 것은 비교적 최근 일이다. 그리고 아직도 양적 연구의 전통 속에서 질적 연구방법은 객관성, 타당성, 일반화의 가능성이 빈약한 연성의 방법이라 여겨지고 있다.

그러나 질적 연구 진영에서는 관습적으로 당연하다고 간주되는 양적 연구의 인식 기반을 근본에서부터 의심하고 있다. 기본적으로 자연과학의 인식 모델에 적합한 양적 연구방법은, 인간의 행위를 연구대상으로 하는 사회과학의 제 분야와 특히 교육 현상에 적용될 수 없다는 것이다. 어떻게 아동의 교육행위에 대한 연구가 동기도 욕망도 없는 전자(electron)를 연구하는 패러다임으로 행해질 수 있는가? 실험실에서 나타나는 모르모트 행동의 규칙성을 인간 행위에 확대 적용할 수 있는가? 더 나아가 질적 연구 진영에서는 '우리가 어떻게 아는가?(how do we know?)'라는 인식론의 문제에 대해서도 의문을 던지고 있다. 예를 들어 질적 연구가 객관성을 결여하고 있다는 비판에 대해, 모든 연구행위의 시각은 어차피 주관적일 수밖에 없으며 주관적인 것이 반드시 바람직하지 않은 것은 아니라고 반격한다. 질적 연구 옹호자들은 진리의 객관성을 믿지 않으며, 따라서 객관적 진리에 이르는 객관적 절차라는 것도 인정하지 않는다. 결국 질적 연구와 양적 연구는 인식론의 서로 다른 기반 위에 있는 것이다.[9]

질적 연구와 양적 연구는 가치론적 태도 또한 달리한다. 양자 사이에는 사회·정치적 관심의 차이가 있다. 양적 연구방법은 일반화의 가능성을 극대화하기 위해 그리고 그것을 되도록 광범위하게 적용하기 위해 많은 수효의 무작위 표본을 요구한다. 반면에 질적 연구자는 연구대상의 고유한 환경에 관심을 가진다. 미국의 경우 교육 개혁의 급진적 요구는 보통 사례 연구나 민족지학의 방법을 통하여 이루어진다. 이 경우에 연구자는 현행 교육체제의 기능에서 자연스럽고 전형적인 것보다 극적으로 다른 상황의 교육 현상을 기술하려 한다. 비정상적인 그리고 비일상적인 교육 상황을 연구하는 질적 연구자는, 양적 연구자들이 교육 현상을 있는 그대로 유지하려고 교육 문제에 대해 지나치게 일반론적으로 접근한다고 비난한다.[10] 또한 질적 연구자들은 대안적인 접근을 모색하는 경향이 있다. 그리하여 특히 학교의 인종 분리, 특수교육 프로그램 같은 매우 논쟁적인 교육 문제는 질적 접근을 통하여 이루어진다. 반면 실험연구 같은 양적 접근은 현행 교육체제 내에서 좀 더 효율적인 방법과 새로운 접근을 소개하려는 경향이 있다.

질적 연구와 양적 연구의 두 진영은 연구의 방법과 목적, 효과 면에서 우위를 차지하고자 경쟁하고 있다. 이러한 방법론의 대립에 대한 의견은 다양하다. 양자의 갈등을 중시하지 않는 사람들은, 두 가지 연구방법론이 동일한 목적에 도달하고 동일한 문제를 해결하려는 동일한 가정 내에서의 기술적인 차이에 불과하다고 주장한다.[11] 반면에 양자의 방법론적 관점은 양립할 수 없으며, 정당하지 못한 공존 가능성에 대한 주장이 매우 중요하고도 흥미로운 대화의 단절을 가져올 것이라는 견해도 있다.[12] 만약 두 방법론의 관점에서 진리라는 것이 상이하게 정의된다면 타당성의 개념도 다를 수밖에 없으며, 타당성 수립을 위한 절차에 대한 해석도 다를 수밖에 없다는 것이다.[13]

그러나 대체로 많은 사람들이 어떤 방법론이 더 나은가를 주장하기보다 다양한 접근방식의 이점을 강조하고 있다. 상이한 접근방식을 통하여 연구자가 연구대상에 대한 다양한 양상을 깨닫고 이해할 수 있다는 것이다. 슐만(L. S. Shulman)은 진정한 의미에서의 연구자는 어떤 특정한 방법론을 고집할 것이 아니라 문제를 설정하면서 그에 적합한 접근방식을 선택하고 이용할 수 있어야 한다고 주장한다.[14] 즉 연구자는 상이한 인식론과 절차에 대하여 개방적인 자세를 가지고 있어야 한다는 것이 보편적 방법론의 절충주의적 입장이다.

5. 우리나라 역사교육에서 연구방법론

앞서 주로 언급한 방법론에 대한 논의와 갈등은 주로 외국의 경우를 소개한 것이었다. 이는 지금까지 우리의 역사교육 연구에서 어떠한 방법론적인 고민이 있었으며 어떤 방법이 주로 이용되었는가 하는 문제를 부각시키기 위한 것이었다. 사실 방법론의 문제가 심각하게 대두될 만큼 우리 역사교육의 논의는 성숙되어 있지 못하다. 역사교육 관련 학술지를 살펴볼 때 그간 한정된 시각의 문헌이론 탐구 방법이 역사교육 연구를 주도하였음을 알 수 있다. 앞에서 예를 든 교과서 관련 연구와 학생의 역사적 사고 발달에 대한 연구 현황을 살펴보면, 이러한 사실이 분명하게 드러난다.

역사교육, 역사이론 관련 석사학위논문과 학술지를 살펴보면, 우리 역사교육 연구의 최대 관심사는 교과서 문제였으며, 그 밖의 일반 잡지 등에서 다룬 역사교육 문제의 대부분도 교과서에 대한 것이다. 이는 교과서가 역사교육에서 차지하는 막중한 비중을 반영하는 것이다. 우리나라에서 교과서 연구[15]는 대부분이 학계의 연구 성과에 근거한 내용 분석이 주종을 이루고 있고, 그 외 교과서 서술의 외부 구조에 대한 가설에서 출발한 내용 분석과 교과서 제작과 채택 과정에 대한 논의가 더러 추가되고 있는 형편이다. 그러나 같은 교과서 내용 분석이라고 하더라도 어떠한 관점에 입각하고 있느냐에 따라 분석의 대상과 기준이 다르며, 사실 교과서 분석의 궁극적 목적이라 할 교과서 개선 방안도 다르게 된다. 이처럼 교과서 분석의 시각이 실질적으로 교과서 내용 개선을 위해 어떻게 공헌할 수 있는 가라는 질문을 던져본다면, 우리의 교과서 연구가 방법론적인 한계를 드러내고 있음을 알 수 있다.

우선 교과서 내용을 분석하는 기준과 분석의 틀을 마련하는 문제를 지적할 수 있다. 흔히 교과서 서술을 분석할 때 연구자의 논점을 뒷받침할 만한 교과서 내용을 선택할 뿐, 교과서의 전체적인 서술체계를 일관적인 기준으로 검토하려는 시도는 빈약하였다. 내용을 전체적으로 분석하기 위한 서술의 양적 비교도 흔하지 않다. 또한 어떤 주제에 대한 교과서 서술이 빈약하고 부정확하다는 지적은 흔하지만, 교과서의 기본 성격을 감안한 실질적인 개선 제안은 드물다. 교과서 연구자들은 대부분 교과서의 약점, 잘못된 부분을 드러내려고 치중하는 반면, 실제로 그것이 어떻게 이용되고 있는지를 관심의 대상으로 삼지는 않는다. 즉 교과서의 최종 사용자인 학생들이 교과서 내용을 어떻게 이해하는지에 대한 관심이 간과되고 있다.

매우 세분화되고 전문화된 학계의 연구 성과를, 전문 연구자가 만족할 만한 수준의 내용으로 교과서에 담는 것은 매우 어려운 일이다. 특정 주제에 대한 교과서 서술이 소략하다거나 개념 설명이 빈약하다는 비판은, 교과서 서술이 좀 더 상세해야 하고 그러려면 교과서 분량이 늘어나야 한다는 제안으로 이어질 수 있다. 그러나 교과서 분량을 무한정 늘릴 수도 없으려니와, 모든 물질적 조건이 교과서 분량의 대폭적인 증가를 허용한다 하여도, 학교 교육과정상의 시간적 제한을 고려한다면 분량의 증가가 반드시 바람직한 것은 아니다. 그렇다고 교과서의 증면을 무조건 반대하는 것은 아니다. 교과서의 분량은 필요한 만큼 증가되어야 한다. 문제는 필요한 정도를 누구의 입장에서 어느 정도로 정해야 하는가에 대한, 즉 교과서의 기본 성격에 대한 인식이 교과서 내용 분석에 전제되어야 한다는 것이다.

교과서의 서술 방향에 관한 기존 교과서 내용 분석이 그 내용을 개선하는 데 실질적으로 공헌할 수 있는지 여부도 비판적으로 검토되어야 한다. 역사학계의 논쟁은 연구자의 사관과 해석의 차이에 따른 결과이다. 교과서는 학계의 논쟁을 역사사건 해석의 다양성으로 취급할 수는 있겠지만, 이러한 학계의 논쟁을 일방적으로 수용할 수는 없다. 교과서는 전문 연구자의 특정 견해를 주장하기 위한 것이 아니라 학생들에게 가르칠 역사적 내용을 담은 교재이기 때문이다. 이런 의미에서 교과서 관계자들 사이에서 교과서 내용 구성을 위한 사전 협의는 필수적이며, 특히 지적으로 성장하는 과정에 있는 학생들의 역사인식에 관한 문제가 중점적으로 고려되어야 한다. 이 문제에 대한 논의의 필요성을 도외시한 채 교과서 서술 방향의 잘못된 면만을 지적하는 것은, 교과서의 내용을 개선하기 위한 생산적인 제안이 되기 어렵다. 또는 학문적으로 정당한 교과서 내용을 마련하려는 학계의 노력이, 검정제 혹은 국정제라는 교과서 생산과정에 국가권력이 간섭함으로써 왜곡된다면, 교과서 서술 방향의 문제는 교과서 내용 결정의 외부 구조에 관한 영역에서 논의되어야 할 것이다.

물론 교과서 내용 분석에서 위와 같은 문제점이 방법론의 부재 혹은 빈약함에서만 유래된 것은 아니다. 그리고 지금까지의 교과서 관런 연구에 결함이 있다는 것을 지적하려는 것이 본 논문의 목적도 아니다. 중요한 것은, 위에서 언급한 (혹은 그 외) 교과서 관련 연구의 다양한 접근방법에 대한 인식과 안목이 있다면 교과서 연구의 목적을 달성하기 위한 좀 더 적합한 문제제기와 접근 절차가 마련될 수 있을 것이라는 점이다.

우리나라 역사교육 연구에서 방법론적 한계를 여실히 보여주는 또 다른 사례는 학생의 역사적 사고 발달에 관한 것이다. 그 가운데 가장 빈번히 논란이 되는 주장이 할람(R. N. Hallam)의 역사학습에서 학생의 사고 발달에 대한 연구일 것이다. 피아제의 인지발달론을 역사적 사고에 적용한 할람의 연구는 계량적 조사실험방법을 이용했다는 점과 그 연구 결과가 역사교육 현장에 실질적인 파급 효과를 미칠 수 있다는 점에서 영국 등 구미뿐 아니라 우리나라에서도 큰 반향을 불러일으켰다.[16]

할람은 1960년 후반에 학생의 역사적 사고의 발달단계를 분석하기 위한 조사연구를 수행하였다.[17] 11세에서 16세에 이르는 100명의 학생을 대상으로 세 가지 역사적 사건, 즉 '메리 여왕', '노르만의 잉글랜드 정복', '아일랜드와 내전'에 관한 자료 문장을 제시하고 한 자료 당 10문항씩 총 30문항을 질문한 다음, 그에 대한 학생의 응답을 피아제의 인지발달단계에 맞춰 분석하였다. 지능지수 검사, 상관계수 분석(correlational coefficient analysis), 변량 분석(analysis of variance), 켄달의 일치도계수 분석(Kendall's coefficient of concordance), 거트만의 스칼로그램 분석(Guttman's scalogram analysis) 등의 복잡하고도 다양한 분석을 통하여 할람은 다음과 같은 두 가지 연구 결과를 발표하였다. 첫째, 피아제가 아동의 사고를 구분하는 데 사용한 반응의 형태는 역사 문제에 대한 중등학교 학생의 반응에서도 나타난다. 둘째,

일반적으로 학생들은 역사 문제에 대하여 기대한 것보다 낮은 수준에서 추론하고 있으며, 대부분 12세가 되어야 구체적 조작단계에, 그리고 약 16세가 되어야 형식적 조작단계에 도달하게 된다. 즉 할람은 이 연구를 통하여 기본적으로 역사학습에 필요한 학생의 사고는 수학, 과학에 필요한 것과 같은 가설 연역적 사고이며, 형식적 사고라고도 부르는 이러한 사고가 다른 교과에서보다 역사학습에서는 지체된다고 주장하였다.[18]

할람은 이어 1970년대 후반에 이전의 연구 결과를 발전시킨 새로운 실험연구를 실시하였다.[19] 이 연구에서 그의 관심은 역사교과에서 과연 학습을 통하여 학생의 논리적 사고 발달을 앞당길 수 있는가 하는 것이었다. 그는 초등학교 학생(9~10세)과 중등학교 학생(13~14세)을 각각 실험집단과 통제집단으로 구분하여 통제집단에는 전통적인 교수방법을, 실험집단에는 학생의 대답 수준을 향상시키기 위한 새로운 교수방법을 시행하였다. 약 1년의 기간에 걸쳐 상이한 교수방법을 시행한 다음, 학생의 논리적 수준을 측정하기 위해 초등학생에게는 '고대의 스파르타와 아테네', '메리 여왕', '서부로의 이동', '토마스 모어와 헨리 8세' 등 역사사건의 자료 문장을, 중등학생에게는 '고대의 스파르타와 아테네', '러시아 혁명', '노르만 정복'에 관한 자료 문장을 읽게 하고 마련된 질문에 구답 혹은 필답하게 하였다. 지능검사, 인성검사, 변량 분석, 켄달의 일치도계수 분석, 공변량 분석(analysis of covariance)을 통하여 할람은 다음과 같이 주장하였다. 첫째, 초등학생의 경우 교사 주도의 새로운 교수방법이 사고 수준의 개선을 촉진시킬 수 있는 가능성은 있으나, 피아제가 중시한 학생의 자발적 행위가 기본 사료 취급에서 인지구조의 수준을 변화시킬 수 있는가를 확인하려면 별도의 실험연구가 필요하다. 둘째, 중등학생의 경우 새로운 교수방법이 별 효과가 없어서 통제집단에 비하여 실험집단에 의미 있는 변화가 보이지 않는다.[20]

할람의 연구 결과는 초중등학교 역사교육의 필요성과 유용성을 주장해온 역사교육 관계자에게 매우 당혹스러운 것이었다. 만약 대부분의 학생들이 16세 이전에 가설 연역적 사고나 추상적 사고를 수행할 수 없다면, 역사를 가르치는 것을 포기해야 한다는 것인가? 그렇지 않으면 어떠한 역사를 가르쳐야 한다는 것인가? 이러한 점에 착안하여 할람의 연구와 같이 피아제의 인지구조론을 역사학습에 적용한 연구에 대한 반론이 다양한 각도에서 진행되었다.[21] 할람이 피아제의 이론을 지나치게 편협하게 역사학습에 적용하였으며 조사 실험연구에 이용된 자료와 학생들이 응답에 대한 분석이 부적절하다는 연구 절차와 방법에 대한 문제점이 지적되었다. 또 피아제의 발달심리이론이 역사학습에 무리 없이 적용될 수 있는가의 문제도 제기되었다. 이는 역사적 사고를 어떻게 볼 것인가에 대한 문제, 즉 역사의 본질에 대한 철학적 정의 문제에서 비롯된 것이다. 역사학습에 필요한 사고는, 피아제가 주요 연구대상으로 삼은 수학 · 과학적 사고와 다른 특성을 가지고 있다는 것이 이러한 입장의 주된 주장이다. 한편 학습과 사고에서 선행지식의 역할을 강조하여, 학생의 사고가 피아제의 관점과 같이 보편적 발달단계를 거치는 것이 아니라 영역 고유의 지식이나 개념이 아동의 사고 발달에 영향을 줄 수 있다는 반론도 등장하였다.[22]

여기에서 중요한 것은, 피아제의 인지발달단계론과 역사학습에서 그 이론의 적용이 주로 구미에서 어떤 식으로 전개되었는가를 정리하는 것이 아니다. 주목해야 할 것은 우리 역사교육의 연구가 이에 대해 어떻게 대응하였는가 하는 것이다. 우리 역사교육의 연구에서는, 할람의 연구와 그에 대한 비판은 소개되었으나 그 이상의 진전은 찾아보기 어려운 형편이다. 여러 이유가 있겠으나, 그중에서 방법론의 부재가 이론을 소개하는 수준 이상의 진전을 가로막은 중요 요인이라 할 수 있다. 위에서 언급했듯이 할람은 피아제의 이론을 역사학습에 적용하면서 여러 가지 복잡한 통계방법을 이용하였다. 우선 조사연구와 실험연구의 기본 가정에 대한 이해가 없다면, 역사학습에서 학생의 형식적 사고 수준의 도달 시기에 관한 초기 조사연구와 학습에 의한 학생 사고 발달의 가속화를 검증한 후기 실험연구의 차이가 무엇이고 그러한 연구를 수행한 할람의 의도는 무엇인지를 알 수 없다. 또한 공변량 분석, 상관계수 분석, 변량 분석, 켄달의 일치도계수 분석, 거트만의 스칼로그램 분석과 같은 통계의 분석방법에 대해 무지하다면, 할람이 왜 이런 분석방법을 동원하였는지, 분석 결과에 대한 해석에는 오류가 없는지, 그가 제시한 결과에 어떠한 제약은 없는지를 알아낼 방도가 없다. 즉 할람의 연구 결과에 대한 엄밀한 나름의 분석과 비판이 이루어지기 어렵다. 할람의 연구에 대한 반론도 마찬가지로, 우리의 것이 아닌 남의 주장을 피상적으로 소개하는 데 그칠 수밖에 없다. 왜냐하면 대부분의 반론 역시 실증적인 조사실험연구를 통해 이루어진 것이고, 따라서 통계 분석에 대한 기본적인 이해 없이는 이에 대한 이해 역시 난망한 것이기 때문이다.[23]

더욱 중시해야 할 것은, 할람의 연구 결과를 우리 실정에 적용할 수 있는가에 대한 연구가 빈약하다는 사실이다. 사실 할람이 영국의 한 지방에서 백 명 남짓한 학생을 대상으로 주로 영국사에 관련된 역사자료를 가지고 행한 조사 결과와 그들의 교육 실정에서 고안한 교수방법의 효과에 대한 검증을, 우리 상황에 그대로 적용할 수 있다고 보는 것은 상식적으로도 무리다. 그러나 상식 이상의 수준에서 이론의 적용 여부를 검증하려면, 할람의 연구와 유사한 자료나 방법을 이용한 실증적 연구가 필요하다. 이처럼 반드시 필요한 작업임에도 할람 연구의 반복(replication)이나 이를 우리 실정에 맞게 발전시키고 변형한 연구가 이루어지지 못하였다. 이와 같이 우리 역사교육 분야에서 중요한 논쟁거리인 할람의 연구가 엄격한 분석과 비판이나 반복 연구를 통한 이론의 적용 여부에 대한 검증 없이 피상적으로 운위되는 것은 방법론의 부재와도 깊은 관련이 있을 것이다.[24]

이러한 두 사례에서 볼 수 있듯이 방법론의 문제는 역사교육 연구의 진전에 간과할 수 없는 장애 요인으로 작용하고 있다. 우리 역사교육 연구에서 방법론에 대한 무관심으로 말미암아 탐구대상에 대해 질문을 제기하는 형식이 제한되는가 하면, 정밀한 기술과 절차를 이용한 연구에 대한 대응도 제약을 받고 있는 것이다. 그러한 연구의 주요 부분인 방법론에 대해 비판할 방도가 없기 때문이다. 특히 연구주제에 대한 나름의 접근방식과 탐구절차를 요구하는 현장연구나 실증연구의 부진도 이러한 현상을 반영하는 것으로 보인다.

이러한 상황에서도 현재 우리나라에서 역사교육 연구의 방법론에 관한 논의는 매우 빈약한 형편이다. 대부분의 연구자들이 방법론의 문제를 매우 생소한 것으로 받아들이고 있으며, 방법론을 이해하기 위해 특별한 관심과 노력을 기울이지도 않는 듯하다. 그렇다고 우리 역사교육 연구에 위에서 언급한 방법론에 대한 고민을 제쳐둘 만큼 나름대로의 확고부동한 방법론이 있는 것도 아니다. 여러모로 우리 역사교육 연구에서 방법론에 대한 논의가 시급한 실정이다.

6. 맺음말

방법론에 대한 이상의 논의는 특정한 방법론을 옹호하기 위한 것이 아니다. 또한 방법론만이 최우선적으로 중요하다는 것을 주장하기 위한 것도 아니다. 방법론이 아무리 중요하다고 해도 그것은 연구할 대상에 대한 실질적인 내용지식이 있을 때에만 유용한 것이다. 방법은 궁극적으로 던져진 질문에 답하기 위한 것이기 때문에 본질적으로 어떤 질문을 하느냐가 중요할 뿐이고 방법론은 부수적이라 말할 수도 있다. 다른 말로 방법이란 도구적인 것이므로 수단과 목적을 전도시켜 방법에 입각하여 질문의 내용을 결정할 수는 없다는 것이다. 그러나 이러한 주장은 방법론에 대한 과다한 의존을 경계하자는 것이지, 방법론 자체의 유용성을 부정하는 것은 아니다. 그리고 이미 언급하였듯이 반드시 연구의 대상이 정해져야 방법이 뒤따르는 것도 아니다. 오히려 연구방법이 연구의 방향을 제시할 수도 있다. 즉 방법과 연구의 대상은 상호작용으로 결정되는 것이다.

모든 연구에서 방법론 간의 갈등이 항상 첨예하게 드러나는 것도 아니다. 많은 사람들이, 절충적인 방법론의 선택을 옹호하거나 방법론 간의 극단적인 우위경쟁이란 실제 연구활동에 큰 의미가 없으므로 지나치게 현학적인 인식과 가치에 대한 논쟁은 관심 있는 사람에게 맡겨두자고 주장하기도 한다. 이러한 주장 역시 방법론이 불필요하다는 뜻이라기보다 방법론 선택의 유연성과 실용성을 강조하는 것이라 할 수 있다. 사실 방법론의 절충과 실용적 선택을 지지하는 주장은 방법론 무용성의 주장과 전혀 다르다. 절충해야 할 방법에 대한 이해와 지식이 있어야 절충된 방법을 선택하고 고안할 수 있으며, 또 그것을 이용할 수 있다. 즉 방법론에 대한 개방적 태도와 도구적 수용은 연구자가 다양한 질문에 적합한 방법론을 두루 이해하고 있다는 전제에서 가능한 것이다. 설혹 실제 연구활동에서 인식론의 현학적인 문제에 지나치게 얽매이지 않고 방법론 간의 절차적 절충이 원활하게 이루어진다 하더라도, 연구자는 방법론의 선택이 인식과 가치에 대한 판단이라는 사실에 유념하여 특정한 연구방법에 의한 연구 결과가 역사교육의 실제에 던지는 의미를 고려해야 한다.

어떤 연구대상에 어떤 방법으로 접근하느냐 하는 것은, 선언적으로 규정되는 것이 아니라 연구자의 판단으로 이루어지는 것이다. 결국 역사교육 분야는, 탐구를 통해 이루어지는 연구대상에 대한 견해 또는 설명, 주장, 해석과 그에 대한 대응 가운데에서 이루어지는 연구 성과의 축적을 통하여 독자적인 학문 영역을 인정받을 수 있다. 물론 이 과정은 개방적인 상호비판의 과정이어야 한다. 따라서 이러한 대화와 누적의 과정은 연구자 간의 의사소통을 전제로 하는 것이다.

따지고 보면 역사교육이 학문이냐 아니냐 혹은 어떤 학문이냐 하는 것보다 우선적으로 답해야 할 것은, 역사교육의 연구대상이 무엇이며 그것은 어떠한 교육적 가치가 있고 어떠한 시각과 방법으로 그것을 다룰 것인가 하는 문제다. 사실 역사교육이 학문의 한 분야인가를 묻는 것은 고유한 연구의 대상과 방법을 마련하라는 요청과도 같은 것이다. 지금까지 우리의 역사교육 연구가 '열린 비판의 과정'을 제대로 겪지 못하였다면, 무엇보다도 절실하게 필요한 것은 바로 소통할 수 있는 언어를 마련하는 것이다. 그것은 학문적 탐구의 의미와 방법론에 대한 이해로써 촉진될 수 있다. 방법론 간의 갈등이란 실제 연구활동과 관계없는 공리공론만이 아니다. 그것은 탐구대상에 대한 접근과 인식, 가치 문제를 이해하기 위한 노력이다. 따라서 방법론에 대한 이해는 탐구활동의 기본적인 요소라 할 수 있다. 이런 이유로 방법론 과목은, 사회 현상에 대한 전문 연구자가 되려는 사람에게 필수적인 훈련과정이다.

현실적으로 다양하고 복잡한 방법론을 모두 당장 활용할 수 있는 수준으로 습득하기는 매우 어렵더라도, 적어도 둘 이상의 방법론 간의 갈등에 대해 기초적으로 이해하는 연구자는 개개의 방법론에 내재한 인식과 가치의 문제에 대해 나름의 안목을 가질 수 있을 것이다. 이처럼 다양한 연구방법의 가능성을 인식하는 연구자는, 던져진 질문에 접근하는 데 좀 더 적합한 방법론적 선택과 절충을 이루어낼 수 있다. 방법론에 대한 이해는 역사교육 연구의 영역을 넓혀준다. 특히 역사교육처럼 특정의 방법론이 연구의 전형을 이루고 있지 않은 분야에서 방법론 논의는 틀림없이 미개척의 영역을 연구의 주제로 끌어들이는 데 크게 이바지할 것이다.

역사교육의 담론: 지속과 변화

1. 머리말

현재 우리나라 역사교육 연구가 하나의 학문체계를 형성하는 과정에 있다고 판단하기에는, 논의 대상과 영역이 불분명하거나 논의 구도에 석연치 않은 구석이 있다. 역사교육 연구자가 늘고 대학에서 관련된 연구과정이 확대되고 있음에도, 역사교육 연구가 지향해야 할 바는 무엇이며 누구를 위해 그렇게 해야 하는가라는 질문과 이에 대한 답은 산발적으로 언급될 뿐이다. 더구나 많은 역사학자, 역사교사, 그리고 역사교육에 대해 이야기하는 대중들이 역사교육 분야의 정체성을 인정하지 않거나 연구의 성격과 가치를 의심하고 있다. 이 글에서 필자는 역사교육에 관해 당연시해온 문제 영역과 범주를 새로운 시각과 방법에서 해체하고 재구성하여 역사교육 연구가 이처럼 답답한 상황에 처하게 된 이유에 답하고자 한다.

많은 사람들이 역사교육의 중요성과 필요성을 인정하지만, 그들이 처한 위치에 따라 역사교육이라는 영역에 대한 인식과 역할과 가치에 대한 기대가 다르다. 그리고 이러한 인식과 기대는 광범위하고도 미세한 지식권력망 속에서 거론된다. 이렇게 형성된 역사교육의 담론은 복잡한 나눔의 체계로 구성되어 있고, 나눔의 여러 체계들은 배제의 체계를 함축한다. 즉 차이와 구별의 역학이 작용하고 있는 것이다.

　그렇다면 이러한 권력관계의 작동이 역사교육의 논의와 현실을 어떻게 구분 또는 차별화하고 있으며, 그 결과로서 역사교육의 연구 대상 혹은 현장 역사교육은 어떤 상태에 처하게 되었는가? 또한 이 과정에서 역사교사, 역사학자, 역사교육 연구자 등 역사교육담론의 주체들은 어떻게 재배치되었는가? 그리고 이러한 담론 구도 속에서 역사교육을 연구한다는 것은 어떤 의미인가?

　이상의 문제의식을 바탕으로 필자는 역사교육에 관해 이론과 현장, 내용과 방법, 위기와 저항 등의 범주가 설정되고 생성·유포·변형되는 과정과 양상을 분석하여, 이러한 개념적 경계와 구분이 역사교육의 연구에 도움이 되는 것이 아니라 극복해야 할 대상임을 주장하려 한다. 이를 위해 다양한 컨텍스트 하에서 역사교육에 관한 의미가 어떻게 (재)생산·전달·변화하였는가에 주목하였다. 그리고 역사교육담론 주체들의 생각을 추적하기보다 이들이 말한 내용이 오늘날 우리에게 어떠한 의미로 이해되는가에 주목하고자 했다. 일종의 메타 분석으로서 이러한 작업을 통해 역사교육에 관해 불분명한 문제 영역이나 왜곡된 논의 구도를 점검할 수 있을 것이다.

2. 역사교육담론 분석: 이론적 탐색

이 글의 방법론적 전제라 할 수 있는 담론 분석은 현재 상황에 대한 문제제기에서 출발한다. 즉 담론의 대상에서 다루는 문제 영역이 불분명하거나 질곡 상태에 있을 경우 또는 담론의 발산과 확대, 풍부화가 오히려 담론 대상과 영역을 통제하고 범주화하여 이에 대한 문제화를 가로막고 방해하는 경우에, 담론 분석은 새로운 문제제기와 관점의 변화를 마련하는 기회를 제공할 수 있다. 즉 당연히 여겨온 가설과 전제에 대한 회의 및 비판이 바로 담론 분석의 취지이다.

담론 분석은 우선 친근한 것을 낯설게 보는 비판의 시각에서 출발하여, 한 영역(주로 학문 분야라고 일컫는)에서 무엇을 대상으로 어떤 담론이 어떻게 형성되었으며, 영역 내에서 어떠한 것들이 진리 혹은 사실이라 인정되었는가를 검토한다. 그리고 이러한 담론화의 과정에서 배제되고 통제된 것들이 무엇인가를 중시한다. 담론 분석은 지식과 학문의 근본 가정에 대한 회의와 비판을 전제로, 언어·개념·지식체계에 영향을 미치는 사회적 권력관계의 작동에 주목하여 지식의 문제를 역사화한다. 여기서 역사화란, 담론은 권력이 개입한 앎의 의지의 결과라는 현재의 시각과 문제의식을 바탕으로 지식이 생산되는 조건과 그것에 작용하는 권력관계를 역사적 사실로 파악하는 것이다. 여기서는 권력과 지식의 관계에서 지식이 권력의 양상을 어떻게 형성하고 또 권력관계가 지식의 영역을 형성하는 데 어떠한 영향을 미치는가 하는, 권력과 지식의 상호관련성이 문제의 핵심이다.

자아를 구성하는 물질적 영역으로서의 지식은, 자아의 행위와 참여를 유도하고 조절하는 사회적 영역이다. 이처럼 이론과 지식이 생성되는 사회적 · 언어적 관례와 메커니즘 그리고 이것에 작용하는 권력관계에 주목하는 작업을 통해, 어떤 역사적 범주나 개념이 형성되고 그에 따라 다양한 주체들이 담론적으로 구성되고 투쟁하고 수용되는 갈등과 모순의 과정을 규명하게 된다.[1]

푸코는 고고학이라는 새로운 방법론적 개념으로 담론의 형성과 변화를 살피면서, 근대라는 총체적인 패러다임 속에 이것이 배태한 교묘하고 억압적인 미세 권력들이 작용하고 있음을 밝혀내려 하였다. 푸코는 이러한 분석을 통해 앎의 의지와 학문의 탄생 그리고 이러한 과정에 개입하는 권력망을 여실히 드러낸다. 그는, 근현대의 섹스에 관한 이야기들이 우리를 자유롭게 할 것이라는 착각과 반대로 다양한 성애 담론들이 기존 '질서'를 유지하고 성애를 통제하는 한 방법에 불과하다고 예시하였다.[2] 그에 따르면, 성 억압의 이론은 모든 성적 욕망이 법에 종속되어야 한다는 원칙에 따라 성적 욕망의 장치가 확산되는 과정을 정당화한다. 그러나 이 이론은 동시에 사회계급에 따라 성적 욕망을 차별화하는 위선적인 성질을 내재하고 있으며, 이러한 배경에서 근친상간의 금지라는 강력한 명분 아래 성을 통제하는 권력화된 지식이자 학문으로 정신분석학이 등장한다는 것이다.[3]

역사교육을 둘러싼 담론은 성 담론과는 그 배경과 구실이 다르다. 그러나 하나의 학문 분야가 그에 속하는 또는 그렇다고 인정되는 담론의 생산에서 통제체계를 구성한다는 시각에서 보면, '역사교육이 학문적으로 체계를 갖추는 과정이 실제로는 다양한 역사교육의 담론을 배제하고 구별하고 위계화하는 절차가 된 것은 아니었을까?' 하는 의문을 품을 수 있다. 더불어 어떤 명제 또는 진술을 하나의 학문 분야에서 사실로 인정하는 담론정책(discursive policy)의 규율이 있다면,[4] 역사교육 분야에서는 누가 이러한 정책을 결정하는가를 문제 삼을 수도 있다.

역사교육의 경우에 이러한 담론 분석이 적절하지 않을 수도 있다. 푸코가 말한 대로 하나의 담론이 형성되는 데에 몇 가지 구분점이 나타난다고 볼 때, 역사교육의 담론은 아직 하나의 담론 관행이 개별화되고 자율성을 취하게 되는 순간, 그에 속하는 진술(statement)이 형성되는 유일한 체계가 작동되는 순간, 또는 이 체계가 변화되는 순간, 즉 실증성의 문턱(threshold of positivity)에조차 도달했다고 보기 어렵다. 사실 담론 분석이 초점을 두고 있는 것은, 이 문턱의 뒤에 오는 인식론화의 문턱(threshold of epistemologization), 과학성의 문턱(threshold of scientificity), 그리고 공식화의 문턱(threshold of formalization)이다.[5] 역사교육 분야는 아직 권력화된 통제의 형식으로 학문화되지 않았기 때문에, 다시 말해 담론대상의 실증성이 빈약하기 때문에 권력과 지식의 상관관계를 파악하기에 적절하지 않은 영역일 수 있다.

그러나 이러한 문제점들이 있음에도 담론 분석은 역사교육에 현실적으로 매우 예리한 분석과 문제제기의 시각을 제공할 수 있다. 역사교육의 담론에 참여하는 주체는 다양하다. 역사교육이라는 말은 이제 일반 대중에게도 낯설지 않지만, 그들에게 소비되는 역사교육에 대한 담론을 생산하고 유통하는 주축은 역사학자, 교육정책과 교육과정 담당자, 역사교육 연구자, 역사교사 들이다. 그러나 이들이 역사교육에 대해 말하면서 관철하고자 하는 이해관계와 전달하고자 하는 의미는 사뭇 다르다. 그리고 그것은 흔히 '올바른 역사교육'이니 '바람직한 역사교육', 또는 '역사교육의 정상화'라는 광범위하고 논쟁 회피적인 담론화 과정 속에 잠복해 있다. 이들 논의 주체가 서로에게 기대하고 요구하는 것을 교환하는 과정에서 권력관계가 작동하게 된다. 그것은, 이들이 흔히 거론하고 있는 것이 무엇이며 그 가운데 어떠한 것이 역사교육이라는 분야의 담론으로 형성되고 인정되는가를 살펴봄으로써 드러난다. 따라서 담론 분석의 관점과 방법은 역사교육 분야에서 가려져 있던 문제를 드러내고 새롭게 보는 데에도 유효하다고 할 수 있으며, 이 글은 이러한 유효성에 대한 방법론적 시도이기도 하다.

3. 구분과 범주화: 몇 가지 사례

1) 담론 형성과 구분의 시작: 이론과 현장

역사교육담론의 형성과 변화에서는 역사교육연구회의 창립과 전국역사교사모임(이하 교사모임)의 결성이 가장 결정적인 계기라 할 수 있다. 왜냐하면 약 40년의 시차를 두고 이 두 단체가 만들어진 취지와 배경에 당시의 사회, 정치 상황과 시대적 변화가 명시적으로 또한 암시적으로 드러나 있기 때문에, 역사교육의 담론을 분석하는 데 더할 수 없이 중요한 대상이 된다.

먼저 '역사를 연구하여 교육 발전에 기여한다는 취지 아래 직접 사학연구와 역사교육을 담당하고 있는 일선 교사를 중심으로 발기'한 역사교육연구회의 창간사를 살펴보자.

교育은 畢竟 教室과 教師를 通한 하나의 實踐이다. 教育에 理念과 理論의 樹立이 緊要치 않은 바가 아니나, 實踐을 度外視하고 現場에 맞지 않는 理念이나 理論은 한낱 空念佛에 不過한 것이다. 一線

의 各科 教育面에 더 큰 注意와 關心이 집중되어야 할 것이다…….
생각하면 日帝의 植民地教育下에 있어 가장 虐待를 받아온 것은 歷
史教育이었다. 自民族의 歷史가 無慘히 抹殺되고 政策的인 史實의
捏造와 歪曲이 恣行되고 甚至於 우리들은 歷史教育者로서 資格까
지 剝奪 當하고 말지 않았던가. 그러나 日帝의 桎梏에서 벗어나 歷史
教育의 自主性을 回復한 지 十有一年! 그동안 우리들이 成就한 것
이 무엇인가를 自問해볼 때 實로 慙愧함을 禁할 수 없다. 그동안 歷
史教育을 圍繞하고 提起된 문제가 한두 가지가 아니었으니, 거기에
對하여 우리들은 얼마나 着實히 생각하였으며 果然 圓滿한 解決을
주었다고 自負할 수 있는가. 新生 國家에 대하여 適應할새 教育理論
의 確立조차 못 본 채 過去의 體系와 方法을 大部分 無自覺的으로
踏襲하고 있는 現實이 아닌가. 여기에는 當局者의 力量의 貧困도
問題가 되겠지만, 擧皆가 위로부터의 指示에만 의존하고 官制 方針
이면 沒批判하게 받아들이려는 一線 教育者의 責任이 더 크다고 할
것이다. 民主主義는 서로 發言하고 意見하고 批判하는 가운데 生存
하는 것이다. 한때 論議된 社會科의 統合 問題라든가 新컬리규럼
制定 等 重要한 問題에 關하여도 奇異하리만치 一線 教師들로부터
는 何等의 反響을 들을 수 없었던 것이다. 우리는 입으로는 民主主
義 教育을 叫號하면서도 實은 唯唯服從의 日帝時代의 惰性을 踏襲
하고 있지나 않은가, 이와 같은 바람즉하지 못한 狀態를 早速히 止
揚하지 않고서는 到底히 歷史教育의 新生面을 期待하기는 困難할
것이다.
一線 教師들의 同志的 結合인 歷史教育硏究會 發足의 理由가 여기
에 있는 줄 안다. 同會는 發足한 지 日淺하나 이미 數次의 發表會와
座談會를 거듭하여 不少한 成果를 거두어오던 中 이번에 그 使命에

더욱 充實하기 위하여 回報로서 本誌를 發刊하게 된 것이다. ……[6]

이처럼 역사교육연구회의 창간사는 이상하리만큼 탈이념화되어 있으며, 다른 무엇보다도 현장과 실천의 문제에 무게를 두고 있다. '역사를 왜 가르쳐야 하는가?', '당시의 시대 상황에서 중등역사교육이 지향해야 할 것은 무엇인가?' 하는 문제, 즉 역사교육의 가치와 목적에 대한 언급이 없다. 여기서 당시 해방과 전쟁을 겪은 지 얼마 되지 않은, 사상적으로 매우 경직된 사회 상황에서 역사교육의 이념을 거론하는 것이 위험한 일이었다는 사정을 헤아릴 수 있다. 창간사를 일관하여 흐르고 있는 것은 현장의 중요성과 그를 위한 실천적 연구가 필요하다는 주장이다. 또한 일제시대의 교육을 쇄신하기 위해 가장 중요한 것은 현장 교사들의 자각과 실천적 노력으로 보았기에 '일선 교사들의 동지적 결합'인 역사교육연구회가 발족한 이유도 여기에 두고 있다. 사실 역사교육연구회가 일선 교사들의 동지적 결합의 성격을 상당 부분 탈피하여 순수 사학 연구자들에 의해 주도되면서 이런 사정이 결국 역사교사들이 별도로 교사모임을 결성하게 된 배경의 일부가 되었지만, 그보다 창간사에서 가장 두드러지는 주장은 현장과 실천이다. 이는 역사교육 현장 문제에 대한 관심 속에서 역사교육연구회의 초기 구성원들이 교육과정과 교과서 및 보조자료, 학습지도의 실제와 평가, 학습지도안, 미국 역사교육 현황에 대한 소개 등, 이른바 현장성 짙은 논문을 주로 발표하였다는 것에서도 나타난다.

역사교육연구회 창간사의 내용이 탈이념화되어 있는 반면, 교사모임의 창립선언문은 역사교육을 왜곡하는 지배질서에 저항하고 참된 역사교육을 세우기 위해 역사교사가 함께해나가야 한다는 결의로 차 있다. 결의의 분위기가 피부로 느껴지는, 교사모임의 창립선언문은 다음과 같다.

　　우리는 오늘 어제까지의 왜곡된 역사교육을 떨쳐버리고 참된 역사교
육을 실천하기 위하여 새로운 걸음을 시작한다. 참된 역사교육은 우
리가 발 딛고 있으며 살아 숨 쉬는 이 땅, 이 시대의 과제인 민족, 민
주, 통일과도 무관할 수 없으며, 따라서 우리는 무거운 책임감을 느끼
면서 힘찬 발걸음을 내딛고자 한다.
　　역사교육 본래의 목적이 올바른 역사인식, 역사관을 바탕으로 현실의
과제를 바로 알아 그 해결방안을 모색하며, 그것을 온 몸으로 실천에
옮김으로써 바람직한 미래를 창조할 수 있는 민주적인 시민을 양성하
는 데 있음은 주지의 사실이다. 그럼에도 불구하고 여지껏 우리는 지
배질서의 유지를 위한 획일적이고 경직된 역사인식, 역사관을 강요하
는 왜곡된 역사교육의 하수인 역할을 하여왔음을 솔직히 고백한다.
아울러 우리는 교과서와 입시제도에 모든 책임을 전가하고 소심함과
안일 속에 안주했던 지난날들을 뼈저리게 반성한다.
　　물론 문제해결을 위한 주체적이고 의식적인 노력이 없었던 것은 아니
다. 우리들은 때때로 우리가 가르치는 역사교육의 내용과 방법 등에
관해 고민해보고 '이게 아닌데' 하면서 우리가 옳다고 믿는 바를 펼쳐
보이려고 했던 적도 있었다. 그러나 우리는 그러한 과정들을 통하여
혼자서는, 몇 명이서는 아무것도 할 수 없음을 깨달았다. 개인과 소수
의 고민과 노력만으로는 교과서라는 괴물과 상급학교 입시라는 거대
한 벽을 뛰어넘을 수 없었던 것이다. 결국 우리는 문제를 관념적으로
인식하기 일쑤였으며, 나아가 커다란 좌절과 패배를 맛보아야 했다.
　　이제 우리 역사교사들은 어제의 좌절과 패배를 떨쳐버리기 위해 이
자리에 모였다. 우리 모두는 '혼자가 아니었구나', '우리만이 아니었구

나'를 서로 확인하면서 가슴 벅찬 감동으로 비뚤어진 역사교육을 바로
잡기 위한 노력을 꾸준히 전개해나갈 것이다. 물론 역사교육을 위한
교사모임이 참된 역사교육을 위한 출발에 불과함을 우리는 잘 알고 있
다. 한꺼번에 모든 것을 얻을 수는 없으되, 우리들의 주체적인 노력이
하나로 뭉쳐진다면 분명코 역사교육의 앞날은 밝을 것임을 확신한다.
자! 이제 지난날의 좌절과 패배를 떨쳐버리고 살아 있는 참 역사교육
의 새 장을 열어나가자.
민족과 역사 앞에 부끄러움이 없는 참 역사교육을 일궈나가자.

참된 역사교육 만세!
역사교육을 위한 교사모임 만세![7]

교사모임은 시대의 과제인 민족 · 민주 · 통일에 주목하는 역사교
육을 지향한다. 이는 현장의 역사교사들이, 지배질서의 유지를 위해
획일적이고 경직된 역사인식, 역사관을 강요하는 역사교육의 하수
인 구실을 극복하려는 의지를 그대로 드러낸 것이라 할 수 있다. 전
국역사교사모임 창립 10주년 기념좌담회에서도 거론되었듯이, 모임
을 결성하는 계기가 된 가장 현실적인 문제는 국정화된 교과서였고,
교사의 주체적이고도 주관적인 역사의식을 펼 수 없는 상황을 타개
하는 것이었다.
1980년대 후반 권위주의 정권에 대항해 민주화운동이 활성화되고
있는 상황이었다고 해도, 이러한 입장을 밝힌 것은 공교육을 관장하
는 정부 당국에 대한 심각한 도전이며 저항이었다. 이로 말미암아
교사모임의 결성과 활동은 정부 당국의 감시와 탄압의 대상이 되었
고, 주요 활동인물이 치른 희생과 대가도 컸다.

독립정부 수립 후 6·25전쟁의 막대한 피해와 1960~70년대의 정치 동요, 산업화의 격심한 사회변화를 겪으면서, 교육체제와 내용을 개선하려는 움직임이 일곱 차례에 걸친 전국 규모 교육과정 개편으로 나타났다. 그리고 획일적이고 하향적인 교육과정의 개발과 운영은, 교사가 가르치는 내용에 대한 구속과 장애로 작용하였다. 군사정권 통치기간 중 교육과정 개편에서 가장 강조된 것은, 반공과 근대화의 이념 또는 이를 통한 통치의 합리화였고, 이는 역사교육의 현장과 이론 연구의 내용과 범위에 무시할 수 없는 영향을 끼친 중요한 외부 여건으로 작용하였다. 물론 정치 사정의 변화, 탈냉전시대의 도래, 남북관계의 새로운 국면과 같은 상황도 염두에 두어야 하긴 하지만, 이 외부 여건의 잔재는 여전히 교육과정과 교사의 교육내용 간에 갈등을 불러오기도 한다.

이러한 정치 상황과 교육과정은 당연히 역사교육에 체제순응적 기능을 요구하였다. 교사모임은 이에 대한 반발로 진보적인 역사교육의 이념을 내세우고, 입시로 짓눌린 교육 현실 속에서 좀 더 의미 있는 역사수업을 위한 노력을 기울였으며, 그 결과로 위에서 언급한 현장 위주의 독자적인 논의 공간을 마련하였다.

그러나 모임의 성격과 창립선언문에 이처럼 정치적 성향이 두드러진다고 해도, 이것은 현장의 중요성을 전제로 한 것이었다. 역사교육의 주체로서 교사는, 이 전제를 바탕으로 하여 대학 강단 역사학과 역사교육 논의에서 산출되는 '현장에 도움이 되지 않는' 이론을 적극적으로 비판하였다. 이러한 정서는 연구단체와 현장교사들의 연계성 단절을 지적하는 글에서도 발견된다.

연구단체들은 역사를 연구하였지, 역사교육을 연구한 것은 아니었습니다. 그들은 상아탑이라는 높은 곳에서 아랫것들 하는 것을 내려다보고 있었던 것을 아닐까요? 역사교육연구회와 교사모임의 만남은 중요한 전기가 되는 것으로 봅니다. 작전은 있고 군대는 없는 모습으로 지난 수십 년을 이어왔습니다. 현장의 교사들은 역사교육연구회를 조금은 두려운, 접해보아도 별 소득이 없는 껄끄러운 눈으로 바라보고 있습니다. 이제 현장교사가 무엇을 갈구하는지 그것을 해결하기 위해 노력해주셔야 합니다. …… 순수 사학이 아닌 역사교육을 위한 방법과 대안을 제시하여 우리로 하여금 그것을 실천하게 하는 이론을 제공해주시기 바랍니다.[8]

이론이 현장적이어야 한다는 이러한 기대와 요구는 이론 연구의 의미와 가치, 그리고 연구자의 자기정체성에 대한 본질적인 질문으로 이어진다. 김한종은 아래의 글에서 이러한 고민을 솔직하게 드러내고 있다.

역사교육이론에 관한 글을 쓰고 난 다음 가장 커다란 부담을 느끼는 것은 다음과 같은 질문을 받았을 때이다. "글을 잘 읽었는데, 그 내용을 구체적으로 어떻게 실제 수업에 적용할 수 있을까요?" 그럴 때면 내가 대답하는 방식은 크게 세 가지인 것 같다. 첫째는, "그 글은 실제의 적용보다는 이론적 정립을 위하여 쓴 것이다", 둘째는 "원래 이론은 이상적인 현상을 전제로 한 것이므로, 현실과는 다르다", 셋째는 "나도 교육 현장에 직접적이고 구체적으로 도움이 되는 글을 쓰고 싶은데, 아직까지 공부의 수준이 거기에 이르지 못하고 있다". 아마도 세 번째가 가장 솔직한 답변이다.[9]

김한종은 이어서 '교수-학습 문제에 관한 글들이 단지 이론에 지나지 않으며 실제로 수업을 하는 데 별다른 도움을 주지 않는다는 비판도 그대로 인정할 수밖에 없으며', '체계가 세워져 있지 않은 상태로나마 이론과 현실의 거리감을 좁혔으면 하는 바람' 속에서 '당장 현장의 역사수업에 직접적으로 적용할 수 있는 방안을 제시하거나 모형을 개발하지 못한다면, 현실 수업의 상황을 반영하는 이론적 논의라도 해보는 것이 필요하다'라는 의견을 밝히고 있다.[10]

현장의 중요성을 강조하는 사람들은, 이론 연구자들이 학문적 담론의 권위 속에서 현장의 문제를 가볍게 여기거나 잘못 파악하고 있다고 비난한다. 이러한 이론의 오만과 허식은 연구자 집단을 위해 재생산되는 것이지, 현장 교사에게는 별 도움이 되지 못한다는 것이다. 현장의 중요성에 대한 강조와 이론의 실천성 빈약함에 대한 비판 속에서 이론과 현장은 자연스럽게 갈등의 관계로 설정된다. 이론과 현장의 갈등은 여전히 강력하게 남아 있는 역사교육 논의의 이분법이다. 당연히 이 이분법은 교사는 현장, 연구자는 이론이라는 식으로 논의주체를 편 가르는 속성을 포함하고 있다. 문제는, 이처럼 편을 가르는 속성이 불필요한 대립과 갈등을 부르고, 더구나 논의의 구도를 왜곡시킨다는 점이다. 흔한 비판에도 불구하고 필자가 파악하기에 현장을 무시하고 이론만을 중시하는 연구자는 많지 않다. 오히려 논의주체를 편 가르는 것에 앞서 물어야 할 것은, 현장적이라는 의미가 무엇인가, 현장에 도움이 되는 이론이란 무엇인가 하는 것이다. 그러나 이론과 현장의 이분법적 담론은, 현장의 중요성을 교과교육 분야 존립의 전제로 여겨 왜 현장적이어야 하는가 혹은 무엇이 현장적인가 하는 것을 중시하기보다 얼마나 현장적인가 하는 것을 잣대로 삼아 이론 연구의 가치와 유용성을 평가한다. 더구나 얼마나 현장적인가를 판단하는 주체는 누구이며, 판단의 기준이 되는 '현장적'이라는 것의 내용이 무엇인가에 대한 논의도 없다.

사실 이론과 현장이 역사교육을 구분하는 범주로서 설정되는 것과 동시에 이론 연구는 현장에 도움이 되어야 한다는 일종의 강령이 자리 잡게 되었다. 필자는 역사교육이론이 단지 이론에 지나지 않으며 실제로 현장에 별다른 도움을 주지 않는다는 비판을 그대로 인정하지는 않는다. 그렇다고 해서 이러한 이 비판을 이론 연구를 옹호하는 입장에서 방어하거나 반박하려는 것도 아니다. 강조하고자 하는 것은, 이러한 구분이 이론상 타당하지도 않으며 실천적 국면에서도 유익하지도 않다는 것이다.

보통 역사교육의 현장이라고 하는 학교 역사수업의 현상은 어쨌든 그에 대해 이야기되지 않으면, 즉 이론화되지 않으면 문제 영역 혹은 대상으로서 실증성을 획득할 수 없다. 즉 현장은 이론을 통하여 그 의미와 문제가 표현될 수 있으며, 역사교육이론은 바로 이러한 현상을 문제화하는 국면 혹은 영역에 다름 아니다. 또한 이론과 현장이 연구자와 교사의 역할을 구분하는 것으로 인식되는 것에도 문제가 있다. 간단히 말해서 이론과 현장은 구분되어야 할 별도의 영역이 아니라, 교사나 연구자 양자가 하는 일에서 서로가 문제를 제기하고 서로를 성찰의 대상으로 하여 보완하는 연속체다.

구태여 양자를 구분하여 이론 역사교육이 현장에 도움을 주지 못한다고 할 때 문제가 되는 것은, 필요한 도움이 무엇이며 그것이 어떻게 제공될 수 있는가 하는 문제이다. 예를 들어 교수학습이론은 그것이 수업의 모형이든 방법이든 실제로 벌어지는 수업에 대한 처방이 아니다. 만약 처방과 같은 수업의 절차와 방법을 제공해야만 이론 연구가 현장에 도움을 주는 것이라면, 그것은 도움이 아니라 교사의 역할에 대한 간섭이며 침해이다. 왜냐하면 그것은 가르치는 사람이 구상·판단·결정해야 할 부분을 포기하는 것과 마찬가지이기 때문이다. 역사가가 관점과 해석을 통해서 역사지식을 만들어내는 것과 마찬가지로, 역사교사는 가르칠 내용을 재구성한다. 즉 교사도 역사지식을 만들어내는 존재이다. 역사지식의 생성에서 관점과 해석이 중요하다고 한다면, 그것은 역사가만이 아니라 교사에게도 해당되는 말이다.[11]

이론은 정책이나 처방이 아니라 연구자가 제기한 문제, 즉 연구자가 주목하는 상황에 대한 이야기라 할 수 있다. 이론은 궁극적으로 말하여 현장을 이해하려는 노력인 동시에 현장 상황에 대한 문제화이다. 또 이렇게 이해한 바에 대해 다른 사람의 이야기를 요청하는, 이해의 소통과정의 한 부분이 바로 이론 연구이다. 이론은 무리하게 현장의 문제에 대한 처방과 해결을 제시하는 대신에 이것을 개념화하고 문제화함으로써 본래의 역할에 충실할 수 있다. 이론이 현장에 공헌한다고 해서 현장의 문제에 대한 직접적인 처방과 해결에 몰두하거나 현장에서 제기하고 기대하는 문제에 대한 요약·정리에만 치중한다면, 이론의 기능과 영역은 사라지고 현장은 문제제기와 비판의 기회를 상실하게 된다. 만약 이론 연구가 일종의 지식권력으로 현장의 문제와 목소리를 왜곡하거나 억누른다면, 이 경우 어떻게 그러한 권력의 메커니즘을 형성하고 그 안에서 기능해왔는가에 대한 비판이 필요할 것이다. 그러나 이것은 이론 연구가 현장에서 동떨어져 있다거나 적용 가능성이 희박하다는 비판과는 성격과 차원이 다른 것이다.[12]

2) 교과교육의 등장과 구분의 중복: 내용과 방법

이론과 현장이 역사교육이론의 역할과 성격과 관련하여 이론 연구자와 역사교사를 거론할 때 등장하는 이분법이라면, 내용과 방법은 주로 역사학 연구자가 역사교육의 영역과 성격이 무엇인가의 문제를 논의할 때 등장하는 범주이다. 그러나 이 두 가지 이분법은 논의의 구도에서 상당히 밀접하게 관련되어 있기도 하다. 즉 현장교사는 방법 우선이고 연구자들은 내용을 제공해주는 것이라는 식으로 교사와 연구자의 역할을 분담하는 경우가 많다.

내용과 방법은 갈등과 대립의 관계로 논의되는 경우가 흔하다. 이러한 이분법에서는, 내용을 알면 잘 가르칠 수 있다는 주장과 내용은 잘 모르더라도 가르치는 방법을 잘 알고 있으면 잘 가르칠 수 있다는 주장이 대립된다. 그리고 역사교육에서 이러한 대립은 역사학과 교육학의 갈등 양상으로 표현된다. 사실 내용과 방법의 대립 혹은 갈등은 원래 있었던 것도 아니고 오래 전부터 지속돼온 것도 아니다.[13] 이해하는 것, 아는 것, 가르치는 것은, 내용과 방법으로 구분되지도 차별되지도 않았다. 이것은 모두 동일한 인지작용의 연속 국면으로 이해되었다.

내용과 방법이 대립의 구도로 거론된 것은, 교사에게 필요한 지식은 어떤 것인가 하는 것과 연관되어 있다. 다시 말해 교사양성과정에서 요구되는 학문 영역이 어떠한 것이 되어야 하는가 하는 문제는 곧 사범대학의 위상 및 독자성과 관련된 문제로 이어지고, 이는 교과교육이라는 용어의 개념과 정의에 대한 담론으로 분절된다. 이러한 상황은 흔히 내용이냐 방법이냐 하는 오랜 갈등의 한편으로 역사교육의 위치를 강요하기도 하고 역사교육의 논의 영역을 제한하기도 한다.

사실 사범대학의 위상과 독자성에 대한 문제가 교과교육의 특성화로 이어지는 과정은 역사교육이 교과교육의 일부로서 학문화를 모색한 과정이라 할 수 있다. 또한 이것은 역사교육연구회가 발족되고 교사모임이 결성되기까지 약 40년간 학문 분야로서 역사교육이 제도화된 과정이기도 하다. 여기서 제도화되었다는 것은 역사교육 연구자가 하나의 연구공동체로서 다른 분야와 구별되는 연구대상·개념·방법을 모색하는 과정, 그리고 이처럼 학문다운 모습으로 이론적 체계를 갖추려는 노력이 역사학과 교육학 분야에서 수용되고 평가되는 과정에 들어섰음을 말한다. 1970년대에 역사학과 역사철학의 방법론에 근거하여 학습모형을 구성하고 역사교육 연구방법에 대한 교육적 접근을 모색하거나, 1970년대 후반 이후에 학문의 구조를 중시하는 교육이론과 탐구학습의 원리를 이용하여 역사교과의 탐구방법과 역사내용의 구조화와 일반화를 시도한 연구 성과는 대표적인 사례이다.[14]

　이러한 학문적 제도화의 과정은 단지 역사교육 연구의 내용에서만 진행된 것이 아니라, 논의의 장소로서 그리고 연구자가 소속한 곳으로서 사범대학의 위상과 관련되어 거론되었다. 즉 서울대학교가 종합화되고 또다시 사범대학의 독자성이 문제되면서 해결, 협의 혹은 강요의 결과로 등장한 것이, 사범대학을 특성화한다는 명분으로 교과교육의 학문적 체계를 수립하고 교사교육 프로그램에서 그 비중을 강화하는 것이었다. 대학에서 역사교육 전공교수가 확보되고 석·박사 과정이 확대된 것은, 교과교육을 강조하여 사범대학의 독자적 위상을 지키려는 움직임의 결과다. 뒤집어서 말하면 이것은 교과교육으로서 역사교육이 제도적으로 사범대학의 위상 변화와 밀접한 관련을 맺게 되었음을 의미한다.

그러나 교과교육의 개념과 이른바 내용학문의 관계는 완전히 정립되어 있지 않으며, 각 교과의 교과교육에 대한 입장도 서로 다르다. 예를 들어 교육학에서는 교과라는 것에 대해 개별 교과학이 아닌 통칭 교과교육학을 상정하고 있다. 이 입장에서는 담고 있는 실질적 내용이 무엇이건 간에, 각 교과에 학문적 활동의 일반적 체계와 형식이 있다는 것을 교과교육학의 기본이라고 전제한다. 따라서 각 학문의 개별적 특성보다 일반적인 체계와 형식을 다루는, 통칭 교과로서의 교육방법적 기술에 대한 이해가 중요하다는 것이다.[15]

이러한 입장에서 구분된 교육방법 중심적 교과교육학과 교육내용 중심적 교과교육학의 대립은 역사교육 분야에 그대로 이입되어, 역사로써 가르친다 혹은 역사로서 가르친다 하는 다소 작위적인 논쟁을 초래하였다. 그러나 원리적으로 교육방법 중심적 교과교육으로서 역사교육은 주로 교육학의 이론과 원리를 적용하는 것을 뜻하므로, 이 경우에 역사교육은 교과교육의 일부로서 교육학의 방법과 역사학 내용의 기계적 혼합물 이외의 가치와 성격을 가지기 어렵다. 이러한 편협한 의미의 역사교육은 단지 교사양성 교과과정의 구색을 맞추기 위한 편의적인 개념으로 역사학과 교육학 간의 갈등관계를 더욱 복잡하게 하고 첨예화하는 부작용을 불러오기도 하였다.[16]

역사교육에서 내용과 방법은 다양한 의미로 사용된다. 우선 연구 결과로서 내용과 연구절차 혹은 과정을 일컫는 방법이 있다. 또는 내용이 역사를 이루는 결과로서의 지식과 절차로서의 방법을 포함하고, 방법은 그것을 가르치는 기능이나 기법을 일컫는 경우도 있다.

따라서 내용과 방법의 대립에서 방법은 두 가지의 뜻으로 이해될 수 있다. 첫째, 이때 방법은 효율적인 학습을 위한 원리와 절차를 가리킨다. 둘째, 역사교육에서 방법 중심이라고 말할 때의 의미는 역사학의 연구과정과 절차, 즉 역사학 연구방법의 절차적 지식을 뜻한다. 그러나 내용과 방법을 이원화하는 갈등의 담론에서는 방법의 두 가지 의미가 구별 없이 혼용되고 있다. 즉 내용과 방법을 대립적으로 파악하는 경우, 많은 사람들이 학습원리로서 방법과 역사 연구과정과 절차로서 방법을 고의로든 아니든 착종(錯綜)하고 있다.

이처럼 가르치는 방법과 연구의 방법을 혼동하거나 단순화함으로써 역사교육 연구를 기능화하는 결과가 빚어진다. 즉 많은 사람들이, 역사교육 연구의 임무가 역사학의 연구 성과를 학생들에게 전달하기 위해 학생의 발달 수준을 측정하고 그 수준에 적합한 역사내용이 어떤 것인지에 대해 안내하는 것이라고 말한다. 이른바 역사교육학이 역사와 심리학의 결합이라는 말은, 이러한 관심과 기대의 대표적인 표현이다. 심리학은, 게다가 교육학을 통해 논의된 심리학은 역사학습을 둘러싼 어떠한 배경 학문보다도 중요시된다. '역사학습의 사회적 맥락'이라는 말은 낯설어도 '역사학습의 심리적 기초'는 매우 자주 듣는 용어이다.

사실 심리학은 교육 전반에 관한 논의에 압도적인 영향력을 행사하였고, 이러한 미국적 전통은 우리나라 교육학에서도 거의 그대로 반복되었다. 교과교육의 논의에서도 사정은 마찬가지였다. 과학의 모습을 갖추기 시작한 초창기 심리학은, 미국이 19세기 말 그리고 20세기 초에 본격적인 산업화 단계에 들어서면서 학생의 지능과 적성을 측정하고 평가하여 사회가 필요로 하는 부문에 배치하고 그에 적합한 기능을 양성하는 것을 교육의 역할로 규정하는 데 크게 이바지하였다. 특히 학생 개개인을 보편적으로 표준화된 발달단계에 따라 정상과 비정상으로 구분하여 개별화하고 학생의 연령과 그에 상응하는 발달 수준에 따라 학습내용을 선택해야 한다는 발달단계이론이 정당화되었다. 결과적으로 보편적인 심리 표준에 따라 학습의 주체인 학생과 학습내용을 재단하는 상황이 빚어진 것이다. 역사교육학이 역사와 심리학의 결합이라는 정의는, 역사교육학에 바로 이러한 기능적 과업을 요구하는 것이라고 할 수 있다.

좀 더 구체적으로 역사적 사고라는 말이 생성되고 유포·이용되는 국면을 살펴보면, 내용과 방법의 갈등 혹은 대립이라는 범주화가 어떻게 역사교육을 둘러싼 담론주체들에게 논의의 영역과 역할을 분담하는 효과를 가져왔는지 파악할 수 있다. 우선 교육정책 혹은 교육과정 개발 담당자들에게 역사적 사고는 단순 암기하는 역사의 방법론적 치유책으로 명분상 손색이 없을 뿐 아니라, 논란의 소지가 많은 역사교육의 목표를 이데올로기에서 분리할 수 있는 방안으로서 매우 매력적인 것이었다. 역사 연구자들에게도 역사적 사고는 역사교육을 역사학의 인접 분야로서 별도의 영역으로 구분하는 데 적절한 개념이었다. 역사학의 연구방법과 절차가 역사적 사고의 바탕이므로, 역사적 사고는 역사교육에서 역사학이 차지하는 본질적인 위상을 다시금 확인해주는 것이었다. 그리고 역사 연구자들은 자연스럽게 그것을 규정하고 수업, 교육과정, 교과서에 구체화하여 활용하는 것을 역사교육의 몫으로 돌릴 수 있었다.

역사교육 분야는 역사적 사고를 독자적인 연구대상과 영역을 설정하고 발전시킬 수 있는 적절한 논의 소재로 받아들였다. 수업방법이나 학습내용 개발 같은 다소 기계적인 작업보다, 역사적 사고를 둘러싼 논의는 하나의 연구 분야로서 역사교육의 모습을 갖출 수 있는 개념과 논의체계를 제공하는 것으로 여겨졌다. 더구나 인접 학문과의 관련성에서 사고력에 관한 심리학과 교육학의 풍부한 연구 성과, '역사적'이라는 것에 대한 역사학 또는 철학 분야의 깊이 있는 논의는 역사적 사고가 학문적 담론의 대상으로 손색이 없음을 뒷받침하는 것이었다. 더구나 대부분의 교육학자, 교육과정 담당자, 역사 연구자들이 역사적 사고를 역사교육의 주요한 논의 영역으로 기대하였다.[17]

이와 같이 역사적 사고에 대한 담론의 생성과 논의구조는, 지식(역사교육학)이 권력주체(역사학자, 역사교육 연구자, 교육과정 개발 담당자 등)의 의도에 따라 구성되고 변화한다는 권력/지식의 관계와 속성을 드러내면서 논의의 대상과 영역을 구별하였다. 이에 따라 역사적 사고에 관한 담론은 사고의 기능적 양상에 집중되는 결과를 초래하였다고 할 수 있다.

학교에서 가르치는 역사의 내용과 범주는 역사학계가 정하는 원칙에 따르고, 그 구체적인 적용은 역사교육을 연구하는 사람들이 모색하고, 교사는 마련된 내용을 가르치는 역할에 충실하면 된다는 발상도, 권력/지식의 관계와 속성을 내포하고 있다. 원칙, 적용, 실천의 차별은 각 부분의 전문성과 독자성을 존중한다는 명분 아래 상호 관련된 논의의 영역을 기계적으로 분리하고, 이 문제에 관한 다양한 관점과 입장을 위계적 질서로 배치한다. 이러한 논의의 국면에서는 역할 분담에 따른 역사교육의 기능적 활용은 수용되지만, 학문적 성격의 독자성은 쉽게 인정되지 않는다.

한편 교육 현장에서는 내용과 방법의 담론이 다른 방식으로 변환된다. 여기서 주목할 것은, 앞에서 언급한 방법의 두 가지 의미가 가르치는 기법·기술로만 한정되고, 이것이 역사교육이 탈이념화되는 현상으로 파악된다는 점이다. 즉 교사모임은 '역사교육은 기본적으로 이념'이라는 생각에서 논의를 주도해왔지만, 이념의 문제로 출발한 문제의식이 교수방법에 대한 관심과 강조로 바뀌고 있다는 것이다. 이것은 교사모임의 근본 취지와 지향점을 점검하게 하는 본질적인 딜레마이기도 하다. 또한 이념보다 교수방법 혹은 수업자료와 사례가 더 중시되는 이유에 대한 분석은 매우 민감한 문제이기도 하다. 그것은 교사모임이 조직과 규모에서 급속히 성장하면서 구성원들이 문제의식을 공유하기가 어렵게 되었음을 반영하기도 하지만, 교사모임의 다수가 원하는 것을 도외시할 수 없는 자체 성격과도 관련된 문제이기 때문이다.

이와 관련하여 교육매체의 변화라는 시대적 환경 때문에 "예전에는 선생님의 관심사가 교육내용에 대한 것이 주가 되었다면, 지금은 어떻게 가르칠 것인가가 중요하게 다가올 수밖에 없는 상황이 되어버렸다"[18]라는 현상적 진단도 있다. 그러나 "지배층의 집권 이데올로기를 반영하는 내용이 아닌 진정한 역사내용을 가르쳐보고자 하는 것이 역사교사모임을 만들 때의 취지였지만, 오히려 수업방법을 개선하고 수업자료를 개발하는 측면에서 더 성과가 많았던 것 같다"[19]라는 판단이나 "자료를 받아보는 대중들이 자료를 보는 이유가, 처음의 취지와 거기서 부수적으로 나온 교수자료나 매체 때문이 아니라 교수방법의 개선이라든지 자료라든지 이런 점 때문에 늘어났다는 것은 반성할 만한 측면이다"[20]라는 언급은, 교사모임의 진로가 걸린 매우 예민한 사안으로서 방법의 문제를 반영하는 것이다.

이것은 내용의 문제를 먼저 생각한 논의 주도층과 좀 더 현실적인 도움으로서 방법의 문제에 더 관심을 두는 독자 대중의 관계를 어떻게 설정해야 하는가 하는 근본적인 문제로 연결된다. 더구나 방법의 문제가 이념의 문제를 무색하게 할 수도 있다고 걱정하는 논의 주도층에게 이원구도와 우선순위를 내포하고 있는 내용과 방법의 문제는, 주로 전자가 논의를 생산하고 후자가 그것을 소비하는 논의의 유통구조 상 매우 부담스러운 것일 수밖에 없다. 그리고 현재와 같이 방법의 문제를 내용과의 이원대립구도 속에서만 파악한다면, 내용과 방법을 구별하면서 방법을 중시하는 것이 반드시 내용의 탈이념화로 이어지지는 않는다고 주장하기도 어렵다. 즉 내용과 마찬가지로 방법에 관한 고민에도 시각과 관점 그리고 가치와 이데올로기가 내포되어 있다는 점이 간과되고 마는 것이다.

3) 갈등의 반복과 극복: 위기와 정상화

지금까지 역사교육은 이론과 현장 그리고 내용과 방법이라는 두 가지의 범주/분류화를 중심으로 논의되어왔다. 문제는 이러한 범주화가 역사교육의 연구 영역과 현장(이 두 가지가 분명하게 분리되는 것이라면)에 별다른 도움이 되지 못하거나 오히려 양자 모두의 역할과 기능을 왜소화하고 서로에게 적절하지 못한 기대 그리고 그에 따른 실망을 유발한다는 점이다. 그러나 이론과 현장이라는 구분이나 그것과 중복되어 나타나는 내용과 방법이라는 구분은, 또 다른 포괄적인 강령 속에 함몰되는 경우가 있다. 즉 그것은 역사학 혹은 역사교육의 위기에 대해 역사교육과 관련된 논의주체들이 뭉쳐 있는 것처럼 하나의 목소리로 합의된 요구를 말할 때이다. 현재 하나의 목소리 그리고 분명한 요구로 들리는 것은, 위기와 저항 그리고 정상화라는 말이다. 그리고 이 가운데 이념적 저항도 새로운 국면에서 거론된다.

최근 역사교육의 문제는 다시 공론화되고 있으며, '위기' 그리고 '정상화'는 현재 역사교육의 상황을 대변하는 표어가 되었다. 이미 2000년도 전국역사학대회에서 역사교육이 처한 위기를 반영하여 역사교육의 강화를 요구하는 성명서가 발표된 바 있다. 성명서에 의하면 역사교육이 위기를 맞게 된 이유는 파행적으로 개발·운영되는 교육과정 때문이며, 따라서 학교교육은 역사의식과 역사적 사고를 체득시킬 수 있는 기회를 중시해야 한다고 밝히고 있다.

일본의 역사 교과서 왜곡 파동은 이러한 위기의식을 더욱 증폭시키는 계기가 되었다. 여러 곳에서 집회와 시위가 벌어지고 많은 성명서가 발표되었다. 그중에서 2001년 6월 13일에 23개 역사학 관련 학회가 공동기자회견을 열고 성명서를 발표함으로써 역사학과 역사교육의 위기에 관한 논의가 더욱 증폭되었다. 역사 관련 학회들은 성명서를 통하여 일본 역사 교과서의 재수정과 우리 정부의 근본적이고도 철저한 대책을 촉구하는 한편, 마찬가지 비중으로 우리 '역사교육의 정상화'를 촉구하였다. 건의문은 "한마디로 학교와 사회를 막론하고 우리의 역사교육은 총체적 위기에 처해 있다"라고 진단하면서, 교육 당국이 "여전히 제7차 교육과정의 틀을 바꿀 수 없다는 이유로 기존의 교과편제를 고집하면서 왜곡된 역사교육의 현실을 바로잡으려 하지 않고 있다"라고 비판하고 있다. 이어 "문제의 심각성을 직시하고, 학교교육과 사회교육의 부분에서 이를 해결하기" 위해, 건의문은 다음과 같은 방안을 제안하고 있다.

첫째, 중·고등학교 교육과정에서 무리한 사회과 통합을 중단하고, 한국사와 세계사를 사회과에서 분리하여 역사과로 독립 편성하고 필수교과목으로 지정하라.

둘째, 제7차 교육과정의 중·고등학교 교과편제를 개편하여 역사교육을 강화하고, 고등학교의 한국근현대사교육이 실제로 시행될 수 있는 구체적인 방안을 마련하라.

셋째, 제1종 국사 교과서를 검인정으로 전환하고, 학교의 역사교육에서 다양한 역사인식이나 역사관을 인정하라.

넷째, 역사교육의 정상화 방안을 마련하기 위한 협의기구를 설치하고, 중등학교의 역사교육에 대한 지원을 대폭 강화하라.

다섯째, 사회교육의 차원에서도 역사 영역에 대한 교육을 강화하라.

여섯째, 실용성, 기능성만을 강조하는 교육정책을 전면 수정하고, 인문교육을 육성하라.[21]

최근 발표된 성명서와 건의문을 보면서 다시 생각하게 되는 것은, 역사교육에 대한 논의의 구도가 끈질기게 그리고 변화되지 않은 채 지속되고 있다는 것이다. 그 대표적인 예는 사회과 통합 문제와 관련된 교육과정상의 역사과 위상 문제이다. 앞에서 언급한 역사교육연구회 창립취지문에서도 사회과 통합의 문제와 교육과정 문제가 당면 과제로 거론된 바 있으며, 이는 50년의 시간이 흐른 지금에도 역사교육 최대의 현안으로 남아 있다.

해방 후 교육과정에 대한 논의가 시작되면서부터 역사는 사회과라는 외형 속에서 교과의 영역과 내용을 모색해야 했고, 이러한 '잘못된 시작'이 '끈질긴 갈등'으로 이어졌다. 사회과는 해방 직후인 미군정기에 우리나라에 처음 들어왔다. 미군정은 일제 말에 황국신민화의 도구로 이용되던 국민과(國民科)를 대체할 교과로서 '사회생활과'를 도입하였다. 우리나라에 도입된 사회과는 역사, 지리, 공민을 포괄하는 통합적인 성격을 띤 것이었다.

미군정의 관심사 가운데 하나는 군정의 기본 방향을 구체적으로 실현하고 새로운 정치 상황을 반영하는 정치사회화로서의 교육이었으며, 이를 위한 방편으로서 나타난 것이 '사람과 자연환경 및 사회환경과의 관계를 밝게 인식시켜 사회생활에 유능한 국민이 되게 함'을 목적으로 하는 사회생활과였다. 사회생활과는 이후 교육과정상에서 역사교과의 문제를 논의하는 데 빠질 수 없는 부분이 되었다. 역사교과의 위상과 유용성, 가치를 비판적으로 문제 삼는 사회과는 역사교과의 대립물로 인식되었고, 역사교육 관계자들에게 이에 대한 대응은 피할 수 없는 것이 되었다.

교육과정과 관련된 역사과의 변화를 간추리다 보면, 역사과의 위상은 1974년에 국사를 독립시켜 필수교과로 바꾼 것을 제외하고(이것도 곧 폐지되고 말지만) 사회과의 세력이 확장됨에 따라 계속 약화되어왔다고 정리할 수 있다. 이에 대한 우려와 개혁의 요구 또한 줄기차게 계속되었다. 최근 일본 역사 교과서 왜곡 파동과 같이 다른 나라가 우리 역사를 왜곡한다든가 우리 민족이 당한 피해에 대해 사과는커녕 망언을 한다든가 하는 상황이 빚어지는 경우, 이러한 요구는 우리 역사에 대한 바른 인식이 필요하며 이것이 부족한 이유는 부실한 역사교육 때문이라는 여론으로 확대되는 경우가 많았다.

역사교육이 위기에 처했다는 판단은 당연히 역사교육을 정상화해야 한다는 주장으로 이어진다. 그러나 여기서 하나의 의문이 생긴다. 곧 언제 우리 역사교육이 정상화된 적이 있었는가 하는 것이다. 왜냐하면 해방 이후 우리 역사교육은 늘 위기 혹은 파행의 처지에 있었던 것으로 거론되기 때문이다. 우리 역사교육이 언제 제대로 혹은 정상적인 상태에 있었던 것일까? 특히 국사에 대해 말하자면, "우리 근현대의 국사교과는 조선 말 구한국 때는 비중이 왜소해지고, 일제 강점기에는 압살되었으며, 해방 후에는 국가 건설, 근대화, 세계화의 명의하에 무시되었던 비정상의 모습을 유지해왔다."[22] 그렇다면 현재의 관점에서 역사 관련 학회가 요구하는 역사교육의 정상화가 추구하는 것은 무엇인가?

정상화를 위한 요구사항, 즉 역사교과를 사회과에서 분리독립하여 필수교과로 하고 교과편제를 개정하여 역사교육을 강화하라는 주문은, 역사를 더 많이 가르쳐야 한다는 것 외에 어떤 역사를 가르쳐야 할 것인가에 대해서는 침묵하고 있으며, 국사와 세계사의 관계를 어떻게 설정하고 처리해야 하는가 하는 문제에 대해서도 원칙적인 선언 외에는 그 방안을 구체화시키지 못하고 있다. 더구나 위의 건의문 내용에 포함된 역사박물관 설치나 인문교육 강화 같은 문제는 원론적인 수준에서는 공감을 얻을 수 있는 것이나, 이러한 요구사항이 의도하는 바가 학계의 실질적이고 구체적인 이해관계의 포장으로 보일 수도 있다. 이미 일부에서는 역사학계가 일본 교과서 왜곡 파동에 즈음하여 정부에 그간 표면화하지 못하던 요구사항을 관철하려 한다고 지적하고 있다. 또한 인문교육의 중요성을 강조하는 것은, 교직이 인문학 전공자의 최대 시장이라는 발상과 밀접하게 관련되어 있다는 것도 논란거리이다.

또한 학계가 제기하는 위기와 정상화 담론은, 가르치는 교사들이 제기하는 교실, 현장 수업의 위기와도 다르다. 이는 단지 공교육 붕괴라는 현상의 일부로서 파악할 수 있는 문제가 아니다. 더구나 공교육 붕괴라는 것도 언론, 정계, 학계와 교육 현장의 다양한 문제의식과 이해관계가 뒤섞여 여론화되었음을 기억할 필요가 있다. 역사교육에 관한 최근 위기론에서는, 구체적이고 현실적으로 학생들에게 역사를 가르치는 것이 힘들다는 지적이 제대로 반영되어 있지는 않다. 여기서 우리는 위기의 우선순위를 결정하고 인정하는, 즉 무엇을 위기 혹은 정상이라고 보는가에 대한 인식의 차이가 작용함을 짐작할 수 있다.

한편 교사모임은 모임 자체의 성격과 향후 과제 추구의 방향에 대해 전면적으로 검토할 필요가 있음을 고민해야 할 때가 되었다. 제도교육에 대한 저항 그리고 지배층의 집권이데올로기에 대한 저항은 바로 교사모임의 결성 조건이자 존립의 기반이었지만, 지금 상황에서 이러한 저항 동력은 이전 같이 예리하지도 않고 모임의 결속력을 강화할 만큼 분명하지도 않다. 교사모임을 만들 당시에 가장 현실적인 문제는 지배층의 집권 이데올로기를 담고 있는 국정 교과서였지만, 이미 위에서 언급한 바와 같이 이념으로서의 내용이 독자 대중의 주된 관심으로서의 방법에 희석되는 국면을 맞고 있다. "제도교육에 대한 저항의식이 우리 모임을 지탱해온 힘이었고, 그러한 상황은 우리를 장기적 전망 수립이나 구체적인 대안 모색에 상대적으로 많은 힘을 기울이기 어렵게 했다"[23]라는 좀 더 심각한 지적도 있다.

교사모임이 국정 교과서를 극복하는 방안으로 추진하고 있는 '대안 교과서'는 이런 점에서 매우 중요한 의미가 있다. 그러나 교과서의 대안을 '대안 교과서'에서 찾는다면, 지금까지 상대적으로 거론되지 않은 교사의 역할이 여전히 교과서의 무게에 묻히게 될 가능성이 크다. 창립선언문에 '교과서(여기서는 국정 교과서를 가리키는 것이겠지만)라는 괴물'이라는 말이 있지만 국정 교과서가 아니더라도 교과서의 부담은 매우 크다. 그리고 그렇게 인식되어왔다. 교과서에 있는 내용을 넘어서서 가르칠 내용을 선택하고 결정하는 교사의 역할을 존중한다면, 지금 통용되고 있는 수업내용의 거의 전부로서 교과서의 의미를 재개념화해야 한다.

대안 교과서가 교사의 입장에서 가르치고자 하는 바람에서 비롯되었다 하더라도, 그것은 다양한 역사관과 교육적 관점 및 개성을 지닌 교사들에게 또 다른 형식적 · 내용적 굴레로 작용할 수 있다. 결국 현장에서 나오는 교사의 목소리를 분명히 하기 위해서는 국정이든 검인정이든 교과서보다는 교사가 수업에서 자유롭게 활용할 수 있는 일종의 교재라는 의미가 더욱 부각되어야 할 것이다.

교사는 역사지식을 만들고 가르치는 과정에서 적극적으로 개입하는 존재이다. 이 과정에는 필연적으로 자신의 현재 위치와 문제의식에 대한 인식이 깔려 있다. 또한 교사가 자신의 위치와 문제의식을 파악하고 드러내는 것은 당연히 이념과 가치를 포함하고 있다. 이러한 의미에서 대안적인 내용과 이념의 상징으로서의 교과서가, 기존의 교과서와 달리 교사의 역사지식 생산·전달과 관련하여 어떠한 역할과 위치를 차지해야 하는 문제가 함께 논의되어야 할 것이다.

여기서 주목해야 할 것은 위기에 대한 담론에 작용하고 있는 이해관계와 권력/지식의 관계망이다. 위기에 대한 담론의 생성·유포·변형 과정에서 논의의 다양한 참가자들이 위기를 이용하거나 극복하여 관철하려는 것은 서로 다르다. 만약 그것이 학문과 지식권력을 지속시키거나 강화시키는 것이라면, 이 위기 혹은 이에 대한 담론이 오히려 보수성의 전략으로 작동하는 측면도 있다. 어떤 역사를 왜 가르쳐야 하는가에 대한 논의를 배제하고 어떻게 가르쳐야 하는가는 학계가 아닌 다른 집단의 역할이라 구별하면서 추구하는 정상화된 역사교육이란, 기존 역사학의 축소판일 가능성이 크기 때문이다. 또한 위기의 담론에 동참하고 있기는 하지만, 교사모임의 저항은 위기를 극복하기 위한 역사학계의 요구와 성격이 다르다. 그것은 기본적으로 역사교육의 이념과 관련된 것이었다. 그리고 이 저항은 최근 교사모임이 활동 영역과 범위를 확대하면서 학계 위주의 논의구도를 타개하여 역사교육 논의를 주도하려는 노력으로 이어지고 있다. 이는 학문권력에 대한 저항이기도 하다.

지금 진행되고 있는 역사교육의 위기와 정상화 담론에서, 현상적·제도적 문제점은 강조되지만 논의주체의 역할이 차별화되고 서로 다른 이해관계가 작용한다는 점은 감춰지고 있다. 사실 역사학계와 역사교육 연구자 그리고 역사교사는 하나의 집단으로 합의하여 요구사항을 제시하고 있는 것 같지만, 위기의 담론은 오히려 보수성을 품고 있고 저항의 담론은 대상을 찾지 못해 지향점을 바로잡지 못하는 상황이 벌어지고 있는지도 모른다. 이 과정에서 역사학/역사교육 내부의 문제가 교육과정과 역사과의 갈등으로 표면화되고 단순화되었다고 할 수 있다. 그러나 외부에 대한 요구와 비판이 자동적으로 내부의 갈등과 문제점을 해결해주지는 않는다. 사실 역사교육을 강화해야 한다는 합의된, 일치된 듯한 목소리는, 내부에서 벌어지는 이데올로기와 이해관계의 갈등과 모순을 매우 힘겹게 둘러싸고 있는 가볍고 얇은 외피일 뿐이다. 따라서 역사교육 강화의 담론은 실상 외부에 대해 그 목표를 관철시킬 만한 추동력을 내부에서부터 감속시키며, 실체적인 추진 방향에 대한 혼란을 내포한다고 볼 수 있다.

4. 맺음말

역사교육연구회가 창립되고 교사모임이 결성되어 논의의 공간이 형성되고 다양화된 것은, 해방 후 역사교육의 중대한 계기이자 변화였다. 나아가 교사모임이 역사교육에 관한 기존의 논의내용과 질서를 비판하고 대안 세력으로서 역사교육의 새로운 장을 모색함으로써 이러한 변화가 더욱 두드러지게 되었다. 이처럼 변화하는 논의의 공간에서 이론과 현장, 내용과 방법, 위기와 저항이라는 대립적인 담론이 서로 겹쳐 펼쳐지면서 역사교육과 관련된 논의주체와 의미화의 영역을 구분·배제·위계화하고 있다. 동시에 논의주체와 의미화의 영역이 새로운 담론의 질서로 재배치되고 있다. 즉 현장의 문제가 방법과 저항의 문제와 서로 관련되어 국면을 달리하면서 새롭게 거론된다. 예를 들어 교사모임의 논의에서 모임 결성의 취지로 제시된 이념의 저항은 현장의 중요성을 내포하였지만, 방법의 문제가 강조되면서 다시 저항으로서의 내용이 점검된다. 역사교육이론 연구자는 독자적 학문체계를 모색하였지만, 주로 역할 분담의 국면에서 역사학의 도구와 응용으로서만 전문 영역을 설정할 수 있었다. 그 결과 역사교육의 이론은 학문적 체계를 갖추려는 노력 속에서 오히려 단순화되고 기능화된 논의 영역을 담당하게 되는 모순의 상황에 처한다.

이미 설정된, 그리고 당연시해온 역사교육의 범주를 새롭게 바라보면서 필자는 역사를 잘 가르친다는 것의 의미가 무엇인가를 이해하는 것을 연구의 과업으로 인식하게 된다. 이제까지 역사교육의 주요 논의거리라고 여겨온 범주와 분류가 논의를 진전시키는 작용을 하는 것이 아니라, 그것을 왜곡하는 가운데 역사교육의 이론을 무력하게 하는 효과를 가지고 있다. 역사를 잘 가르치는 것의 의미가 무엇인가라는 질문에서 '역사', '잘', '가르치는 것', 이 세 가지는 별도로 다루어지지 않는다. 이 질문에서 '역사'는 가르쳐지는 것으로서, 그리고 '가르치는 것'은 다름 아닌 역사를 소재로 한다는 것에서, 그리고 '잘'이라는 말은 역사를 가르치는 것이라는 배경에서 의미를 가진다. 이는 세 가지를 별도의 논의대상으로 하여 각 부분의 전문성을 기계적으로 혼합함으로써 역사교육 논의의 영역구성 자체를 무력화하거나 모호하게 하는 것에 대한 비판적 전제이다. 해체의 작업이 우선되지 않으면 역사교육 연구가 지향해야 할 바를 제대로 설정할 수 없다는 시각에서, 이 전제가 바로 필자가 새롭게 전망하는 역사교육 연구작업의 바탕이자 출발점이다.

후기

이 글을 발표한 후 10년이 지났다. 그간 역사교육에 여러 변화가 있었던 것이 사실이다. 7차 교육과정에 따라 한국근현대사는 검정 교과서로 발행되었고, 2007년 교육과정에 따라 역사가 사회과에서 분리되었다. 뒤이어 2009년 개정에 따라 고등학교 역사는 한국사로 바뀌었고, 2011년 현재 다시 새로운 교육과정을 준비하고 있으며 곧 구체적인 내용이 확정·발표될 예정이다. 고등학교에서 한국사를 필수화한다는 방침도 결정되었다. 그렇다면 논문에서 거론한 역사과의 문제들(국정 교과서 해제와 사회과로부터의 분리)은 해결되고 역사교육은 정상화, 혹은 강화된 것일까? 그간 교실의 역사수업은 어떻게 바뀐 것일까?

현재 상황은 그리 간단치 않다. 금성출판사판 한국근현대사 교과서로 불거진 이념 갈등이 2011년에 발행된 고등학교 한국사 교과서에 대한 비판으로 이어지고 있다. 교육과정과 교과서를 상징적인 논의의 대상으로 한다는 점에서 해방 후 우리 역사를 둘러싼 견해 차이가 전(全) 사회적인 이슈가 되었다. 이러한 상황에서 일각에서는 국사 교과서를 국정제로 발행해야 한다는 주장을 공공연히 펼치고 있다.

7차 교육과정에서 역사교육의 계열성을 확보해야 한다는 명분으로 추진한 분야사별 접근은 이미 많은 문제점이 발견되었음에도 새로운 교육과정에서 다시 반복되고 있다. 교육과정상 한국사와 세계사를 하나의 교과서로 합쳐 양자의 연관성이 드러나도록 강조하였다지만, 현실적으로 한국사와 세계사가 이상적으로 '융합'된 구성은 찾아보기 어렵다. 오히려 과다해진 분량을 담기 위해 추상화된 서술과 개념 용어를 사용하는 등 오히려 교과서가 전보다 더욱 어렵고 재미없어졌다는 평가도 있다. 유럽중심주의를 극복하려는 취지에 따라 교류와 상호작용을 주제별로 서술한 세계사 교과서는, 잘 알려지지 않은 구체적이고 복잡한 내용을 담고 있어서 교사나 학생들로부터 외면당하고 있다. 이론적 시도가 우리 역사교육의 현실과 수준을 제대로 반영하지 못한 탓이다. 또한 계열성 확보와 같이 근거가 검증되지 않은 이상한 원리가 교육과정에 편의적으로 반복하여 적용되었기 때문이기도 하다.

지난 10년간 형식과 체제의 변화는 있었지만, 우리 역사교육 문제의 본질은 크게 바뀌지 않았다. 특히 교육과정은 역사교육 문제를 가늠하는 중요한 지표이자 기준으로 꾸준히 거론되어왔다. 교육과정상의 조건과 요구는 학교급 간의 계열성 확보, 학생 수준과 흥미에 맞는 교과서 서술, 학습 부담 축소, 통합적인 사고력 함양 등이었다. 현실적으로 수능 등 대학입시도 역사교육의 체제와 내용에 무시할 수 없는 영향을 미쳤다. 관련된 많은 연구와 시도가 있었지만, 현장에서 역사교과의 처지는 오히려 위축되었고, 교과서의 구성과 서술 역시 크게 개선되었다고 보기 어렵다. 이러한 요구와 조건을 비판하기 위해서도 이론과 현장, 내용과 방법, 위기와 정상화는 여전히 유효한 분석의 범주이다.

5장

역사교사 양성 문제와 교과과정

1. 머리말

우수한 역사교사를 양성하려는 적절한 대학 수준의 교과과정은 어떤 것인가? 우수한 역사교사가 갖추어야 자질은 무엇이며, 교사를 지망하는 학생들이 이러한 자질을 갖추려면 대학은 어떠한 교육 프로그램을 제공해야 하는가? 이 문제에 답하려면 당연히 교사양성 교육의 내용과 체제, 두 측면을 함께 살펴보아야 한다. 이 글에서는 주로 전자를 중심으로 논의를 전개하고자 한다. 대학 수준에서 교사를 양성해야 하는가, 아니면 대학원 수준이 적절한가? 사범대학을 위주로 한 교사양성체제를 지속할 것인가, 아니면 사범대를 배제한 교직과정을 확대할 것인가? 교사양성을 담당할 기관의 성격과 효율성에 관한 것은 별도의 글에서 다루어야 할 주제이다.

그러나 부분적으로 체제의 문제 또한 고려하지 않을 수 없는데,

그 이유는 근본적으로 양성체제 자체가 교육내용을 담는 틀이라는 성격을 가지고 있기 때문이다. 그 대표적인 예가 교사양성체제로서 독자성을 확보하려는 방안의 하나로 등장한 교과교육이다. 교과교육 분야의 의미와 성격은 대표적인 교사양성기관이라고 할 수 있는 사범대학 체제와 밀접하게 관련되어 있으며, 따라서 사범대학에 속한 역사교사 양성과정에도 내용과 형식상 상당한 영향을 미칠 수밖에 없다. 이 글에서 필자는 사범대학 교사양성과정을 중심으로 교과교육의 이러한 특성을 살펴보면서, 이것이 과연 우수한 교사를 양성하는 데 어떠한 구실을 하고 있는가에 대해서 이론적 논의를 진행하고자 한다. 그렇다고 교과교육의 일부로서만 역사교사 양성 교과과정을 거론하는 것은 적절하지 못하다. 이렇게 되면 각 과 교육의 통칭으로서 교과교육이라는 범주와 개념에 함몰되어 역사교사를 양성하는 문제의 역사적 · 이론적 배경을 제대로 포착할 수 없기 때문이다.

필자는 우선 해방 후 역사교사 양성체제 형성의 역사적 배경을 살펴본 다음, 교과교육이라는 개념이 교사양성 문제와 접합되는 사정과 결과 그리고 교과교육의 이론적 배경으로 자리 잡은 교수내용지식이 교사교육에 의미하는 바를 검토할 것이다. 이를 바탕으로 역사교사 양성 교과과정의 성격과 방향에 관한 이론적 원칙을 제안하고자 한다.

2. 해방 이후 역사교사 양성체제의 형성과 여건

해방을 맞아 교육 주권을 회복하면서 우리나라는 근대 교육의 체제를 새로이 갖추어야 했다. 특히 학교교육을 계속하고 새로운 국가 구성원을 배출하고자 교원을 확보하고 양성하는 것이 시급한 과제였다. 일제강점기 동안 우리 역사에 관한 인식과 교육이 억압·봉쇄되었으므로, 역사교사를 양성하는 것은 새로운 국가 건설의 명분과 체통과도 관련 있는 사업이었다. 특히 우리 역사를 가르칠 교사를 조속히 확보하는 것이 중요했다.

우선 현직 교원을 대상으로 한 국사교육이 시행되었다. 이런 상황에서 1946년에 경성중학교, 경성사범학교, 경성여자사범학교, 경성대 예과, 연희전문학교 등에 5개월 과정의 임시교원양성소가 부설되어 중등 국사 담당 교원을 배출하였다.[1] 정규 중등역사과 교원양성은 사범대학을 창설하면서 시작되었는데, 서울대학교 사범대학, 경북대학교 사범대학이 4년제 사범대학으로 문을 열었고, 이 두 대학에 역사과 또는 사회생활과를 설치해 중등역사과 교원을 양성하였다. 최초의 대학 수준 교원양성기관이었다.

해방 직후 두 대학 역사과 졸업생은 소수에 불과하였고, 자격검정고시를 통해 역사교원을 배출하기도 하였다.[2] 그러나 점차 사범대학을 주축으로 한 교사양성체제가 확립되었으며 그중에서도 서울대학교 사범대학은 교과 관련 학문 분야, 교육과정과 교사교육에 관한 연구, 교사 배출 등 여러 면에서 주도적인 중등교사양성기관으로 자리 잡게 되었다. 이러한 점에서 서울사대는 우리나라 교사교육의 추이와 방향을 가늠할 수 있게 하는 대표적인 기관이라 할 수 있다.

여러 가지 논란 속에 서울대학교 내 한 단과대학으로서 사범대학이 편제되었는데, 이 사실은 이후 교원양성을 대표하는 기관으로서 서울사대의 위상과 기능에 매우 중요한 영향을 미치는 요인으로 작용한다. 당시 사범대학 교과과정은 나름의 차별성을 마련하려고 교육학과 교육실습 등의 교직과목을 필수과목으로 하였는데, 1948년 사범대학 규정에 의하면 교육학에는 교수학과 심리학이 포함되고 그중 교수학에는 교육과 기초과목과 각 과목 교수법, 교육실습이 포함되었다.[3]

사범대학이 서울대학교의 한 단과대학이 됨으로써 서울대학교의 교육 방향과 노선에 어떻게 조응해나가는가 그리고 다른 단과대학, 특히 문리대와 교육 목적과 교육과정을 어떻게 차별화해나가는가 하는 문제가 사범대학 존폐 혹은 체제 변화와 맞물려 논의되었다. 특히 교직이 인문학의 유력한 진출 분야가 될 수 있다는 기대에서 비사범대학 측은 번번이 사범대학을 위주로 한 교원양성체제를 비판하였다. 1975년에 서울대학교가 종합화되면서 사범대학의 차별성 문제는 다시 예리하게 부각되었고, 최근에도 대학 구조조정이라는 명분 속에 사범대학이 주요 정리·개편 대상으로 취급받았다. 다른 사범대학도 유사한 상황에 처해 있다. 후술할 바와 같이 사범대학의 독자성을 구현하려는 방안으로서 교과교육학도 이러한 배경에서 제안·발전된 것이라 할 수 있다.

우리나라 역사교육과 역사교사 양성 문제의 또 다른 중요 변수는, 미군정이 주도한 사회생활과의 도입이다. 미군정의 커다란 관심사 가운데 하나는 군정의 기본 방향을 구체적으로 실현하고 새로운 정치 상황을 반영하는 정치사회화로서의 교육이었으며, 이를 위한 방안으로 나타난 것이 '사람과 자연환경 및 사회환경과의 관계를 밝게 인식시켜 사회생활에 성실·유능한 국민이 되게 함'을 목적으로 한 사회생활과였다. 1946년에 새로운 각급 학교의 교과과정이 제정되었는데, 국민학교 사회생활과 교수요목은 사회생활과 교수요목제정위원회가 1947년에 제정·공포하였고 1년 뒤 중고등학교 사회생활과 교수요목이 발효되었다. 이에 따라 서울대학교 사범대학 역사과의 전공교과에 1947년 2학기부터 사회생활과 교수법, 사회생활과 연습 등 각과 교수법이 개설되었다. 그중 사회생활과 교수법은 사회생활과의 통합을 시도한 강좌였다.[4]

비록 도입 초기에는 사회생활과라는 명칭 아래 역사 · 지리 · 공민이 분과체제로 운영되었지만, 그 취지상 사회생활과를 선호하는 측은 꾸준히 위 세 영역의 통합을 도모했다. 더구나 새로운 교육정책 혹은 교육과정 개편이 논의될 때마다 과목 통합을 개혁 취지이자 목표이며 상징으로 여겨온 세력에 의해 사회과 통합은 비판과 반대를 무릅쓰고 추진되었다. 이는 역사교사 양성체제에도 여러 변화를 강요하였다. 예비교사 입장에서는 교과과정상 전공 외의 영역을 부수적으로 이수하게 되는 데 따른 부담도 작지 않은 문제이지만, 더 본질적으로 통합사회과는 사범대학 교과과정 설정의 기본 방향과 구도에 관해 새로운 관점과 원칙을 요구했다. 즉 교사양성기관의 교육과정은 학문체계가 아니라 중등학교 교과를 중심으로 편성 · 운영되어야 하며,[5] 국사와 동서양사, 시대별 서술을 기본축으로 하고 있는 역사과 교과과정이 사회과의 통합된 체제와 내용을 이해하는 것으로 바뀌어야 한다는 것이다. 이러한 주장이 대부분의 사범대학 역사교육과 교육과정에 그대로 반영되지는 않았다. 그러나 엄연한 현실로서의 통합사회과와 이에 근거한 사범대학 교과과정 제정 요구는, 어떻게 하면 역사를 잘 가르치는 역사교사를 양성할 수 있는가 하는 문제에 접근하는 데 적지 않은 혼선과 부담을 초래하였다. 이러한 사정은 교육과정 개편 때마다 되풀이되었으며 통합의 추진 정도는 점차 강화되었다.

3. 교과교육학과 사범대학 교과과정의 독자성

설립 초기부터 서울대학교 사범대학은 교사를 양성하는 목적형 대학으로서 그 기능과 구실을 정당화해나가야 했고, 게다가 독립기관이 아니라 서울대학교의 한 단과대학으로서 독자성을 확립해야 했다. 5·16 군사 쿠데타 직후 '사범대학 무용론'에 따른 '대학정비조치'에 의해 사범대학을 폐지하기로 한 결정과정에서도 드러나듯이, 이해관계를 달리하는 문리대학 관계자들이 명분상 주로 제기하는 질문은 사범대학에서만 교사를 양성해야 하는 이유가 무엇인지, 그리고 사범대학 출신의 교사가 자질 면에서 더 우수한지 그리고 그것을 어떻게 증명할 수 있는지 등이었다.

이 문제는 서울대학교가 1975년에 종합화되면서 더욱 불거졌다. 우선 독립하여 존재하던 각 학과가 하나의 전공으로 축소되어 운영되었고, 이후(1982) 학과로 복원될 때에도 ○○교육과라는 어색하고 모호한 명칭이 사용되었다. 논자에 따라서는 종합화로 인해 사범대학이 내실화의 계기를 마련했다고 보는 견해도 있다.[6] 그 근거는 교과교육학 연구의 발전이다. 사실 종합화 시점에서부터 교과교육학으로 사범대학의 독자성과 발전 방향을 모색하려는 시도가 더욱 뚜렷해졌다. "1985년 이후 교과교육학의 연구를 진흥하기 위해 사범대학 각 학과에 통합된 형태의 박사과정이 신설되었고, 1989년에 학부의 각 교과학문에 대응하는 전공별 박사과정으로 확충됨"[7]으로써 이러한 시도는 제도 면에서 일단의 성과를 거둔 것이라 할 수 있다.

서울대학교가 종합화되기 전에도 교과교육에 관해 관심이 있었던 것은 사실이다. 교직과목으로 '각 과 지도법'이라는 강좌가 개설되었으며, 1973년에는 전공과목과 교직과목을 연결하려는 광역교과목이 제안되기도 하였다. 그러나 교과교육학에 관한 개념과 구체적인 교과목 운영방안이 본격적으로 논의되기 시작한 것은 종합화 이후다. 1979년에 사범대학 교과과정 개편을 논의하는 과정에서 사범대학 교육과정을 교양과목, 교직과목, 교과교육과목, 전공과목으로 구분하였으며, 1980년대에 들어서는 교과교육과목이 사범대학 교직과정의 하나로서가 아니라 '전공과목'의 일부로 인정되기 시작하였다.[8]

1980년에 발표된 박용헌 등이 쓴 보고서는, 사범대학 전공과목의 개념을 새롭게 바꿔야 한다는 전제 아래 사범대학 전공과목을 '교과교육과목', '기본내용과목', '일반내용과목'의 세 가지로 구분하고, 이 중 교과교육과목을 '전공 중의 전공'으로 인식해야 함을 강조했다. 사범대학 각 학과의 전공과목, 즉 교과내용과목은 기초학문대학 전공과목과 성격상 동일하며, 양자 간의 차이에 비추어 사범대학 교육과정의 특수성을 드러내는 것은 잘못되었다는 것이다.[9] 이러한 견해가 우세해지면서 사범대학 교과내용과목은 그 과목이 기초학문대학에 필요한 것 못지않게 사범대학에도 필요함을 강조해야 한다는 지적은 별로 주목받지 못했다. 후세대 교육을 염두에 두고 한 학문 분야를 가르칠 때야말로 가장 심오한 이해가 필요하며 따라서 사범대학에도 교육내용에 해당하는 과목이 필수적이라는 견해가 받아들여지기는커녕, 종합화 논리에 밀려 인문대학, 사회대학, 자연대학 등 이른바 기초대학과 중복되는 과목을 폐지하거나 명칭을 변경하는 사태가 벌어진 것이다.

1980년에 발행된 다른 보고서는 당시까지 교과교육이 교직과목 중 각 과 지도법 또는 교재 및 교수법이라는 이름의 3학점 과목이 있었으나, 근래에는 ○○과 교재연구, ○○과 교육연구(론) 등의 이름으로 점차 교과교육이 강화되는 추세에 있다고 긍정적으로 평가하면서, "교과교육의 존재는 사범대학이라는 제도가 가능하고 또 필요하다는 것을 인정하는 가치척도다. 극단적으로 말하여 교과교육이 불필요하다면 사범대학의 무용론이 나오는 것이다"라고 기술하고 있다.[10]

중등교사는 교과를 지도하는 전문가이므로 교과를 효과적으로 운영하는 역량을 기르는 것이 무엇보다도 중요한데, 중등학교 수준의 교과내용에 대한 전반적인 지식의 깊이와 넓이, 학생지도기능, 평가능력 등이 구비되려면 학문적인 전공과목이나 교육학적인 교직과목만으로는 불충분한 것이다. 그러므로 "잘 다듬어진 교과교육을 실시하는 곳으로서의 사범대학은 교과교육에 대한 연구·개발이 시급하며, 사범대학의 교수는 그 이미지가 교육 전문가이어서 교육학자가 아니면 교과교육학자이기 마련이다"라고 단정짓고 있다.[11]

이 보고서는 사례로 교과교육을 강화한 역사과 교과과정을 제안하고 있는데, 전공내용을 교육하려는 '교육방법론으로서 교과교육과목'을 중시하여 고학년이 될수록 교과교육과목의 수를 늘려 "○○교육론, ○○교육강독, ○○교재론, ○○교수법은 모두 필수로 하고 4학년에서는 ○○교재특강을 선택으로 해야 한다"[12]라고 제안하고 있기도 하다.

최근에도 "교과교육학은 교사양성 교육과정에 있어서 교육의 실제와 가장 명시적으로 관련되며 교사 전문성의 평가에 중요한 기준 척도로 사용될 수 있다"[13]라는 주장은 계속되고 있다. "교과교육학은 교과내용으로서의 특정한 학문 영역의 지식과 그것을 유용한 지식이 되도록 가르치는 방법으로서의 교육을 통합한 실천적 교육학으로, 교과지식과 교육방법이 서로 유기적으로 관련성을 가지게 하여 교육의 질을 높이는 데 공헌할 수" 있으며, "교사는 특정 영역의 교과내용에 관한 지식에 기초하여 이들 교과내용이 학생의 필요와 능력에 어떻게 상호작용하는지, 그 교과의 어떤 지식이 사회적 가치를 지니는지, 학생의 발달 상태와 어떻게 관련되는지를 교과교육학을 통하여 습득할 수 있다"[14]라는 것이다.

많은 일선 교사들도 교과교육을 교사양성 프로그램의 강력한 대안으로 인정하고 있다. 예를 들면, 하병수는 교과교육을 중심으로 기존 내용학과 교과교육학을 내용적으로 연계하고 통합적으로 운영하여 사범대학의 전공을 재정립해야 한다고 주장한다.[15] 그에 따르면 "교과내용학으로서의 전공은 고등교육 수준에서의 전문 학문 영역이므로 교육과정에 설정된 교과목으로서의 내용과는 거리가 멀 수밖에 없으며, 학문의 기초 개념과 이론 들이 학교 교과목 내용 안으로 들어가긴 하지만 그것이 전부도 아닐 뿐더러, 교육과정사에서만 보더라도 학문주의 교육과정은 인본주의 교육과정과 통합교육과정에서 밀려난 지 오래"라는 것이다.[16]

교과교육에 대한 관심은 교수내용지식이라는 개념이 소개되면서 이론적 근거와 타당성을 확장하였다. 교수내용지식이라는 개념을 창안한 사람은, 미국 교육학자 슐만(L. S. Shulman)이다. 그는 잘 가르치기 위해 갖추어야 할 교사의 지적 기반을 일곱 가지로 나누어 제시하였다. 그것은 내용지식(content knowledge), 일반 교육학적 지식(general pedagogical knowledge), 교육과정지식(curricular knowledge), 교수내용지식(pedagogical content knowledge), 학습자의 특성에 대한 지식(knowledge of learners and their characteristics), 교육이 이루어지는 맥락에 관한 지식(knowledge of educational context), 교육의 목적, 가치, 철학적 · 역사적 근거에 대한 지식(knowledge of educational ends, purposes and values, and their philosophical and historical grounds)이다.[17]

다른 논문에서 슐만은 교사에게 필요한 지식을 다시 정리하여 내용지식(content knowledge), 교수내용지식(pedagogical content knowledge), 교육과정지식(curricular knowledge)으로 구분하고 있다. 그중 교수내용지식은 '가르치기 위한 내용지식(teachable knowledge)'으로, 교과의 특정적인 내용지식의 구조를 학습자를 고려하여 전달하는 양식이라 할 수 있다. 즉 교과목이 교사의 지식에서 교육내용으로 변형되는 과정에서, 교수내용지식이란 교사가 내용과 가르치는 방법을 혼합해서 특정 주제나 문제를 어떻게 조직하고 표현하는가, 또한 그것을 어떻게 학습자의 다양한 흥미와 능력에 따라 적용하는가를 이해하는 것을 말한다. 은유, 예시, 보기, 유추 등의 설명방식은 교과내용에 관한 지식, 학습자에 대한 이해, 일반 교육학적 지식이 반영된 교수내용지식의 산물이다. 이는 교과에 관한 단순한 내용지식에도, 교과내용과 분리되어 있는 일반 교육학의 범주에도 포함되지 않는 것으로, 가르치는 것의 독특한 지적 기반을 구성하는 것이다. 이런 의미에서 교수내용지식은 교과내용 전문가와 그 교과를 가르치는 사람을 구별해주는 요소라 할 수 있다.[18]

교수내용지식이라는 개념은 교사교육에 관한 매우 중요한 원칙을 제시하고 있다. 즉 교과교육 강화로 교사교육을 강화하자는 주장은, 결국 교과내용에 관한 교육을 포기하고 이루어질 수 없다는 것이다. 교수내용지식은 내용지식에 기초해 형성되는 것이므로, 교사교육에서는 무엇보다도 교과내용에 관한 교육이 강조되어야 한다. 이는 방법만 알면 잘 가르칠 수 있다는 주장에 대한 정면 반박이다. 잘 가르치려면 내용에 대한 최고 수준의 이해가 필요하며, 가르치는 것에서 중요한 것은 단지 방법적 행위라기보다 교과내용에 대한 지적 기반이다.[19]

교과교육을 옹호하고 이를 이론화하고자 한 우리나라 학자들은 교수내용지식이라는 개념을 적극 수용하였다. 이를 바로 '교과교육지식'이라고 번역하는 경우도 있었다. 무엇보다도 교수내용지식이 교사지식의 특수성과 수월성을 강조하고 있다는 점이 관심을 모았다. 물론 그동안 사범대학의 교육내용이 이른바 기초학문대학보다 부실하고 그저 같은 전공을 단순히 섞어서 가르치는 것이 차별성이라는 모욕적인 비판도 있었으며, 기초학문대학이 전공내용을 집중 심화하여 좁고 깊게 가르치는 반면에 사범대학은 전공내용을 중등학교 교과 수준으로 넓고 얕게 가르치면 된다는 식의 편의적인 발상과 언급도 있던 터였다. 이러한 사정에서 교사에게 내용에 관한 최고 수준의 이해가 필요하다는 주장은 교사교육의 입지와 위상을 제고할 수 있는 계기를 마련하였다.

그러나 우리나라 상황에서 교수내용지식이라는 개념을 교사양성과정에서 교과교육을 강화해야 한다는 주장으로 연결하는 데에는 몇 가지 문제점을 고려해야 한다. 미국의 교사양성체제는 교사 지망생이 대부분 학부를 졸업하고 교육대학원(school of education)에서 1년의 석사과정을 이수하면서 교사 자격을 획득하는 것인데, 이때 1년 과정은 교과내용에 대한 교육은 별로 없고 주로 교육학 과목과 인근 학교에서 교육실습을 하는 것으로 되어 있다. 미국에서는 교육학 위주의 교수방법과목 이수로 교사 자격을 수여하기 때문에 교사가 가르치게 될 교과내용에 대한 이해와 교수방법을 기계적으로 혼합하는 방식을 택한 것이고, 그 결과 가르칠 교과와 교사 전공의 불일치, 교사의 교과내용에 관한 이해 부족 등이 심각한 문제로 지적되어왔다. 이런 맥락에서 내용 이해에 기반을 둔 교수방법으로서 교수내용지식이 주목받은 것이다. 교사의 지식 기반에 관한 논의를 통해 슐만은, 교수방법이란 내용에 대한 심층적인 이해와 파악에서 산출되는 것이므로 방법을 알면 내용은 중요하지 않다는 논리는 성립하지 않는다고 주장함으로써, 내용과 방법의 이분법적 구도와 갈등을 극복하려 하였다.[20]

　최근 미국에서 역사교사 양성에 관한 연구논문들도 유사한 문제점을 지적하고 있다. 미국의 많은 역사 담당 교사들이 학부과정에서 역사를 전공하지 않았거나, 전반적으로 역사에 대한 이해가 부족한 상태라고 한다. 이러한 상황을 개선하려면 역사교사 양성을 교육대학원에만 맡겨서는 안 되며, 역사과를 중심으로 교육대학원이나 교수방법 관련 프로그램과 협력체제를 갖추어야 한다는 주장이 제기되고 있다. 역사교사의 역사에 대한 이해 부족과 신념 부재 같은 문제점을 해소하려면, 내용과 유리된 교육학과 교수방법적 지식으로 교사양성과정을 구성하는 것은 곤란하며 근본적으로 역사학과가 역사교사 양성의 전면에 나서야 한다는 것이다.[21] 또한 교육내용에 대한 지식의 중요성을 대단히 강조하는 반면, 교수법이나 교생실습의 기간 등에 대해서는 그 중요성을 상대적으로 낮게 평가하고 있다.[22]

　따라서 내용에 대한 강조 그리고 내용과 유리된 교수방법에 대한 비판으로서의 교수내용지식이 미국 교사교육의 역사적 배경과 문제점에서 도출된 것이라는 점을 고려할 때, 우리나라 일부 교육학자들이 교수내용지식을 교육학적 내용지식이라 번역하거나 교육학의 부분으로서의 교과교육학, 그리고 그것의 상징적 개념으로 소개하는 것은 적절하지 못하다. 더구나 교수내용지식 개념을 창안한 슐만의 연구와 그 후속 연구[23]가 주로 역사과목과 역사를 가르치는 현직 또는 예비교사를 대상으로 하고 있으며, 내용의 이해에 관한 한 역사인식 상의 특성을 인정하고 이 점을 논의의 초점으로 하고 있다는 점도 간과되고 있다. 즉 교수내용지식의 다른 이름이라고 할 수 있는 '교과 특정적 교수지식(subject specific pedagogical knowledge)'[24]의 취지를 무시하고 이를 전 교과에 걸쳐 보편적으로 적용할 수 있는 방법론적 개념으로 파악하는 것도 문제이다.

따라서 학부과정에서 사범대학의 여러 학과가 학문 분야를 중심으로 교사를 양성하는 우리나라의 상황에서 교수내용지식의 의미는 미국과 다를 수밖에 없다. 교수내용지식과 교과교육을 중심으로 사범대학 교육과정을 구성해야 한다고 주장하는 경우에도 미국과 우리나라 교사양성체제의 역사적 배경과 차이를 염두에 두어야 하는 것은 당연하다. 따라서 교수내용지식을 요체로 한 교과교육과목을 별도로 개설하거나 이 개념에 따라 전공교과목을 모두 교과교육과목화하자는 주장은, 교수내용지식의 취지를 오해하거나 과장함으로써 비롯된 것일 수 있다.

이 점에 관해 슐만은 교사교육은 교육대학원이나 교육학과가 아니라 전 대학이 책임져야 할 사안이며, 그 핵심은 교양교육(liberal education)의 학문 영역과 가르치는 것의 통합적 관계를 강화하는 것이라고 명백히 주장하였다.[25] 그가 교수내용지식을 창안했을 때 우리가 말하는 교과교육을 통해 교수내용지식을 획득할 수 있다고 생각하지는 않은 것 같다. 그는 전공을 별도로 이수하고 흔히 교육대학원이 제공하는 이른바 방법론과목(method course)을 더하는 교사양성 프로그램이 우수한 교사를 양성하는 데 적합하지 않다는 것을 지적한 것이고, 이에 대한 비판으로 교사의 지적 기반으로서 전공 학문에 대한 심화된 이해를 강조한 것이다.

이 계통의 연구를 계승한 와인버그(S. Wineburg)도 역사를 깨닫는 것의 의미, 역사학의 연구절차와 인식상의 특징, 그리고 이를 제대로 가르치지 않는 학교 역사교육의 문제점과 한계를 지적한다. 그러나 예비교사에게 교수내용지식의 구체적 양태라 할 수 있는 교사의 표현양식에 관한 이해와 연습이 필요하다는 것 외에는 교사양성체제가 어떠해야 하는가에 대해서 구체적으로 언급하지 않는다.[26] 이러한 점에서 볼 때 교수내용지식은 전공에 대한 이해양식의 문제이지, 교사양성을 위한 별도 교과체계의 문제는 아닌 것이다.

4. 진전 혹은 회귀?

교과교육이 사범대학 교육과정의 특수성과 독자성을 확보하는 데 도움이 될 수는 있지만, 이것이 우수교사 양성 문제와 직접적으로 그리고 결정적으로 관련되어 있는가에 관해서 분명히 답하기 어렵다. 교과교육을 강화한다고 해서 교사양성과정이 더 효율적이고 충실해졌다는 증거도 확실하지 않다. 그리고 현재 사범대학 교사양성 교육과정의 가장 중대한 문제점이 교과교육 강좌의 부족 혹은 부실 운영이라는 지적이 교사양성문제에 관한 포괄적인 견해라고 말하기 어려운 측면도 있다.

오히려 교과교육이 교사양성 교육과정의 주요 개념으로 등장하고 이른바 3분체제의 한 축이 되면서 종전 전공과목과 교직과목 간의 갈등이 더욱 복잡해지고, 이런 과정에서 교과교육의 의미와 기능을 영역 이해관계에 따라 해석하려는 움직임도 나타나고 있다. 교과교육의 중요성을 인정하면서도 교육학과 상호 비중의 문제에는 사뭇 비판적인 견해가 그 예다. 이에 따르면 사범대학 교과과정에서 교사 전문성을 강조하고자 교과교육학을 강화하자는 요구가 결과적으로 교육학 축소로 이어지고 있는데, 이러한 '오해'가 '궁극적인 교사양성의 이념적 차원에서나 구체적 · 현실적 차원에서 적지 않은 문제'를 초래하게 된다는 것이다.[27] 더구나 교과교육 과정에 대한 연구가 부족하고 교과교육 전문가가 많지 않을 뿐더러, 교육이념과 목적이 구체적으로 실현될 수 있는 형태로서의 교과교육 내용구조에 관한 구체적인 연구가 아직 이뤄지지 않았다는 것이다.[28]

사실 이 견해가 교과교육을 강화하는 것에 따른 문제점의 원인을 밝힌 것인지, 아니면 교과교육 연구 현황의 미흡함을 지적한 것인지, 아니면 양자를 혼동한 것인지 분명하지 않다. 그러나 이 글은 다른 곳에서 일부 교육학자의 교과교육관을 확실히 드러내고 있다. 즉 "교과교육의 연구는 학문 · 예술이 학습자들의 성장 발달에 적합한 교육내용의 습득을 위한 교육적 실천과 그들이 습득해가는 과정의 구조와 논리를 추구하는 것이므로, 교과교육의 연구는 그 자체가 교육학이며 교육학이 되지 않으면 안 된다"[29]라는 것이다. 교과교육이 왜 교육학이 되어야 하는지 대한 설명으로서 이 주장은 그 의미가 모호하고 그다지 설득력도 없다. 더구나 "(교과교육학이) 해당 교과에 관한 전공교과와 교육학을 포함하여 그 교과의 목표, 내용, 방법을 밝히고, 교수학습과정이 이론적 · 실천적 연구를 행하는 학문이 되어야 한다. 따라서 그 교과에 관한 교육학과의 교차적 영역으로 통합적 교과교육학으로서의 위상을 정립할 수 있게 된다"[30]라는 뒤이은 주장은 그 의미와 표현의 혼잡함으로 인해 읽는 사람을 더욱 당혹스럽게 한다.

교사의 지적 기반에 대해서 지나치게 지적인 측면에 집중되고 있다는 비판도 여전히 제기되고 있다. 지적 전문성을 강조한다고 해서 교사 전문성의 다른 요인인 의식적, 도덕적, 가치적 속성까지 저절로 육성되는 것은 아니며 오히려 교육을 보는 시각, 가르친다는 것의 개념 문제, 교육의 본질적 특수성 문제 등 교육적 판단의 중요한 특성이 간과될 가능성이 있다는 것이다.[31] 이런 주장을 하는 사람들은 전공에 관한 심화로서 교수내용지식 혹은 교과교육에 대해 그다지 우호적이지 않다.

역사교사를 양성하기 위한 교과과정에 관해서도 교과교육의 비중과 의미가 여전히 논란거리라 할 수 있다. 많은 역사교육 연구자들이 앞에서 인용한 교육학적 교과교육에 비판적이며, 오히려 역사인식 자체의 교육적 의미와 기능에 관한 연구를 통해서 일반적인 교수학습론에서 탈피하고 있다. 이러한 경향에 따라 역사교육에 관한 연구는 교과교육학이라는 범주로 통합하기에 적절하지 않은 독자적인 분야로 확장되고 있다. 그러나 교사를 양성하는 문제에서 역사교육 분야는 체제상 통칭 교과교육으로서의 기능과 비중을 담당하기도 한다. 교과교육으로서 역사교육을 중심으로 교사양성 프로그램을 구성하자는 견해가 그 예인데, 이것은 대체로 두 가지 방식을 의미한다. 하나는 역사교사 양성 교과과정상의 교과내용과목을 교과교육적 관점에서 운영하자는 것이고, 다른 하나는 교과교육으로서 역사교육에 해당하는 강좌를 대폭 강화하자는 것이다.[32]

필자는 위의 두 가지 방식 모두를 지지하지 않는다. 그렇다고 대다수 사범대학의 현행 역사교육과정이나 교직과정의 교과 편성이 그런 대로 가장 효율적이라고 인정하지도 않는다. 학문내용 전공과목을 교과교육적 관점에서 운영한다는 것은, 그야말로 말하기는 쉽지만 실행하기도 또한 실제 그렇게 운영되고 있는가를 판단하기도 쉽지 않다. 역사교육과목을 늘리는 안에 대해서는, 새로운 교과교육 강좌의 내용체계를 구성하는 것도 어려운 일이며 상대적으로 전공과목의 비중을 약화시킬 가능성이 있다는 것도 문제점이다. 그리고 교수내용지식을 가장 적절하게 습득할 수 있는 조건으로도 확실한 대안이라고 할 수 없다.

필자는 새로운 강좌를 개설하는 것보다, 이미 개설되어 있는 과목을 통해서라도 예비교사인 수강생들이 가르칠 내용을 재구성하는 연습을 하는 것이 가장 중요하다고 생각한다. 새로운 강좌보다 기존 강좌를 활용하자는 것은 전공과목의 학습 기회를 최대한 존중하자는 의미이다. 역사가가 관점과 해석을 통해서 역사지식을 만들어내는 것과 마찬가지로, 역사교사는 가르칠 내용을 재구성한다. 즉 교사도 역사지식을 만들어내는 존재이다. 역사지식의 생성에서 관점과 해석이 중요하다면 그것은 역사가만이 아니라 교사에게도 해당되는 말이다. 역사지식을 만들고 전달하는 과정에 개입하는 교사가 객관적 지식을 객관적으로 전달하는 순진한 매개자일 수만은 없다. 예비교사는 역사교사의 이러한 기본 과업을 인식하고 학습해야 한다.[33]

이른바 학습단원을 개발하는 연습은, 예비교사들이 스스로 선정한 주제의 역사적 중요성을 정당화하는 한편, 관련된 주제의 연구성과와 쟁점을 이해하고 정리하는 과정에서 시작된다. 그리고 이러한 주제 혹은 사건을 시대적으로 맥락화하여 전후 역사사건과의 관련성을 파악하는 것으로 이어진다. 또한 이것을 배우게 될 학생들의 관련 내용 선행학습 여부, 그리고 주제에 대한 적합한 표현, 설명의 방식과 학습활동을 구상하는 단계로 계속된다. 수강생은 협동과업으로 이러한 과정을 진행하여 자신의 선택과 판단을 검토하고 동료의 의견을 참고할 기회를 갖는 것이 필요하다. 그리고 대안의 설명방식을 마련하는 것 역시 필수적이다.[34] 교사는 다양한 설명방법 중

하나를 선택해야 하는데, 이러한 선택은 학생과 교과내용뿐 아니라 설명방식 자체가 가지고 있는 특성을 파악하고 있어야 가능하다. 그리고 학생에게 적합한 설명방식을 찾아내려면 교사 자신이 다양한 설명방식을 준비해야 하고, 교과내용에 관한 다양한 관점을 갖추고 있어야 한다.[35]

이러한 가르칠 내용에 대한 재구성, 학습단원 개발 연습은, 교수내용지식이라는 개념이 표방하는 내용에 대한 이해에서 가르칠 방법을 모색한다는 취지를 구체화하려는 방안이라 할 수 있다. 현행 교과과정에서는 교재 연구 및 지도법 같은 과목에서 이 내용을 다룰 수도 있고, 그렇지 않다면 4학년 과정에서 교육실습과 연계하여 실시하거나 세미나나 연습강좌를 활용할 수도 있다. 그 핵심은, 특정한 역사주제를 대상으로 그것을 학습단원으로 가꾸어나가면서 주제에 대한 이해와 그것을 학습활동으로 전환하는 방안을 통합적으로 모색하는 것이다.

이러한 강좌를 통해 예비 역사교사들이 학생을 가르치려면 무엇보다도 먼저 자신의 문제의식에 따른 탐구과정이 필요하다는 것을 인식하게 될 것이다. 가르치는 것이 연구활동의 소산이자 자원이라는 것을 깨닫는 것이다. 이러한 단원 개발 연습의 취지는, 교사준비생이 가르치면서 연구하는 학문활동으로서 교직에 진출하여 한편으로 가르치면서 다른 한편으로 그것을 위해 연구할 수 있도록, 즉 새로운 연구 성과를 공부하면서 가르칠 내용을 구상할 수 있도록 하자는 것이다.

이러한 관점에서 보면 학습단원을 다루지 않는다 하더라도, 역사자료의 분석과 해석을 통해 역사지식의 특성을 직접 체험하고 발표와 토론을 거쳐 연구논문을 작성하는 연습이나 세미나 형식의 과목이 역사교사를 양성하는 교과과정에 적합하다고 판단할 수 있다. 가르칠 내용을 한 번이라도 듣고 졸업하게 하는, 이른바 가르칠 내용을 개관 혹은 포괄하는 형식이 아니라, 하나의 주제를 심층적으로 이해하고 역사학 연구방법과 인식절차를 체험할 수 있는 기회를 제공하는 것이 이러한 내용 재구성 작업에 도움이 되기 때문이다. 그렇다고 기본 개론과목을 모두 폐지하자는 것은 아니다. 문제는 강조점을 어디에 두느냐 하는 것이다.

역사교과는 영역·시대·분야가 매우 광범하므로 이들에 관한 기초적 지식을 갖추는 것은 매우 어려운 일이다. 또 개관적 지식만으로는 위에서 언급한, 가르치기 위한 최고 수준의 이해를 담보할 수도 없다. 그보다는 심화된 탐구 경험을 통해 새로운 주제와 사례에 접근할 수 있도록 해야 할 것이다. 역사교사는 알고 있는 것만을 가르칠 수 없다. 가르칠 내용을 선택하는 경우에도, 전에 배우지 않은 내용을 가르쳐야 하는 경우에도, 필요한 것은 탐구정신과 경험이다.

5. 맺음말

이 글의 제안은 그다지 새롭지 않다. 아마 많은 사범대학 역사교육 관련 강좌에서 단원 개발 연습을 다루고 있을 것이다. 자료 분석과 논문 작성을 요구하는 심화과목을 중심으로 교과과정을 운영하자는 주장에 대해 시간과 여건 등 실상을 제대로 파악하지 못한 제안이라고 지적하는 이들도 그 근본 취지에 대해서는 동의할 수도 있을 것이다. 그렇다면 이 글은 쟁점이 되지도 않을 것을 문제 삼는 것인가? 이렇게 뻔한 제안을 위해서 여러 개념과 논자를 거론하였다는 말인가?

애초의 질문을 다시 상기해보자. 우수한 역사교사가 갖추어야 할 자질은 무엇이며, 교사를 지망하는 학생들이 이러한 자질을 갖추려면 대학은 어떠한 교육 프로그램을 제공해야 하는가? 이 글에서 필자는 이러한 질문에 답해온 방식을 검토하였다. 교과교육 개념이 그 예이다. 이미 지적하였듯이 교과교육 도입은 사범대학의 독자성을 확보하려는 방안으로 제시된 측면이 강하다. 결과적으로 그로 인해 사범대학의 독자성이 확보되었는지는 확실하지 않다. 더 중요한 문제는 이렇게 확보된 사범대학의 독자성이 우수한 자질을 갖춘 교사의 양성을 보증하는 것은 아니라는 점이다. 더구나 사범대학 교과과정상 전공 혹은 교육학 분야와의 상대적 비중에 관한 논란 가운데 교과교육은 우수한 교사의 양성이라는 원래 명분이나 취지와 다른 방향에서 그 정체성을 모색하고 있는 것처럼 보이기도 한다. 이런 경우 교과교육을 강화하자는 주장은 무엇을 위한 것인가?

교과교육을 위해서가 아니라 자질을 갖춘 역사교사를 양성하려면, 필자는 여전히 교수내용지식이 유용한 개념이라고 생각한다. 그것이 학습단원 개발 연습이나 심화형 교과목을 제안한 배경이다. 만약 이러한 심화과목을 운영할 수 있는 여건이 갖추어져 있지 않다면 그 이유는 무엇인가? 그것은 여건의 문제인가, 아니면 교사가 갖추어야 할 지식의 성격에 관한 판단의 문제인가?

2부

역사서술과
역사인식

1장

역사 교과서의 서술양식과
학생의 역사이해

1. 머리말

새로 컴퓨터를 사면 사용설명서를 받는다. 이러한 책자에는 컴퓨터의 기능과 구조에 관한 설명과 본체 및 부품을 설치하는 요령, 또 필요한 소프트웨어 프로그램을 이용하는 방법 등이 수록되어 있다. 이러한 설명서는 읽는 이에게 무엇보다도 컴퓨터의 사용과 관련된 내용을 정확히 전달하는 것을 목적으로 한다. 용어의 의미와 가리키는 바가 불분명하여 사용자가 부품을 잘못 연결한다든지 어떤 프로그램을 실행하기 위해 거쳐야 할 과정을 생략한다든지 하는 일을 피하고자, 사용설명서는 실체를 묘사하는 그림과 간명한 단어와 짧은 문단을 사용하고 명확한 순서와 절차를 밝힌다.

시인들은 이런 방식으로 시를 쓰지 않는다. 시는 상징과 비유를 통해 이미지를 독자에게 전달하며, 따라서 시어는 다양한 의미를 포함하는 것이 보통이다. 시를 컴퓨터 사용설명서와 같은 목적과 방식으로 읽는 사람은 혼란과 답답함을 느낄 것이 뻔하다. 읽는 사람에 따라 시는 다른 의미를 가지게 된다. 그러나 읽는 사람마다 다르게 이해하는 컴퓨터 사용설명서는 큰 혼란을 초래할 것이다.

시와 컴퓨터 사용설명서 간에 읽고 쓰는 목적과 방식에서 이러한 차이가 있다는 것을 이상하게 여기는 사람은 별로 없을 것이다. 대부분의 사람은 적합한 이해방식을 전제한 상태로 컴퓨터 사용설명서를 보고, 예컨대 시를 감상할 때는 컴퓨터 사용설명서를 이해하는 방식을 고집하지 않는다. 그러나 사람들이 항상 텍스트의 차이를 인식하고 있거나 별도의 적합한 이해양식을 마련하는 것은 아니다. 텍스트의 종류가 다양할 뿐 아니라 그 차이가 분명하지 않은 경우가 흔하기 때문이다.

이 글에서 필자는 읽고 쓰는 목적과 방식의 차이를 인식하는 바탕 위에서 하나의 텍스트로서 역사 교과서가 지니는 성격과 특징을 탐색하고자 한다. 특수한 목적과 양식을 가진 교과서는 어떻게 역사의 내용을 서술하고 있는가? 현행 역사 교과서를 쓰고 읽는 방식에는 어떤 문제점이 있는가? 역사를 이해하는 것과 역사 교과서를 읽는 것 사이에는 어떠한 관계가 있는가? 읽는 방식에서 다른 역사 자료와 역사 교과서는 어떤 차이를 가지고 있는가?

그간 학교교육에서 교과서의 기능과 역할에 대해 국내외에서 다양한 논의가 계속되어왔다. 역사 교과서 연구는 교과서 연구의 자료를 정리하는 수준의 기초적 연구, 사관 내지 이데올로기 연구, 그리고 비교교육학적 연구, 그 밖에 교수법, 교과서 이용, 내용구성요소의 계량적 연구를 포함하는 교수방법 연구 등 다양하며, 이러한 연구 성과는 역사교육 관계 논문의 다수를 점하고 있다.[1] 이에 힘입어 교과서 형태와 내용이 개선되는 효과를 거두기도 했으나, 기존의 교과서 연구는 여전히 관점과 방법에서 문제점을 드러내고 있는 것이 사실이다. 또한 교과서에 대한 많은 분석과 비판이 실제 교과서 내용이나 교육 현장의 역사학습을 개선하는 데 얼마나 기여하였는지도 명확하지 않다.

특히 교과서 서술의 성격과 특징, 교수 상의 용도 등에 대하여는 밝혀야 할 부분이 많이 남아 있다. 더구나 역사 교과서 서술형식의 특징은 무엇이며, 교과서 이용자인 학생들이 교과서에 서술된 내용을 어떻게 이해하고 반응하고 있는가에 대한 연구는 찾아보기 어렵다.

지금까지의 교과서 연구는 교과서 서술내용의 기능과 역할에 주목하는 편이었다. 반면에 교과서 서술의 본질과 형식에 관해서는 별 관심을 보이지 않았다. 비유하자면 교과서 서술이라는 그릇〔形式〕보다 그 안에 담긴 음식〔內容〕이 몸에 좋은 것인가, 어떤 성분으로 이루어져 있는가, 음식을 만든 사람은 누구이며 그는 어떤 성향과 경력을 가지고 있는가에 대한 문제를 다루어온 셈이다. 물론 이러한 관심은 나름대로 가치와 의미를 가지고 있다. 그러나 내용을 담는 그릇으로서 교과서의 서술형식도 간과할 수 없는 중요한 문제라 할 수 있다.

여우가 황새를 손님으로 초대하고는 납작한 접시에 음식을 담아 놓아 불편을 겪게 하더니, 이번에는 황새가 여우를 초대하여 병목이 가늘고 긴 그릇에 음식을 담아 여우가 음식을 조금도 먹을 수 없었다는 이솝 우화가 있다. 아무리 맛있는 음식이라도 먹을 수 없는 그릇에 담으면 무용지물인 것이다. 즉 그릇의 모양은 내용물에 접근하게 하는 매우 중요한 도구라 할 수 있다.

사실 역사에서 서술형식에 대한 관심은 새삼스러운 것이 아니다.

서술형식에 관한 문제가 역사인식과 역사철학에서 줄곧 관심을 끌어온 영역이라는 사실에 비추어볼 때, 역사 교과서 서술과 관련하여 이 문제에 대한 관심이 부족하다는 것은 자연스럽지 못하다. 담을 그릇에 관계없이 음식물을 준비한다면, 결국 먹지 못할 음식을 제공하게 되거나 음식의 맛과 모양을 크게 떨어뜨리는 결과를 빚게 되기 쉽다.

또한 기존 교과서 연구의 대부분이 주로 저자의 학문적 식견이나 교육과정과의 관계를 중시한 반면에, 교과서를 직접 이용하고 읽어야 하는 학생의 입장은 고려하지 못하는 경향이 있었다. 즉 저자가 전달하려고 하는 교과내용이 교과서 서술을 통해서 그대로 학생들에게 이해될 것이라 가정하고, 수용과정상의 문제를 간과해온 것이다. 그러나 따지고 보면 교과서 서술내용에 대한 이해는 읽는 사람의 사정과 배경에 따라 상이하며, 이것은 교과서를 통한 교과내용에 대한 이해에서 무시될 수 없는 부분이라 할 수 있다.

역사 교과서의 서술양식과 학생의 이해방식은 별개의 문제가 아니라 서로 밀접한 관련을 맺는다. 양자의 특성과 상호관련성에 대한 문제는, 교과서 서술과 분석에서 반드시 고려해야 할 매우 중요한 요소라 할 수 있다.

2. 역사 교과서 서술의 특징과 인식론적 기초

역사 교과서는 시간의 종축(縱軸)에 따라 서술된다. 학교급별로 또 국사, 세계사, 통합사회 교과서에 포함된 역사 부분의 구분에 따라서 차이가 있기는 하지만, 인류의 시작부터 현대 세계까지를 포괄하는 역사 교과서는 몇 개의 단원으로 구성되는데, 시기를 기준으로 구분된 각 단원의 시작에는 시대적 특성을 조망하는 개관이 마련되어 있고 학습 정리 같은 내용의 요약 소개로 단원을 마무리한다. 각 단원은 해당 시기의 정치, 경제, 사회, 문화에 대한 내용을 다루는 중단원과 소단원으로 나뉘어 있고, 소단원은 서술의 최소 단위라 할 수 있는 몇 개의 관련 주제를 포함하고 있다.

역사 교과서 서술은 이야기체의 내러티브와 분석적 설명이 섞여 있는 형태라 할 수 있다. 전자는 역사사건 그 자체의 진행과 결과를 묘사하는 부분이고, 후자는 주로 사건의 의미를 해석·평가하고 더 크게는 시대의 모습과 구조를 설명하는 부분이다. 이 두 부분은 완전히 분리된 채 서술되는 것이 아니고 뒤섞여서 나타나는 경우가 흔하다.

이러한 서술체제와 형식을 갖추고 있는 역사 교과서는 특별한 양식의 글이라 할 수 있다. 즉 교과서 서술은 처음부터 자연스럽게 존재한 것도 아니고, 당연한 것으로 여겨온 것도 아니다. 그것은 특정한 필요와 이념 아래서 생성되고 발전된 것이다. 이것을 밝히려면 교과서 양식의 형성과정을 역사적으로 규명할 필요가 있으나, 이 글은 이 문제를 본격적으로 다루지는 않는다.[2]

역사 교과서는 다른 모든 언술행위와 마찬가지로 물질적 토대와 제도적 기반을 가지고 있으며, 사회의 권력관계 속에서 존재한다고 할 수 있다. 교과서에 실린 내용은 이른바 공식적인 지식이 되며, 공식화의 배경과 과정은 그 사회체제의 유지에 밀접히 관련되어 있다. 이런 의미에서 교과서는 당연히 사회적 산물이다.[3] 초중등학교의 역사 교과서는 이른바 한 사회의 '지배 내러티브(master narrative)'를 반영한다고 할 수 있다. 이 수준에서는 교과서 서술이 과거에 관한 여

러 이야기 가운데 하나일 뿐이라는 점이 드러나지 않는다.[4]

전문 역사 연구자들은 변증법적으로 역사를 다룬다. 그들은 비판과 검토와 개작을 통해 이야기의 '진실'에 관한 이해를 수정해나간다. 그러나 교과서는 단지 하나의 공식적인 이야기로서, 역사사건의 일반적인 중요성과 핵심적인 사실 정보를 소개하는 데 주력한다. 전문 역사가들은 교과서의 서술을 매우 회의적으로 바라보는 반면에, 학생을 포함한 일반 독자는 교과서에 수록된 사실과 정보를 '진리'로 받아들인다. '역사 교과서에 이렇게 기록되어 있으니 이것은 진리다'라는 식이다. 따라서 학생들은 역사 교과서의 관점과 분석을 의문시하지 않는다. 교사 또한 교과서에 실린 사실과 정보를 역사의 기본 요소로 전달하는 데 급급한 경우가 대부분이다. 학생들에게 상이한 역사해석의 패러다임을 이해시키는 것은 매우 어려운 일이다.[5]

이처럼 담론적 성격을 지니고 있는 역사 교과서 서술에 나타나는 두드러진 특징은, 주관적 견해나 의견, 주장이 배제된다는 사실이다. 그것은 객관적 사실과 논증으로 탈바꿈하여 표현된다. 교과서에는 서술주체로서 일인칭 대명사 '나'가 나타나지 않는다. 따라서 서술주체의 생각과 주장이 다른 형태로 포장된다.[6] 이러한 특징은 역사 교과서와 전문 연구논문, 잡지의 기사를 대비한 연구에서도 드러난다. 예를 들어 '중요한 것은……', '어쩌면', '아마도', '그들은…… 생각하였다', '정말로', '확실히' 등은 판단, 강조, (불)확실성을 나타내는 표현이라고 할 수 있는데, 다른 분야에서보다 교과서 서술에 이러한 메타담론(metadiscourse)이 결여되어 있다는 것이다.[7] 교과서에는 해석의 불확정성을 나타내는 표현이 등장하지 않는다. 이 때문에 학생들은 문자 그대로의 의미를 이해하는 것에서 벗어나지 못하고, 문장 속의 숨은 뜻을 발견하는 데 어려움을 겪는다.[8]

역사 교과서의 내용은 실증적 논리를 기조로 하여 서술된다. 주로 인과관계를 규명하는 방식으로 진행되는 교과서의 논리는 방대한 역사내용의 단순화와 일반화를 위해 불가피하게 요구된다는 측면도 있으나, 이에 따른 문제 또한 적지 않다. 논리를 통해서 서술되는 역사사건은 절차와 진행상의 필연성과 합리성을 전제로 하며, 역사상의 우연이라든가 사건 진행의 복합성과 사건 간의 관련성을 담아내기에는 적당하지 않다. 비단 교과서 서술에 국한된 것은 아니지만, 역사서술은 역사사건 그 자체에는 존재하지 않는 내러티브적 구성, 즉 시작과 중간과 끝이라는 형식 위에서 이루어진다.[9] 더구나 시대구분 기준에 따른 단원과 계층적인 서술체제는, 대개 사건의 직선적 흐름과 인과관계로 인식될 수 있는 시간상의 전후 관계를 강요한다. 역사사건이나 현상의 주제별 분류도 피할 수 없다. 따라서 혼합되어 중첩적으로 일어난 역사사건이 정돈되고 분류된 형태로 기술되기 마련이다.

저자의 의도가 개재(介在)되는 방식 또한 역사 교과서 서술의 특징 가운데 주목해야 할 부분이다. 교과서 서술에 주관적 입장이 배제되고 일인칭의 '나'가 등장하지 않는다고 해서, 저자가 아무런 의도나 목적 없이 사실만을 묘사한다고 생각하는 것은 잘못이다. 그것은 오히려 '감춰진 모습(latent content)'으로 교과서 서술의 이곳저곳에서 꿈틀거린다. 또한 그것은 흔히 표현과 수사의 장치에 의해 전달되므로 '드러난 내용(manifest content)'에 대한 분석으로는 파악되지 않는 경우가 흔하다.

중요한 것은 이처럼 쉽게 드러나지 않는 부분도 내용의 이해에 상당한 영향을 끼칠 수 있다는 사실이다. 텍스트를 읽으면서 접하게 되는 느낌이나 인상은 이러한 감춰진 내용에서 비롯되는 경우가 흔하다. 사실 교과서에서 기억에 남는 것은 연속되는 사실이 아니라 분위기, 인상, 어조(tone)라고 할 수 있는데, 이것은 매우 강력해서 읽는 이에게 쉽게 바뀌지 않는 개념을 형성하게 한다.[10]

말 뜻 그대로 '감춰져' 있는 것이므로 저자의 의도를 담은 감춰진 텍스트를 발견하고 분석하기는 쉽지 않다. 다만 시기별로 교과서 서술내용의 변천을 살펴보면, 저자의 의도와 그것이 교과서 서술에 담기는 방식을 짐작하는 데 도움을 얻을 수 있다. 동일 저자가 시기를 달리하여 집필한 세계사 교과서의 '러시아혁명'에 관한 서술 최종부에 해당하는 다음의 두 문장을 비교해보자.

> "……승리한 스탈린은 철저한 공산화 정책의 수행을 위해서 역사상 전례 없는 강력한 독재체제를 구축하고, 1928년부터 중공업과 군수산업을 중심으로 5개년 계획을 강행하였다."[11]
> "……승리한 스탈린은 철저한 공산화 정책의 수행을 위해서 강력한 독재체제를 구축하고, 1928년부터 중공업과 군수산업을 중심으로 5개년 계획을 착수하였다."[12]

사실 내용에서 양자의 차이를 지적하기는 어렵지만, 서술의 분위기에서는 쉽게 간과할 수 없는 차이가 느껴진다. '역사상 전례 없는'이라는 구절이 빠지고 '강행하였다'라는 표현이 '착수하였다'로 바뀐 것에 대해서는 여러 가지 이유를 들 수 있겠지만, 이러한 표현의 변화를 역사해석의 차이로 보기는 어렵다. 그렇다고 이러한 변화가 우연한 것이라거나 무의식적인 것이라고 보는 것도 지나치게 순진한 생각이다. 저자는 이러한 수사의 변화를 통해서 이전 교과서와 다른 메시지를 독자에게 전달하고 있고, 이런 의도는 교과서를 읽는 학생들이 해석할 때 좀 더 직접적이고 감정적인 효과를 나타낼 가능성이 다분하다. 즉 문맥에서 풍기는 분위기의 변화는 의외로 뚜렷하다. 이것은 감춰진 텍스트의 기능을 나타내는 한 예라고 할 수 있을 것이다.

교과서 서술에서 이러한 현상이 단지 우연의 소치이거나 자구 수정의 사소한 문제일 뿐이라는 생각을 거두게 하는 다른 예를 찾을 수도 있다. 다른 출판사가 발행한 고등학교용 세계사 교과서의 '러시아혁명'에 관한 다음의 두 문장을 대비해보자. 동일한 저자가 시기를 달리하여 집필한, 혁명의 결말에 해당하는 서술 중에서 주목할 만한 차이가 있는 부분은 다음과 같다.

"독재정권에 대항한 반혁명군의 활동이 실패함으로써 러시아의 자유주의적인 발전은 종지부를 찍고 공산독재정치가 실시되었다."[13]
"혁명정부는 독일과 단독강화를 맺은 뒤 내란을 극복하고 외국의 무력간섭을 물리쳤으며 강력한 사회주의 정책을 실시하였다."[14]

두 문장의 차이를 해석의 변화라 생각할 수 있지만, 교과서 서술 그 자체에서 눈에 띄는 것은 해석의 변화라기보다 수사의 변화이다. 굳이 이것을 해석의 변화라고 한다면, 교과서에서 해석의 변화가 매우 수사적인 장치를 통해서 나타난다고 해야 할 것이다. 어쨌든 이 두 문장이 보여주는 역사 현상에 대한 평가와 서술의 어조는 매우 다르다. 전자가 부정적이고 피동적이라면, 후자는 그보다 긍정적이고 능동적이다.[15]

물론 다루는 주제에 따라 감춰진 텍스트의 기능과 역할이 분명하지 않은 경우도 있을 것이다. 그러나 이러한 예를 통해서 볼 때 교과서 서술에서 저자의 의도가 해석의 변화와 같이 드러나는 내용으로 표출되기도 하지만 빈번히 수사와 표현의 변화를 통해 서술내용 속에 잠겨 있으며, 저자는 이러한 감춰진 텍스트의 기능을 인식하여 활용한다는 것을 알 수 있다.

인식론적 관점에서 살펴볼 때 교과서의 역사지식은 실증주의적 바탕 위에서 서술된다. 교과서의 서술은 짝 맞추기 게임이나 지도를 그리는 것 혹은 사진을 찍는 것과 같은 과정으로 인식되곤 한다. 즉 역사 교과서의 서술은 과거를 있는 그대로 묘사하기 위한 것이며, 따라서 과거에 대한 학습은 구성되는 것이 아니라 단지 전달되는 것이다.[16]

역사 교과서 서술에 포함된 의미(meaning)란 대체로 다음과 같은 가정 위에서 성립한다. 첫째, 언술(utterance)의 의미는 사물의 존재 상태와 상응한다. 즉 언어는 대상을 있는 그대로 묘사하는 것이다. 둘째, 단어의 의미는 정의와 동일하며 따라서 모호한 정의나 단어의 색다른 적용은 배제된다. 셋째, 교과서의 서술내용은 객관적 진리를 생산하는 것이다. 넷째, 의미는 만들어지는 것이 아니라 학습자 외부의 기호체계에 고정되어 있는 것이며, 학생들에게 제시되는 것이다. 의미는 확정된 것이며 주어지는 것이기 때문에 의미 생성에서 학생들이 차지하는 역할은 무시되거나 축소된다. 끝으로 이러한 객관적 지식이 교과서에 서술된 내용의 의미를 고정시키며, 내용 선정의 기준을 결정한다.[17]

이러한 인식론적 바탕에서는 의미란 사회관계, 언어 사용, 인간의 이해와 권력구조를 반영하는 담론 속에서 발견되는 것으로서, 고정적인 것이 아니라 해체되는 것이라는 점은 부각될 수 없다.[18] 또한 역사가에 따라 역사사실은 다양하게 구성될 수 있으며,[19] 따라서 서술의 내용이 상응이론(correspondence theory)에 의해 진위가 판가름될 수 없다는 점은 가려지거나 무시되기 십상이다.

단적으로 말해 교과서가 역사해석의 성격과 중요성을 제대로 드러내지 못하는 체제를 지니고 있다고 할 수 있다. 역사가의 해석과 판단은 사실의 권위로서 교과서에 나타나게 되는 것이다. 사실은 역사의 핵심이다. 그러나 역사가들은 이러한 개개의 사실을 그 자체로서 중시하지는 않는다. 그보다 역사가는 무엇이 일어났는가에 대해서뿐 아니라 어떻게, 왜 일어났는가 그리고 이러한 것이 의미하는 바에 대해서 관심을 가진다. 이것은 외부의 강요에 의해서가 아니라, 역사가들이 스스로 그들의 과업이라고 여겨온 것이다. 역사가들이 중히 여기는 것은 사실 그 자체가 아니라, 역사설명에 포함되는 사건 간의 관계와 비중이라 할 수 있다. 역사가들이 과거의 사건과 사실을 의미의 패턴으로 바꾸고자 할 때 해석은 불가피한 것이 된다. 무엇이 일어났는가를 찾아내는 방법이 있다고 하더라도, 그러한 사실이 무엇을 의미하는지를 가늠하게 하는 방법이란 있을 수 없다. 이런 의미에서 역사는 하나의 담론이 된다. 즉 과거는 읽고 의미를 찾아낼 수 있는 하나의 텍스트이다. 절대적으로 옳은 의미를 확립할 수 있는 방법이란 없으며, 해석의 과정을 통해서 사실은 의미를 갖게 된다.[20] 역사 교과서는 이러한 역사의 해석적인 차원을 드러내는 대신에 오히려 해석이 불필요한 주어진 사실이 중요하다고 가정한다. 이런 관점에서는 대부분의 역사사실이 상이한 해석이나 논쟁이 필요 없는 것으로 여겨진다.

이러한 서술체제와 인식론적 바탕 위에 서술된 역사 교과서를 통해 학생들이 역사의 학문적 특성을 제대로 이해하는 것은 매우 어려운 일이다. 오히려 학생들은 교과서를 위주로 한 학교의 역사교육을 통해 역사지식이 어떻게 생성되는가에 대해 쉽게 고쳐지지 않는 편견을 가지게 된다. 교과서가 역사의 '진리'를 전달한다고 생각하는 학생들은, 역사의 해석과 기술이 시대적 배경과 사회적 맥락 속에서 창조되는 것이고 의도된 것이며 잠정적인 것이라는 본질을 깨닫지 못한다. 또한 학문 또는 교과를 특별한 탐구방법을 통해 성취되는 이해와 신념의 복합체계로 보기보다, 시험을 위해 암기하고 기억해야 하는 활력 없고 관련 없는 사실의 묶음으로만 간주하게 된다.[21]

3. 독서의 과정과 학생의 이해

이미 부분적으로 언급했듯이 역사 교과서의 서술양식은 당연히 학생들이 역사를 이해하는 방식에 영향을 미치게 된다. 역사 교과서의 본질과 특성을 규명하고 이것이 학생들이 교과서를 이해하는 데 미치는 효과를 살펴보기 위해서는 텍스트에 대한 인지과학적 접근을 이용하는 것이 유익하다. 독서과정에 대한 최근 연구는 독자와 텍스트의 상호관계에 주목하고 있다. 즉 독서의 결과보다는 독서과정에 관련된 정신활동에 초점을 두는 것이다.[22]

독서에 관한 인지과학 계통의 연구에 따르면, 독서는 여러 층의 하위과정이 중첩적으로 발생하는 복잡한 현상이다. 즉 독서란 고정된 것이 아니라 의미가 생성되는 과정이며, 텍스트의 의미는 독자와 글자로 쓰인 것의 상호작용과정을 통해서 만들어지는 것이다.

독서의 과정 속에서 독자는 텍스트의 구조를 따라 언어, 지각, 개념의 조작을 통해 쓰인 것을 기호화하고, 그것이 가리키는 바를 이해해나간다. 이런 과정에서 독자는 사전 지식을 텍스트에 담겨 있는 정보에 통합한다. 이러한 사전 지식의 정도가 텍스트로부터 추출되는 이해의 질에 큰 영향을 미치게 된다.[23]

관련 주제에 대한 이해 수준에 따라 텍스트에서 기억하는 정보의 질에도 큰 차이가 생긴다.[24] 이해 수준이 높은 사람은 텍스트의 주제에 관련된 사건의 경과를 기억하고 그것을 상호연결해서 텍스트에 나타난 바를 재구성한다. 반면에 이해 수준이 낮은 사람은 텍스트의 주제와는 동떨어진 주변적인 정보에 주의를 기울이는 경향이 있다.

어떤 주제에 대한 지식은 새로운 정보를 소화할 공간을 포함하는 하나의 틀, 즉 인지도식으로 개념화되어 있다. 텍스트에서 표현하려는 바를 이해하려면, 독자는 이러한 인지도식을 이용하여 텍스트에 담긴 정보에 대한 상상을 펼치고 정보 간의 연관성을 파악해서 이미 알고 있는 것에 통합한다.[25]

독자는 또한 텍스트에 실린 정보가 어떠한 방식으로 조직되어 있는가에 대해서도 관심을 두게 마련이다. 예를 들면, 어린아이조차 전형적인 내러티브의 구조를 알고 있다. 즉 내러티브는 문제나 갈등을 도입하는 부분과 그에 대한 해결 상황이 제시되는 식으로 이어진다. 만약 이러한 구조의 요소가 생략되거나 순서가 뒤바뀌는 경우에는 내러티브 내용을 이해하는 것은 방해를 받는다.[26]

인지 관점에 따른 교과서 서술 문제에 대한 시각은, 텍스트에 대한 독자의 반응을 중시하는 '독자반응이론(reader response theory)'과도 긴밀한 관련이 있다. '독자반응이론 혹은 수용이론(reception theory)'이란, 독서에 대한 해석학적 접근을 바탕으로 하고 있다. 주체로서의 독자가 객체로서의 텍스트를 읽고 의미를 찾는다는 이원론적 구분을 배격하는 이 이론은, 텍스트가 독자에게 어떻게 이해되는가 하는 것에 관심을 둔다. 사전의 이해, 경험, 신념, 지식은 독자가 텍스트를 읽는 데 영향을 미치기 마련이고, 해석은 독서의 초기 과정에서부터 개재하며 언제나 사전의 사건들에 의해 제한된다는 것이다. 또한 이 이론은 텍스트의 의미는 무엇이며 그것이 저자의 의도와 어떤 관련을 맺고 있는가, 텍스트를 객관적으로 이해하는 것은 가능한 것인가, 그렇지 않다면 이해라는 것 자체가 사회 상황과 시대 배경에 결부될 수밖에 없는 것인가 하는 문제를 중점적으로 다룬다. 특히 교과서에 대한 기존의 관념, 즉 교과서 서술은 명확하며 진리만을 담고 있다거나 가르치고 배우는 내용은 교과서 내용과 합일해야 한다는 데에 의문을 제기한다.[27]

학생들이 읽는 과정에서 전달받는 것은 무엇인가라는 문제에 대해 에코(U. Eco)는, 텍스트는 무한한 독해와 해석을 생성한다고 말한다.[28] 텍스트의 의미 자체가 비확정적인 것으로 다양한 목소리를 가지고 있을 뿐 아니라 읽는 방식이 정해져 있는 것도 아니므로, 독자는 언제나 저자의 의도를 추측하려 하기 때문이다. 이 두 가지 양상은 서로 중첩되어 있다. 독자가 의미를 창조하는 가능성을 배제할 수 있는 유일한 방식은, 텍스트가 단 하나의 '올바른' 해석을 간직하는 것이다. 그러나 객관식 평가 문항을 제외하고 이러한 가능성은 없다. 만약 저자가 단 하나의 '올바른' 해석을 가지고 있으며 텍스트는 그것을 전달하기 위한 것이라고 주장한다 하더라도, 우리는 여전히 저자의 언급이 그의 의도인지 아닌지를 '해석'해야 한다.[29]

현행 역사 교과서는 텍스트의 다양한 목소리와 그것을 읽는 과정에서 독자가 하는 역할을 깊이 있게 고려하지 않는다. 역사 교과서 서술에서는 보통 문자로 쓰인 것 자체에만 관심을 둔다. 텍스트로서의 역사 교과서 서술에 문자로 드러난 것 이외의 부분이 있다는 점과 그것을 학생들이 어떻게 이해하고 있는가에 대한 관심은 빈약하다.

롤랑 바르트(Roland Barthes)는 '독자적 텍스트(readerly text)'와 '저자적 텍스트(writerly text)'를 구분했는데, 전자는 자동차 타이어 교체 요령 또는 화산의 용암이 분출하는 과정에 대한 설명처럼 의미가 명확히 전달되는 텍스트를 말하며, 후자는 독자가 의미의 생성에 활발하게 참여하는 텍스트를 말한다. 말하자면 독자는 이러한 텍스트를 읽으면서 쓰는 것이라고 할 수 있다. 또한 두 가지 독자가 있을 수 있는데, '실제독자(actual reader)'는 읽으면서 얻는 의미를 주체적으로 관할하는 독자를 말하고, '모의독자(mock reader)'란 텍스트의 수사적인 장치에 쉽게 영향을 받는 독자를 가리킨다.[30] 텍스트의 의미가 명확할 때는 두 독자의 차이가 나타나지 않으나, 텍스트의 성격에 따라 그 간격이 크게 벌어질 수 있다.

상기한 독자와 텍스트 유형에 따른 분류로 구분하면, 현재의 교과서 서술의 관점과 양식 그리고 대부분의 교과서 관련 연구는 모의독자와 독자적 텍스트가 겹친 부분, 즉 다음 그림의 색칠 부분에 관련된 것이라고 할 수 있다.

	독자적 텍스트 (readerly text)	저자적 텍스트 (writerly text)
모의독자 (mock reader)		
실제독자 (actual reader)		

그림 │ **독자와 텍스트의 유형**

그 밖의 다른 부분은 문제의 소재를 제대로 인식하지 못하고 있는 셈이다. 같은 텍스트를 다르게 읽을 수 있고 텍스트에 따라 읽는 방식이 다를 수도 있다는 사실이 간과되고 있다. 특히 교과서 이용자인 교사와 학생이 역사 교과서의 성격을 위의 구분에서 어떤 영역으로 인식하고 있는가에 따라 역사수업에서 다루는 역사이해의 모습이 사뭇 달라질 수밖에 없다.

고등학생과 전문 역사가들이 역사서술을 이해하는 방식을 비교 조사한 연구에 따르면, 역사사실을 많이 알고 있는 고등학생들도 역사 텍스트의 숨은 뜻을 이해하지 못하며 서술 간의 상호관련성을 검토하지 못한다고 한다. 또한 역사의 학문적 절차와 기준에 입각해 텍스트를 이해하려 하지 않으며, 역사사건의 중요성에 대한 판단 기준도 수립하지 못한다는 것이다.[31]

더구나 학생들은 역사 교과서와 그 밖의 역사서술이나 사료를 읽는 방식을 구별하지 못하였다. 전문 연구자들은 중등 역사 교과서가 특정한 사회관계에서 창출된 특별한 양식을 가진 글이라는 점을 인식하고 서술된 내용을 검토하였다. 따라서 그들은 역사 교과서의 한계를 깨닫고 있으며 실제독자로서 서술내용을 저자적 텍스트로 읽는 반면에, 고등학생들은 서술 속에 채워진 정보를 수집하기 위하여 역사 텍스트를 읽는다고 생각하였다. 따라서 고등학생들은 저자의 의도를 캐묻거나 서술의 내용을 사회적 맥락 속에 위치시키는 과정을 인식하지 못하였다.[32] 모의독자가 독자적 텍스트를 읽는 방식으로 역사 교과서를 대하는 고등학생들에게, 교과서는 비판하거나 의심할 바 없는 역사사실의 창고였다.

그들은 쓰인 문자 그대로를 받아들이려 했을 뿐이며, 또 다른 텍스트, 이른바 부텍스트(subtext)의 의미를 파악하지 못하였다. 부텍스트란 위에서 언급한 감춰진 서술내용과 유사한 개념으로서, 역사서술에서 상호 관련된 두 영역을 포함하고 있다. 첫째 영역은 저자의 의도와 목적을 드러내는 수사적 장치를 가리키며, 두 번째 영역은 저자가 깨닫지 못하거나 오히려 감추고 싶은 것을 드러내는 영역이라 할 수 있다. 이 부분은 텍스트가 어떻게 저자의 가정에 대한 정보를 노출시키는가와 관련된 것이다.[33]

학생들은 부텍스트의 두 영역, 즉 저자의 의도와 사회적 맥락을 파악하지도 그리고 그것을 벗어나 텍스트에서 창조적으로 의미를 생성하지도 못하였다. 이것은 당연한 현상이라고도 할 수 있다. 왜냐하면 부텍스트가 존재한다는 사실조차 인식하지도 또 그렇게 배우지도 못하였기 때문이다.

수학이나 과학 같이 구조화된 학문 영역에서 문제를 풀거나 해결하는 방식과 달리, 역사이해의 본질은 문제를 스스로 정의해가는 것이라 할 수 있다.[34] 역사이해는 역사자료의 외면에 나타나 있는 사실만으로는 직접적으로 알기 어려운 의미를 파악하거나, 역사자료를 다른 관점에서 대안적으로 해석하는 것을 포함한다. 이런 이해력이 필요한 까닭은 연구의 주된 대상이 인간의 내면이며, 역사에 사용되는 자료는 자연과학이나 사회과학에서와 달리 밝혀내고자 하는 문제에 대하여 명확한 답을 제시해주지 않는 경우가 많다는 데 있다.[35]

역사이해는 더 많은 정보를 획득하고 저장하는 능력이라기보다, 비판적·비교분석적 관점과 판단에 가까운 것이다. 이런 의미에서 역사이해의 핵심은 문자 그대로를 받아들이는 것보다는 서술내용에서 추론하고 부텍스트의 의미를 파악하는 것이라 할 수 있다.[36]

텍스트를 이해하려면 쓰인 것에서 쓰이지 않은 것으로, 그리고 다시 쓰인 것으로, 드러나지 않은 것에서 드러나 있는 것으로, 문자에서 그 역사적 맥락으로 이동하는 복합적인 과정을 거쳐야 한다. 독서란 단순히 새로운 정보를 받아들이는 것이 아니라, 새로운 형태의 사고를 수행하는 방식인 것이다.

이렇게 본다면, 학생들이 역사 교과서의 서술과 그 밖의 다른 형태의 서술, 예를 들면 사료, 전문 역사 연구서, 신문기사, 일기, 기계조작 사용설명서 등과 같은 다양한 텍스트를 읽는 방식과 그 차이를 깨닫는 것이 역사학습에서 매우 중요한 부분임을 깨닫게 된다. 똑같은 읽기 방식으로는 여러 가지 텍스트의 다양한 의미를 이해할 수 없기 때문이다. 따라서 한편으로 교과서 저자는 이러한 차이점에 대한 인식 위에서 역사이해를 제대로 담을 형태로서의 교과서 서술을 고려해야 할 책임이 있다고 할 수 있다. 텍스트에서 지식을 획득한다는 것의 의미를 검증하고, 역사의 학문적 특성에 맞추어 역사서술을 읽고 이해하는 방식을 강구해야 한다.

4. 역사 교과서의 쓰기와 읽기에 관한 대안 모색

살펴본 바와 같이 역사 교과서는 서술양식과 학생의 이해 면에서 여러 문제를 안고 있다. 그러나 이러한 문제를 일거에 해결할 수 있다고 믿는 것은 큰 잘못이다. 교과서의 내용과 형식이 이미 사회적으로 관습화되어 교과서 저자, 발행기관 그리고 교과서를 사용하는 교사와 학생 모두가 이미 교과서에 대해 거의 굳어진 개념을 가지고 있으며, 그것은 쉽게 허물거나 다른 것으로 대체할 수 있는 것이 아니다. 교과서 서술의 새로운 체제를 개발하는 것 자체도 어렵지만, 대부분의 사람들이 이러한 발상 자체를 낯설어하거나 불편해하는 경우가 많다는 것이 문제다.

이런 점에서 이 글이 제기한 문제를 대하는 첫걸음은, 교과서의 내용 못지않게 그리고 그것에 대단히 결정적인 영향을 행사하는 방식으로서 교과서의 서술양식이 중요하다는 것과, 현행 서술양식이 담아내지 못하거나 왜곡하는 역사내용이 있을 수 있다는 것을 인식하는 일이다. 즉 교과서 서술체제에 대한 기본 개념을 본질적으로 검토할 필요가 있다.

교사는 이러한 인식을 바탕으로 하여 교과서를 이용하는 방식을 개선할 수 있다. 즉 교사는 교과서 내용을 있는 그대로 전달하는 중계자가 아니며, 교과서의 내용은 검증된 진리가 아니라 검토해야 할 관점과 해석이며, 역사에는 교과서 내용이 제대로 담지 못하거나 왜곡할 수밖에 없는 사건의 중첩과 인과관계의 다면성이 무수히 존재한다는 것을 학생들에게 인식시켜야 한다.

교과서를 비롯한 역사자료를 읽는 방식에 대한 관심은 역사 텍스트가 내포하는 연구와 학습상의 한계를 인식하고 개선하는 데에도 도움을 줄 수 있다. 선행연구에서 밝혀졌듯이 역사학습에서 중요한 것은 완벽한 텍스트를 모두 제시하는 것이 아니라 주어진 텍스트를 역사적 맥락 속에서 검토하고 이해하는 것, 즉 그것을 비판적으로 읽는 방식을 체득하는 것이라 할 수 있다.

또한 독서과정에서 학생은 부단히 교과서 내용과의 상호작용 속에서 새로운 의미를 생성해나간다는 사실에도 주목해야 한다. 교과서 서술은, 진행중인 대화의 한편이며 상대방인 학생이라는 독자 없이는 존재 가치가 없다. 독자로서의 학생을 고려하지 않는 교과서를 서술한다는 것은 무의미하다. 교사와 학생은 비판적 독자로서 교과서의 또 다른 저자라는 역할을 맡는 존재가 되어야 한다.

흔히 역사적 사고를 양성하는 것이 학교 역사교육의 중요한 목표라 말한다. 만약 역사적 사고라는 것이 역사학의 독특한 인식 기반과 절차를 존중하는 것이며 사실의 단순한 기억이 아니라 과거 사건의 재구성을 통한 해석과 의미 부여에 관계된 것이라고 한다면, 분명 역사 교과서도 이러한 사고를 방해하기보다 의도적이고도 계획적으로 신장시키는 방향으로 서술되고 이용되어야 한다. 교과서 서술을 통하여 단순히 무엇인가를 전달하려 할 것이 아니라, 학생들 스스로 서술된 내용을 문제삼아 무엇인가에 대한 생각을 키울 수 있도록 배려해야 한다.

특히 역사를 담는 교과서 서술의 새로운 양식을 시도하는 것은 매우 중요한 일이다. 적어도 이러한 작업은 위에서 언급한 현행 교과서 서술이 안고 있는 문제를 파악하고 역사교과의 특성에 따라 다양한 표현양식을 개발할 필요성을 인식하는 것에서부터 출발하게 될 것이다. 역사 교과서에서 설화, 이야기, 분석적 설명과 같은 여러 가지 역사서술의 방식을 어떻게 선택하고 결합할 것인지, 또 인간 경험을 표현하는 방법이자 역사해석의 근거라 할 수 있는 다양한 모습의 구전, 음악, 미술 그리고 영화를 포함하거나 참조할 수 있는 기능을 살릴 수 있는 방안이 무엇인지도 고려해야 한다. 역사에서 인간의 경험을 표현하는 방식과 학생이 그들의 이해를 공적으로 표현하는 양식은 모두 다양하다.[37]

시간의 흐름에 따라 통사로 쓰인 교과서 체계에 부분적인 변화를 주어 전체를 반복하는 지루함을 피하거나, 특정 주제라든지 문화권 또는 지역을 중심으로 한 교과서를 제작하는 것도 하나의 방법이라 할 수 있다. 이 과정을 통하여 심화학습의 계기를 만든다면, 교과서의 서술양식으로 다 담을 수 없는 역사학의 탐구영역과 방법을 두루

맛볼 수 있을 것이다.

물론 역사 교과서의 기존 양식인 논리실증적 이해를 무시하거나 그 효용성을 전면 부정할 수는 없다. 이미 언급한 대로 학생에게 최종적인 전문 연구 성과를 제시하기 위해 역사 교과서는 개념과 내용을 분류하고 계열화하고 단순화할 필요성이 있다. 그렇다 하더라도 인식과 표현의 다양성을 인정하고 학교교육이 이를 신장시키는 데 주력해야 한다는 주장이 묵살되어서는 안 된다.

따라서 교과서를 제작하는 초기 단계에서부터 서술형식과 학생의 이해에 관한 문제는 필수적인 고려 사항이라 할 수 있다. 교과서 저자는 교과서의 서술양식을 있는 그대로 받아들일 것이 아니라, 내용을 담는 그릇으로서 형식이 중요하다는 것과 교과서가 특별한 양식의 글이며, 그리고 이는 바로 학생의 역사이해에 직결되는 문제라는 것을 염두에 두어야 한다. 이 문제를 등한시하는 교과서 집필방식과 과정으로는 교과서가 안고 있는 본질적인 한계를 극복하는 노력을 시작할 수 없다.

현실적으로 이 글에서 지적하고자 하는 역사 교과서의 서술양식과 그에 따라 학생이 이해하는 데 있어서의 문제점을 해결하려면, 무엇보다도 평가를 위주로 생각하는 습성에서 탈피해야 한다. 객관식 평가방법이 교과서 서술과 이용에 미치는 영향은 지대하다고 할 수밖에 없다. 평가의 효율성은 주로 객관적 타당성의 여부로 판가름 난다. 이러한 평가절차는, 교과서 내용을 역사의 해석과 의미의 생성이라는 학문적 특성과는 다른 식으로 단순명료화시키는 경향이 있다. 사고와 탐구를 중시하든 또는 단순한 사실의 기억을 요구하든, 현행 학교시험과 수학능력시험의 평가체제는 기본적으로 역사 교과서를 비판적으로 읽고 역사를 해석하는 방식을 체득하는 데 도움이 되지 않는다.

학력 측정과 수학능력 진단이라는 측면이 아무리 중요하다 하더라도, 현행의 평가체제는 실무와 운영 상의 여건에서 절차의 공정성을 확보하기 위해 객관적 정답을 요구하지 않을 수 없다. 따라서 개별적 관점과 해석에 따른 주장의 개진과 반박, 그에 따른 수정으로 진행되는 역사의 학문 공동체적인 특성을 반영하는 것은 매우 어려운 일이 된다.

많은 경우에 정답의 객관성을 확보하고 오답 가능성을 회피하려면, 평가문제는 궁극적인 근거를 필요로 하게 되고, 대개 교과서 혹은 개설서가 그 역할을 맡게 된다. 똑같은 내용이라 하더라도 전문학술지의 연구논문에 실린 역사학자의 견해와 주장은 객관적 근거가 되기 어렵고, 그것이 교과서의 사실과 진리로 공식화되면 정답의 출처로 의심받지 않는다. 실무적으로는 출제과정에서 역사해석과 결론의 잠정성과 오류 가능성은 문제의 소재로 삼기 어렵거나 회피되기 마련이다. 대개의 경우 오직 하나뿐인 정답을 골라야 하는 것이 평가의 방식이기 때문이다. 사실 암기 위주의 수업방식은 객관적 평가를 우선시하는 사회 풍토와 정답의 절대성을 보장하려는 문항 출제방식이 만든 피할 수 없는 결과일지도 모른다. 많은 사람들이, 문제의 시작이 고질화된 암기 위주의 수업이라고 생각하고 있으나 그것은 착각이다.

탐구력을 측정한다고 해서 사고의 개방성과 유연성을 측정하거나 신장할 수 있는 것도 아니다. 그것은 정답에 이르는 과정과 절차를 논리적으로 단계화한 것이지, 사실을 기억하여 정답을 고르는 평가 방식의 근본 문제, 즉 객관성과 절대성을 조건으로 하는 정답의 선택이라는 요구를 극복한 것은 아니다.

범람하고 있는 참고서 역시 평가 위주의 교과서 읽기를 부채질하고 있다. 평가와 입시가 중요한 몫을 차지하는 우리의 교육 현실에서 대부분의 초중등학생들이 학습의 보충과 점검을 위해서 과목별로 참고서를 이용하고 있다. 참고서는 주로 교과서에 수록된 내용을 요약·정리하고 보충설명을 제공하며 반드시 연습문제를 수록하여 학생들이 시험에 대비해 훈련을 하도록 한다. 참고서의 서술형식은 완결된 문단과 문장으로 이루어져 있다기보다 관련 내용을 항목별로 나열하는 것이 보통이다. 참고서는 단순화되고 주제별로 분류된 교과서의 역사내용을 다시 한 번 토막 낸다. 대부분의 학생들은 참고서의 이처럼 간결한 서술형식이 내용 파악에 도움이 된다고 생각한다. 참고서를 통해 이렇게 훈련된 학생들은 교과서의 역사내용을 관계된 조항별로 도식화하고 시험문제의 틀로 가두는 데 익숙하게 된다.

요약하자면 적어도 현행의 평가체제는 학생들에게 정해진 교과서 읽기를 강요하고 있다고 해도 틀린 말이 아니다. 더욱이 이러한 읽기 방식은 절대적으로 올바른 사실과 해석을 선택하려는 것이므로, 역사 교과서에 서술된 내용의 의미를 더욱 고착시키고 획일화시킬 수 있다. 평가 위주의 생각에서 벗어나 교과의 본질과 특성을 생각한다면, 전자를 위해서 후자를 포기하거나 왜곡할 것이 아니라, 후자를 포괄하지 못하는 전자의 한계를 인식하는 것이 매우 중요하다. 평가를 위한 시험문제라는 그물로 만만히 잡을 수 있는 물고기는, 역사라는 바다의 작은 부분일 뿐이다.

5. 맺음말

  이 글은 역사 교과서 문제에 관하여 기존의 탐구가 다루지 않았거나 등한시한 측면이 있었음을 밝히고, 교과서의 서술내용과 독자의 관계에 비추어 역사 교과서 서술양식의 특성을 탐색하였다. 이를 바탕으로 교과서 연구뿐 아니라 교과서 서술과 이용에 관한 몇 가지 대안적 견해를 제시하였다.

  역사 교과서를 쓰고 읽고 또 배우고 가르치는 데는 새로운 안목이 필요하다. 역사 교과서는 과거를 있는 그대로 비춰주는 거울이 아니다. 특정한 의도와 목적과 서술양식을 가지고 있는 역사 교과서는 독자의 읽는 방식에 따라 여러 가지 의미를 드러내는 담론이다. 하나의 진리를 담고 있는 역사 교과서를 정해진 읽기의 방식으로 가르치는 것은, 과거를 이해하는 관점과 방법을 탐구하는 역사의 학문적 특성과 어울리지 않는다.

  역사 교과서 그 자체를 이해하는 것보다 더 중요한 것은 그것을 통하여 역사를 이해하는 것이다. 학교수업에서 차지하는 도구적 가치의 비중이 아무리 크다 할지라도, 역사 교과서 서술과 인식론 상의 본질과 한계가 망각되어서는 안 된다. 역사수업에서 역사자료는 읽는 방식에 따라 다양한 의미를 가지고 있으며 역사 교과서도 그중의 하나라는 것을 가르쳐야 한다.

  나름대로의 존립 근거와 유용성을 확보하는 방향으로 진화해온 현행 역사 교과서의 서술체제와 교수방식을 쉽게 바꾸는 것은 물론 어렵다. 이 글은 이것을 개선해나가는 데 필요한 몇 가지 시도의 가능성을 모색하였을 뿐이다. 또한 서술양식과 학생의 이해과정 간의 상호작용을 중시해야 한다고 하였지만, 과연 학교급별로 또는 학생의 역사이해 발달수준별로 교과서 서술체제와 이용방식이 차별화될 수 있는가 하는 것은 대단히 중요하긴 하지만 이 글에서 다루지는 못하였다.

2장

역사서술의 주체와 관점
─역사 교과서 읽기와 관련하여

1. 머리말

모든 글은 저절로 존재하거나 주어지는 것이 아니라 쓰는 사람이 만드는 것이다. 기본적으로 역사가는 역사를 혹은 역사에 대하여 '쓰는' 사람이다. 역사가는 나름대로의 관점을 가지고 주어진 자료를 이용하여 과거에 대한 자신의 생각을 글로 써서 발표한다. 그러나 이렇게 당연한 것처럼 보이는 현상 뒤에는 몇 가지 주목할 만한 측면이 있다. 역사서술에서 역사가의 존재는 좀처럼 드러나지 않는다. '나'라는 용어가 회피될 뿐 아니라, 역사가 자신의 주장이나 의견이 여러 가지 수사 장치에 의해 통제된다. 마치 역사서술에서 역사가의 존재와 역할은 사라진 채 과거의 사실이 자신을 스스로 드러내는 식이다. 또한 역사가들은 자신이 어떤 관점에 따라 역사를 서술하고 있다는 것도 잘 나타내려 하지 않는다.

역사서술에서 관점의 개입은 피할 수 없는 일이다. 오히려 관점을 택함으로써만이 역사가가 역사를 서술할 수 있고 해석할 수 있게 된다. 관점이라는 것 자체가 바로 과거를 역사로 '바라보는' 방식을 마련해주기 때문이다. 관점이 없으면 해석도 불가능하다. 본질적으로 역사서술이란 시작과 중간, 끝 그리고 배경, 등장인물, 갈등과 해결이 있는 과거에 대한 이야기이다. 역사가 이야기로 전달되려면 누군가는 반드시 언제 그 이야기가 시작되고 끝나는지, 무엇을 포함하고 생략해야 하는지, 어떤 사건을 갈등으로 또 어떤 사건을 결말로 삼아야 하는지를 선택해야 한다. 따라서 역사서술은 언제나 관점에 따른 해석을 포함하게 된다. 즉 누군가가 어떻게 이야기할 것인가를 결정해야 한다.

역사가가 해석을 하면 할수록 그의 역사서술에는 관점이 포함되고, 관점이 개입될수록 '편견'의 가능성이 커진다. 흔히 역사가는 여러 의미의 관점을 구비하고 있으며, 모든 것을 알고 있고, 어디에나 존재하는 듯한 입장에서 과거 사건을 기술한다. 그렇다면 그것은 대체 누구의 관점인가? 드러나지 않을 뿐, 역사서술이 역사가의 관점과 구성에 의한 것임에도 역사가들은 서술주체[1]로서의 존재와 기능을 왜 분명하게 하지 않는가? 이것은 역사학의 오랜 전통인가, 아니면 시대에 따른 학문적 성격의 변화인가? 서술의 주체와 관점은 어떻게 기능하며, 그들 사이에는 어떠한 관계가 있는가?

이 글에서 필자는 관습적으로 당연시해온 역사서술의 형태를 비판적으로 파악하려 한다. 또한 역사서술의 양식과 그에 대한 인식이 어떠한 변화를 겪고 있으며 현재의 역사서술체제가 보편화된 이유를 살펴봄으로써, 역사의 학문적 바탕이라 할 수 있는 사실성과 연구절차와 방법상의 객관성·과학성에 대한 포스트모더니즘의 비판을 이해하여 관련된 문제점을 짚어가는 발판을 찾아보고자 한다. 이는 역사학의 특성을 고려한 역사학과 역사학습의 관계, 특히 역사교과서 읽기에 관한 주의점을 마련하는 방안으로도 유익하다.

2. 역사의 학문화와 객관성 추구

역사가가 서술주체로서의 기능과 역할을 드러내지 않고 모든 것을 다 내려다보는 듯한 전지(全知)의 관점을 택하게 된 이유를 파악하려면, 이러한 현상이 언제부터 시작되었는지를 살펴보아야 한다. 결론적으로 말하자면, 이러한 역사서술 양식의 변화는 역사가 학문화된 과정과 밀접한 관련을 맺고 있다. 학문화의 밑바탕이 된 것은 실증주의의 등장이었고, 그것이 추구한 것은 이른바 객관성·과학성이었다. 객관성 혹은 그렇게 보이기 위한 서술의 양식은 시대적 산물이다.

19세기에 랑케(L. Ranke)의 영향 혹은 역사주의의 흐름 속에서 확립된 근대 역사학은, 이전의 자의적인 역사연구와 서술을 부정하고 엄격한 사료 비판에 근거한 객관적 서술을 지향하여 역사학을 과학의 경지로 끌어올리려 하였다. 이 세계의 본질이 궁극적으로 증명할 수 있는 일련의 과학적 법칙으로 이루어져 있다고 본 실증주의 역사관도 이 시기에 대두하였다. 오히려 관념론적 성격이 강한 역사주의와 일종의 과학주의라 할 수 있는 실증주의가, 세계관과 방법론의 차이에도 불구하고 역사학을 과학성과 객관성을 추구하는 전문화된 학문으로 확립하는 데 기여하였다. 역사학은 과학적 방법을 통해 객관적으로 파악된 사실을 서술하는 학문이 되었고, 역사가의 세계는 실재하는 것이라고 간주되었다.[2] 과학적 연구방법과 객관적 태도 그리고 사실성이 결국 현대 역사학의 보루로 자리잡았다.

역사적 객관성이란, 단일 개념이 아니라 가정, 태도, 동경과 반감 등을 포괄하는 집합 개념이며, 그 분명한 의미를 파악하기 어려운 개념상의 갈등을 내포하고 있다. 그러나 보통 객관성이라고 할 때 다음과 같은 속성이 반드시 포함된다. 무엇보다도 과거의 실재와 진리가 대응한다는 것을 전제로 하며, 인식주체와 인식의 대상, 사실과 가치, 특히 역사와 허구를 철저히 구분한다. 역사적 사실은 해석과 별도로, 그리고 그에 앞서 존재하는 것으로 간주된다. 해석의 가치는 사실을 얼마나 그럴 듯하게 설명하는가에 따라 판단되며, 사실과 어긋날 때는 포기된다. 진리는 하나이며, 그것은 관점에 좌우되지 않는다. 역사에 존재하는 어떠한 패턴도 만들어지는 것이 아니라 발견되는 것이다. 역사가들은 그들의 관점이 바뀜에 따라 과거 사건에 상이한 중요성을 부가할 수 있으나, 본질적으로 과거 사건의 의미는 불변이다.[3]

객관적 역사가의 역할은, 중립적이며 이해관계에 따르지 않는 판단을 내리는 것이다. 과거는 엄연한 실체로 존재하는 것이고, 역사가의 임무는 자료를 이용하여 되도록 객관적으로 과거를 재구성하는 것이다. 이들에게 객관성에 관해 의문을 가진다는 것은, 사람이 칼에 베었을 때 피를 흘린다는 것을 부인하는 것과 마찬가지이다. 역사가는 무엇을 옹호하거나 선전하여서는 안 된다. 역사가의 결론은 균형과 형평을 갖춘 사법적 판단의 속성을 보여주어야 한다. 이러한 속성은, 역사가들이 사회적 압력이나 정치적 영향으로부터 벗어나고 당파성과 편견을 회피함으로써 확보될 수 있다. 역사가 실용성에 따라 서술되면 객관성은 훼손될 위험에 처하게 된다. 따라서 역사가는 스스로 외부의 어떤 것에 대한 충성과 추종을 회피해야 하며, 그가 추구하는 바는 오로지 객관적 진리여야 한다.[4]

이러한 역사의 객관성과 실재에 대한 추구가 고래로 유지되어왔다고 하는 것이 일반적인 견해이다. 투키디데스(Thucydides)에서 기번(E. Gibbon) 그리고 랑케에 이르는 서양의 역사서술 전통에서 두드러진 특징은 다음과 같다. 첫째, 역사가들은 역사가 실지로 일어난 사건과 존재했던 인물을 묘사하는 것이라는 진리의 상응이론(correspondence theory of truth)을 받아들였다. 둘째, 인간의 행위는 행위자의 의도를 반영하는 것이고 일관된 역사서술을 위해서 이러한 의도를 이해하는 것이 역사가의 임무라는 것을 전제하였다. 셋째, 나중의 역사사건은 먼저 일어난 사건을 일관되게 뒤따른다는 일차원적, 통시적 시간관을 인정하였다. 즉 사실성, 의도성, 시간적 계기성(繼起性)이 서양 역사서술의 기본 골격을 이루었다.[5] 이 중에서도 과거의 실재와 그것을 추구하는 과정에서의 객관성은 랑케 이후로 더욱 강조되었다.

그러나 전통적으로 역사가는 자신의 존재와 역할을, 그리고 무엇을 위해 어떤 입장에서 역사를 서술하고 있는가를 숨기려 하지 않았다고 보는 견해도 유력하다. 이에 따르면, 역사가 '만들어지는 것(constructed)'이라는 견해는 서양 철학 그리고 역사서술 전통의 한 부분이었다. 그리고 이러한 인식은— 요즘의 표현으로, 구조화(structuralization)와 '거대 서사(meta narrative)'의 존재에 대한 인식은—장기적으로 지속되었다. 용어가 바뀌기는 했지만, 19세기에 이르기까지 서구 지적 전통의 전반에 걸쳐 이와 유사한 개념이 쉽게 발견된다. 이러한 전통에서 벗어난 것이 있다면, 그것은 19세기와 20세기에 걸친 실증주의라 할 수 있다. 즉 과거 혹은 그 밖의 것에 대한 지식의

구성에서 관점과 가치는 최근에 그것이 완강히 부인되기 전까지는 줄곧 인정되어왔다.[6]

그리스 역사서술의 특징은 '증거(evidence)'를 이용하는 데서의 한계를 인식한 것이라 할 수 있다. 예를 들어 헤로도토스(Herodotos)는 그의 역사서술에서 동일한 사건에 대한 하나 이상의 설명을 포함하는 것에 주저하지 않았으며, 투키디데스는 크게 보아서 근거가 빈약한 여러 가지 이야기를 그의 역사서술에 나타나는 등장인물의 입을 통하여 전달함으로써 그의 작업에 의미를 부여하곤 하였다. 랑케가 말한 '있었던 그대로'의 의미는 중요하게 고려되지 않았고 실현될 수도 없는 것이었다. 오히려 중요한 것은 쓰는 사람, 즉 역사가의 '믿음(belief)'과 '수용(acceptance)'이었다. 플라톤이 이야기한 바와 같이, 이상(理想)의 형식과 관련되지 않는 한 단순한 관찰을 이용하는 것에는 한계가 있을 수밖에 없고 무엇인가를 주장하려면 항상 지성(intellect)의 구성적 역할이 필요하다는 의미가 바로 이런 맥락이라 할 수 있다.[7]

이런 의미에서 그리스인들에게 역사적 진실이란, 오류 없이 완벽한 정전(正典)이라기보다 시대에 걸쳐 합의로 인증된 작품의 일종〔vulgate〕이었다. 고대 역사가는 좀처럼 자료나 기록을 이용하지 않았다. 그가 바로 자료이자 기록이었던 셈이다. 오히려 역사란 자료로 만들어내는 것이 아니라, 역사가들이 서로 대화한 바를 수정하거나 보완해서 이를 재생하는 것으로 여겨졌다.[8]

중세 기독교 사회는 거대 서사의 가장 본질적인 예를 보여주는데, 익히 아는 바와 같이 바로 교회가 역사가가 작업하는 의미의 초점을 제공하였다. 특히 이 점에서 흥미로운 것은 신앙의 역할이 근대 초까지 이어지고 있었다는 점인데, 17세기 중엽에 진리 추구에서 인간의 주체성을 주장한 데카르트(R. Descartes)는 바로 신이 세상에 대한 지식을 얻기 위해 감각(sense)에 의존하는 인간 능력의 기초를 제공한다고 생각하였다. 더욱 흥미롭게도 영국 경험주의의 거두라 할 만한 로크(J. Locke) 역시 이 점에서 마찬가지였다. 로크는, 인간은 백지 상태로 태어나 경험으로 사물을 인식한다고 하였다. 그러나 그의 인식론마저도 경험만이 아니라 신에 의존하고 있다는 사실은 빈번히 간과되고 있다. 즉 경험론의 핵심에도 하나의 구조적 거대 서사가 존재한 셈이다.[9]

물론 19세기에 이르면, 경험론이라고 하는 압도적인 인식론의 기저에—또한 역사학에서도—신 또는 어떠한 회의도 발견되지 않는다. 실증주의를 추구하는 확신과 낙관이 이 세기 동안 크게 확장되었다. 역사학에서도 이러한 경향은 더욱 심해져서, 액턴(Acton) 경(卿)은 캠브리지 근대사의 기고가에게 보내는 편지에서 과거에 대한 진리를 얻기 위한 역사가의 능력을 찬양하면서 "우리(이 책의 저자-필자)의 계획은 저자가 속하는 국가, 종교, 당파 그 어떤 것도 드러내지 않는 것이다"라고 말하였다. 바야흐로 진리라는 것은 인간의 관심과 의도에서 절연된 것이 되었다. 이것은 실증주의 역사학의 최고조에 어울릴 법한 발언이었다.[10]

물론 실증사학 이전에도 투키디데스가 사실과 전설을 구분하지 않던 선대의 역사가들을 비난했고, 르네상스 시기의 인문주의자들이 교회가 종교적인 목적에 따라 조작 · 왜곡하던 역사기록을 발견하는 데 주력한 것도 사실이다. 그러나 실증주의의 등장으로 역사서술에서 과거의 실재성과 객관성은 확고하게 인식되었으며, 그에 대한 비판이 줄곧 제기되었음에도 실제로 역사학에서 과학적 에토스는 커다란 동요 없이 지속되었다. 사실 따지고 보면 과거의 실재를 정직하고 진실하게 재현하고자 하는 작업은 동서양의 고대부터 계속되어왔고, 특히 19세기에 역사는 전문적으로 훈련받은 역사가들이 수행하는 과학으로서 확립되었다고 할 수 있다.

이러한 현상에 대해 화이트(H. White)는, 18세기 말엽 이전에는 역사로서의 과거가 상대적으로 덜 학문화되어 있었고 그 웅장함과 기괴함, 혼란스러움이 인정되고 있었다고 본다. 18세기 역사 연구는 그 자체로 완전한 학문이라 할 수 없었다. 그것은 주로 아마추어의 영역이었다. 학자는 고전 혹은 근대 언어를 배웠고, 여러 종류의 문서를 다루는 방법과 수사와 작문 기술을 습득하는 훈련을 받았다. 역사서술은 사실상 수사기법의 한 영역으로 여겨졌다. 그러나 19세기 내내 그리고 20세기에 들어서서 급진주의, 자유주의, 보수주의 이데올로기 모두 과거를 자신들에게 맞는 형식으로 학문화하였다는 것이 그의 견해이다.[11]

그런데 역사가 수사에 종속되면, 역사적인 분야 자체—과거, 혹은 역사의 진행과정—가 아무런 의미도 갖지 않는, 혹은 수사적 재능이 허용하는 만큼만의 의미를 갖는 것으로 간주된다. 역사를 지식의 한 분야라고 간주하려면 역사적으로 생각한다는 것, 즉 역사적 사고가 학문화되어야 하는데, 그것은 무엇보다도 엄격한 의미의 '탈(脫)수사화(derhetoricization)'로 수행될 수밖에 없었다. 이런 과정을 통해 허구와 역사가 구별되었고, 역사는 여러 가지 사건들 가운데 종교적인 것, 기적, 기이(奇異)를 배제하고 '적합한' 사료를 선택하였다.[12]

역사의 규율화 혹은 학문화는 '증거의 규칙'을 사실로서의 역사기록에 적용함으로써 역사 내러티브를 픽션의 내러티브와 구분하면서 진행되었다. 그 결과 수사적, 사변적, 불가해한 것을 밀어내고 점차 역사가들이 이야기하는 것은 '상상된' 것이라기보다 확고한 '증거' 속에서 발견되는 것이라는 확신이 자라났다. 결국 이러한 신조를 같이 하는 역사가들은 그들이 만들어내는 역사 내러티브에서 구현된 체계 · 일관성 · 구조 · 전개가, 과거에 '객관적으로' 존재한 그것과 일치한다고 주장하게 되었다.[13]

실증주의의 확립과 역사의 학문화 이후 전문 역사가들이 과학 모델에 따라 역사를 서술할 때, 그들은 19세기 사실주의 소설에 등장하는 그리고 과학자가 실험보고서를 쓰는 방식으로, 멀리 떨어져 있는 전지한 화자의 목소리를 동원하였다. 이 전지한 화자는 편견과 미신 위에 올라서서 조용하고도 냉정하게 과거의 장면을 조사하고, 동일한 증거를 보고 동일한 원칙을 적용하는 모든 연구자가 받아들일 만한 진리를 말할 터였다.[14] 그렇다면 그들은 대체 누구의 어떤 관점에서 이렇게 말하는 것일까?

3. 저자의 관점과 해석

역사가가 관점을 택할 수밖에 없음은 분명하다. 만약 어떤 사건을 기술할 때 처한 장소와 시간에 따라 다를 수밖에 없는 인물의 행위를 모두 기록한다면, 그것은 별개의 일화를 묶은 것으로서 결코 일관적이고도 통합적인 서술이 될 수 없다. 통합적인 서술을 만들기 위해서 역사가는 특정한 위치에서 어떤 줄거리 혹은 구성을 택할 수밖에 없다.

어떤 풍경을 그리는 화가는 어쩔 수 없이 그의 구도와 원근법을 결정하는 하나의 관점을 가질 수밖에 없고, 그런 한에서 그는 그가 선택한 관점과 공존하는 다른 수많은 관점들을 인식에서 제외시킨다. 따라서 화가는 그 풍경을 보이게 만들 뿐 아니라, 그와 동시에 그의 그림은 풍경의 다른 모습을 보이지 않게 만들기도 한다.[15] 역사 서술에서 역사가의 입장과 역할도 이와 유사하다. 관점의 문제는 반드시 해석과 관련된다. 과학의 권위를 강조하면서 근대 역사학은 해석의 범주를 억압하게 되었다. 역사서술이 분명히 특정 해석의 관점을 지니고 있음에도, 마치 아무런 입장을 취하지 않은 상태에서 역사가 서술된다고 가정하는 경우가 흔하다. 그러나 역사서술은 과거에 존재한 것에 대한 이야기나 설명만으로 이루어지지 않는다. 역사 서술에는 완전히 분리되지는 않지만, 서로 다른 기능과 성격을 지닌 다양한 범주가 있다.

첫째는 역사적 실재의 국면을 이야기하는 것, 즉 무슨 일이었는가에 대답하는 것이다. 다음에는 이에 대한 설명이 따른다. 즉 왜 그 사건이 일어났는가 하는 문제를, 그 원인은 무엇인가로 분석하여 답하는 것이다. 역사가는 여기서 머물지 않고, 과거에 대한 가능한 진술의 하나로서 자신의 이야기와 설명을 정당화한다. 이 경우 역사서술은 논쟁의 형식을 나타낸다. 또한 역사가들은 해석을 한다. 즉 어떤 특정 관점에서 과거를 바라다보는 것이다. 관점은 역사가의 모든 저술을 관통한다. 비록 그런 관심을 부인한다 하더라도, 역사는 현재의 관점에서 서술되므로 우리를 둘러싼 역사적 실재의 의미에 관심을 갖는 것은 피할 수 없다. 이런 의미에서도 역사서술에서 관점에 의한 해석은 필수적이다.[16]

주목할 것은, 역사서술에서 저자 혹은 화자의 개념이 매우 불완전하고 불안정하다는 점이다. 저자의 관점과 화자의 목소리가 뒤섞여 있다. 어떤 때에는 모든 것을 아는 듯 초월적 관점에서 이야기하는가 하면, 어떤 때에는 사건 속 주인공의 심중을 말하기도 한다. 또는 분명히 그런 위치를 드러내지는 않지만, 역사사건과 인물에 대한 해석과 평가의 위치에서 역사가 자신의 주관을 드러내기도 한다.

흔히 두 가지 관점이 역사서술에서 나타나는데, 하나는 마치 벌어지는 모든 일을 위에서 바라다보는 듯이 전지적 성격을 가지고 있는 저자적 관점(authorial viewpoint)이고, 다른 하나는 역사 행위자인 당대인의 시각에서 사태를 바라다보는 인물 관점(character viewpoint)이다. 후자는 전기류에 특히 유용한 것이라 할 수 있다.[17] 이것을 '역사서술상의 나(historiographical I)'와 '역사상의 나(historical I)'로 구분하기도 한다.[18]

그러나 사실상 역사서술에 포함되는 관점은 이보다 훨씬 다양하다. 타자의 관점 혹은 목소리는 ① 증거로서의 출전에 산재해 있음으로써, ② 출전에 과거 인물이 그들이 인식한 대로의 현재와 과거를 표현함으로써, ③ 역사가를 포함한 현재의 타자들이 그들의 과거와 현재를 텍스트화함으로써, ④ 역사가들이 과거의 타자에 대해 현재적으로 텍스트화함으로써, ⑤ 한 역사가가 자신의 서술에서 다양한 관점과 목소리를 현재적으로 텍스트화함으로써 역사서술에 개입한다.[19] 그러나 객관화를 추구하는 서술은 이처럼 관점이 개입하는 여러 가지 방식을 혼합함으로써 상이한 관점이 개입되어 있다는 사실을 드러내려 하지 않는다.

역사가들이 아무 생각 없이 혹은 우둔해서 이런 형식의 역사서술을 진화시켜온 것은 아니다. 역사가들이 이처럼 여러 관점과 목소리를 관습적으로 혹은 의도적으로 뒤섞어 쓰는 이유는, 무엇보다도 자신의 의견과 해석을 객관화해서 그들의 주장에 이른바 '진리 효과'를 주고자 하기 때문이다.

역사가는 전지적 관점에서 말함으로써 그들의 시각상 한계를 최소화한다. '나폴레옹이 그의 군대를 유럽 대륙을 가로질러 진격시켰다', '미국인들은 북미 대륙을 횡단하는 것이 그들의 운명이라 믿었다' 같은 식의 언어적 장치로 역사가는 자신이 우월한 관찰자의 위치에 있는 것 같은 인상을 준다. 이렇게 역사가는 전지적 작가의 권위 있는 목소리로 말하기 때문에 독자로 하여금 정보가 초월적인 곳에서 나온 것이라고 믿게 한다. 역사지식이 당파나 이해관계에 관련되지 않고 하나의 지배적 관점에 구속되지도 않는 것처럼 보이게 하는 것이다.[20]

객관성·과학성의 추구와 탈수사화의 방향으로 역사가 학문화되면서, 역사가가 점차 저자로서의 위치를 감추고 역사가 스스로 기술되는 듯한 인상을 주는 경향이 두드러지게 되었다. 그리고 역사서술의 엄연한 전통이라 할 수 있는, 역사가의 존재와 역할에 의해 역사가 만들어지는 것이라는 인식이 축소되었다. 역사가 스스로 기술하는 듯하게 하는 것은 역사담론의 객관적 양식에 잘 들어맞는 것으로 이용되고 있다. 이로써 저자는 인간적 풍모를 버리고 객관적 자세를 취하게 된다. 즉 엄연히 존재하는 저자로서의 주체는 객관적 주체로 바뀐다. 이를 역사의 순결성이라 부르기도 한다.[21]

이 경우에 역사담론은 단지 지시 대상(referent)과 기표(signifier)만으로 구성된 것처럼 보인다. 다시 말해 역사담론은 기의(signified, 의미되는 바, 즉 무엇이 일어났는가에 대한 역사가의 설명)를 실제로 발생한 것에 대한 지시 대상 아래 감춘다. 더구나 역사가는 일어나지 않은 것 혹은 불확실한 것이 아니라 일어난 것만을 진술한다고 주장한다. 역사가는 자신이 말하고 있다는 것을 강력히 제어하는 경향이 있으며, 결과적으로 진술된 것에 대해 책임질 사람이 존재하지 않는 듯한 현상을 초래한다.[22] 이것을 일종의 '수사적 알리바이'라고 할 수 있다. 결과적으로 지시의 착각이 일어나게 되는데, 역사가가 아니라 지시 대상이 스스로 말하는 것처럼 나타나는 것이다. 화자의 부재는 소설류의 특정한 형식이었다. 사실 저자로서의 '나'라는 표현의 억제는 사실주의 시대 소설가들이 그들을 객관화시키려고 이용한 수법이기도 하다.[23]

역사담론은 독특한 형태의 이동장치(shifter)를 가지고 있다. 이동장치[24]는 언명(utterance)으로부터 언명하는 행위(act of uttering)로의 (혹은 그 반대 방향으로의) 전이를 보장해주는 장치이다. 가장 두드러진 것은 증거의 범주에 해당하는데, 이는 기술하는 사건, 그에 대한 정보의 근원, 그리고 그에 대한 저자의 평가를 합한 것이다. 역사가의 개입을 나타내거나 그의 개인적 경험을 가리키는 '내가 들은 바로는', 혹은 '확인할 수 있는 바로는' 등이 이러한 형태를 나타내는 표현의 예라 할 수 있다.[25] 전통적인 역사서술에서 역사가가 정보를 얻은 근원을 이러한 방식으로 사용한 것에 비하여, 20세기에 들어서면서 역사서술에서 이러한 이동장치의 사용은 회피되고 그 기능이 각주나 사료로부터의 직접 인용이라는 형식으로 대체된다. 그리고 이는 단지 '실재의 효과(effet du réel)'만을 달성한다.[26]

이상에서 말한 바의 핵심은 관점의 문제이다. 역사가는 관점을 택할 수밖에 없으며, 특히 19세기 이후 역사서술에서 여러 가지 관점이 감춰지거나 중첩되어 나타나는데, 이를 객관적 진리 효과를 위한 장치로 볼 수 있다. 그렇다면 여기서 과연 역사서술에서 관점이란 어떠한 개념이며, 그것의 기능이 무엇인가를 좀 더 상세히 검토할 필요가 있다.

어떠한 관점에서 주장한다고 하는 것과 어떠한 관점을 지지한다고 하는 것은 차이가 있다. 어떠한 관점에서 주장한다는 것은, 역사에서 이야기와 주장이 개진되는 통로로서의 프리즘, 렌즈, 시각을 지칭한다. 이처럼 관점이라는 것은 주로 시각상의 용어로 표현되곤 하지만, 이는 또한 지각적이며(perceptual) 개념적이기도 하다. 지각적 차원에서 관점은 물리적 차원에서 누군가의 안목으로 사태를 바라본다는 뜻이다.[27]

좀 더 형상적이고 개념적 차원에서 관점이란 신념체계, 이데올로기, 개념틀(conceptual framework)을 의미한다. 과거 사건의 해석에 대한 자유주의적, 보수주의적, 혹은 급진주의적 해석에 관한 논쟁에서 나타나듯이, 신념체계와 이데올로기는 역사가들이 스스로 의식하는 것보다 훨씬 강력하게 그들의 역사서술과 역사의식에 영향을 미친다.[28]

평가 차원에서의 관점은 이해관계, 이익, 가치체계에 따라 재현된 과거를 가늠한다. 이런 차원에서는 어떠한 가치체계나 기준에 따라서 한 상황에서의 이해관계, 특정 체제 내에서의 이익, 그리고 사회 조직 속에서의 인간 복리와 안위가 평가되는가 하는 것이 문제가 된다. 중립적 판단이라고 여겨지는 것도 사건 당사자의 일부를 우호적으로 취급하는 것이 보통이다. 이런 이유 때문에 급진적 시각을 가진 역사가는, 기존의 역사서술이 택하는 관점이 사실상 전통적이고 지배적인 권력구조가 중립적인 것처럼 가장하고 있다고 주장한다. 그들에게 중요한 것은 누구의 어떤 관점에서 실재를 정의하고 있는가 하는 점이다.[29]

관점은 심리 혹은 정서적 수준에서 작용하기도 한다. 역사서술에서 저자 혹은 화자는 과거 행위와 사건, 제도에 대해 특별한 감정을 가질 수 있으며, 또한 역사가가 과거 사건, 특히 계급, 인종, 성에 대해 어떠한 정서 혹은 유대관계를 갖는가 하는 것은 이 문제에 대한

접근과 주장에 상당한 영향을 미칠 수밖에 없다.[30]

요약하자면 자신이 처한 공간과 시간 그리고 시각(時角)에 대한 저자의 인식을 지각적 관점이라 할 수 있고, 정치적이고 윤리적인 판단은 이데올로기적(ideological) 관점에 속한다. 과거 인물이나 행위에 대한 현재적 판단은 평가적(evaluative) 관점, 과거 상황과 인물에 대한 정서적 동일시의 정도를 감정적(emotive) 관점이라 한다.[31]

이 중에서 가장 문제가 되는 것은 이데올로기적 관점이라 할 수 있다. 역사가 자신의 시공적 위치에 대한 인식을 제외하면, 나머지 의미에서의 관점은 결국 이데올로기라고 표현되는 개념으로 환원되거나 포함될 수 있기 때문이다. 이런 의미에서 역사서술에 개입되는 역사가의 의도와 선택을 이데올로기 중심으로 설파한 화이트의 견해에 따라 관점의 문제를 검토할 수 있다. 이데올로기는 그가 말하는 모든 역사학의 메타역사적인 기초에서 매우 중요한 요소이다.

화이트에 따르면, 역사의 내용은 발견되는 것만큼이나 창작되는 것이다. 그것은 또한 현재 중심적이고, 이데올로기적으로 경사(傾斜)되어 있으며, 다양한 수준에서 역사가에 의해 구성된다. 과거 자체에는 그 어떤 주제도 내재해 있지 않으므로, 역사가가 쓰고자 하는 주제는 비유적으로 성립되고 다양한 설명과 논증의 형식으로 풀이될 수밖에 없다. 왜냐하면 과거 그 자체는 '문제'를 가지고 있지 않으며, 오직 역사가만이 '문제'를 가지고 있기 때문이다. 즉 '역사적 문제'라는 것은 역사가 스스로 '만들어내고', '해결하는' 문제인 셈이다.

이때 역사가가 이용하는 과거는 결코 과거 그 자체가 아니며, 접근 가능한 흔적에 의해 증거화되고, 이론적으로 혹은 방법론적으로 서로 다른 세 가지 절차를 통해 역사서술로 변형된다. 그 세 가지는 논증(argument)에 의한 설명, 플롯 구성(emplotment)에 의한 설명, 이데올로기에 의한 설명이다. 이 세 가지 유형에는 각각 역사가들이 특정 종류의 설명적 영향력을 획득할 수 있게 하는 네 가지의 정교화 양식이 있다. 논증에 의한 설명의 경우, 형식주의(formism), 유기체론(organism), 기계론(mechanism), 콘텍스트주의(contextualism)가 있다. 플롯 구성에 의한 설명에는 로망스(romance), 희극(comedy), 비극(tragedy), 풍자(satire)의 원형이 있다. 이데올로기에 의한 설명에는 무정부주의(anarchism), 보수주의(conservatism), 급진주의(radicalism), 자유주의(liberalism)의 전략이 있다. 이러한 이데올로기 입장은 사회변화, 변화의 속도, 유토피아적 이상에 대해 상이한 견해를 드러낸다.[32]

이와 같은 세 가지 절차에 나타나는 양식의 선택과 조합이 역사가나 역사철학자의 역사서술 '문체(style)'를 구성한다. 이러한 양식을 서로 다른 양식과 관련시키려면 역사가들은 그들의 자료를 설명하고 표현할 일정의 개념 전략(conceptual strategy)을 갖추어야 하는데, 이 수준에서 역사가들은 시적(詩的) 행위를 수행한다. 이러한 행위 속에서 역사가는 자신이 다루는 대상을 먼저 형상화하고 무엇이 일어났는가를 설명하기 위해 이용하는 이론을 도입할 하나의 영역을 구성한다. 이러한 예시와 구성을 위해 네 가지 수사법(trope) — 은유(metaphor), 환유(metonymy), 제유(synedoche), 아이러니(irony) — 을 동원한다. 이와 같은 지배적 비유의 양식과 이에 수반되는 언어적 협약이 모든 역사작업의 메타역사적 기초를 구성한다는 것이, 바로 화이트의 이론이다.[33]

화이트는 이러한 과정에서 명시적으로 이데올로기가 가장 결정적인 역할을 행사한다고 주장하지는 않는다. 오히려 이데올로기적인 것을 예상 외로 과소평가하고 있는 것 같기도 하다. 예를 들어, 화이트는, 역사가는 처음에 연구대상을 수사화하고 그 수사가 논증과 플롯 구성, 이데올로기의 종류에 선행한다고 이야기한다. 즉 수사가 가장 처음에 온다는 것이다. 그러나 화이트는 그의 논문에서 항상 수사를 가장 마지막에 이야기하고 있으며, 결국 수사가 제시 순서의 관점에서뿐만 아니라 분석적 중요성에서도 가장 나중에 오는 혹은 여분의 것인 듯한 인상을 준다. 그리고 수사가 이데올로기적 입장의 표현이라고 할 때 역사가는 우선 역사를 파악하는 방식을 구상하는 것이고, 이데올로기적 양식이야말로 비유적인 표현을 하는 데 어떤 수사를 사용할지를 미리 결정하는 요인이라 할 수 있다. 즉 화이트가 설정한 역사가의 작업 초기 단계부터 이데올로기가 작동한다고 보아야 한다.[34]

비록 이데올로기적 편향 없이 연구한다고 공언하면서 과거 사회에 대한 분석에서 이데올로기적 함의를 끌어내려는 충동을 누르는 역사가라 해도, 역사의 재현과정에 개입되는 형식에 대한 입장의 채택을 통해 특정 이데올로기적 틀 안에서 역사를 서술하게 된다. 오늘날 관습적 역사 연구에서 나타나듯이, '경외심을 가지고 바라보는' 혹은 '확실하게 객관적인', '대상으로서의 과거'에 대한 연구는 이러한 이데올로기성을 은닉하는 것이다.[35] 오히려 역사의 학문적 전문화와 그에 따른 과학적 태도는, 그것이 나타난 독일의 시대상황 하에서 역사서술의 이데올로기화를 촉진하였다. 즉 과학성 혹은 객관성의 구호 아래에서 역사가들은 오히려 그들의 민족이나 계급의 명분을 지지해주는 증거를 발견하려고 서고를 찾게 되었다. 랑케는 1841년 프러시아의 공식 역사 편찬 책임자가 되어 독일민족주의를 위해 역사를 서술하였고, 역사가 신의 숨은 손을 드러낸다고 믿었다.[36] 이는 역사서술의 이데올로기적 측면을 한층 더 부각하는 사례라 할 수 있다.

이상의 논의에서 역사서술에 관점의 개입과 그것의 이데올로기성이 분명해졌다고 한다면, 당연히 이러한 현상에 어떻게 대처할 것인가의 문제가 제기된다. 이것은 대체로 서로 보완되는 두 가지 방향에서 시도되는데, 하나는 서술의 관점을 분명히 하는 것이고 다른 하나는 여러 관점을 동시에 제시하는 것이다. 전자의 입장에서는, 역사가가 자신의 역사를 구성할 때 서술하는 데 근거로 삼는 이데올로기적 입장, 사용하는 주요 비유, 선호하는 논증양식과 플롯 구성을 자신의 서문과 텍스트에 걸쳐 명백히 드러내거나, 역사가가 대상을 구성하는 방식을 분명히 보여주는 방안을 제안한다.[37]

점차로 역사가들은 그들의 작업이 과거를 있는 그대로 재생하는 것이라기보다 하나의 특정한 관점에서 그것을 표현(represent)하는 것임을 인정해가는 경향이 있다. 이러한 역사가들은 이 점을 독자에게 인식시키기 위해 역사서술에서 화자의 위치와 존재를 드러나게 하는 방법을 적극적으로 모색한다. 자신의 위치와 존재를 숨기는 것이 아니라, 독자에게 화자가 전지하지도 공정하지도 않음과 자신의 것 이외의 다른 해석도 가능함을 알리는 것이다. 즉 역사가 스스로 명백하게 역사서술 자체의 생산과정에 대한 주의를 요청하고, 자신의 가정을 드러내는 것이다. 그리고 역사화된(historicized) 과거가 발견된 것이 아니라 만들어진 것임을 고백한다.[38]

두 번째 방향에서는 이른바 병렬(juxtaposition)을 통해서 상이한 관점들을 연속적으로 배치하여 과거가 오직 하나의 형상적인 의미로 제시될 수 있다는 환상에 의문을 제기하는 방식을 취한다. 이처럼 다양한 관점과 목소리를 담아내기 위해서 재현되는 과거 사건의 내부로부터, 후속 사건과의 관련 속에서 재현된 과거 사건의 외부로부터, 현존하는 다양한 혹은 갈등적인 관점으로부터 그 원천을 찾으려 노력한다.[39] 또는 역사가들이 어떤 역사사건을 하나 이상의 관점에서 이야기하는 것도 가능하다. 즉 개별적 관점이 아니라 집합적 관점을 택하는 것이다. 이렇게 함으로써 역사사건에 존재할 수 있는 갈등에 대한 해석을 해석의 갈등으로 인식할 수 있다. 이렇게 다양하고도 반대되는 관점을 '헤테로글로시아(heteroglossia)'라고 부른다.[40] 이 밖에도 다양성을 강조하기 위해 신조어를 사용하거나, 상이한 글자체를 이용한 직접 인용을 통해 다양한 목소리를 전하려고 시도하기도 한다.[41]

물론 이러한 다중음성(polyvocal)의 역사는 쉽게 달성하기 어렵다. 그리고 이러한 작업은 단일한 저자적 관점에 서 있는 기존의 역사서술과 비교할 때, 아직 시작의 단계에 불과하다. 그러나 관점의 개입과 해석의 불가피성을 부각시키려는 이러한 시도는, 역사서술의 본질적인 한계를 드러내고 그것을 극복하려 한다는 점에서 그 가치와 의미를 찾을 수 있다.

4. 관점의 문제와 역사 교과서 서술

역사지식의 생성에서 누구의 관점과 목소리가 관철되는가 그리고 그것이 어떻게 전달되는가에 대한 인식은, 연구에서뿐 아니라 역사학습에서도 간과할 수 없는 문제이다. 역사 교과서는 관점의 차이와 다양성을 인정하고 있는가? 그리고 이것을 어떻게 다루고 있는가?

역사 교과서는 특별한 양식의 글이다. 교과서의 서술양식은 처음부터 자연스럽게 존재한 것도 아니고 당연한 것으로 여겨진 것도 아니다. 또한 학생들의 이해 수준과 흥미를 고취하기 위한 효과라는 측면에서만 개발된 것도 아니다. 그것은 특정한 필요와 이념 아래서 생성되고 발전되어온 것이다. 교과서에 실린 내용이 공식적인 지식이 되는 데 있어서, 그 배경과 과정은 사회체제의 유지와 밀접히 관련되어 있다. 즉 역사 교과서는 한 사회의 전형적인 지배담론이라고 할 수 있다. 따라서 교과서 서술이 과거에 대한 여러 이야기 중의 하나라는 점은 잘 드러나지 않는다.

역사 교과서의 서술방식은 기존 학문적 역사서술을 되도록 유사하게 간추린 형태이면서도, 학술논문보다 더욱 집요하게 서술주체와 관점을 감춘다. 역사 교과서는 역사의 해석적 차원을 드러내는 대신 오히려 해석이 불필요한, 주어진 사실을 다루는 것처럼 서술되고, 대부분의 역사 사실은 상이한 해석이나 논쟁이 필요 없는 것으로 제시되어 있다. 역사 교과서에는 주관적 견해, 의견, 주장이 배제되거나 객관적 사실과 논증으로 탈바꿈한다. 즉 서술의 주체가 더욱 완강히 그 모습을 감추는 것이다. 그럼으로써 이른바 진리 효과의 극대화를 추구한다.[42]

흔히 역사교육의 기본 목표라고 여겨지는 역사적 사고력의 양성이 사실에 대한 기억을 넘어서 역사사건에 대한 해석과 그에 대한 의미 파악을 포함하는 것이라면, 서술의 주체와 관점의 문제를 도외시하고 이러한 목표를 달성한다는 것, 즉 역사서술의 해석적 특성을 가르친다는 것은 불가능하다. 이러한 목표를 달성하려면 학생들은, 우선 교과서 서술에 등장하고 개입하는 다양한 존재— 저자, 화자, 역사사건의 행위자—를 인식하고, 그들이 취한 관점에 따라 역사사건이 기술되며 그것이 모든 사람이 아닌 누군가의 목소리로 전해지고 있다는 사실을 깨달아야 한다. 그리고 교과서와는 다른 관점과 해석이 존재한다는 것에도 주의를 기울여야 한다.

그렇지 않다면 역사 교과서는 이른바 서술(기표)과 그것이 지시하는 대상으로서의 과거(지시대상)만이 대응적으로 존재하고 역사가의 관점과 해석(기의, signified)은 사라진, 과거 사건에 대한 화석과 같은 기록으로만 이용된다. 이것은 역사학이 주요 탐구대상으로 삼는 과거 인간 행위와 그 의도를 파악하는 방법이나 태도로 적합하지 않다. 저자나 화자가 존재하지 않는 것처럼 꾸며진, 철저히 비인격화된 기록에서 어떻게 인간 행위와 의도를 파악할 수 있겠는가? 교과서를 이러한 방식으로 읽는 것은, 실증주의 인식틀을 전제로 하는 것이다. 이처럼 과장되어 있는 실증주의는 과학이 아니라 과학만능주의로서, 연구자가 타자인 연구대상을 완전히 물화(物化)시킴으로써 주체로서의 지위를 스스로 폐쇄하거나 적어도 그처럼 소외된 상황을 문제시하지 않는 타자의 극단적인 객관화 현상을 초래한다.[43]

이러한 현상으로 나타나는 학생의 역사이해의 문제점은 이미 여러 조사 연구에서 보고되고 있다. 학생들은 교과서의 역사서술을 읽으면서 저자의 관점과 해석 의도에 문제를 제기하지 않는다. 저자의 설명에 대해 '그럴 수 있다' 혹은 '아마 그럴 것이다'라고 말하면서 특정한 관점을 기술하는 데에 작용한 저자의 해석을 문제삼지 않는 태도가 바로 그러한 예이다. 자의적으로 진실성을 부여하는 이러한 현상 때문에, 저자 혹은 목격자의 진실성과 화자의 권위를 비판적으로 분석하지 못하는 경우가 많다.[44] 교과서가 역사의 진리를 전달한다고 생각하는 학생들은, 역사서술과 해석이 시대적 배경과 사회적 맥락에 밀접히 관련된 저자의 관점에 의해 만들어진 것임을 잘 깨닫지 못한다. 관점과 가치가 복합적으로 관련된 역사 교과서 서술은 그들에게 암기해야 하는 관련 없는 사실의 묶음일 뿐이다.

전문 연구논문, 신문기사, 사료, 역사소설, 교과서 등 역사서술의 신뢰도를 묻는 질문에 전문 연구자들은 교과서를 최하위로 생각한 반면, 학생들은 교과서를 가장 믿을 만한 것으로 응답하였다는 조사 결과는, 학생들이 역사 교과서를 어떻게 대하고 있는가를 보여주는 단적인 예라 할 수 있다.[45] 동일한 역사자료에 대해서도 전문 역사가와 고등학생은 판이한 이해방식을 드러내고 있었다. 가장 특징적인 차이점은 사료에 대한 비판적 시각의 소유 여부였다. 학생들은 교과서에 서술된 역사내용을 비판적으로 검토하기보다는, 그것을 요약하고 정리하는 데 집착하였고, 자료로부터 교과서 내용에 이르는 과정에 대해서 별 다른 관심이나 의문을 가지지 않았다. 그들은 외워야 할 정보를 수집하기 위해 교과서를 읽고 있다고 생각하였다.[46] 비단 역사 교과서뿐 아니라 학생들이 좋아하는 이야기 형태의 역사를 이해하는 데 있어서도 관점과 해석, 재구성에 관한 학생들의 이해는 여러 가지 문제점을 드러낸다. 특히 역사가가 통합적인 서술을 구성하기 위해 어떤 가치와 관점에 서서 줄거리를 구성할 수밖에 없다는 것, 즉 내러티브의 본원적인 갈등을 잘 인식하지 못했다.[47]

이러한 문제를 해결하려면 교과서 서술의 체제와 양식을 바꿔야 하지만, 개선된 교과서 서술에서도 이 글에서 제기한 서술주체와 관점의 문제가 어떤 식으로든 지속될 것이다. 이런 점에서 교과서를 어떻게 읽을 것인가 하는 것은 교과서를 어떻게 서술할 것인가보다도 현실적으로 더 시급한 문제이다. 역사수업에서 교과서가 차지하는 비중을 생각하면 이 문제의 중요성은 더욱 커진다.

교과서의 독자는 교과서 서술을 과거 사건을 재현하려는 거울로서 이용할 것이 아니라, 과거 모습을 특정한 의도와 관점에 따라 그려낸 하나의 작품으로 받아들여야 한다. 다른 텍스트와 마찬가지로 역사 교과서를, 이른바 실재를 반영하거나 지시하는 기록으로 간주하지 말고 과거와의 대화로서 읽는 것이다. 텍스트는 독백이 아니라 여러 목소리와 관점이 모여 있는 곳이며, 이처럼 다양한 목소리를 읽으려면 대화가 필요하다. 역사수업에서 교과서는 검토와 비판과 대화가 가능하고 또 그것이 필요한 작품으로 이용되어야 한다.[48]

이러한 인식은 우선적으로 역사교사의 몫이다. 역사 교과서가 과거 사건을 있는 그대로 정확하고도 완벽하게 전달한다고 생각하고 가르치는 교사의 학생은 역사 교과서를 '작품적'으로 읽지 못할 것이다. 교사는 교과서 내용이 검증된 진리가 아니라 검토해야 할 관점과 해석이며, 역사에는 교과서 서술이 제대로 담지 못하거나 왜곡할 수밖에 없는 사건의 중첩과 인과관계의 다면성이 무수히 존재한다는 것을 학생들에게 알려주어야 한다. 교과서 서술 그대로를 밑줄 그어 외우게 하거나 시험문제 정답의 출전이나 기준으로서 교과서 내용의 권위를 절대시하는 것은, 역사 교과서 이용에 관한 교사의 주도적 역할과 책임을 저버리는 것이다. 교사의 관점과 재구성의 절차가 없다면, 교과서와 학생 사이에 교사가 필요한가에 대한 대답은 궁색해질 뿐이다.

5. 맺음말

과거는 역사가에게 진리를 부여할 수 없다. 일련의 사건으로서의 과거는 사라졌다. 그 결과만 남아서 현재에 영향을 주는 것이며, 오직 과거로 거슬러 올라가는 분석만이 그 영향을 확인시켜줄 뿐이다. 극단적으로 말하면 움직이지 않는 과거는 살아 있는 역사가에게 어떠한 방식으로도 영향을 끼치지 못한다. 역사가는 거의 모든 것을 시작할 수 있는 행위자이지만, 과거는 그 자체로 움직일 힘을 가지고 있지 못하기 때문이다.

아무리 숨기거나 감추려 하여도 역사서술에서 관점의 개입은 회피할 수도 부정할 수도 없다. 과거를 파악하는 데 있어 내재적인 틀(framework) 없이 과거에 대한 정보를 이해하는 척하는 것은 더 이상 옳지 않다. 또한 이러한 이론, 구조, 지배담론이 진리라고 믿어서도 안 된다. 그것은 시대적, 역사적 산물이다. 역사를 탐구하는 것 그리고 탐구할 주제를 정의하는 것은, 실재하는 것과의 접촉으로 생기는 것이 아니다. 그것은 역사가의 관점에 따른 서술 구성과 선택에 의해 독자에게 제시되는 것이다. 이를 인정한다면 하나의 역사서술에서 어떻게 다양한 관점을 포함할 수 있는가, 독자는 어떻게 다양한 관점을 구별할 수 있는가, 존재한 하나의 과거에 대한 다양한 관점 하의 서로 다른 서술을 어떻게 이해해야 하는가 하는 문제가 중요성을 갖게 된다. 이는 실증사학의 전제이며 목표이기도 한 객관성과 과학성에 대한 의문과 관련된다.

포스트모더니즘은 역사학의 본질, 특히 객관적 지식에 대해 중요한 인식론의 문제를 제기하고 있다. 역사의 통합성 혹은 일관성은 물론이고, 저자와 텍스트의 일관성 또한 의문시되고 있다. 역사지식의 즉자성(卽自性)이 부정되고 있다. 현대 역사학은 과거 사실의 실재성에 대하여 단선적인 접근을 포기하고 있다. 영원히 객관적 시점이란 존재할 수 없는 것이다. 객관성만을 목표로 하면 역사가의 역할은 제한된다. 사실만이 존재한다면 역사가가 해석할 필요가 없기 때문이다. 사실은 논쟁의 대상이 아니므로 증명할 필요도 사라진다. 더구나 역사가 객관적으로 '발견'된 것이고, 이른바 객관적인 역사가

진실에 대한 특권을 주장한다면, 바로 여기서 다양한 역사 중의 하나인 그것이 유일한 결말로 이해되는 '부담'[49]이 생긴다. 이때 역사는 지식의 형식인 동시에 권력의 형식으로서 과거를 순치시키고 통제하는 수단으로 작용할 수 있다.

> 역사는 그것이 절대적인 담론이나 절대적인 개별성을 성취하지 못하는 한에서만, 그 의미가 혼란스럽고 복잡한 상태에서만 역사이다. ……역사는 사건과 관련되어 있으며 구조적이라는 의미에서 본질적으로 모호하다. 역사는 정확하지 못한 것들의 영역이다. 이것은 공허한 발견이 아니다. 오히려 그것은 역사가를 그리고 역사가의 작업을 정당화한다. 역사의 방법은 정확하지 못한 방법일 뿐이다. 역사는 객관적이기를 원하지만, 역사는 객관적일 수 없다. 역사는 부활하기를 원하지만, 단지 재구성될 수 있을 뿐이다. 역사는 사건을 당대의 것으로 만들려는 동시에, 역사의 대상에서 그것을 분리시키는 역사적 시간의 거리와 깊이를 복구해야 한다. 이런 생각은 역사가가 하는 일과 관련된 문제를 정당화한다. 이러한 어려움은 방법상의 결함으로부터 비롯되는 것이 아니다. 그것은 기초가 잘 갖춰진 모호함이다.[50]

이렇게 볼 때 과거의 실재와 그것을 추구하는 방식으로서의 객관성에 대한 의문이 역사학 자체의 무용화와 무력화를 초래하지는 않는다. 오히려 이러한 의문이 역사학과 역사교육의 새로운 주제와 경지를 탐험하는 통로를 열어준다. 한 유명한 극작가는 "작가에게 작품이란 대답이 아닌 질문이며, 문학이란 현실의 재현이 아니라 현실에 대한 탐험"이라고 말한다.[51] '현실'을 '과거'로 바꾼다면, 이 말은 역사를 연구하고 학습하는 이유로도 합당하다.

3장

내러티브와 역사인식[1]

1. 머리말

역사에서 내러티브는 흔히 '부활'[2]하였다고 표현된다. 내러티브가
역사의 전통적인 서술방식이었으나, 19세기 후반에 근대 역사학이
발전하면서 쇠퇴하였다가, 대략 1970년대부터 다시 되살아났다는
것이다. 부활한 내러티브는 전통적인 내러티브와 형식과 의미에서
동일한 것이라 말하기 어려운 면이 있다. 그러나 쇠퇴와 부활이라는
표현이 말해주는 것처럼 역사를 서술하는 형식에 대한 문제인식의
시대적 차이가 크다는 것은 분명하다. 더구나 최근 논의에 따르면
내러티브는 단지 역사서술의 수단에 관한 문제일 뿐 아니라, 인간이
스스로의 경험에 대해 생각하고 조직하는 방식을 포함하는 사고체
계이기도 하다. 그리고 생각의 방식과 서술의 형식은 상호작용의 순
환관계에 있다. 내러티브는 사고하는 방식으로서, 또 그것을 표현해

가는 수단으로서 역사의 본질적 구성요소라 할 수 있다. 또한 역사 교육 연구자들은 내러티브가 역사사건의 인과관계에 대한 이해를 촉진시킬 뿐 아니라, 역사적 사고력을 함양하는 데에도 효과적이라고 주장하고 있다. 특히 내러티브는 본격적인 역사학습이 곤란하다고 인식되어온 초등학생에게도 효율적인 역사학습을 위한 방안으로 자주 거론되고 있다.

이 글에서는 최근의 연구 성과를 중심으로 역사학에서 내러티브가 역사인식과 역사서술에서 주목받게 된 배경과 쟁점을 검토하고자 한다. 한때 쇠퇴하던 내러티브가 다시 등장한 이유와 배경은 무엇인가? 내러티브를 배격하거나 그 기능과 가치를 비판하는 이유와 그에 대한 반박의 논리는 무엇인가? 역사서술의 형식과 역사인식의 측면에서 내러티브는 어떠한 특징을 가지고 있는가? 내러티브는 학생들의 역사이해에 어떠한 장점과 단점을 가지고 있는가?

2. 역사서술의 변화와 내러티브의 (재)등장

흔히 '설화', '담화' 혹은 '역사이야기(체)'라고 번역되는 내러티브는 역사서술의 보편적이며 전통적 양식이다. 그러나 이야기, 설화, 담화라는 역어의 의미가 한정적이며 정의상의 차이를 드러내기 어렵기 때문에 그대로 '내러티브'라는 용어를 사용하는 경우가 많다. 보통 역사에서의 내러티브는 연대기적 순서로 소재를 조직하여 내용을 단일하고 조리 있는 이야기로 집중시키는 역사서술 형태를 가리킨다. 즉 '과거의 사건에 대해 하나의 중심 주제를 둘러싸고 일정한 구성형식―예를 들어 시작과 전개, 반전, 결말―을 갖춘 일련의 이야기'로 정의할 수 있다.

토폴스키(J. Topolski)는 역사에서의 내러티브를 세 가지 유형으로 나누고 있다. 여기에서 구분 기준은 '역사사실들을 시간적으로 어떻게 연결시키느냐'이며, 이는 역사서술형식의 변화과정과도 관련된다.[3]

> A. 1939년 독일군은 폴란드를 침공했다.
> – 연보(annals)
> B. 20년간 지속된 평화의 시대는 유럽에서, 아마도 전 세계에서 끝났다. 독일은 폴란드를 침공했고, 이로써 유럽에서 전쟁을 일으켰다.
> – 연대기(chronicle)
> C. 1939년 유럽에서 제2차 세계대전이 일어났다.
> – 엄격한 역사서술(strictly historical statement)

가장 초보적인 형태인 '연보'는 기록자가 당대의 사고방식으로 보아 중요하다고 느낀 일을 시간 순서대로 단순하게 기록한 것이다. '연보' 기록자는 사건에 대한 자신의 지식을 활용하지 않으며, 기록하는 사건들의 연속성과 그 이후의 사건을 반영하지 않는다. 반면에 '연대기' 기록자는 자신의 기존 역사지식을 활용하면서 과거로부터의 시간적 연속성을 드러낸다. '연대기'에 묘사되는 사건들은 선행 사건의 필연적 결과로서 여러 해석이 가능한 인과관계로 연결되어 있다. 그러나 C의 '제2차 세계대전'처럼 전후에 일어난 사건들에 대한 맥락적 전망이 필요한 개념은 '연보'나 '연대기'에서 사용되지 않는다. '엄격한 역사서술'에서는 독일의 폴란드 침공 이후 일련의 사건들이 역사가의 인식에 의해 '제2차 세계대전'으로 개념화되어 사건의 본질을 드러낸다.

그러나 실제 역사 내러티브에서 이 세 가지가 각기 독자적으로만 이용되는 것은 아니다. 실제 역사 내러티브는 '엄격한 역사서술'을 중심으로 '연보', '연대기'가 혼합된 형태라고 할 수 있다. 이런 형태의 내러티브가 서구 역사서술의 전통으로 이어져왔다. 그러나 20세기 중엽부터 내러티브의 전통은 큰 변화를 맞게 되었다. 내러티브는 많은 역사가들에 의하여 비과학적인 것으로 무시되었으며, 사실상 소멸의 위기를 맞았다. 이 시기에 많은 역사가들이 마르크스주의 이데올로기와 사회과학 방법론의 영향을 강하게 받고 있었다. 그들은 개인이 아니라 사회에 관심을 가졌으며, 역사적 변화를 설명하는 일반법칙을 만들어낼 '과학적 역사(scientific history)'를 조만간 이룰 수 있을 것이라고 믿었다. 그 결과 다양한 과학적 역사의 사례가 등장하였다. 마르크스주의 경제적 모델과 프랑스의 생태학적·인구통계적 모델, 그리고 미국의 계량경제학적 방법론이 그것이다.[4]

그러나 이 같은 과학적 역사의 부상은 그리 오래가지 못하고 말았으며, 전통적 역사서술의 형태인 내러티브가 최근 다시 부활하고 있다. 역사의 설명에서 경제 결정론적 모델은 매력을 잃었다. 한편으로 인구, 식량 공급, 기후, 금은의 공급, 가격이라는 현상과 다른 한편으로 가치, 이상, 관습이라는 것 사이에 이중적인 상호작용의 복잡한 흐름이 있으며, 그것은 결정론적 모델의 위계적(位階的) 배열로는 설명되지 못하는 경우가 많기 때문이다. 오히려 많은 역사가들이, 집단의 문화나 개인의 의지도 물질적 산물 그리고 인구 성장의 결과와 마찬가지로 잠재적으로 중요한 변화의 요인이라고 생각하고 있다. 후자가 전자를—혹은 그 반대로—강제해야 할 아무런 이론적 근거가 없다는 것이다.[5]

서구 지성인 사이에 이데올로기적 영향이 쇠퇴한 것도 내러티브가 부활한 이유다. 17세기 영국 젠트리 계급의 흥망, 산업화 초기 단계 노동계급의 실질임금 하락, 미국 노예제의 원인·본질·결과 등에 대한 1950년대와 60년대의 격렬한 논쟁의 바탕에는 당시의 이데올로기적 관심이 깔려 있었다. 그러나 서구에서 마르크스주의의 쇠퇴와 이데올로기적 논쟁의 약화로 말미암아 역사가들의 관심 분야도 바뀌었다. 더불어 역사 연구의 많은 영역에서 필수적인 방법론으로 여겨지던 계량화 또한 많은 문제를 야기하였다. 계량적 방법을 이용한 많은 역사가들이 논증에서 논리적 오류를 범하거나 간단한 상식을 도외시하여 그들이 내린 결론 자체를 의심스럽게 만들어버렸다. 또 계량화는 부분적으로 효과적이었지만, 역사 전반의 중요한 문제에 대해서는 기대만큼의 성공을 거두지 못하였다. 이와 더불어 역사가 학문화되고 주제와 방법이 전문화되면서, 역사가들이 대중 독자들이 읽고 싶어 하는 주제를 그들에게 친숙한 이야기의 형태로 전달하고자 한 노력도 내러티브의 부활을 부추겼다.[6]

　물론 최근의 내러티브는 과거의 그것과 여러 가지 점에서 차이가 있다. 내러티브 역사가들은 사회학이나 경제학보다 인류학에서 방법과 개념을 도입하고 있으며, 그들이 다루는 주제도 감정, 행동 패턴, 가치, 심리 상태 등 이전에는 좀처럼 다루지 않던 것이다. 새로운 내러티브 역사가들은 단순한 사실에 매달리기보다 오히려 상징적 의미, 심지어 무의식을 탐구하려 한다. 또한 그들은 개인이나 개별적이고 극적인 에피소드를 다루면서 과거 문화와 사회의 내부 메커니즘을 밝히려고 노력한다.

　역사학에서 내러티브에 관한 논란은 이른바 포스트모더니즘 계열의 문예비평이론이 도입되면서 새로운 국면에 들어섰다. 이 계통의 연구들은 역사가 발견되는 것이 아니라 구성되는 것이라고 본다. 즉 역사서술도 픽션과 마찬가지로 역사가에 의한 상상적 구성의 산물이라는 것이다. 대표적 학자인 화이트(H. White)에 따르면, 역사의 내용은 발견되는 것만큼이나 창작되는 것이다. 그것은 또한 현재 중심적이고, 이데올로기적으로 경사(傾斜)되어 있으며, 다양한 수준에서 역사가에 의해 구성된다.[7]

역사학계가 내러티브에 관해 새로운 관심을 두게 된 또 다른 배경은, 최근 활발하게 논의가 이루어지고 있는 집단기억과 관련해서다. 개인 혹은 집단은 기억을 간직하고 표현하는 과정에서 '문화적 도구(cultural tool)'를 사용하는 한편, 문화적 도구는 이러한 인간 행위에 개입한다. 개인이 기억을 갖게 되는 것은 과거 사건을 직·간접적으로 체험했기 때문만이 아니며, 집단기억은 개인이 회상한 것을 조합하여 이루어진 개인기억의 집합이나 나열이 아니다. 그것은 특정 개인이나 집단의 소유물 같은 것이 아니라 능동적인 과정을 통해 형성되는 것이다. 과거에 일어난 사건은 그 자체로 우리에게 다가오지 않는다. 의미, 의사소통, 그리고 생각 등은 텍스트로 구조화되어야 우리에게 전달될 수 있다. 한 사건이 텍스트화될 때, 어떤 표현수단을 사용하는가의 문제는 그 텍스트에 어떤 내용을 담을 것인가에 영향을 끼친다.[8]

기억의 대상은 과거 그 자체라기보다 텍스트다. 이 텍스트를 대하는 독자, 혹은 집단기억 속의 대중은 능동적으로 매개하는 행위자(active agent)가 된다. 왜냐하면 집단기억은 독자·대중이 자체적으로 생산해서 그들의 생각 속에 저장하는 것이 아니라, 오히려 텍스트와 마주하는 독자·대중이 자신의 존재를 구성하고 드러내는 것이기 때문이다. 이러한 의미에서 독자와 대중은 기억하는 행위자이기도 하지만 집단기억을 실어나르는 매개자이기도 하다. 즉 사회적으로 형성된 집단기억은 문화적 도구와 매개자에게 각각 분배되어 있는 것이라고 보는 것이다.

기억이 매개된 행위의 한 형태로서 능동적인 행위자와 문화적 도구의 관계를 끌어들이는 것이라 할 때, 문화적 도구란 과거를 수용 가능한 형태로 텍스트화하는 형식 또는 수단을 의미한다. 가장 대표적인 것이 내러티브 텍스트(narrative text)이며, 다큐멘터리, 영화, 박물관 전시, 통계 보고서 등도 이에 해당한다. 넓게 보아 역사 또한 이러한 문화적 도구로 작동한다. 국가에 의해 생산된 역사(특히 자국사), 교육을 매개로 제도화된 역사를 통해 국가의 구성원들은 의도된 집단기억을 갖게 되며, 이 경우 역사는 근대 국민국가의 집단기억을 위한 매개물, 즉 문화적 도구(내러티브 텍스트)인 셈이다.[9]

3. 서술방식과 인식론에 관한 쟁점

위에서 살펴본 바와 같이 역사서술과 이해에서 내러티브는 독특한 영역을 제시하고 있지만, 그 기능과 의미에서 많은 쟁점을 새롭게 드러내고 있다. 비판의 범주는 '과연 내러티브가 과학적이고 설명적일 수 있는가?', '설명은 이야기 혹은 묘사보다 우월한 서술방식인가?', '내러티브가 이데올로기적 한계를 극복할 수 있는가?', '과거의 진실한 모습을 표현할 수 있는가?' 하는 문제를 포괄하고 있다.

1) 설명과 묘사

내러티브를 '연쇄된 사건에 대한 인과적 서술'이라 정의할 때, 문제되는 것은 '인과적'이라는 용어의 의미이다. 내러티브에 대한 가장 전통적이고 대표적인 비판은 내러티브가 과학적이지 못하며 설명적이지 않다는 것이다. 전통적으로 역사적 사실을 전달하는 방법론적 원리로 논의되어온 '설명(explanation)'은 자연과학에서 주로 사용하는 방법으로서, 인과관계의 파악을 주목적으로 한다. 어떤 현상을 법칙에 따라 다른 현상과 연결함으로써 그것이 왜, 그리고 어떻게 일어나는지를 보여주며, 이 과정에서 일반화와 보편성을 지향한다. 이 방식은 근대 학문에서 지배적인 위치를 차지하였으며, 역사학에서도 마찬가지였다. 이에 반해 내러티브의 속성인 묘사(description)는 '어떤 사건이 일어났는가'에 관한 것으로, 설명에 비해 단순하며 개별 사건의 특수성에 매여 있는 것이라 여겨져왔다.

묘사를 설명에 비해 단순하며 특수한 것으로 바라보는 관점 속에서 내러티브는 그 가치를 인정받을 수 없었다. 과학적 설명방식을 옹호하는 역사가들은 내러티브 서술이 그 특성상 사건의 전후관계를 인과관계로 인식하도록 만들기 때문에 이해하기는 쉬우나 혼동을 일으킬 수 있다고 하였다. 전후에 일어난 사건들을 하나의 내러티브로 연결하는 서술방식이 두 사건을 인과관계로 인식하게 한다는 것이다. 또한 내러티브는 그 시대의 지배적 관점에서 기록된 자료에 의존하므로 일방적 견해만이 전달될 수 있으며, 역사가가 주로 과거 인물에 대한 개인의 이해를 재구성하는 속성 때문에 보편적 설명의 기능이 결여된다는 것이다. 내러티브란 독자들의 쉬운 이해와 즐거움을 위해 역사탐구의 결과를 정돈하는 방법일 뿐이며 본질적으로 인식론 상의 가치는 없다는 지적도 마찬가지 맥락이라 할 수 있다.

그러나 내러티브를 옹호하는 사람들은 내러티브도 충분히 설명적일 수 있음을 주장한다. 이들에 따르면 내러티브는 구체적인 상황을 묘사함으로써 중심 주제를 축으로 사건 간의 인과관계를 드러내서 보여줄 수 있다. 대체로 내러티브 상의 선행 요인은 이후 사건의 원인으로 설명될 수 있다.[10] 더 나아가 인과적 연결이 부족한 경우일지라도, 내러티브를 구성하는 요소들[11]을 이어지는 사건의 필연적 조건으로 연결해간다면 꼭 분석적 설명이 아니어도 사건의 계속성과 의미를 파악할 수 있다는 것이다.

한편 묘사에 대한 설명의 우위를 설명하는 것 자체도 문제라고 할 수 있다. 역사서술에는 묘사적, 설명적, 논쟁 혹은 정당화, 해석적 방법의 네 가지 요소가 서로 연관되어 있다. 이 네 요소는 각기 그 자체만으로 역사서술을 이룰 수 없다. 역사서술은 이 요소들을 모두 포괄하는 것이며, 따라서 설명만을 중시하면서 내러티브를 격하시키거나 포기할 필요는 없다. 또한 인과관계와 시간의 혼란은 내러티브의 본질 때문에 생기는 문제라기보다 서술방식의 착오에서 비롯된다는 것이다.[12]

2) 구조와 행위

대체적으로 내러티브를 존중하는 역사가는 인물의 성격과 의도에 따라 설명을 진행시키려 한다. '필립 2세가 결정을 내리지 못했기 때문에 마드리드로부터의 명령이 늦게 도착하고 말았다'라는 설명방식은, '브라운이 돌을 던져 유리창이 깨졌다'라는 방식과 흡사하다. 이에 비해 가령 '16세기의 배들이 지중해를 건너는 데는 여러 주가 걸렸기 때문에 마드리드로부터의 명령이 늦게 도착하였다'라고 설명한다면, 그것은 '유리가 약했기 때문에 유리창이 깨졌다'라는 설명의 방식을 따르는 것이다. 내러티브 역사가가 구조를 경계하는 이유

는 바로 후자의 설명방식이 부적절하다고 판단하기 때문이다.[13]

내러티브 역사가들은 내러티브를 통해 역사 속의 인물, 그리고 그들의 행위와 의도를 드러내는 쪽을 택한다. 그들은 내러티브를 통해, 구조를 설명하기보다 행위와 그 행위의 주체인 인간에 초점을 맞추어 개별적이고 특수한 사건들을 설명하고자 한다. 반면에 역사를 구조 속에서 파악하고자 한 사회사가들은 행위자를 구조의 지배를 받는 존재로 간주하고, 행위자의 활동을 단지 구조를 재생산하는 것으로 축소하였다. 이처럼 행위자의 자율성과 의식적 실천이 부정되면, 행위자는 단순히 구조의 부속물이 되고 구조의 변형은 기대할 수 없는 것이 되고 만다.

그러나 이러한 행위자의 수동성을 극복하고 구조의 변화를 설명하기 위해, 최근의 논자들은 구조와 인간의 행위를 상호작용과 상호의존의 관계로 파악하려고 한다. 마드리드로부터의 명령이 늦어진 것은 필립 2세의 결정 지연과 16세기 지중해의 통신구조 모두가 원인이 될 수 있다. 유리가 깨진 것은 약한 유리에 브라운이 공을 던졌기 때문이기도 하다. 다시 말해 구조와 행위, 양자의 상호작용을 통해 사건이 더욱 역동적으로 설명될 수 있다고 보는 것이다.

인간이 자신의 의지대로 무엇인가 행위를 하는 것은 사회구조 속에서다. 그러나 그 사회구조는 인간 의지에 따른 행위의 결과로 이루어진 것이기도 하다. 모든 사회적 실천은 순환적인 성격을 가지고 있다. 인간 행위자가 시간과 공간의 맥락에서 그들의 삶과 존재를 유지하는 바로 그 행위를 통하여 사회적 존재 조건을 재생산하는 것이다.[14] 이런 관점에서는 구조가 인간 행위를 일방적으로 결정하거나 인간 행위가 온전히 구조를 만들어간다고만 보는 것에서 벗어나, 구조와 행위를 지속적인 쌍방향적 상호과정으로 설명한다. 이러한 구조와 행위의 변증법적 관계는 행위자의 능동성과 구조의 변형 가능성을 제시해준다. 문제는 이러한 구조와 행위에 대한 상호작용을 내러티브로 어떻게 드러낼 수 있는가 하는 것이다. 구조를 지나치게 중시한 낡은 사회사에 대한 비판이 제시하는 방향을 내러티브적인 표현과 인식으로 구현하는 작업이 기대되는 것도 이러한 배경에서다.

3) 이데올로기적 특성

내러티브에 대한 다른 비판의 하나는 내러티브가 지니는 이데올로기적이며 권위주의적 성격에 관한 것이다. 이 점에 대하여 화이트는, 내러티브라는 형태는 특정 문화나 집단이 중요도에 따라 사건을 서열화하려는 욕구에서 비롯된 것이므로 필연적으로 법률, 합법성, 정당성 같은 권위 있는 주체와 관련된다고 본다. 내러티브성(narrativity)이란, 사실이건 아니건 현실을 기억하려는 충동에서 비롯된 것이며 특정한 도덕성의 근원이 되는 사회체제를 인식하는 것과 관련되어 있다. 내러티브 구성의 필수 요소인 결말에 대한 요구는 바로 도덕적인 의도에서 비롯된 것이다. 즉 연속되어 있는 실제 사건의 의미를 도덕적 요소들로 평가하게 되는 것이다.[15] 이러한 비판은 내러티브 구조에 이데올로기적, 정치적 편향이 단적으로 드러난다는 측면을 강조하고 있다. 내러티브가 객관성을 결여하고 주어진 사회의 도덕적 가치를 옹호한다고 의심하는 이유는, 역사가의 개인적 관점, 즉 역사가의 선입견이 역사적 내러티브의 구성에서 매우 중요한 역할을 행사하므로 내러티브가 역사적 주제를 정확하게 표현하기보다 역사가의 주관적 가치를 표현할 것이라고 믿기 때문이다.[16]

그런데 이러한 주관성이 반드시 역사학의 가치를 훼손하는 것은 아니다. 본질적으로 역사가는 해석을 위해 관점을 택할 수밖에 없다. 역사가는 자신이 처한 공간과 시간, 그리고 시각(視角)에 대한 인식인 지각적 관점, 정치적이고 윤리적 판단인 이데올로기적 관점, 과거 인물이나 행위에 대한 현재적 판단으로서의 평가적 관점, 과거 상황과 인물에 대한 정서적 동일시인 감정적 관점과 마주하지 않을 수 없다. 특히 신념체계와 이데올로기는 역사가들이 스스로 의식하는 것보다 훨씬 강력하게 그들의 역사서술에 영향을 미친다. 문제는 근대 역사학이 성립한 이후로 마치 이러한 관점과 이데올로기 개입이 없는 것처럼 역사가와 역사서술의 객관성이 지고의 가치로 당연시되었다는 것이다. 오히려 내러티브의 구성적 성격과 이데올로기적 편향이 드러날수록 이 현상에 어떻게 대응할 것인가의 문제가 새로운 방향에서 모색되고 있는 것은 주목할 만하다. 예를 들어 역사서술에서 화자의 위치와 존재를 적극적으로 드러내거나 여러 관점을 동시에 제시하는 방식, 역사서술에 대한 비판적 읽기 등은 이러한 노력의 산물이다.

4) 실재성과 핍진성

내러티브에 대한 주요한 쟁점은 또한 내러티브가 과거의 상(像)을 제대로 재현하는가, 즉 실재성(reality)에 대한 인식론적 문제를 포함하고 있다. 이미 언급했듯이 화이트는 내러티브가 허구 혹은 신화의 한 형태이므로 과거의 모습을 정확하게 제시할 수 없다고 주장한다. 실제의 사건은 내러티브적 형태로 일어나지 않으며, 내러티브는 단지 역사가에 의해 의도적으로 부과되는 것이다. 역사는 계속 진행되는 것이고 사건은 이어지는 것이므로, 내러티브의 시작과 결말이 실제 사건의 시작과 결말은 아니다. 내러티브 구조는 과거 기록에 그대로 드러나 있지 않으며, 사건들은 그것들이 일어났기 때문에 실재적인 것이 아니라 사람들이 그 사건들을 기억하고 연대기적으로 정돈된 순서 가운데 위치시키기 때문에 실재적으로 보인다.[17] 즉 내러티브가 실재를 재현하는 것이 아니라 실재를 구성하는 것으로 보는 것이다.

또한 문학에서의 사실주의라는 것은, 있는 그대로를 재현하는 것의 문제보다는 문예적 관행이라 할 수 있다. 마찬가지로 실재성이 역사서술, 특히 내러티브의 본질이라 할 수는 없다. 지나간 과거는 되돌릴 수 없다. 어떤 방법을 쓴다고 해도 있던 그대로를 되살릴 수는 없는 것이다. 내러티브는 전체와 부분이 상호의존관계에 있다고 하는, 이른바 해석학적 순환(hermeneutic circle)의 속성을 가지고 있다. 즉 낱낱의 문장이 실재를 제대로 재현하는 것으로 파악할 것이 아니라, 전체 속에서 부분이 어떻게 표현되고 기능하고 있는가, 그리고 부분의 단순한 결합 이상의 것으로 전체가 가지는 의미는 무엇인가로 이해해야 한다는 것이다. 따라서 중요한 것은, 실재를 있는 그대로 드러내는 것이 아니라, 기본적인 이야기의 재료 혹은 사건들의 연속(fabula)을 어떻게 이야기의 실제적인 배열과 표현(sjuzet)으로 담는가, 이렇게 배열되고 표현된 사건들은 어떠한 의미를 가지고 있는가 하는 것이다. 이런 의미에서 내러티브가 추구하는 것은 핍진성(逼眞性, verisimilitude)이며, 전통적으로 역사사술이 추구한 사실성도 핍진성의 한 형태라고 할 수 있다.[18]

그러나 역사의 학문적 본질과 성격 그리고 내러티브 역사의 형식에 대한 포스트모더니스트들의 이러한 주장은, 문학과 다른 역사의 본질과 고유한 구성원리를 간과했다는 비판을 받기도 한다. '과거의 중요성은 역사가의 상상에 의해서 결정된다'라는 주장과 달리, 역사가는 항상 왜곡과 오류를 경계하며 아무리 복잡하고 불완전하다 할지라도 진리가 있음을 전제로 작업하고 있다는 것이다. 결국 이러한 비판은 '역사는 과학인가, 문학인가?', '역사서술이 과거의 실제 모습을 그대로 드러내는가, 아니면 언어적 구성물로서의 한계를 지니는가?'에 대한 논란으로 이어진다.[19]

4. 역사학습에서 내러티브의 활용

내러티브에 대한 역사학계의 관심과 논쟁은, 역사교육에 대한 관점에도 변화를 초래하였다. 일례로 역사학계에서 과학적 역사에 반발하여 내러티브가 다시 등장한 것과 같은 맥락에서, 영국의 역사교육과정 논의 속에서도 '신역사(New History)'에 대한 비판이 일고 있다. 1970년대와 1980년대를 거치면서 영국의 역사교육과정은 신역사가 추구하는 해석과 비판적 사료 분석을 강조하기 시작했으며, 각종 시험과 국가 차원 역사교육과정의 성취 목표는 역사적 증거를 이용하는 데 따른 기능 · 해석 · 개념을 중심으로 조직되었다. 그 결과 비판적 인식과 회의주의는 함양되었지만, 이는 과거가 어떻게 변화 · 발전하여 오늘에 이르렀는가를 파악하는 능력, 즉 방향과 일관성에 대한 인식을 위축시킨다는 문제점이 지적되었다. 사실 역사는 이야기(story)와 사료(source) 양자로 구성되는 것인데, 기능 위주의 교육과정은 후자 쪽으로 지나치게 기울어져 이제는 역사수업에서 내러티브와 사료 사이의 균형 회복이 요구되는 시점에 이르렀다는 것이다.[20]

교육과정 운영상의 이러한 관점 변화는, 내러티브가 학생의 역사 이해를 촉진시킬 수 있는가 하는 문제로 이어진다. 이러한 경향의 연구들은, 내러티브가 가지고 있는 인지수단으로서의 기능 혹은 사고양식 상의 특성을 발판으로 역사학습에서 내러티브의 활용방안을 모색하고 그 효과를 검토하고 있다. 이 방면으로 연구를 선도하였다고 할 수 있는 브루너(J. Bruner)는 인간의 사고양식을 크게 패러다임 사고양식(paradigmatic mode of thought)과 내러티브 사고양식(narrative mode of thought)으로 대별하였다. 브루너가 보기에 이 두 가지는 현실을 구성하고 진리를 정립하는 과정에서 서로 다르다. 즉 전자가 형식적 증명 절차와 경험적 증거에 의존하는 양식인 데 비해, 후자는 진리 자체보다 진리 같은 것 혹은 그럴듯한 것의 설정을 추구하는 양식이다. 그에 따르면 이제까지는 패러다임 양식이 내러티브 양식으로부터 강화된 것으로 주장되어왔으나, 각각은 별개로서 기억 속의 표현을 조직하고 지각된 세계를 걸러내는, 더 이상 나뉠 수 없는 기초적인 사고양식이다.[21]

　일반적으로 두 양식은 다음과 같이 비교된다. 패러다임 사고양식은 형식적, 수학적 체계의 서술, 설명에 이용되며 범주화 혹은 개념화에 기초하고 있다. 주로 이론과 분석, 논리적 증거, 추론된 가설에 의한 경험적 발견에 적용되며, 일반적인 원인 정립에 초점을 두고 있다. 그리고 맥락과 무관한 보편적 설명을 모색한다. 내러티브 사고양식은 인간의 의도와 행동 그리고 그 과정을 묘사하며, 주로 이야기, 드라마, 역사서술에 적용되는 것으로 행위의 맥락 속에서 인간의 의도를 서술한다. 또한 맥락에 민감하며 특정한 설명을 모색하고 기본적으로 시간적이다.[22] 브루너의 연구에서 주목할 것은, 내러티브를 독특한 사고양식으로 구체화시켜 다음에 논의될 바와 같이 역사학습에서 인지방식에 대한 새로운 접근의 가능성을 열어두었다는 점이다. 즉 그는 텍스트로서의 내러티브가 어떻게 구성되는가 하는 것뿐 아니라, 마음의 구조로서 내러티브가 실재를 구성하는 데 어떻게 작동하는가에 대해서도 논의 영역을 확장하였다.[23]

1) 보편적 인지발달론 비판과 영역 고유 인지방식의 대두

역사이해 발달을 피아제의 발달단계에 연결시켜온 많은 주요 연구들[24]은 역사이해를 청소년기 후반에 발달하는 형식적 조작으로 보았으며, 결과적으로 초등학교에서의 역사학습 가능성에 의심을 표명해왔다. 그러나 1970년대 후반에 들어서면서 피아제 이론을 역사교육에 그대로 적용하는 것을 비판하는 입장에서 역사적 사고력에 대한 연구가 활발하게 이뤄졌으며, 특히 역사적 사고가 순전히 논리적인 것인가, 나이에 따라 미리 정해진 단계를 밟아 발전하는가에 대한 의문이 제기되었다.

피아제의 이론 중에서 가장 논란이 된 것은, 성장과 더불어 일어나는 인지기능양식의 변화에 보편적 단계가 발견된다는 주장이었다. 이러한 보편적 변화의 내적 기제로 적응, 동화와 조절, 조직화, 평형화 등을 들 수 있다. 즉 특정 유형의 이해는 특정 수준의 논리적 구조가 형성되어 있을 때에만 성취될 수 있고, 이러한 논리구조를 구성하는 데는 시간이 요구되므로 일정한 발달단계에 도달해야 특정 유형의 이해를 획득할 수 있다는 것이다. 또한 아동들이 관련된 논리구조를 획득하기 전에는 특정 종류의 경험을 동화하는 데 필요한 조작능력을 갖추지 못하므로 경험의 도움을 받을 수도 없다고 주장한다.

피아제가 말하는 논리적 구조와 평형화 개념에 대한 비판은 이론적·경험적 측면 모두에서 진행되었다. 동일한 논리적 구조를 공유한다고 여겨지는 과제들이 서로 다른 연령에서 성취될 수 있으며, 인지적 불균형을 도입한다고 해서 반드시 다음 발달단계로의 이행이 가능한 것은 아니라는 것이다. 피아제 이론에 대한 좀 더 본질적인 최근의 비판들은 학습과 사고에서 선행지식의 역할을 강조하는 영역 고유의 지식 재구성(domain-specific knowledge restructuring)에 바탕을 두고 있다. 피아제의 관점에서 보면 일정한 발달단계에 있는 아동은 분야나 주제가 무엇이든, 즉 지식의 내용에 상관없이 자신의 과업에서 동일한 종류의 사고를 적용하는 것으로 파악되며 결국 이와 같은 피아제의 보편적 지식 재구성의 관점은 영역 중립적인 성격을 가지게 된다. 반면에 영역 고유의 지식 재구성의 입장에서는 아동들이 이해하려고 하는 주제나 개념의 분야가 중요하다. 이런 입장에서는 역사 영역에서 저학년 학생들이 겪는 어려움은 인지능력 그 자체의 결과가 아니라 해당 영역의 관련 지식이 부족해서 나타나는 것이라 할 수 있다.

2) 내러티브를 통한 인과관계와 역사적 맥락의 이해

피아제의 이론을 역사교육에 그대로 적용하는 것을 비판하는 입장에 선 사람들은, 피아제가 말하는 사고의 개념과 역사적 사고의 성격이 다르다고 주장해왔다. 역사적 사고는 기본적으로 가설, 연역과 귀납, 또는 새로운 법칙의 창조에 있는 것이 아니라, 과거에 대해 신뢰할 만한 해석을 하는 것이라고 보기 때문이다.[25] 그러나 레브스틱(L. S. Levstik)은 이러한 비판이 피아제식의 보편적 발달단계론에 도전할 만한 대안을 마련하고 있지 못하며, 역사의 독특성을 주장할 수 있는 특정 배경 또한 제시하지 못하고 있다고 평가한다.

그는 역사이해에 내러티브가 중요한 수단이 될 수 있다고 주장한다. 무엇보다도 다양한 종류의 내러티브가 역사를 구성하거나 다른 역사가들의 이해방식을 제시하는 데 중요한 역할을 하기 때문이다.[26]

내러티브는 설명적인 텍스트와 달리 이야기 요소를 가지고 있는 텍스트이며, 이러한 내러티브적 본질은 이야기, 전기, 자서전, 전통 역사와 같은 논픽션에 공통된 시공적·인과적 요소이다.[27] 독자는 내러티브를 연관된 사건의 연속으로 받아들이며, 그 연관성을 의미있는 것으로 간주한다. 1980년대 중반 이후 일련의 연구 결과에 따르면, 문학적 내러티브 속에 내포된 역사는 학생들 사이에서 강한 흥미를 이끌어냈으며 인간 행위에 관한 인식의 바탕을 제공하는 것으로 드러났다.[28] 또한 학생들 간에 차이가 있지만, 7~8세의 어린이들도 내러티브를 통해 역사를 이해하고, 중요성을 감안하여 역사와 과거를 구별해내는 것으로 나타났다.[29] 그 밖의 사례 연구에서도 역사소설이나 전기 같은 내러티브를 읽고 토론하는 것이 역사서술에 대한 해석과 분석을 촉진하며, 특히 내러티브에 담긴 인간 행위와 의도 간의 갈등과 인과적 연속성을 통하여 학생들이 역사적 사건의 인간성과 동기를 이해할 수 있는 것으로 밝혀졌다.[30] 국내의 연구도 유사한 결과를 보고하고 있다.[31] 교과서와 달리 독자와 소통하고자 하는 내러티브 교재는 학생들의 흥미를 유발하여 몰입을 돕고 역사적 사실들을 인과적 맥락 속에서 사고할 수 있도록 한다는 연구 등이 대표적인 사례다.[32]

이상의 연구 성과를 중심으로 내러티브가 역사학습에 이용될 수 있는 배경과 효과를 요약하면 다음과 같다. 첫째, 내러티브는 역사가들이 주로 사용하는 서술형식으로서 아동에게도 친숙한 장르이며, 둘째, 내러티브는 역사이해의 고유 개념이라 할 수 있는 다른 시대, 장소, 사건 들에 대한 이해를 가능하게 한다. 셋째, 내러티브는 경험을 이해하게 하는 해석의 한 형식으로서 구체적인 인간 행위와 의도, 그리고 그 결과를 다룬다. 넷째, 아동들은 내러티브의 시간상 전후관계를 통해 역사적 사건의 인과관계를 인식할 수 있다.

3) 내러티브 활용에 따른 문제점

역사학습에서 내러티브의 이용은 가볍게 볼 수 없는 문제점도 가지고 있다. 역사소설은 이야기에 내재된 사건에 대한 도덕성 판단을 유도하는데, 이러한 판단들이 더 큰 범주의 역사적 사건들에 대한 도덕성 판단으로까지 확대되기도 한다. 그러나 진정한 역사해석의 태도는 사건을 도덕화하는 것이 아니며, 오히려 증거를 평가하고 그 이상의 정보가 있기까지는 결론을 잠정적으로 유보하는 태도라고 할 수 있다.

학생들은 저자가 내린 해석의 정확성에 대해서도 문제를 제기하지 않는 것으로 나타났다. 저자의 설명에 대해 '그럴 수 있다' 혹은 '아마 그럴 것이다'라고 여기면서 저자의 관점과 정확성을 문제삼지 않는 태도가 바로 그러한 사례다. 즉 '잘 만들어진 이야기(good story)'가 역사적 정확성을 압도하는 현상이 나타나는 것이다. 자의적으로 진실성을 부여하는 이러한 현상 때문에 학생들은 특히 1인칭 시점의 내러티브에서 목격자의 진실성과 화자의 권위를 비판적으로 분석하지 못하는 경우가 많다.[33]

아동이 내러티브를 통해 역사를 이해하고 내러티브를 구상할 수 있는 능력은 갖추고 있으나, 즉 '상상적 재구성'을 통해 역사를 이해할 수 있으나, '합리적인 증거'에 바탕을 둔 해석을 하지 못하는 현상도 발견된다. 이러한 현상을 '공상적 꾸밈(fanciful elaboration)'이라 부른다. 초등학생들은 역사적 질문에 대해 내러티브 형식으로 답하면서 그들에게 유용한 자료를 끌어들이거나 관련성을 파악함으로써 역사를 이해하려고 노력하지만, 정확하지 않은 개념과 공상을 역사 사실에 뒤섞는 경우가 많다. 이 계통의 연구에 따르면 내러티브 양식은 일관성 있는 구조로 정보를 조직하고 상상과 감정이입을 유도할 때는 효과가 있으나, 사실과 개념을 혼동하며 거칠고 비현실적인 꾸밈을 만들어내는 문제점을 가지고 있다.[34]

내러티브 구성력의 부족으로 자신이 알고 있는 역사적 지식마저 내러티브에 제대로 수용하지 못한다는 점도 지적된다. 내러티브는, 아동이 자신의 역사이해를 가장 잘 표현하는 방법이자 아동의 감정이입을 가장 잘 고무하는 방법으로 평가받는다. 그리고 학년이 올라갈수록 내러티브 답변 형식의 사용은 증가한다. 그런데 아동이 구성한 내러티브는 역사이해의 기본 요소를 제대로 담아내지 못하는 경우도 흔하다. 역사 이해의 네 가지 요소―원인의 언급, 증거의 활용, 변화의 인식, 그리고 해석의 첨가―가 빈약하다는 것이다.[35]

또한 학생들이 내러티브를 구성하는 과정에서 물질적 진보가 역사 발전의 방향이며 서술의 기준이 되기 쉬운데, 이는 현재 위주로 과거를 재단하거나 시대착오적 사고를 유발하기도 한다. 변화를 단지 진보와 동일시하는 경향도 나타난다. 내러티브 위주로 학습한 학생들은, 한 시대에 다양한 삶의 방식이 있으며 장시간에 걸쳐 이루어진 역사과정이 있음을 제대로 인식하지 못한다. 그들에게 역사란 직선적 발전이며, 사건의 인과적 연결은 명확하고 단순한 합리적 과정일 뿐이다.[36]

내러티브는 본질적으로 통합적이며 연속적이다. 내러티브가 응집력과 일관성을 가지려면 어쩔 수 없이 단순화되어야 하고, 표현해야 할 대상으로서의 과거를 선택할 수밖에 없다. 내러티브의 이러한 속성을 '내러티브에는 소음(noise)이 없이 순조롭다'라고 표현하기도 한다.[37] 여기서 소음이란 이야기의 전체적인 흐름에서 보았을 때 이야기를 산만하게 하는 것, 응집력을 해치는 것이라고 할 수 있다. 그러나 역사학습에 필요한 것은 바로 이러한 순조로움에 소음을 제기하는 것이다. 즉 어떤 내러티브가 과거에 대한 유일한 설명이 아니며, 이 내러티브에 다른 사건, 인물, 장소가 숨겨져 있을 수 있음을 파악해야 하는 것이다. 내러티브의 선형적(線形的) 특성에 의해 청자나 독자는 처음부터 끝까지 단일한 트랙을 따라가야만 하지만, 과거에 대한 인식은 선형적 인식 이상의 것을 요구한다. 내러티브는 일차원적이지만, 과거는 다양하고 그 어떤 연속적인 줄거리보다 훨씬 더 복잡하기 때문이다.

따라서 역사학습에서 중요한 것은 단일한 내러티브를 가르치길 원하는가, 그렇지 않은가의 문제다. 만약 과거 사건에 대한 표현과 해석의 다양성을 추구한다면, 내러티브의 선택적 단순화만이 역사학습의 통로는 아니라고 보는 것이 타당하다.[38] 오히려 필요한 것은 단일한 내러티브를 통해 획일적인 정체성을 확인하는 것이 아니라, 독자가 내러티브를 대할 때 느끼게 되는 부족함, 단절, 낯섦이다.

5. 맺음말

역사학계에서 내러티브가 다시 관심을 끌게 된 것은 과학적 역사 혹은 구조적 역사에 대한 반발 때문이었다. 이에 대해 논쟁이 활발하게 전개되었음에도 여전히 내러티브의 서술형식과 역사인식 상의 쟁점에 대해서는 상반된 견해가 날카롭게 대립하고 있다. 내러티브의 재등장은 역사교육에도 변화를 불러왔으며, 그 가운데 내러티브의 인지도구적 측면, 즉 내러티브적 사고양식도 주목받게 되었다. 내러티브를 역사학습에 이용하는 경우 역사사건의 인과관계와 전개 맥락에 대한 이해를 증진시킬 수 있다. 반면에 오개념과 왜곡을 초래한다는 단점도 나타났다. 내러티브를 통한 역사이해의 문제점은 내러티브의 서술형식과 인식에 대한 논란과 상당한 유사성을 가지고 있다. 즉 내러티브가 이데올로기적이고 권위적이며 도덕성을 강조하기 마련이라거나 과거의 상을 제대로 반영하지 못한다는 비판은, 학생의 역사이해 측면에서도 유효하다 할 수 있다. 이런 점에서 내러티브는 역사학습의 효과 면에서 이른바 '양날을 가진 칼'[39]로 비유된다.

전통적 내러티브의 한계를 극복하기 위한 몇 가지 대안도 주목할 만하다.

첫째, 화자의 위치와 존재를 내러티브 속에 드러나도록 하는 것, 즉 서술의 관점을 분명히 하는 것이다. 역사가들이 과거를 있는 그대로 내러티브에 담아내는 것이 아니라 특정한 관점에서 서술해내는 것임을 강조하는 것이다.[40]

둘째, 다양한 관점을 인정하는 것이다. 즉 병렬을 통해 상이한 관점들을 연속적으로 배치하여 다양한 목소리를 담는 것이다. 내러티브 서술을 사용하여 서로 다른 입장에 처한 여러 인물들의 다른 이야기(heteroglossia)를 제시함으로써 독자들은 선형적이고 특정 의도와 권위가 부여된 내러티브의 한계로부터 벗어날 수 있다.

셋째, 미시 내러티브도 하나의 가능성이다.[41] 보통 사람에 대한 두

터운 서술을 통해 내러티브는 다양한 모습으로 되살아날 수 있다. 내러티브를 두텁게 함으로써 내러티브가 원래 목적으로 하는 사건의 시퀀스와 행위자의 의도를 살려냄과 동시에 제도나 사고양식 등의 구조까지 다루고자 하는 것이다.

해석의 갈등을 보여준다거나 일상생활의 구조와 특정한 사건을 같이 엮어서 서술하는 방법, 아래로부터의 관점과 위로부터의 관점을 병렬하는 방식 등의 노력은 영화나 소설 등의 다른 장르에서 활발하지만, 역사학에서는 아직 시도의 단계라 할 수 있다. 몇몇 역사가의 작업[42]은 소설이나 영화를 방불케 하지만, 이에 대한 역사학계 내부의 평가는 엇갈리는 상황이다.

한편 동아시아 역사서술 전통에서 내러티브 같은 형태가 어떠한 발전과정을 거쳤으며, 이와 관련된 역사인식의 차별성은 무엇인가 하는 것도 중요한 문제이다.[43] 이 논문에서 거론된 논저가 대부분 서구의 것이라는 점이 그들의 작업과 인식이 선진적임을 의미하는 것은 아니다. 동아시아에는 이른바 '술이부작(述而不作)'의 전통이 있어, 역사서술은 허구나 과장을 배격하고 사실에 입각하여 군신의 선악을 기록하고 포폄(褒貶)하며 자기를 비춰볼 수 있는 거울이 되게 하였다. 아울러 열전은 기전체(紀傳體) 역사서술체계 내에서 역사과정에서 진행된 인간의 삶에 대한 전체적인 조망을 제시함으로써, 역사의 인과적 이해뿐 아니라 사건과 현상의 배후에서 작용하는 보편적인 원리를 성찰할 수 있는 기회를 제공하도록 했다.[44] 상이한 동서양의 역사서술 전통에서 보자면, 내러티브에 관한 구미 학계의 논의는 방대하고 체계적인 역사기록이 없이 주로 사건을 위주로 역사를 서술해야 했던 저들의 사정을 반영하는 것이라도 할 수 있다.

4장

역사적 사실의 특징과
역사교육의 특수성

1. 머리말

사실은 역사의 기본 재료이고, 역사는 무한히 다양한 역사적 사실들로 이루어져 있다. 그리고 현행 교과서는 역사적 사실이 '과거에 일어난 사실'로서의 특징과 '조사되어 기록된 과거'라는 특징을 가진다고 밝히고 있다.[1] 사실의 이러한 두 가지 특성은 바로 역사(학)의 특성이기도 하다. 즉 역사는 과거에 일어난 사건을 가리키기도 하고, 또한 그에 대한 기록 · 서술을 의미하기도 한다. 여기서 사건과 기록은 모두 사실을 근본 요소로 하여 이를 바탕으로 구성된다.

역사학습의 주된 재료가 사실과 사건, 그리고 이에 대한 기록과 서술인 것이 분명하다면, 사실의 의미와 가치를 따지는 것이 전문 역사 연구에만 해당되거나 필요한 일은 아닐 것이다. 그러나 사실이 두 가지 의미를 가지고 있다는 것과 별도로, 역사학습에서 사실은 단순한 암기의 대상처럼 간주되는 경우가 대부분이다. 특히 역사적 사고력 양성이 역사학습의 주된 목적으로 부각되면서, 역사적 사실 은 역사교육의 연구 분야에서도 주목받지 못하고 있다. 그런데 사실 의 존재와 인식에 관한 문제는 실증주의자와 포스트모던 경향의 구 성주의자 간의 논쟁의 핵심이다. 역사학의 성격과 본질을 가름하는 문제의 근본인 사실이 역사교육에서 중요시되지 않는 것은 오히려 이상할 정도다.

가르칠 재료가 되는 역사적 사실이 다양하기 때문에, 그것을 서술 하는 양식과 가르치는 방법도 다양해질 수밖에 없다. 내용에 따라 특정 인물을 중심으로 한 이야기식의 서술이 이해하기 쉬울 수도 있 고, 권력관계의 변화 같은 경우에는 구조화된 설명을 제공하는 것이 도움이 될 수도 있다. 요리에 비유해서 말하자면, 재료의 고유한 특 성을 살려 맛을 내기 위해서는 그 재료에 맞는 요리방법을 선택하는 것이 자연스럽다. 재료와 무관하게 어떤 요리법이 가장 바람직한지 를 논의한다거나, 요리의 단계를 절차적으로 일반화시키는 것은 특 정한 재료를 가지고 요리를 해야 하는 과정에서는 크게 도움이 되지 않는다.

역사가가 생각하는 방법을 익히기 위해 역사를 배우고 그 목적에 적합하게 내용을 구성하자는 주장도 유사한 문제점을 안고 있다. 현 재 역사적 사고를 강조하는 흐름은, 요리사가 요리를 만드는 데에는 모든 요리에 공통된 일반적인 절차가 정해져 있으므로 그 과정을 중 시하자는 것과 다르지 않다. 달리 표현하면 막 역사를 배우기 시작 한 학생들에게 요리사처럼 요리하라고 요구하는 것과 마찬가지이 다. 요리의 결과, 즉 만들어진 음식을 단순히 섭취하지 말고 요리사 가 요리하는 방식을 익히라는 것이다. 요리를 하는 데 요리사가 중요한 역할을 하는 것을 부인할 수는 없다. 하지만 이러한 발상에서는 요리의 재료가 무엇이고 이것은 어떤 특성을 가지고 있는가의 문제가 상대적으로 경시될 수밖에 없다. 대부분의 학생들이 요리과정보다 요리의 결과, 즉 음식을 소비하는 경우가 대부분이다. 역사로 말하면, 학생 스스로 역사사실에서 역사지식을 생산하는 것보다 연구 결과로 얻은 혹은 전해 내려온 역사지식—교과서를 통해서든 다른 매체를 통해서든—을 수용하게 되는 경우가 대부분이다. 따라서 음식을 어떻게 선택하고 맛보아야 하는가, 즉 제시된 역사지식을 어떻게 자기 나름대로 이해해야 하는가라는 문제의 중요성도 덜하지 않다.

물론 역사와 요리를 비교하는 것이 적절하지 않은 측면도 있다. 예를 들어 역사적 사고를 중시하는 사람은 이미 역사적 사고의 재료가 역사사실이라는 것을 전제로 한다고 주장할 수 있다. 하지만 기존의 관련 연구 성과를 살펴보면 이 주장은 타당하지 않다. 역사적 사고와 관련된 연구는 사고기능을 분류하거나 이것에서 하위 영역을 구체화하는 데 주된 관심을 기울이는 반면에, 사고의 구체적인 대상—그것이 역사사건이든 사실이든—을 사례로 논구하고 있지는 않다.

그러므로 이 글에서는 역사교육의 재료라고 할 수 있는 역사적 사실이 갖는 특징을 분석해봄으로써, 이것이 역사수업에 어떻게 고려되고 응용돼야 할지를 모색해보고자 한다. 우선 역사학습에서 사고력에 앞서 역사적 사실이 더 중시돼야 하는 이유부터 검토해보기로 하자.

2. 사고력의 과잉과 사실의 위축

최근 역사교육의 주요한 목적 가운데 하나로 역사적 사고력의 육성을 드는 것이 대세다. 역사적 사고력은, 대개 역사가들이 역사를 연구할 때 사고하는 방식이라고 정의된다. 그리고 그 하위 범주로 크게 역사적 탐구기능과 역사적 상상력이 있고, 역사적 탐구기능은 ① 문제의 파악 능력, ② 정보의 수집 능력, ③ 자료의 취급 능력, ④ 결과의 적응 능력을 포함하고, 역사적 상상력은 ① 삽입, ② 역사적 감정이입, ③ 역사적 판단력을 포함한다.[2] 또한 역사적 사고력의 하위 범주를 역사적 사고의 특성에 입각해서 연대기 파악력, 역사적 탐구력, 역사적 상상력, 역사적 판단력, 네 가지로 구분하는 견해도 있다.[3]

역사적 사고력 논의의 특성으로는 ① 시간에 따른 변화와 연속성 및 인과관계를 중시하고, ② 사건의 유사성보다 개별성이나 다양성에 관심을 가지며, ③ 과거 사건을 시간과 공간 속에서 맥락적으로 파악하고자 하고, ④ 역사 문제와 사료를 다루는 과정에서 비판적 · 평가적 · 인증적 성향을 가진다는 점과, ⑤ 가설을 산출하거나 해결 방안을 모색하는 과정에서 직관적 · 확산적 · 개방적 · 논리적 · 내러티브적인 경향을 갖고, ⑥ 과거 사건에 숨어 있는 사람들의 사상을 상상을 통해 재연하고자 한다는 점을 들 수 있다.[4]

역사적 사고력의 개념에 관해서는 '애매하다', '모호하다'라는 비판 속에서 그것을 다시 명확히 하고자 하는 노력이 있어온 데 반해, 역사적 사고력을 향상시키려는 방법에 관해서는 앞으로의 연구과제로 남겨둔 채로 구체적이거나 설득력 있는 방안이 제시되지 못하였다. 학생들이 역사가처럼 생각하게 하는 방법으로 사료학습을 적합하게 여겨 수업 현장에서 응용되기도 했지만, 시간적인 제약 등 현실적인 제한 요소 외에도 사료학습이 실제 수업에서 갖는 효용성 문제나 사료학습과 역사적 사고력의 상관관계에 대한 의문이 여전히 해소되지 않고 있다. 실제로 교사가 학생들에게 사료를 제시해주고, 학생들이 사료를 보며 대답하는 방식의 수업에서 수렴적인 발문과 기계적인 응답이 오갈 뿐 역사적 사고를 자극하는 발문은 대단히 찾아보기 어려웠던 사례를 보여주는 연구도 있고,[5] 사료학습을 위한 준비과정과 그것을 통해 도달한 결론을 비교해볼 때 강의식 수업과 크게 다른 점을 찾기 어려운 경우가 많다는 지적도 있다.[6]

실제로 역사를 배우는 형식으로서 탐구학습이 다른 방식보다 더 낫다는 실증적 조사 결과는 없다. 사료를 제시하여 학생들이 탐구과정을 경험하게 하는 수업의 경우에, 학생들은 사료가 시대 상황, 관점, 기록자의 편견 등에 따라 왜곡될 수 있으며 당사자의 이해관계를 반영할 수 있다는 점을 이해했다. 또한 그 사료를 상호비교하고 확인할 수도 있었다. 그러나 아무리 사료를 이용한 탐구학습을 수행했더라도, 학생들은 증거를 이용해 결론을 도출하기보다 막연히 일어났을 것이라고 생각하는 대로 이야기를 구성하였다.[7]

학생들은 사료가 이런저런 방식으로 왜곡되어 있으므로 신뢰할 수 없다고 판단하고 있는 것이다. 사료가 제한적이고 불완전하더라도 증거에 기반해 역사를 서술해야 한다는 역사연구의 기본 원리는 받아들이지 않는다. 오히려 학생들은 사료가 불완전하고 왜곡되게 마련이므로, 과거에 무엇이 일어났는지를 결정하는 것은 불가능하다고 여기고 있다는 것이다. 더불어 사료나 자료에서 서로 다른 견해가 나타나는 경우에, 학생들은 상반되는 견해가 모두 타당하므로 어느 견해가 옳은 것인가를 판단할 수 없다고 생각하는 경향이 있다.[8] 이러한 연구 결과에 따르면, 학생들이 사료를 평가할 수 있다는 것과 이를 증거로 삼아 역사를 서술하고 설명하는 것은 별개의 문제라고 할 수 있다.

역사적 사고에 관해 자주 인용되는 와인버그(S. Wineburg) 역시 역사 전공자와 그렇지 않은 고등학생 간에 역사적인 맥락을 구성하고 자료를 상호대조하는 데 차이가 있음을 보여주었지만, 역사전공자가 사고하는 방식과 과정을 학생들에게 어떻게 가르칠 수 있는가에 대해서는 구체적인 방안을 제시하고 있지 않다.[9]

그렇다면 역사적 사고에 대한 개념 규정이나 하위 영역의 설정, 그 특징에 대한 분석에 비해 역사적 사고력을 향상시키려는 구체적인 방안을 제시하는 연구가 어려운 까닭은 무엇일까? 이에 대한 대답은 '역사적 사고'라는 용어의 형성과정, 실체성, 효용성에 대해 살펴보는 일에서 시작해야 할 것이다.

지금까지 역사교육의 목적으로 당연시해온 역사적 사고는, 역사가가 역사를 이해할 때 특정한 사고방식이 존재하고 이를 어떤 방법으로든 양성할 수 있다는 가정 하에 논의됐다. 분명히 역사적 사고라는 개념은, 역사교과가 위기에 처했을 때 역사교육만의 고유한 목적으로서 논급되며 많은 성과를 달성하였다. 역사적 사고를 둘러싼 다양한 담론의 주체들은 이 개념의 출현을 매우 환영했는데, 그들이 처한 입장과 역할, 국면에 따라 그 이유가 반드시 동일하지만은 않았다. 교과교육 전문가의 입장에서는 역사교육의 존립 근거를 마련하고 역사교육의 전문 영역을 설정하는 데 도움을 받았고, 역사교사의 입장에서는 암기 위주의 교과라는 비난을 면하게 해줄 방안으로 여겨졌다. 또 역사 연구자들의 입장에서는 역사학과 가까운 위치에서 역사교육을 정의하는 일을 가능하게 했다. 한편 역사교육의 이념과 가치에 대해 고심하던 교육정책 담당자에게는 '사고력 육성'이라는 측면이 강조되면서 다분히 가치중립적으로 들릴 수 있다는 장점이 돋보였다. 전체적으로 보아 역사적 사고력은 역사교과의 위상을 높이는 데 기여할 것으로 기대되었다.[10]

문제는 이렇듯 유용한 역사적 사고라는 개념이, 그 존재 자체만큼 실제로 유용한 역할을 하고 있는가 하는 점이다. 역사적 사고의 개념을 규정하고 그 하위 범주까지 세분했으나, 지금까지 역사적 사고가 수업시간에 어떤 역할을 해왔고, 교사와 학생에게 어떤 의미를 가져왔는가 하는 질문에 구체적으로 답변하기는 어렵다. 또한 지금까지의 논의는 지나치게 사고의 기능적 측면에 치우쳐 있어, 오히려 무엇이 역사적인 것인가에 대한 문제가 상대적으로 경시되고 있다. 역사적 내용이 사고의 대상이라는 점을 제외하면, 역사적 사고기능의 성격이 일반적 사고기능과 본질적으로 어떻게 차별화될 수 있는지가 분명하게 제시되지 않고 있다. 따라서 사고력을 중심으로 하는 학습이론은 학습절차를 중시하여 학습내용을 탈가치화하고, 사실을 바탕으로 역사를 이해하는 방식의 특성을 왜곡할 가능성이 크다. 이러한 현상은 역사적 사고를 기능화하고 이에 따라 학습할 내용을 적용하면 된다는 생각에서 비롯된 것이라고 할 수 있다.[11]

그러다 보니 방법과 결과의 혼란도 발견된다. 예를 들어, 학생들이 탐구과정의 절차를 밟아 역사를 학습하도록 수업을 계획하는 것이 역사적 사고력을 가르치는 데 반드시 효과적이라고 볼 수는 없으나, 중요한 것은 수업에서 학습의 요소, 학습목표로서 역사적 사고력을 설정하고 의도적으로 그것을 가르치려고 노력하는 것[12]이라는 주장이 의미하는 바는 무엇인가? 어떻게 역사적 사고력을 양성해야 하는지 분명하지 않지만, 하여튼 학습의 요소로든 목표로든 역사적 사고력을 의도적으로 가르쳐야 한다는 것인가? 그렇다면 이때 그 '의도'에 포함되어야 할 것은 무엇인가?

상식적으로 모든 교육과 학습은 사고의 과정을 동반하고 사고력 향상을 목표로 한다. 그리고 사고력 자체가 학습을 통해 향상되고 확대되는 것은 특별한 이론적 뒷받침 없이도 인정할 수 있다. 그러나 사고는 상황과 대상에 따라 총체적이고 복합적으로 일어나게 마련이고, 이때 사고의 특징 또는 유형을 결정짓는 것은 사고의 목적이 된 상황 또는 대상인 경우가 대부분이다. 따라서 보통의 사고와 역사적 사고가 다른 점이 있다면, 그것은 무엇보다도 '역사'를 재료로 하는지의 여부일 것이다. 실제로 역사적 사고의 특징으로 언급된 것들 모두가 역사라고 하는 재료의 특수성에 근거를 두지 않고서는 이야기될 수 없는 것들이다.

역사에서 사실의 성격을 이해하지 못한 채로 역사적 사고의 핵심적 구성요소라 할 수 있는 해석의 특성을 파악하거나 실행할 수는 없을 것이다. 과학적 사실, 현상과 역사적 사실의 차이를 모른 채로 과학에서의 설명과 역사에서의 해석을 구별하기 어려운 것도 마찬가지다. 크게 보아 중요하게 논의해야 할 것은, 사고의 특징이라기보다 역사의 특징인 것이다.

근본적으로 '사고'라는 정신작용에 영역을 한정하고 단계를 설정하고 특징을 추출하려는 작업은 가능하거나 유용한 작업일까? 사고에 영역을 설정하여 특정한 사고의 방식이 따로 정해져 있다고 하는 것은 마치 물 위에 붓으로 경계를 짓자는 주장처럼 들리기도 한다. 더 나아가 역사적 사고에 대한 정의나 분류는 오히려 역사가가 실제로 거치고 있는 사고의 과정을 축소시키고 규격화시킬지도 모른다.

역사적으로 사고하는 방식을 가르친다고 할 때, 또는 역사교육을 한다고 할 때 그 목적어는 '역사'다. '역사적 사고'는 결국 역사가가 '역사를 사고'하는 것이고,[13] 역사적 사고나 역사교육에 고유성과 특수성이 존재한다면 대부분 그것은 역사적 '사고'의 특수성에서 비롯된 것이 아니라 사고의 대상이 되는 역사적 '사실'의 특수성에서 비롯된 것이라 해야 할 것이다. 다시 말해 '역사적 사실' 또는 '역사적 지식'이 갖는 특수성에 대한 논의가 선행되지 않고는 역사교육의 고유성이나 특수성을 논하기가 어렵다.

무엇보다 '역사'는 사람들의 이야기이기 때문에, 상상할 수 없을 정도로 다양한 내용을 품고 있다. 따라서 역사를 이해하고 연구하고 가르치는 과정에서 사고는 무한히 다변하고 복합적으로 전개될 수밖에 없고, 그것을 조장하고 확산시킬 필요도 있다. 굳이 역사적 사고의 단계나 특징을 규정하여 역사가의 사고를 규격화하거나 보편화할 필요도 없고, 그러한 작업이 이미 이루어졌다고 해도 현장에서 구체적으로 그것을 적용하기도 어렵다.

역사적 사고라는 추상적인 개념을 목표로 삼고 이를 육성하기 위해 가르칠 내용을 구성하고 가르치는 방법을 모색하는 것은 순서가 뒤바뀐 것이다. 기준 또는 출발점으로 삼아야 할 것은, 가르칠 내용이다. 그리고 역사는 대단히 풍부하고 다양한 내용을 담고 있으므로, 다루는 내용에 따라 사고하고 연구하고 가르칠 수밖에 없다. 여기에 학생들 스스로가 생각할 수 있게 만드는 교수방법을 찾아나가려는 노력이 가세되어야 한다. 역사를 가르치는 일에 대한 연구는 역사에 대한 이해로부터 출발할 수밖에 없고, 가르칠 내용과 가르치는 방법을 별도로 논의하는 일이 무의미할 정도로 서로 깊이 연관되어 있다. 여기서 방법이란 연구 절차 혹은 과정을 뜻할 수도 있고, 가르치는 기능이나 기법을 일컫는 경우도 있다. 전자는 역사학 연구

방법의 절차적 지식, 후자는 효율적인 학습을 위한 원리와 절차를 가리킨다. 그러나 후자의 의미에서조차 방법이 내용과 동떨어져서 존재가치를 드러낼 수는 없다.[14]

따라서 가장 먼저 선행돼야 할 일은 가르칠 내용이 되는 역사적 사실과 역사적 지식의 특성을 이해하는 일이다. 여기에서 역사적 사실을 다루는 역사가의 사고나 연구방식의 특징이 나오고, 역사교육의 특수성도 도출된다. 수업시간에 가르치는 것은 결국 '역사'이다. '사고의 방식'이 아니다. 특정한 대상에 대해 특정한 방식의 사고가 일어난다는 식의 설명은 그 사고에 대한 개념의 범위를 대단히 추상화하고 일반화할 수밖에 없게 만든다. 또한 역사적 사고의 특징은 결국 '역사'가 갖는 특징과 순환되는 관계에 있게 된다. 물론 이러한 시도가 있게 된 데에는 역사교육의 위기[15]라는 배경도 있었다. 하지만 역사교육의 고유성과 특수성을 '역사'가 아닌 '사고'에서 찾으려는 시도는 '사고'가 갖는 일반성과 추상성이라는 벽에 부딪히게 마련이다. 결국 역사를 가르치는 일이 다른 교과를 가르치는 일과 어떻게 다르고 어떤 의미를 갖는가 하는 것은, 그 재료가 되는 역사적 사실이 갖는 특징을 분석하는 일에서 출발할 수밖에 없다.

3. 역사적 사실의 특징

역사는 과거에 살았던 '사람들'의 이야기다. 따라서 그 내용이 풍부하고도 다양하다. 바로 그러한 다양성을 지닌다는 점이 역사의 두드러진 특징이다. 이렇듯 역사 자체가 갖는 특징으로부터 우리가 역사를 연구할 때 일반적으로 어떤 작업을 수행해야 할지 또는 역사를 가르칠 때 어떤 점을 고려해야 할 것인지를 포착해낼 수 있다.

역사는 헤아릴 수 없는 다양한 사실들로 구성되어 있다는 점 말고, 이미 과거에 실제로 일어난 일이라는 특징도 있다. 그리고 우리가 접할 수 있는 역사는 과거에 일어난 모든 일이 아니라, 누군가의 기록을 통해 남아 있는 것이라는 점에서도 역사와 다른 학문의 연구주제와 방법상의 차별성을 인식할 수 있다.

물론 사실이 역사(학)의 고유성과 가치를 저절로 보장해주지는 않는다. 역사학이란 어디까지나 사실을 연구의 대상으로 한다는 점에서 일반화된 이론을 추구하는 사회과학과 다르다고 주장을 펴는 사람도 있다. 그러나 역사학이 사실의 발굴만으로 학문의 가치를 내세울 수 있는 것은 아니다.[16] 사실이 역사학에서 갖는 특징은, 그것이 과거의 사실이라거나 다른 학문 분야에서는 사실을 역사만큼 중시하지 않는다는 것에서가 아니라, 사실을 다루고 해석하는 역사의 학문적 방식에서 기인한다. 이러한 점을 고려하면서 '역사적 사실'이 갖는 특징들을 정리해보도록 하자.

역사는 과거에 이미 일어난 사실을 다룬다. 과거에 일어난 일은 현재 눈으로 확인할 수도 없고, 사람들의 눈앞에서 그대로 재현해내기도 불가능하다. 이미 활자화되어 역사책에 기록된 내용은 변경·수정도 불가능하다. 즉 역사는 '과거성'을 가지고 있고, 어떤 의미에서 이것은 연구자들에게 매우 절대적인 조건이다. 역사가가 과거로 가서 직접 그 사건을 눈으로 보거나 당사자를 만나 이야기를 나눌 수 있다면 가장 정확하게 사실을 알 수 있겠지만, 이것은 이루어질 수 없는 바람이다. 결국 역사적 사실 그 자체는, 그것을 어떻게 해석하고 기록하였는가의 문제를 따로 떼어 생각한다면, 과거의 상태에서 이미 완성되고 고정된 것이다.

수학이나 과학 같은 교과에 등장하는 개념과 현상의 대부분은 눈 앞에서 증명이 가능하고 실험을 통해 입증해 보여줄 수 있을 뿐 아니라 대부분의 경우에 오류 여부도 판별 가능하지만, 역사는 그렇지 않다. 과거에 일어난 사건의 존재 여부와 이에 대한 평가를 역사기록과 대조하는 것은 가능하지만, 기록과 일치하는지 여부가 반드시 '진실'을 담보하지도 않는다. 기록된 것과 실제로 일어난 것이 다를 수 있다는 점, 이것이 역사적 사실이 갖는 본질이자 특징이다.

사회나 도덕 같은 교과는 주로 현재적 가치를 다루고 현재의 입장에서 바람직한 것과 바람직하지 않은 것에 대한 가치평가를 내리는 경우가 많으며, 그 판단기준 역시 시대 상황에 따라 변화할 수 있다. 그러나 역사를 현재의 기준으로만 판단하는 것은 비역사적이라거나 현재주의적이라는 비판을 받기 쉽다. 또한 역사는 사람들에게 감동을 주고 공감대를 불러일으키는 것이 목적인 문학, 음악, 미술과도 성격이 다르다. 예술에서는 창작성이 존중받는 가치이지만, 역사에서는 사실에서 벗어난 창작 또는 변형은 또 다른 하나의 해석이라기보다 근거 없는 왜곡일 뿐이다.

결국 역사적 사실은 '과거에 이미 완료되어 움직일 수 없는 것'이라는 측면이 강하고, 현재 사람들에게 '어찌할 수 있는' 여지를 많이 주지 않는다. 이런 면에서 본다면, 현재를 살고 있는 사람들에게 역사가 도대체 어떤 의미를 가지는지가 논란의 대상이 되는 까닭도 이해할 수 있다. 이미 벌어진 과거의 사건, 현재의 우리가 어떻게 할 수 없는 사실을 왜, 어떻게 학습해야 하는가?

역사가 이렇듯 과거에 이미 완결된 사실을 소재로 하므로 역사교육의 목표를 설정하는 일에서도 난항을 겪을 수밖에 없다. 과거 사실을 그대로 잘 전달하는 것에만 목표를 두자면 단조로울 뿐 아니라

'암기 위주'라는 비난을 면할 수 없다. 또 이미 오래 전에 다 지나간 일들을 알아서 무엇하겠는가라는 질문에 답하기도 곤란하다.[17]

사실은 이미 고정되어 변하지 않는 것이므로, 역사교육의 목표를 변경한다 하더라도 역사 교과서의 내용을 완전히 바꾸거나 전면적으로 재구성하는 것에는 한계가 있다. 따라서 인간 사회에 존재하는 다양한 가치와 현상에 대해 가르치는 사회나 도덕 교과와도 차이가 있다. 사회과목의 경우 목표 자체에서 내용을 도출하고 목표에 따라 내용을 구성하는 것이 자연스럽겠지만, 역사과목의 경우는 목표를 바꾼다 하더라도 이미 일어난 사건의 내용이나 순서를 뒤바꿀 수 없다. 조정할 수 있는 부분은 편집이나 해석 영역 정도다. 즉 목표가 바뀌었다고 없는 내용을 만들어내는 것이 아니라, 있는 내용에 대해서 선택, 배열, 평가를 다르게 할 수 있을 뿐이다. 따라서 역사과목은 목표에 대해 완전한 종속변수가 되기 어렵고, 목표의 설정 단계에서 이미 그 내용에 대한 고려가 필수적인 교과라고 할 수 있다.

역사교과가 학습목표 설정과의 관계에서 갖는 특징이 이와 같기 때문에, 대부분의 경우 단원 학습목표는 그 단원의 내용을 잘 이해하는 것으로 귀결되는 경우가 많다. 이것이 비판을 받는 경우도 많이 있지만, 반드시 비판받을 일인지 또 그렇다고 해서 달라져야 하는지도 의문이다. 뒤집어 생각하면, 학교에서 가르치는 역사가 교육목표에 따라 크게 달라지는 것도 위험한 일이 될 수 있다. 역사교육이 목적에 대해 어느 정도는 가치중립적이어야 한다는 견해가 공감을 얻고 있기 때문이다.

역사교육의 목적에 관한 논쟁에서 리(P. Lee)가 '변형적 목적(Transformative Aim)'을 주장한 것도 이러한 맥락에서 이해할 수 있다. 그는 역사교육의 목적이 학교교육의 일반 목적 혹은 시민교육의 목적과 동일하지 않다고 하면서, 양자가 구분되지 않을 경우 역사교육은 이미 그 고유한 의미와 특성을 상실하게 될 것이라고 주장한다.[18] 리에 따르면 "역사가 교육의 한 부분이라면, 그것은 교육에 기여하도록 기대될 수 있지만 이것은 '역사의 목적들'이 '교육의 목적들'과 같아야 한다는 것을 의미"하거나 교육의 목적들이 역사의 목적들로 변형돼야 함을 의미하지는 않는다. 즉 역사의 목적들은 "역사에 의해 전달될 수 있는 것에 한정"되어야 한다. 역사를 통해 개인적이거나 사회적인 목적을 우선시하는 것이 위험할 수 있다는 것이다.[19]

물론 그렇다고 해서 역사과목에서 학습목표의 설정이 내용에 전적으로 종속되어야 한다거나 목표 설정 자체가 별 의미가 없다는 것은 아니다. 목표 설정은 학습내용을 구체화하고 수업의 방향성을 분명히 하는 데 도움을 줄 수 있다. 다만 역사교과의 경우는 학습목표 역시 다른 교과와 달리, 어느 정도 이미 완성되고 고정된 내용을 우선 고려하여 설정해야 한다는 점을 인식할 필요가 있다. 또한 역사적 사실 자체를 잘 이해하는 것에 대해서도 반드시 암기라고만 몰아세우며 부정적으로 생각할 일도 아니다. 재료에 대해 알지 못하면서 요리방법만을 가르치는 것은 불가능하거나 의미가 없을 것이기 때문이다.

문학작품에서 감동을 이끌어내기 위해서든 도덕교육을 통해 바람직한 방향의 가치판단을 유발하기 위해서든, 먼저 선행되어야 할 것은 내용에 대한 정확한 이해이다. 수학이나 과학도 마찬가지다. 원리를 정확히 이해하는 것이 선행되어야 응용이나 창작도 가능하다. 역사 역시 내용을 먼저 이해하는 것이 선행되어야 이를 토대로 과거에 비추어 현재를 조망하는 일이 가능할 것이고, 현재의 나와 시간적·공간적으로 다른 것에 대해 이해할 수 있는 능력을 키워 삶의 다양한 국면에서 이를 응용할 수 있을 것이다.

한편 역사는 과거의 '기록'에 토대를 두고 있는 경우가 대부분이다. 유물, 유적, 기억을 통해서도 과거를 이해할 수 있지만, 이보다는 보통 역사와 관련 있는 기록 혹은 문서를 근거로 하는 경우가 대부분이다. 그런데 기록 혹은 문서로 남게 되는 역사적 사실은 과거에 벌어진 무수한 사건 가운데 어떤 이유에서든 선택된 것들이다. 그리고 이러한 선택의 과정과 기준은 정해져 있는 것이 아니다. 역사적 사실은 역사기록을 통해 형성된 것이고, 따라서 그 기록의 주체와 무관할 수 없다. 따라서 역사적 사실은 그 사실을 기록한 사람의 생각에 따라 서술될 가능성이 크며, 그 기록자의 생각은 당시 상황 등 많은 주변 요소로부터 영향을 받아 형성되었을 것이다. 더구나 기록을 남기는 사람이 반드시 기록한 것을 목격한 동시대인이 아닌 경우도 많다. 또한 전대의 역사를 서술할 때 다분히 그로 말미암은 결과를 고려하여 기록을 남기게 된다. 가령 조선 초기에 조선의 건국에 협력한 역사가가 고려사를 서술할 때에는 고려 멸망의 필연성과 조선 건국의 당위성을 천명하지 않을 수 없었을 것이다.

사료에는 많은 종류가 있고, 모든 사료가 객관적인 사실만을 기록한 것은 아니다. 객관성과 중립성을 지키려고 노력한 경우도 있었지만, 자유롭게 자신의 느낌과 생각을 기록한 것들도 있고, 뚜렷한 목적의식을 가지고 쓴 글도 있다. 즉 역사적 사실은 그것을 기록한 역사가와 분리될 수 없고, 그 역사가는 자신이 처한 환경 또는 상황과 무관할 수 없다.

더욱이 국가적 차원에서 정사(正史)를 기록한 바 없는 지역에서 여기저기 산재되어 있는 자료 또는 사인(私人)의 저작을 가지고 역사책의 내용을 구성하는 경우에 이 문제는 더욱 심각하게 대두될 수밖에 없다. 연구자들이 모든 것에서 자유로운 상태에서, 순수한 백지 상태에서 사실을 관찰할 수 있다는 가정은 현실적으로 불가능한 소망이다.

당연한 이야기이지만, 사실 사건 그 자체가 역사서술로 바뀌지는 않는다. 누군가가 그 사실을 문자로든 그림으로든 혹은 다른 방식으로 표현해내야 하는 것이다. 이것은 사실의 실재 여부와 다른 문제다. 즉 존재 여부가 아니라, 어떻게 그것을 인식할 수 있는가 또한 그러기 위해 어떻게 표현되고 있는가에 대한 문제다. 따라서 역사서술에서 관점의 개입은 피할 수 없는 일이다. 오히려 관점을 택함으로써만 역사가는 역사를 서술할 수 있고 해석할 수 있다. 관점이라는 것 자체가 바로 과거를 역사로 바라보는 방식이라 할 수 있다. 역사가 이야기로 전달되려면 누군가가 언제 그 이야기가 시작되고 끝나게 되는지, 무엇을 포함하고 생략해야 되는지, 어떤 사건을 갈등으로 또 어떤 사건을 결말로 삼아야 하는지를 선택해야 한다. 즉 누군가가 어떻게 이야기할 것인가를 결정해야 한다.[20]

이와 같이 과거 사실과 이를 기록하는 역사가 사이에 존재하는 '거리'로 인해 서술되어 기록된 역사가 '정확하지 못한 것들의 영역'이라고 평가되기도 하지만, 그렇다고 역사가의 작업이 타당성을 상실하는 것은 아니다. 사건을 당대의 것으로 만들려는 동시에 역사와 그 대상을 분리해서 역사적 시간의 거리와 깊이를 복구하는 일 자체가 역사가가 하는 일을 정당화하며, 이는 방법상의 결함이 아니라 역사의 특징적 모호함이다.[21]

사라진 과거가 살아 있는 역사가를 움직이는 것이 아니라면, 즉 과거가 역사가에게 진리를 부여하는 것이 아니라면, 고려해야 할 것은 역사가의 관점과 선택에 의해 제시된 역사를 어떻게 받아들이고 어떻게 가르칠 것인가 하는 점이다.

여기서 한 가지 유념할 것은, 과거 사실과 그것에 대한 기록이라는 두 가지 의미가 항상 명백하게 구분되지 않는다는 점이다. 양자가 분리되거나 중복되는 상황 자체가 역사성을 가진다고 할 수 있다. 과거에 실제로 어떤 일이 벌어졌는가 하는 것과 그에 대해 이야기하거나 기록하는 것—다시 말하면 사건, 사실과 그에 대한 기록—의 관계 또한 역사적 산물인 것이다. 이러한 관계에 대해 아이티 출신의 역사가 트루요(Michel-Rolph Trouillot)의 언급은 주목할 만하다.

만약 누가 '미국의 역사가 메이플라워 호에서 시작되었다'라고 쓴다면, 많은 독자들은 이것이 실제 일어난 사건이고 이렇게 말한 사람이 미국사에서 가장 중요한 사건을 메이플라워 호의 도착이라고 여기고 있다는 점에 별다른 의심을 하지 않을 것이다. 누군가가 '프랑스의 역사는 미슐레와 함께 시작했다'라고 말한다면, 여기서 역사라는 단어는 역사의 두 번째 의미, 즉 프랑스에 관한 가장 중요한 내러티브를 미슐레가 썼다는 것을 뜻한다.[22] 이 두 사례에서 전자는 과거에 일어난 무엇을 말하고 있고, 후자는 일어난 무엇에 대한 서술 혹은 지식을 말하고 있다.

그러나 일어난 것과 일어났다고 이야기되는 것 사이의 구분점이 항상 분명하지 않다. 만약 누군가가 '미국의 역사는 이민의 역사다'라고 한다면, 여기서 이민이라는 사실이 미국의 발전에 중요한 요소였다는 것—즉 과거에 일어난 사건으로서의 이민—을 말하는 것임과 아울러, '미국사에 관한 가장 적절한 서술은 이민에 관한 이야기다'라는 것도 타당한 것임을 알 수 있다. 다시 말해 미국의 역사가 이민이라는 '일어난 일'을 담고 있다는 것도 분명한 사실이지만, 미국의 역사를 '이민사로 써야 한다'라는 것도 마찬가지로 타당한 해석이다. 후자는 무엇이 일어났는가에 대한 것이 아니라 무엇이 일어났다고 이야기되는가에 대한 언급인데, 만약 그것이 사실 그 자체가 아니라고 해서 미국 역사를 다시 써야 한다고 하면 문제가 더 복잡해질 수 있다. 양자를 구분하는 경계가 무엇인가에 대한 문제가 등장하기 때문이다. 실제로 두 가지 의미 사이의 경계가 때로는 매우 유동적이다. '미국의 역사는 이민의 역사'라고 하면 두 가지를 동시에 뜻하는 경우가 발생하는데, 우선 미국의 역사에서 이민이라는 사건과 이것의 중요성을 말하는 것이기도 하고, 미국의 역사는 이민을 중심 테마로 써야 한다는 것을 뜻하기도 하는 것이다. 이것이 논쟁적일 수밖에 없는 이유는, 미국 역사를 민주주의 발달사라는 시각에서 청교도 이주로부터 시작해 앵글로색슨족 중심으로 민주주의를 발달시킨 과정으로 파악한다면, 이민의 역사를 제대로 다룰 수 없게 되기 때문이다. 따라서 '미국의 역사는 이민의 역사다'라는 말은, 미국은 이민이 계속되고 있는 나라이므로 그런 식(민주주의 발달사)의 역사는 적절하지 않다는 주장이 될 수 있다.[23]

트루요에 따르면, 역사라는 의미의 중첩, 즉 무엇이 일어났다는 것과 무엇이 일어났다고 이야기되는 것이 같은지 아닌지를 따지는 문제의 핵심은, '그렇다면 여러 가지 내러티브 중 어떤 것이 역사로 인정되는가'의 과정이다. 어떻게, 언제, 어떤 이야기가 실제로 일어났다고 말해져서 '받아들여진 역사'가 되는 것일까? 어떤 경우에 양자를 구별하고, 어떤 경우에는 양자를 구별하지 않는 것일까?

역사는 특정한 이야기를 생성함으로써 자신을 드러낸다. 따라서 그러한 이야기들을 생성하는 조건 혹은 과정이 무엇인가를 살피는 것이 매우 중요한 문제라 할 수 있다. 이런 의미에서 보면, 누가 이야기를 만들었는가도 중요하지만, 그 과정에서 어떤 이야기가 침묵하게 되는가도 마찬가지로 중요할 수 있다. 침묵이라는 것은 역사가 생산되는 네 가지 계기에서 작동하는 것인데, 사실을 산출하는 순간(보통 '근거'라고 일컬어짐), 사실을 모으는 순간, 사실을 끄집어내는 순간(이야기를 만드는 단계), 이후 그런 것에 대해 중요성을 부여하는 순간(어떤 이야기가 중요한 것인지를 결정하는 순간)이 그것이다.[24] 역사적 사실은 이 모든 단계에 걸쳐 있다. 어떤 근거를 이용하고, 거기에서 어떤 이야기를 만들고, 어떤 중요성을 부과할 것인가를 한 가지 과정으로 볼 수 있기 때문이다. 중요한 것은 바로 이 과정에 대한 질문이다. 사실의 오류 여부에 대한 판단만으로는 이 질문에 대답할 수 없다.

사실이 과거에 일어난 어떤 것을 의미하는 한, 그 존재 여부를 부인할 수는 없다. 그러나 사실은 균일하게 생성되는 것이 아니다. 한쪽으로 어떤 사실의 흔적을 좇는다는 것은 다른 쪽을 침묵하게 만드는 일이기도 하다. 설령 있는 사실을 그대로 썼다고 해도 이것만으로 공정하고 객관적이고 있는 그대로라고 할 수는 없다. 이미 어떤 사실을 선택했다는 것은 다른 사실을 침묵하게 했다는 뜻이다. 이러한 관점에서 역사지식의 전파과정을 검토하면 역사학습에서 사실이 차지하는 비중과 특징이 잘 드러난다.

4. 역사교육의 특수성

역사적 사실의 특징은 역사교육에도 당연히 영향을 미친다. 역사교육은 역사적 사실을 재료로 이루어지며, 역사적 사실의 첫 번째 특징, 즉 그것이 과거에 일어난 일이므로 현재에 맞추어 가공 · 변환

할 수 없다는 점에서, 다른 교과에 비해 재료에 대한 의존도가 매우 높다고 말할 수 있다. 이처럼 재료에 의존할 수밖에 없는 상태이지만, 그 재료의 진실성이 어떤 사건이 일어났다는 것 그 자체로 담보되지 않는다. 그러한 사실은 오직 역사가의 기록을 통해 전해지는 것이기 때문이다. 역사교육의 특수성은 바로 이러한 점에서 출발한다.

역사 연구자들은 다른 역사가를 거쳐 역사적 사실을 접하게 되지만, 역사가가 생산한 역사가 소비자인 학생에게 도달하기까지는 조금 더 긴 여정을 거친다. 최초로 역사적 사실을 기록하는 역사가와 사료 또는 유물 등의 자료를 바탕으로 연구를 수행하는 연구자, 역사교과의 교육과정을 결정하는 교육과정 연구자, 교육과정에 따라 교과서를 집필하는 교과서 집필자, 교과서를 바탕으로 수업을 하는 교사를 거쳐, 비로소 학생에게 도달하는 것이다. 그리고 모든 단계에서 사실의 선택과 배제, 노출과 침묵의 장치가 작동한다.

그런데 역사의 생산과 소비 사이를 매개하는 관계자들에게는 각각의 처지와 여건이 있게 마련이고, 이에 따라 다양한 의도가 중첩될 수밖에 없다. 먼저 최초로 어떤 역사적 사실을 기록한 역사가의 경우에 그것을 기록해야겠다고 생각하게 된 이유가 있을 것이고, 그것을 어떻게 기록하겠다고 하는 방향도 있었을 것이다.

예를 들어 《사기(史記)》를 쓴 사마천의 경우, 흉노와의 전쟁이 잦던 한 무제(武帝) 대에 살았던 자신의 처지가 서술방식에 영향을 미쳤을 것이다. 그리스 출신 역사가 폴리비우스는 로마가 지중해 세계를 정복할 수 있었던 원인을 탐구하는 것을 과제로 하여 로마사를 썼고, 그 원인으로 군주정과 귀족정, 민주정을 합친 혼합정이라는 국제(國制)에서 해답을 찾았다. 리비우스 역시 위대한 로마인의 역사를 기술하려 하였고, 이러한 역사의 진행을 신의 뜻과 결부시켰다. 로마 공화정의 열렬한 찬미자 타키투스는 공화정의 붕괴를 애석해한 나머지, 로마 제정의 역사를 어둡게 썼다. 이처럼 역사가들이 역사를 서술할 때는 나름대로의 배경과 의도를 가지지 않을 수 없다. 설령 눈앞에서 일어나는 일만 그대로 기록하는 일을 업으로 삼는 사관이라 해도, 그가 속한 시대라는 벽으로 둘러싸여 있음을 인정해야만 한다.

역사가들이 기록한 사료를 바탕으로 역사를 연구하는 연구자들 역시, 그 주제를 택하여 연구하게 된 배경이 있을 것이고, 연구를 통해 밝히고자 하는 본인의 의도가 있을 것이다. 가령 식민치하에서 역사를 연구하는 사학자에게는 역사를 통해 민족의 자긍심을 일깨우고자 하는 의도가 있을 수 있다. 이것을 객관성을 침해하는 주관이라 비판할 수는 없다. 역사서술은 권력관계를 반영하여 생성된다. 포함과 배제의 기준, 중요성에 대한 평가와 그 기준은 객관적으로 존재하는 것이 아니라 정치적으로 산출되는 관행이다.[25] 역사가가 어떤 주제를 자신의 연구주제로 할 것인가를 선택하는 것은, 정치적으로 생산되는 역사지식의 생산과정에 포함된 자신의 위치에 대한 인식과 결부되어 있다.

교육과정을 연구하고 이를 결정해야 하는 사람들은, 교육내용 선정과 조직에 관한 이론뿐 아니라 그 시대의 국가적·사회적 요구를 고려하면서 새로운 연구 성과를 반영해나가려고 할 것이다. 가령 사회적 여론이, 지나치게 많은 역사적 사실을 암기하게 하는 것에 비판적이라면, 그러한 서술을 제한하는 방향으로 교육과정을 구성하려 할 것이다.

교육과정에 따라 교과서를 집필하는 집필자들은, 교육과정의 범주 내에서 사회적 추세의 변화 및 대다수 교사와 학생들의 성향을 고려해서 과거에 관한 가장 보편적인 해석을 전달하는 데 유용한 도구가 될 수 있는 교과서를 쓸 것이다.

교과서를 바탕으로 교실에서 수업을 하는 교사들은 학생들의 흥미를 유발하면서 복잡한 역사적 사실을 쉽게 이해시킬 수 있는 방향으로 수업을 하려고 할 것이고, 학생들은 교사의 설명 중 무엇이 중요한 내용이며 어떻게 하면 그것을 오래 기억할 수 있는지에 중점을 두고 수업을 들을 것이다.

이러한 단계를 염두에 두고 후삼국의 통일에서 '궁예'에 대한 설명을 학생들이 듣게 되는 과정을 가상으로 꾸며보면 다음과 같다.

① 역사적 사실: 궁예가 실제로 한 행동

② 궁예의 포악한 행동을 극대화하여 기록한 고려시대 역사가

③ 궁예에 대한 연구를 수행하면서 궁예가 추진한 개혁들 가운데 호족의 이해관계에는 반(反)하였으나 농민을 위해 의미 있는 개혁이 있었다고 생각하게 된 현대의 역사학자 A와 궁예는 새로운 시대 개창에 적합한 인물이 아니었다고 평가하는 역사학자 B

④ '왕건의 후삼국 통일은 진정한 민족통일이었음'을 강조하고자 하는 교육과정 관계자

⑤ 궁예가 '실정(失政)'으로 밀려났고 왕건이 고려를 건국했다고 쓰는 교과서 집필자

먼저 ① 역사적 사실에 대해서, 궁예는 이미 죽었으므로 궁예의 실제 생각과 행동에 대해서는 누구도 정확하게 알 수 없다. 그리고 ②의 역사가는 고려 왕조의 사람이므로 왕건에 의해 축출된 궁예를

의도적으로 폄하하여 썼을 개연성이 있다. ③에서 역사학자 A처럼 궁예에 대해 연구하면서 그가 시대를 앞서가는 개혁을 추진하였으나 보수적인 호족들에 의해 제거된 비운의 영웅이라고 생각할 수도 있고, 역사학자 B처럼 궁예가 추진하려던 개혁의 내용보다 궁예가 결과적으로 호족들을 포용하는 데 실패하였음에 주목하고 왕건에 비해 새로운 국가에 대한 뚜렷한 비전이 없었다고 평가할 수도 있다. ④의 교육과정 관계자는 왕건의 후삼국 통일의 의의를 강조하면서, 왕건의 후삼국 통일이 이전 신라의 통일과 어떻게 달랐는지를 가르치는 것이 역사의 계기적 발전을 보여주는 데 도움이 된다고 생각할 수 있고, ⑤의 교과서 집필자는 교육과정을 적절히 반영하면서도 궁예에 대한 평가가 엇갈리는 부분에 대해서 편향된 언급을 하지 않는 것이 좋겠다는 판단 하에 '실정'을 하였다는 표현으로 정리하고자 하였을 것이다.

그렇다면 교사는 이러한 교과서의 서술을 어떻게 가르치는 것이 좋을까? 단순히 《삼국사기(三國史記)》를 통해 알려져 있는 것처럼, 궁예가 스스로 교만해져서 미륵불을 자처하며 처자식을 살해하고 충신들을 의심하였다고 가르칠 수도 있을 것이고, 궁예가 사실은 매우 이상적인 개혁을 하려고 했으나 보수적인 호족들의 반발로 실패하였다고 가르칠 수도 있을 것이다. 그리고 이런저런 언급 없이 궁예가 축출된 이유가 교과서에 서술된 대로 '실정' 때문이었다고 가르칠 수도 있을 것이다.

한편 교사의 설명을 듣는 학생들의 반응도 제각각일 수 있다. 교사의 말을 그대로 받아들이는 학생도 있을 것이고, 교사의 설명과 다른 역사책이나 드라마의 내용 등을 기억하고 질문을 던지는 학생도 있을 것이다. 교과서에 나와 있으니 '실정'을 했다는 것만 암기하면 되고 그것만큼은 진실일 것이라고 생각하는 학생도 있을 것이다.

이와 같이 중층적으로 개입된 다양한 주체의 의도들은 교과서 서술에 잘 드러나지 않는 것이 보통이다. 상식적으로 생각해도 교과서가 모든 역사적 사실에 대한 모든 학자들의 견해를 다 들려줄 수는 없다. 교사들이 모든 역사적 사실들에 대해 여러 다양한 가능성과 엇갈리는 학설들을 다 알고 이를 설명해줄 수도 없다. 교사가 할 수 있는 일은 학생들에게 가르치는 '역사적 사실'이 갖고 있는 이와 같은 속성, 즉 선택과 배제의 과정을 파악하고 학생들에게도 이를 이해시키는 일이다.

역사적 사실이 형성되어 학생들에게 전달되기까지 다양한 주체의 의도가 개입된다는 것은 새로울 게 없는 이야기다. 그렇다면 생각해보아야 할 점은, '역사교육'이 어느 단계에서 개입해야 하고 어떤 역할을 해야 하는가이다. 앞의 궁예의 예에서 본다면, 역사교육은 ④와 ⑤의 단계 그리고 역사교사가 이것을 어떻게 가르칠 것인가라는 문제와 직접적으로 관련이 있을 것이다. 즉 트루요에 따르면, 주로 어떤 이야기에 중요성을 부여하는 것에 관련된 단계, 또한 사실의 선택과 배제가 이어져 진행된 결과의 단계라 할 수 있다.

누군가가 만일 역사교육에 대한 연구가 왜 필요한가를 묻는다면, 그 대답은 단순히 역사를 왜 가르쳐야 하는가라는 질문에 답하는 데 필요하다는 것으로 그칠 수 없다. 학생들의 사고력을 높이는 데 기여할 수 있다는 것은 역사교과만이 가질 수 있는 고유한 효과라고 보기는 어렵다. 여기에 '역사적'이라는 수식어를 붙여 사고력에 고유성을 부여한다고 해도 그러한 특정한 사고력이 과연 존재하는지, 또 그것이 역사를 배워야만 길러지는 것인지, 혹은 역사를 어떻게 배워야 길러지는 것인지도 밝히기 곤란하다.

결국 역사를 어떻게 하면 잘 가르칠 것인가라는 문제에 대하여 끊임없이 새로운 대답을 제시해야 하는 것이 역사교육의 책무라면, 역사적 사실의 특징을 제대로 이해하는 것이 역사를 잘 가르치기 위한 연구의 출발점이 될 수 있다.

역사적 사실의 특징은 앞에서 밝힌 바와 같이 무한히 다양한 내용을 담고 있다는 점과, 사실의 형성과정에서 다양한 주체들의 의도가 중층적으로 작용한다는 점이다. 따라서 가르치는 방법에 관한 연구는, 먼저 역사적 사실의 다양성을 인정하고 그 내용에 따라 적절한 교수법을 찾아나가야 할 것이다. 예를 들어 서유럽의 '봉건제도'를 설명할 때, 이를 구조화해서 제후와 기사 간의 주종관계와 영주와 농노의 장원제로 구성된 지방분권적 체제라고 설명한다면, 유럽 역사에 생소한 학생들의 입장에서 이해하기가 쉽지 않다. 하지만 이를 가상의 기사와 가상의 농노(혹은 실제 인물이라도 좋다)의 구체적인 삶의 모습을 통해서 설명하면 좀 더 쉽게 학생들을 이해시킬 수 있을 것이다.

예를 들면 국가가 분열되고 약화된 시기에 외적의 침략이 극심해졌고, 사람들은 자신의 생명과 재산을 지켜줄 수 있는 무력을 갖춘 기사에게 의탁하게 되었으며, 기사는 혼자 힘만으로는 외적을 막아내기에 역부족이었으므로 더욱 힘 있는 다른 기사들과 협력을 모색하는 과정에서 서로의 의무와 책임에 대해 계약을 맺게 되었다는 방식으로 설명한다면, 봉건제의 상부구조가 성립하게 된 과정을 하나의 이야기로 풀어낼 수 있을 것이다. 이때 사례로서 가상의 기사를 설정하고, 그가 제후의 생명을 구해준 공을 세워 기사의 작위와 영지를 받아, 이후 제후를 위해 정해진 의무를 다하는 모습을 사례로 들어준다면 학생들의 이해는 더욱 쉬워질 수 있다. 사례를 들어 이야기를 들려주는 방식이 유효한 역사적 현상 또는 개념이 있는가 하면, 구조화를 통해 역사 전개의 흐름을 한눈에 보여주는 것이 적절한 경우도 있다. 가령 카노사의 굴욕, 십자군 전쟁, 아비뇽 유수, 교회의 대분열 등 일련의 사건에서 교황과 황제의 관계가 어떻게 변화되어갔는지를 구조화해서 비교하는 방식의 수업은, 유럽 사회의 커다란 변화의 줄기를 한눈에 볼 수 있게 하는 장점이 있다.

유럽사를 가르칠 때 구체적인 사례가 더욱 필요한 까닭은, 유럽의 역사에서 '국가' 혹은 '국왕'의 의미가 동양과 상당한 차이가 있기 때문이다. 우리나라 학생들은 '국가'와 '국왕'의 개념에 대해 우리 역사를 바탕으로 생각하고 있을 것이므로, 백년전쟁(1337~1453)의 원인에 관해, 영국 왕이 예전에 프랑스 왕의 가신으로서 상속받은 영지가 프랑스 땅에 남아 있었는데 영국으로 시집간 프랑스 공주의 아들이 프랑스의 왕위를 주장함으로써 전쟁이 벌어졌다는 설명을 납득하기 어렵다. 또 에스파냐 왕위 계승 전쟁(1701~1714)의 원인을 학습하면서, 왜 프랑스나 독일 왕가가 에스파냐의 왕위 계승권에 관여했는지 이해하기 쉽지 않을 것이다. 더욱이 유럽은 왕조별로 정사를 기록하지 않았고, 그럴 여건도 아니었다. 한마디로 유럽 역사는 우리 역사와 남아 있는 자료의 형태 자체가 매우 다르다고 할 수 있다. 여기에서 연구방법의 차이가 발생하고, 가르치는 방식, 즉 '역사교육'도 영향을 받을 수밖에 없다.

이는 유럽사와 현저하게 다르게 전개된 왕조 중심의 역사를 비교할 때 더욱 두드러진다. 가령 중국사의 경우에 왕조별로 일목요연하게 국명을 제시하고, 각 왕조의 개창 시기, 개창자, 주요 왕의 업적, 그 시대에 일어난 변화 등을 체계적으로 가르치는 방식, 즉 흔히 이야기하는 연대기식으로 된 통사를 가르치는 것이 전통적이지만 가장 혼동이 적은 방식이라고도 할 수 있다. 이때 특정 주제를 중심으로 가르칠 내용을 구성한다고 하여 인위적으로 여기저기를 생략하거나 순서를 뒤바꾸는 것은 오히려 학생들에게 커다란 혼란을 초래하기 쉽다. 중국사에서는 왕조 교체가 사회 각 분야에 가장 큰 변화를 초래하는 사건이었고, 따라서 왕조마다 다른 왕조와 구별되는 성격이나 특징을 갖게 마련이며, 이것이 전 왕조의 통치방식이나 멸망원인 등과 서로 인과적으로 연결되는 경우도 많다. 문제는 이러한 재료의 근본적인 차이를 간과할 때 발생한다.[26]

이와 같이 역사적 사실은 시대와 지역에 따라 매우 다양하기 때문에 그것을 서술하는 방식이나 가르치는 방식 역시 하나로 통일될 수는 없다. 내용에서 방법이 나오는 것이지, 방법에 내용을 끼워 맞출 수는 없다. 따라서 교과서 서술자는 각각의 내용에 따라 적절하다고 판단하는 방식으로 내용을 기술하고, 교사는 가르치려는 역사적 사실의 특징에 따라 다양한 수업방식을 모색하고 선택하는 것이 자연스럽다. 대부분의 교사들은 경력이 축적됨에 따라 나름대로 다양한 재료들을 다루는 방법을 터득하여 가르치지만, 그것은 아주 서서히 변하거나 거의 변하지 않을 수도 있다. 이런 면에서 교사교육 프로그램에서 다양한 방식의 수업들을 보여주고 그 응용능력을 적극적으로 길러주는 과정이 필요하다.

역사적 사실이 형성되는 혹은 침묵되는 과정에 대해서도, 역사는 '과거의 사실'로서의 특징과 '기록된 사실'로서의 특징이 있다고 이원적으로 그리고 추상적으로 설명하고 지나가기보다, 교과서 내용 가운데에서 구체적인 사례를 통해 학생들 자신이 만나게 된 역사적 사실의 특징을 좀 더 선명하게 이해시킬 필요가 있다.[27] 왜 어떤 사실이 부각되었는가? 감춰진 것은 무엇인가? 하나의 사실을 바탕으로 구성된 이야기임에도 왜 모두가 동일하지 않은가? 이러한 질문을 통해 학생들은 역사적 사실에 관해 자신의 판단이 필요하다는 점을 인식하게 되어, 일방적으로 특정 시각이나 관점에 의해 좌우될 위험도 줄일 수 있을 것이다.

5. 맺음말

최근 역사 교과서 서술에 대해 '좌편향', '우편향' 등의 성향 논쟁이 벌어진 바 있다. 이러한 논쟁은 교과서 집필자의 시각이 그대로 학생들에게 전달되어 학생들이 한쪽으로 치우친 역사의식을 갖게 될 것을 염려하는 듯하다. 이러한 우려는 학생들이 교과서 서술이나 역사교사의 설명을 그대로 수용할 경우 더욱 커질 것이다.

이 문제를 해결하기 위한 접근은 크게 두 방향에서 가능하다. 첫 번째는 교과서의 서술방식이나 검정제도를 바꾸는 것이다. 이를 위해 교과서 서술의 객관성과 중립성을 강조하는 방법이 있을 테지만, 모든 교과서가 '객관적이고 중립적인 서술'을 지향한다고 하는 것은 가능하지도 않고 바람직하지도 않다. 중립성이나 객관성을 판단하는 기준 자체도 모호할 수 있다. 그보다는 다양한 시각의 교과서를 편찬하고 수요자들이 그것을 선택하게 하는 것이 더욱 현실적일 것이다.

두 번째는 학생들에게 역사적 사실에 관한 나름의 안목을 키워주는 것이다. 학생들이 어떤 역사적 사실이 특정한 모습으로 우리에게 도달하게 된 배경과 과정을 이해한다면, 단순히 교과서에 서술되어 있다고 해서 그것을 그대로 받아들여 경직된 역사의식을 가질 가능성은 크게 줄어들 것이다. 이를 위해 교사들이 역사적 사실이 형성되는 과정과 교과서에 실리게 되는 과정, 즉 역사적 사실과 교과서 서술의 특징을 이해하고, 이를 학생들에게 사례를 들어 적극적으로 가르칠 필요도 있다. 그리고 학생들이 교과서에 나타난 단편적인 사실만으로 성급한 판단을 내리지 않게 풍부한 역사를 접할 수 있도록 하는 것도 중요하다.

이러한 방향의 변화는, 미디어의 발달과 특히 인터넷을 통해 다양한 역사적 지식과 자료가 제공되고 있는 지금 시점에서는 더욱 중요하다. 사실 미디어를 통한 대중적인 역사의 보급이 역사교육에 미치는 영향이 반드시 부정적이고 위험한 것만도 아니다. 예를 들어 역사 드라마에 관한 언급은 역사수업에 활기를 불어넣고 학생들의 흥미를 불러일으키는 데 큰 도움을 준다. 학생들은 과거에 대한 풍부한 사실들을 접함으로써, 역사 드라마로 표현된 과거는 어떠한 특징을 가지고 있으며 다른 역사서술과 어떻게 다른가를 생각해볼 수 있을 것이다. 또한 학생들에게 역사적 사실이 우리가 배우는 '역사'로서 자리잡는 과정을 보여줌으로써, 즉 수많은 역사사실 가운데 어떤 것이 선택되어 역사지식으로 수용되고 어떤 것은 배제되는 것인가, 그 이유는 무엇인가를 따져보게 함으로써, 역사를 소재로 한 다양한 생산물들에서 왜 그것이 소재로 채택되었고, 그것을 제작자가 어떤 의도로 어떻게 가공하였는지도 스스로 생각하게 할 수 있다.[28] 실제로 유통되는 역사지식이나 역사서술이 어떻게 생성되는가? 또한 그것이 어떻게 전달되고 수용되는가? 역사를 배우는 학생이 이러한 질문에 참여하는 것 자체가 바로 '역사를 하는' 과정의 중요한 부분이 될 것이다.

5장

역사 교과서의 서술과
유럽중심주의

1. 머리말

역사를 학습하는 중요한 목적 가운데 하나는 시간과 공간이 다른 문화를 이해하고 수용하는 능력을 키우는 것이다. 역사교과가 자국사만이 아니라 외국사, 세계사를 포함하고 있는 것도 이러한 까닭이다. 현재 다방면에 걸친 국제교류를 피할 수 없으며, 대다수의 국가들이 정책적으로 개방과 교류를 강조하는 실정이다. 역사학도 이에 대응하여 우리와 '다른' 역사를 이해하는 방식에 대해 학생들이 나름의 안목을 키울 수 있게 도움을 줄 필요가 있다. 다른 문화를 비판적으로 성찰할 수 있는 기회를 제공하는 것 또한 역사학의 중요한 책무다.

타자를 어떻게 이해해야 하는가, 이에 앞서 그들을 어떻게, 왜 구분하는가는 자아에 대한 인식과 분리될 수 없다. 따라서 우리가 다른 나라의 역사와 문화를 바라볼 때, 우리 자신의 시각이 아닌 다른 나라에서 형성된 시각을 그대로 수용하여 바라본다면, 당연히 그 출발점부터 왜곡될 수밖에 없다.

세계사는 더 이상 단순히 우리나라 역사를 제외한 나머지 다른 나라의 역사를 합친 것이라고 인식되지 않는다. 세계사가 우리 역사와 무관하게 존재할 수 없는 것이다. 최근(2007)에 개정된 새로운 교육과정에 따라 중·고등학교에서 국사와 세계사를 통합하여 '역사'라는 명칭으로 과목을 개설한 것도, 그간 국사와 별도로 세계사를 편성하는 것에 대한 비판을 부분적으로 수용한 것이라 할 수 있다. 이와 관련하여 반복되는 역사교육의 위기와 정상화 방안에 대한 논의가 우리 역사학계의 연구 경향과 성과 전반에 걸친 점검과 반성으로 이어지고 있다. 이러한 논란은 우리에게 세계사란 무엇인가라는 질문과 연관되어, 기존의 세계사 개념과 세계사 교육에 대한 근본적인 문제제기로 확대되고 있다.

서구가 기획하고 구성하여 여전히 우리 자신의 관점을 결여한 유럽 중심의 세계사를 현재 학생들에게 가르친다는 점이 문제의 심각성을 더해주고 있다. 다시 말해, 세계사를 바라보는 자신의 위치와 시각을 갖지 못하고, 다른 나라에서 이미 발명되고 고정된 설정을 받아들이고 있다는 것이다. 그런데 이러한 문제제기가 새로운 것이 아니다. 세계사 서술에서 서구 중심적 시각을 비판하는 논의가 이미 오래 전부터 있었고,[1] 그중 일부가 세계사 교과서에 반영되기도 하였다.[2] 그러나 여전히 유럽중심주의를 어떻게 극복할 것인가 하는 점이 우리나라의 서양사학계와 세계사 교육에서 핵심적인 논쟁의 주제로 남아 있다.

이러한 현실적인 문제의식을 바탕으로, 이 글에서는 유럽 중심의 역사인식이 형성된 배경과 그것의 수용과정, 그리고 이러한 논의가 교육과정에 미친 영향을 정리하고, 이를 비판적으로 검토해보고자 한다. 특히 학계에서 제기된 유럽중심주의의 비판이 역사교육에 미친 여파와 이를 극복·개선하기 위해 제시된 방안을 살펴보고, 이에 따라 새롭게 등장한 문제점을 지적할 것이다. 유럽중심주의의 해체는 결국 교과서에 드러난 그 실체를 정확하게 파악하는 것에서부터 시작해야 한다. 따라서 교과서 서술에 나타난 사례를 통해 유럽 중심적 시각이 어떻게 구현되어왔는지를 좀 더 구체적으로 검토하고, 역사학습의 국면에서 이에 대해 어떻게 대처할 것인가를 제안해보고자 한다.

2. 유럽중심주의와 역사교육

우리는 어떻게 외국사를 바라보아야 하는 것일까? 기존 중등교과로서의 세계사에 본질적인 문제점이 있다면 그 대안을 마련하기 위한 발판을 어떻게 마련할 수 있을까? 은연중에 유럽을 기준으로 세계사나 지역사를 서술하는 경향은 왜, 어떻게 나타나고 있는 것일까? 이러한 질문에 답하기 위해서 우선 서구의 근대성과 그 바탕으로서의 계몽과 진보의 개념에 대해 비판적으로 검토하는 것이 필요하다.

'계몽'이라는 개념을 창출하려는 기획은 다분히 서구적인 주체를 만들어냈고, 이것은 비유럽을 타자화하는 경향과 표리를 이루고 있다. 예를 들어 유럽인들이 진보의 역사를 가졌다기보다, 자기들의 역사를 곧 진보의 역사로 규정했다고 하는 것이 더 정확하다. 그리고 다른 모든 지역의 역사를 유럽의 역사에 비추어 재단하고 평가했다. 유럽의 역사는 유럽 중심의 세계사로 치환되어 유럽의 외적 발전에 부합하도록 시대성이 설정되었고, 이에 맞추어 고대·중세·근대의 기본적인 형태가 결정되었다. 고대와 중세 사이의 설명하기 어려운 이질성은 무시된 채, 유럽은 지중해 고대의 적자(嫡子)가 되었고,[3] 중세 이래의 변화와 발전이 자체의 내적 역동성으로 설명되어, 결국은 인류사 전체가 단일한 구도로 편제되었다. 이 틀에 따르면 "고대 그리스가 로마를 낳고, 로마는 기독교 유럽을 낳고, 기독교 유럽은 르네상스를 낳고, 르네상스는 계몽주의를 낳고, 계몽주의는 정치적 민주주의와 산업혁명을 낳았다. 그리고 민주주의와 더불어 건너간 산업혁명은 미국을 낳았다."[4] 세계사의 움직일 수 없는 기준으로서 유럽사가 설정된 것이다.

사실 유럽중심주의에 대한 논의는 다양한 국면과 차원에서 전개되었다. 개념상 이것은 크게 세 가지로 정리된다. 첫째, 근대 서구 문명은 인류 역사의 발전단계 중 최고의 단계에 도달하였다. 둘째, 서구 문명의 역사 발전 경로는 서양뿐 아니라 동양을 포함한 전 인류사에 보편적으로 타당하다. 셋째, 역사 발전의 저급한 단계에 머물러 있는 비서구 사회는 문명화 또는 근대화를 통해 서구 문명을 모방/수용함으로써만 발전할 수 있다. 즉 유럽중심주의는 서구우월주의, 보편주의/역사주의, 문명화/근대화(=서구화)로 압축된[5] 자본, 권력 그리고 근대성에 대한 정당화라고 할 수 있다.

문제는 이처럼 학문적 논의뿐 아니라 사회 현실에 대한 인식에서도 비판의 대상이 되고 있는 유럽중심주의를 어떻게 극복하는가 하는 것이고, 이는 당연히 학계에 한정된 문제가 아니다. 장기간 근본적인 내용체계에 큰 변화가 없었던 중등 세계사는 문제가 더 심각하다. 한 서양사 연구자는 서양사 체계의 유럽중심주의적 편향을 극복하려면 많은 사람들이 장기간에 걸쳐 노력을 기울여야 할 것이며, 서양사 연구자들이 최소한 한 세대 이상은 매달려야 우리 나름의 관점을 어느 정도 확립할 수 있을 것이라고 진단한다.[6]

어떻게든 학계의 연구 성과를 반영할 수밖에 없는 교과서의 내용이 관련 학계의 연구 수준과 성과를 뛰어넘기란 매우 어려운 일이다. 만약 상황이 이렇다면, 현재 학교에서는 세계사를 어떻게 가르쳐야 하는가? 위의 연구자가 예상한 대로 한 세대가 지난 후 우리나름의 관점이 확립될 때까지는 문제가 많은 대로 유럽 중심적 내용을 학생들에게 가르쳐야 하는가? 그렇지 않다면 어떤 대안이 있는가?[7] 이 글에서 집중적으로 검토하고자 하는 것은 바로 이 부분이다. 이와 관련하여 최근 역사교육학계에서 제시하고 있는, 이른바 유럽중심주의 극복 방안이 드러내고 있는 문제점부터 지적하기로 하자.

최근 우리 세계사 교육 속에 포함된 유럽중심주의의 현황, 문제점 및 개선방안을 제시하는 적지 않은 수의 논문이 발표되었다.[8] 대체로 이러한 논문들은 유럽중심주의의 요체라 할 수 있는 서구와 비서구의 이분법적 구도와 유럽 중심의 근대문명담론의 한계를 극복하기 위해 세계사 내용을 새롭게 구성하는 방안을 제시하고 있다. 그 가운데 하나가 주제 중심의 세계사를 구성하자는 것과 세계사를 '교류의 확대'라는 주제 하에 재편성하자는 것이었다.

역사를 주제 중심으로 서술하자는 주장은 기존 역사 교과서가 지나치게 연대기 중심으로 되어 있고 단순한 암기 사항을 지루하게 나열하고 있다는 비판에 대한 하나의 대안으로서 제시되었다. 또 중학교와 고등학교의 역사서술이 비슷한 내용을 반복하고 있기 때문에 계열성을 확보하기 어렵다는 지적에 대해, 고등학교에서 주제별로 서술하는 방식을 택하는 것이 중학교와의 차별성을 확실히 보장하기 위한 방안으로 등장하기도 하였다. 그 결과로 7차 교육과정에서는 고등학교 국사 교과서가 정치, 경제, 사회, 문화로 나뉘어 서술되었다.[9]

여기에서 한 걸음 더 나아가, 개정된 2009년 교육과정은 지역 간 상호교류를 중심으로 세계사를 서술할 것을 요구하고 있다. 그렇다면 이러한 주제 중심의 교과서 서술이 과연 모든 지역의 역사에 적합한 것일까? 그리고 이것이 유럽중심주의를 효과적으로 극복하는 방안이 될 수 있을까? 주제 중심으로 역사를 서술하겠다는 구상 자체는 설득력이 있다. 그러나 이런 생각을 어느 틈엔가 연대기식 역사서술에 대한 가장 훌륭한 대안인 것처럼 여기는 것은 문제가 있다. 우선 주제 중심에서 그 '주제'의 개념 자체가 모호하다. 예를 들어 현재 사용하고 있는 7차 교육과정 국사 교과서의 분류사 체제가 주제 중심의 접근이라고 한다면, 여기서 정치, 경제, 사회, 문화를 하나의 '주제'와 동일시하기는 쉽지 않을 것이다. 정치와 경제는 차치하고서라도 사회와 문화에서 그 용어가 포괄하는 범위가 어느 정도인지 설정하기 곤란하다. 만일 '과학의 역사' 또는 '음식의 역사'를 주제라고 생각하고 이를 중심으로 교과서를 서술한다면, 이렇게 해서 배제되는 많은 내용들은 어떻게 처리할 것인가? 더구나 유행처럼 신문화사를 언급하고 이를 통해 이론적인 정당성을 확보한 것처럼 문화사를 도입해야 한다고 주장하면서도, 이때 '문화'라는 것이 의미하는 바가 무엇인지 또한 내용 구성에서 이를 어떻게 구현할 수 있는지에 대한 논의는 빈약하다.

다소 포괄적인 '주제'를 선정하여 제목을 주제별인 듯 포장하고,

실제 내용에서는 통사를 모두 담으려고 애쓰는 것 역시 비생산적이다. 근본적으로 주제별로 내용을 편성하기에 적절한 역사는 유럽의 역사이다. 국가 형성이 상대적으로 늦고 국가별로 정사가 편찬되지 않은 유럽의 경우는, 국가사 위주의 통사적 서술보다 주제별로 역사를 서술하는 것이 더욱 이해하기 쉽고 편리할 수 있다. 그러나 비유럽 국가들의 사정은 대체로 그렇지 않다. 우리나라와 중국의 경우에는 왕조를 단위로 역사를 서술하는 것이 자연스럽고, 실제로 왕조별로 통사를 편찬해왔다. 정치, 경제, 사회, 문화의 모든 분야의 변화들이 서로 영향을 주고받았고, 이를 따로 떼어내어 설명하기란 불가능하거나 곤란한 부분이 많기 때문이다.[10] 즉 남아 있는 사료의 특성과 역사의 진행 형태에 맞추어 그 서술방식을 결정해야 하는 것이지, 서술방식부터 '주제별'이라고 정해놓고 역사를 이에 끼워 맞추려고 하는 것은 잘못된 일이다.

주제 중심의 내용 구성을 통해 세계사를 효과적으로 학습할 수 있다거나 역사에 흥미를 가질 수 있게 할 것이라는 생각은 어디에 근거를 두고 있는가? 연대기식 내용은 어렵고 주제 중심은 흥미롭고 쉬울 것이라는 견해는, 구체적인 이론적·실증적 근거를 갖고 있지 않다. 7차 교육과정 국사 교과서는 분야사별로 구성되어 있는데, 문화사 부분만을 예로 든다면 과거에 비해 오히려 시대별로 문화재를 나열하는 식의 서술이 강화되었고,[11] 학생들이 더욱 지루해하고 흥미를 잃고 있다는 것이 현장의 목소리다. 교육 효과를 놓고 판단할 때 7차 교육과정의 분류사 체제에서 주제 중심 서술이 성공했다고 보기 어렵다. 또한 모든 것을 포함하고 다뤄야 하는 교육과정과 평가를 중시하는 학교 역사교육의 상황에 비추어보면, 주제 중심의 형식을 취하면서도 통사의 내용을 포괄하고자 하는 시도가 계속될 가능성도 높다. 이런 여러 가지 이유에서, 최근 주제별 역사서술로 치우치고 있는 현상은 어디에서 비롯되었고 무엇에 근거를 두고 있는 것인지 재고해보아야 할 것이다.

또 개정된 새로운 교육과정에 따르면 교과서 개발 방향을 교류 중심으로 한다고 하는데, 근대 이전 시기의 경우 동서 세계의 교류를 주요 테마로 삼아 세계사 교과서를 구성하기에는 그 실체와 내용이 상대적으로 미미하다. 즉 여러 지역 간의 교류 내용을 무엇으로 채울 것인가를 고심하지 않을 수 없다. 초기의 페니키아, 그리스인들의 해상무역이나 초원길, 비단길 등을 통한 교역을 언급하는 데에도 (내용이 지나치게 자세하거나 난해하지 않으려면) 한계가 있을 것이다. 같은 문명권 내에서의 교류 내지 경쟁은 많은 경우 자연발생적으로 일어났겠지만, 서로 다른 문명권 간의 교류, 특히 동서양을 넘나드는 교류는 몇몇 경우에 한정되어 있고, 근대 이후 시기에는 교류의 실상이 침략과 갈등, 이에 대한 대응의 양상이라고 할 수 있다. 만약 이 부분을 더욱 강조하고 확대하라는 요구라면 내용이 더욱 깊고 자세할 수밖에 없을 텐데, 이것이 과연 세계사를 좀 더 쉽게 그리고 흥미롭게 이해하는 데 도움이 될 것인가 하는 점은 의문이다.

만약 서로 다른 지역 간의 교류를 하나의 주제로 설정하여 적정한 학습분량으로 내용을 조직한다면, '교류와 상호관계의 세계사'라는 제목으로 고대부터 현대까지 하나의 단원으로 하여 상호의존도가 점점 확대되어왔음을 일목요연하게 정리할 수 있을 것이다. 하지만 이것을 세계사 교과서에서 전체적으로 그리고 모든 단원에서 비중 있게 다루라는 요구라면, 이를 효과적으로 반영하기란 쉽지 않을 것임을 누구나 예상할 수 있다.

그리고 상호교류사를 강조할수록 오히려 더욱 서구 중심적 시각에 함몰될 수 있는 위험성이 없는지도 검토해보아야 한다. 상호관련성의 역사나 교류를 강조하는 역사가 가져올 수 있는 은폐 혹은 다른 억압성에 대한 비판도 그 가운데 하나다.[12] 이에 대해 상호관련성의 개념을 폭넓게 적용하여 침략과 저항이라는 이분법적 구도를 넘어 다층적으로 역사를 바라보아야 한다는 재반론도 제기되었으나,[13] 이러한 관점의 전환만으로 실제 내용 구성의 문제가 해소될 것 같지는 않다. 한정된 주제를 중심으로 교과서를 편제한다면, 곳곳에서 내용의 치우침이나 중복이 불가피하고 시대성이나 역사성이 위축될 위험성도 있다. 만약 내용 중복을 피하려고 앞에서 전혀 학습하지 않은 국가나 개념을 갑자기 등장시켜 상호교류의 내용으로 서술한다면,[14] 세계사 교과서의 내용이 공간뿐 아니라 시간의 순서마저도 수시로 역행하며 넘나들 텐데 학생들이 이를 쉽게 이해할 수 있을지 염려스럽다.

전체적으로 보자면 새로운 교육과정을 편성하면서, ① 중고등학교가 서로 계열성을 가져야 하고, ② 고등학교에서 중학교 내용을 반복하지 않으면서 모든 시대의 모든 내용을 심화학습할 수는 없다는 전제에서 교역과 교류를 중심으로 하는 주제 중심 서술을 지향한 듯하다. 그러나 세계사에 대한 체계적인 지식이 없는 학생들에게 특정 '주제'를 중심으로, 시간과 공간을 마구 넘나드는 역사서술은 매우 어렵고 혼란스럽게 느껴질 수 있다.

결국 현재로서는 완전한 주제 중심 편성으로 통사 내용을 완벽히 배제하기란 어려운 상황이다. 교과서 집필자나 현장에서 평가(수능)와 교과서 검정기준 등을 고려하여 들어가야 할 내용은 어떻게든 다 포함할 가능성이 크다. 더구나 최근 개정에 따라 현실적으로 세계사가 선택과목으로서 동아시아사 혹은 사회과의 다른 선택과목과 경쟁을 하게 될 상황에서, 학생들이 세계사를 선택하게 할 수 있는 분량이나 내용 난이도에 따른 고려도 필요하다. 현재의 상태대로라면 내용을 체계적으로 이해하기가 더욱 어려울 수 있고, 다뤄야 할 분량도 적지 않은 상황이다. 만약 계열성을 확보(중학교와의 차별화)하기 위한 방안으로서 주제 중심이라는 대안을 선택한 것이라면, 다시한 번 시행착오의 과정을 거치게 될 가능성이 크다. 학생의 선택 비율 역시 이전보다 높아질 것이라고 기대하긴 어렵다.

교육과정 관계자나 역사교육 연구자의 역할이 역사교사와 역사를 공부하는 학생들을 위해 바람직한 역사이해의 방안을 연구하고 모색하는 일이라고 한다면, 특히 교과서 집필과 그 바탕이 되는 교육과정의 기본 방향에 관해 좀 더 본질적이고 현실적인 고민과 논의가 있어야 할 것이다. 이미 정해진 것을 그대로 인정하기에는 드러날 문제점과 여파가 만만치 않을 것으로 예상되기 때문이다.

3. 유럽사의 표준화와 목적화

그렇다면 현재의 교과서와 수업내용 속에서 유럽 중심의 역사를 어떻게 비판적으로 재검토할 수 있을까? 이를 위해서는 무엇보다 먼저 유럽중심주의가 우리 교과서에 어떻게 구현되고 있는지를 더 면밀하게 살펴보는 작업에서 출발해야 한다.

현재 고등학교 세계사 교과서는 역사를 시간의 흐름에 따라 서술하되, 아시아와 유럽의 역사를 교차하여 배치하는 방식을 취하고 있다.[15] 아시아 세계는 중국, 우리나라, 일본, 동남아시아, 인도, 서아시아를 아우르고, 유럽 세계는 서유럽과 동유럽을 포함한다. 이 같은 구성은 동일한 시기에 세계의 역사가 지역에 따라 어떻게 진행되었는가를 파악할 수 있게 도움을 주는 한편, 동서양 역사의 전개과정에서 나타나는 보편성과 차별성을 드러내는 역할을 한다.

서로 다른 조건과 환경 속에서 각 지역의 역사가 동일한 모습으로 전개되지 않았을 것이라는 점을 납득하기는 어렵지 않다. 문제가 되는 것은, 동일하지 않은 역사에 대한 해석과 가치판단의 적용방식이다. 모든 인간의 행위에는 본인이 자각하든 그렇지 않든, 그러한 행위를 하게 된 배경과 맥락은 물론 의도와 지향이 있으며, 이것은 모든 역사서술, 심지어 교과서의 서술에서도 마찬가지다. 다시 말해 역사가가 관점을 택할 수밖에 없음은 분명한 사실이고, 역사 교과서는 한 사회의 전형적인 지배담론을 반영할 수밖에 없다.[16] 따라서 교과서에 실린 내용을 이해하는 것은 물론이고, 서술의 출발점이 형성된 배경이나 그것을 관통하는 시각에 대해서도 검토가 필요하다. 이것을 문제삼지 않으면서 교과서에 실린 제목이나 문구만을 비판하는 일은 본말이 전도된 것이라 할 수 있다.

대단원 제목으로만 보았을 때 현재 사용되는 세계사 교과서는, 유럽과 비유럽의 역사를 비교하고 이를 통하여 현재의 세계가 지금과 같은 모습으로 존재하게 된 과정을 설명해내려고 하는 것처럼 보인다. 만약 세계사 교과서가 이러한 구도를 지향하게 된 배경을 알 수 있다면, 그리하여 교과서의 서술 뒤에 배경처럼 숨어 있던 전제들을 이해할 수 있다면, 교과서에 담겨 있는 해석과 가치판단에 대하여 비판적인 시각을 갖는 데 도움을 얻을 수 있다.

역사가들이 시각이나 관점을 갖고 역사를 서술한 것 자체가 문제되는 것은 아니다. 특정 지역의 역사를 서술하는 데 어느 정도의 지면을 할애할지 또 긍정적인 평가를 내릴지 아니면 부정적인 평가를 내릴지 결정하는 것은, 일종의 가치판단 또는 그에 따른 해석의 문제라 할 수 있다. 비판적으로 검토해야 할 것은, 교과서 서술이 완전히 가치중립적이지 못하다는 사실보다 특정한 시각을 수용하고 있는 방식이다. 역사서술의 시각이나 관점을 비판적으로 검토하는 일은 그러한 시각이 형성된 배경과 전제에 관한 점검에서 출발한다. 이러한 과정 없이 이미 형성된 시각의 가치편향성만을 비판하면서 모든 지역의 역사를 유럽사와 동위에 올려놓으려고 애쓰는 것은, 이미 유럽사에 관한 유럽인들의 시각을 움직일 수 없는 전제로 수용하고 이를 세계사로 확대·적용하는 것일 뿐이다.

단순히 유럽사를 축소하여 서술하거나 우리 역사 속에서 유럽사와 유사한 점을 찾아내는 것으로 유럽중심주의를 극복했다고 할 수는 없다. 더 근본적으로는 '극복'이라는 용어를 사용하는 것 자체에 대해서도 생각해보아야 한다. 유럽사를 극복의 대상으로 여기고 이를 넘어야 할 산으로 인식하는 쪽은 비유럽이다. 문제의 핵심은 유럽사가 다른 국가의 역사를 재단하고 판단하는 표준(model)이 되는데 있다. 비교의 표준이 유럽사로 설정되어 있는 예는 '봉건제'라는 용어의 사용에서 잘 드러난다. 현재 사용되고 있는 고등학교 세계사 교과서는 중국의 봉건제도를 설명하면서 계약관계를 기초로 한 서양 중세의 봉건제도와 달리 혈연적 관계를 기반으로 하였음을 강조하고 있다.[17] 이것은 서유럽 봉건제도에 관해 학습하기도 전에 중국 봉건제도가 유럽 봉건제와 어떻게 달랐는지를 비교하게 함으로써 중국의 봉건제를 특징짓도록 강요하는 측면이 있다.

이와 같이 서유럽의 봉건제(엄밀히 말해 이를 제도라 말할 수 있을까?)를 표준으로 놓고 이것을 '전형적인' 봉건제로 규정하고 보면,[18] 이와 다른 형태의 지방분권적 통치체제는 모두 '불완전한 봉건제'로 평가할 수밖에 없다.[19] 서유럽 역사 속에 나타난 특정한 상태를 '봉건제 사회'라고 명명한 뒤, 그것이 가장 전형적으로 나타난 곳이 서유럽이었다는 식의 서술은 불필요할 뿐 아니라 무모해 보이기까지 한다. 더욱이 서유럽을 제외한 다른 국가들의 역사 속에 나타난 이른바 '봉건적인' 통치체제가 대개 국가가 지방을 통치하기 위한 방식의 하나로 시행된 점을 고려한다면, 오히려 서유럽에서 나타난 봉건사회의 모습이야말로 예외적인 형태의 지방분권체제였다고 할 수 있다.

이상한 점은 이렇듯 유럽사를 기준으로 놓고 다른 나라의 역사를 평가하는 일이 너무나 당연하게 받아들여지고 있으며, 이처럼 유럽사가 기준이 된 까닭에 대한 질문이 제기되지 않는다는 것이다. 그동안 우리 학계는 같은 시간대에 유럽에서 안정된 중앙집권국가가 발전하지 못하고 혼란스러운 무정부 상태가 계속된 까닭에 대해서는 설득력 있게 분석해내려 하지 않았던 반면, 왜 우리가 유럽과 똑같은 모습의 역사를 갖지 못했는가를 질문으로 삼아 유사점을 발견해내거나, 유럽과는 다른 왕조국가의 본질을 규명하는 방식의 해명에 열중해왔다.

빈 웡(R. Bin Wong)은 중국을 유럽중심주의적 기준에 비추어 비교하는 것을 비판하면서, 그 반대의 비교(역비교)도 행해야 한다고 주장한다. 즉 중국이 왜 근대 과학을 발전시킬 수 없었는지를 물으려면, 그에 상응해서 왜 유럽은 훨씬 더 보편적인 곡창지대를 발전시키지 못했는가를 물어보아야 한다는 것이다.[20] 즉 비교의 불균형 자체가 문제의 본질인 셈이다.

유럽사를 기준으로 다른 나라의 역사를 판단하는 예를 찾는 일은 어렵지 않다. 가령 프랑스혁명은 말하자면 '가장 전형적인 시민혁명'

으로 평가된다. 따라서 프랑스혁명과 같이 구제도의 모순이 원인이 되어 시민계급의 주도로 사회구조의 변화를 초래하는 혁명은 '진정한 혁명'이고, 이와 다른 형태로 단순히 왕조만을 교체한 혁명은 '역성혁명'에 그칠 뿐이라는 설명도 종종 들을 수 있다.[21] 이때 진정한 시민혁명의 주도 세력은 프랑스혁명 같이 시민계급이어야 하므로, 동아시아 제국에서 고대로부터 발생해온 농민반란은 성공을 거두었다 하더라도 왕조 교체만을 가져왔을 뿐이므로 '시민혁명'이라고는 할 수 없다는 것이다. 따라서 프랑스와 유사한 '시민혁명'이 일어나지 않은 경우에는, 시민계급이 성장할 수 없었던 배경을 설명하거나, 시민과 유사한 어떤 계층의 성장을 부각시키기 위해 특별한 노력을 기울여야만 한다.

유럽중심주의적 역사서술이 갖는 또 다른 위험성은 유럽사의 전개과정 자체의 표준화로 인해, 유럽 역사 속에 나타난 일련의 과정이나 특징이 다른 모든 나라의 역사가 도달해야만 하는 지향 또는 목적으로 지정되었다는 사실이다. 일례로 한국 근현대사 교과서의 목차는 중단원 1의 제목이 '근대 사회의 태동'이고, 그 하위 주제로서 '상품화폐경제의 발달과 신분제의 동요', '민중의식의 성장과 실학의 대두'를 다루고 있다.[22] 이러한 제목에 나타난 집필자의 의도는 우리가 외세의 개입 없이도 독자적으로 '근대화'를 할 수 있었다는 점을 부각시키고자 하는 것이다.

아시아 세계의 여러 국가들이 독자적인 근대화를 이룰 수 있는 토대를 가지고 있었음을 강조하거나 자발적으로 추진된 근대화의 노력에 대해 높이 평가하려는 까닭은, 근대화야말로 우리가 도달해야만 하는 명백한 지향이고 목적이라는 전제를 받아들이고 있기 때문이다. 그리고 교과서가 말하는 근대화는 (많은 논란이 있음에도)[23] 서구화에 가까운 개념임을 부정할 수 없고, 유럽의 근대 시기에 나타난 모습들, 예를 들어 피지배계층의 성장, 의회정치의 발전, 자본주의의 성장 등으로 특징지어지는 개념임을 부정할 수 없다. 따라서 유럽의 근대와 유사한 모습에 근접할수록 성공적인 근대화로 평가받고, 일본이 아시아 국가로서 유일하게 근대화에 성공한 국가로 언급되기도 한다. 반면 유럽과 유사한 모습의 근대화가 목적화된 계기나 까닭에 관해서는 충분한 설명을 찾기 어렵다. 더구나 서구와 같이 넓은 식민지를 소유한 부유한 국가가 되기 위해 의회정치나 자본주의가 필수불가결한 조건이 된 까닭에 대해서는, 결과론적으로 그들이 그러했기 때문이라는 설명 이상의 논리적인 답변은 찾아보기 어렵다. 나타난 결과에 따라 부득이 원인으로 설정된 많은 현상들이 이른바 근대화를 특징짓는 조건으로 부상하는 데에 별다른 이의가 제기되지 않은 것은 물론이다. 그리고 이와 다른 방식으로 근대화를 이룬 경우에 대해서는 다분히 비판적인 분석과 해명이 뒤따랐다.[24]

유럽중심주의가 극복의 대상이고 그것이 단기간에 해결될 수 없다는 사실에 많은 연구자들이 동의하고 있다. 그 극복의 방법으로 자본주의가 유럽에서만 발달한 것이 아님을 보여주는 연구 성과들도 발표되었다.[25] 중국 명 · 청대의 전통 사회나 우리나라 조선 후기의 모습 속에서 자본주의 맹아를 찾으려는 노력도 이미 상당한 성과를 거두었다.[26] 그러나 아직까지 시민계급의 성장이나 의회제도의 등장, 자본주의의 발전이 왜 근대화의 절대적인 조건이 되었고, 역사 발전의 유일한 지향점이 되었는지에 관하여 주목하는 경우는 찾아보기 어렵다.

이것은 서유럽의 일정 시기에 나타난 지방분권적인 사회상을 '봉건제 사회' 혹은 '중세 사회'로 규정하고, 가장 전형적인 봉건제 사회 혹은 가장 전형적인 중세의 모습은 서유럽에서만 나타났다는 식의 서술과 다르지 않다. 서유럽의 특정 시기의 모습을 근대로 규정하고 이를 기준으로 근대화의 성패를 논한다면, 가장 성공적인 근대의 모습은 당연히 서유럽에서 나타나게 되고, 비유럽 국가나 나아가 동유럽의 국가들조차도 결코 완전한 중세 또는 성공적인 근대에 다다를 수 없다.

4. 해명주체로서의 비유럽

비유럽의 역사가 유럽사와 동일한 단계나 양상으로 전개되지 않은 배경에 대한 해명은 다양하지만, 이것이 해명의 객체로 등장하게 된 배경에 관하여 주목하는 일은 적었다. 반면 비유럽 국가의 역사가들은 유럽사와 다른 모습의 역사를 갖게 된 연유들을 찾아내고, 이를 해명하는 해설가로서의 역할을 기꺼이 담당했다. 곧이어 유럽사를 따라잡고자 하는 노력들이 뒤따랐고, 이러한 노력은 크게 두 가지 방향으로 진행되었다. 유럽사와의 유사점을 발굴하여 이를 부각시키는 것과 비유럽이 유럽과 같을 수 없었던 원인을 나름대로 설득력 있게 제시하는 것이었다. 이러한 노력들은 특히 근대 이후 비유럽 국가들의 '개혁운동'에 대한 한계와 의의를 지적하는 서술에서 분명하게 드러난다.

일례로 갑신정변은 최초의 근대적 개혁이었으나 민중의 지지를 얻지 못한 급진성으로 인해 실패했고, 동학농민운동은 근대 국가를 수립하기 위한 구체적인 방안을 제시하지 못한 한계가 있었다는 등, 거의 모든 개혁에서 그 실패 원인과 한계에 대한 분석이 등장하고 있다. 유럽과 같이 되기 위한 개혁을 시도하였으나, 외세의 개입 말고도 개혁의 주도 세력이 근본적으로 가진 내재적 한계가 있었다는 것이다.

이러한 서술방향은 한국 근현대사의 경우에만 국한된 것은 아니다. 중국의 경우에 양무운동은 '중체서용'이라는 한계를 가지고 있었기 때문에 실패로 돌아갔고, 변법자강운동은 이러한 '한계를 극복'하고 서양의 사상과 제도까지도 적극적으로 수용하고자 했으나 보수적인 서태후가 무술정변을 일으켜 실패하였다는 서술 역시 비유럽의 개혁이 실패할 수밖에 없었던 원인을 설득력 있게 제시하기 위한 노력의 사례라 할 수 있다. 여기에는 암묵적으로 서양의 과학기술만이 아닌 사상과 제도까지 적극적으로 수용하였더라면 중국이 근대화에 성공하여 중국의 처지가 지금보다 나아졌을 것이라는 추측까지 담겨 있는 듯한 인상마저 준다. 반면 일본의 메이지유신은 국왕 중심의 군국주의적 개혁이었음에도 성공한 개혁이므로, 개혁 내용에 대한 서술 외에 그 한계를 분석하려는 시도는 찾아볼 수 없다.

이처럼 비유럽 국가들이 추진한 이른바 근대적 개혁들의 한계에 관한 논의는 좀 더 근본적인 원인을 알아야 한다는 명분 하에 내재적인 측면에서 진행되는 경우가 대부분이다. 이러한 내재적인 한계는 때로 그 사회가 안고 있던 근본적이고 구조적인 문제에서, 또는 전제왕권에 의해 통치되는 왕조국가가 내포할 수밖에 없는 굴레에서 비롯된 것으로 지적되기도 한다. 그렇다면 과연 양무운동이 중체서용이라는 한계 때문에 의회정치를 채택하지 않아서 실패하였다고 할 수 있는가? 그렇다면 메이지유신이 성공한 계기는 입헌군주제를 채택했기 때문인가?

비서구의 역사는 분명 '왕조사'가 대부분이다. 그리고 하나의 왕조가 멸망하고 다른 왕조로 교체되는 식의 역사는 발전이라기보다 순환의 개념에 가까운 것으로 파악되기도 한다. 민란에 의한 왕조 교체는 사회구조를 바꾸는 진정한 혁명으로 이어지지 못하고 단순한 역성혁명으로 아쉽게 끝난 반면, 유럽은 민주주의와 자본주의가 발전하기 좋은 토대를 가지고 있었고 이를 '아래로부터' 일어난 자연스러운 변화를 통해 성장시킬 수 있었다는 해석이 별다른 이의 없이 받아들여지는 것이다. 이 과정에서 일찍이 고도로 발달한 관료제와 군사 및 행정제도 같은 완숙된 지배체제를 갖추고 중앙집권국가로 발전한 비유럽 왕조국가의 모습을 같은 시기 유럽과 비교하는 경우는 드물다. 그러나 대부분의 역사가 발전하는 과정에서 중앙집권적 체제의 정비는 역사 발전을 저해하는 조건이 아니고, 유럽 역시 역사의 발전과정에서 추구한 바였다. 다만 유럽은 이러한 중앙집권국가를 성립하기에 적합하지 않은 조건들이 있었고, 메로빙거 왕조(Merovingian dynasty)의 성립이나 샤를마뉴(Charlemagne)에 의한 일시적 통일 역시 외적의 침입과 내분 등으로 말미암아 중앙집권국가의 발전으로 이어지지 못했으며, 분권적 체제의 확산과 이에 따른 혼란 상태가 계속되었다.

왜 이런 차이가 발생하였는가에 대해 그 대답을 구하는 것은 역사가가 담당해야 할 몫이다. 그러나 질문에 대한 답을 구하기 전에 질문의 의도와 배경을 탐색하고, 이를 질문의 주체와 피질문자의 위치에 비추어 생각해볼 필요가 있다. 또한 필요하다면 질문자와 피질문자의 위치를 서로 바꿔볼 수도 있다. 피질문자가 질문자의 입장에서 대답을 구하게 함으로써 질문의 전제로 설정된 많은 제한들을 더 폭넓게 검토할 수 있기 때문이다.

이미 던져진 질문에 대하여 새로운 대답을 구하는 것만으로는 유럽중심주의를 극복할 수 없다. 주어진 전제에 대한 고려 없이 해답만 찾으려는 노력은 결과론으로서의 현재에 충실하다는 평가를 들을 수는 있겠으나, 과거의 진실에 근접하고자 하는 노력으로는 부족하다.

5. 맺음말

우리나라에서도 유럽 중심의 세계사를 개선하거나 극복하려는 노력이 점차 활발해지고 있다. 몇몇 연구자들은 새로운 세계사의 내용을 구성하기 위해 상호관련성, 문화권 중심 접근, 문화교류사, 지구사적 접근 등의 방안을 제시하고 있다. 지금과 같이 세계가 서로 긴밀하게 연관되어 움직이는 시대에 세계 각 지역과 문명을 아우르는 통합적 역사, 혹은 전체사로서의 세계사에 대한 이해를 추구하는 경향은 나쁘지 않다. 그러나 현재의 추세를 반영한다거나 당면 과제의 해결을 목표로 과거 전체를 재편성하는 작업에 관해서는 그 긍정적·부정적 영향에 대해 더욱 신중하게 검토해야 한다.

주제를 중심으로 세계사의 내용과 서술을 재구성하는 것 또는 상호교류를 주요 테마로 삼아 세계사를 새롭게 서술하는 것에는 현실적인 한계가 있으며 부작용도 적지 않다. 무엇보다 이렇게 내용을 재편성하는 작업이 성공적으로 끝났다 하더라도, 유럽중심주의의 해소라는 목표에 별로 다가서지 못할 수도 있다. 그 주된 이유는 그동안 우리의 역사서술 시각과 교과서 서술에서 표면에 드러난 부분에만 주목하고 이를 시정 내지 극복하는 데에만 치중해왔을 뿐, 보이지 않는 전제 또는 배경으로서 그리고 표준 또는 목적으로서 작용하는 유럽중심주의에 대해서는 자각조차 하지 못하고 있었기 때문이다.

만약 기왕의 세계사 서술이 이미 유럽사를 표준에 놓고 비유럽의 역사를 재단해온 것이라면, 이렇게 정의되고 해석된 세계사를 분석하고 그 대안을 찾는 것이 더욱 시급하고 중요한 과제이다. 이를 위해서는 무엇보다도 비유럽의 역사에서 유럽사와의 유사성을 찾으려고 노력하거나, 유럽사와의 차이점을 결과론적으로 설명·분석하는 방식의 서술을 바꾸어야 한다. 그보다 서로 다른 지역의 역사는 자연환경 등 여러 조건들 속에서 다른 모습으로 전개되는 것이 당연하다는 사실을 이해하고, 현재를 설명하고자 과거를 목적론적 수단으로 삼는 태도를 지양해야 한다. 현재의 모든 문제에 대한 책임을 과거에 돌리고 이러한 각도에서 내재적이고 뿌리 깊은 연원을 찾으려하는 태도는, 자국사 중심주의를 벗어나는 선구적인 자세가 아니며 뛰어난 객관성이나 비판정신의 표출도 아니다. 이것은 유럽중심주의를 우리 스스로 확대하는 것이다.

이 글에서 필자는 유럽 중심적인 교과서 서술을 전면적으로 뜯어고치자고 주장하는 것이 아니다. 강조하고 싶은 것은, 만약 교과서 서술이 세계가 이러한 모습으로 존재하게 된 까닭에 대해 특정한 시각과 관점에서 본 설명 또는 해답을 탐구하는 방식으로 쓰여 있다면, 학생들에게 이러한 서술의 배경과 출발점에 관하여 알려줄 필요가 있다는 것이다. 서술의 배경과 출발점을 아는 것은, 질문의 배경을 이해하는 데 도움을 주고, 그 질문에 대한 대답의 적절성을 판단하는 자신의 안목을 길러줄 수 있다. 학생들은 질문의 주체와 객체를 파악해보는 과정을 통해 나와 타자에 대해 인식하는 방법을 스스로 검토해볼 수 있을 것이다. 나아가 스스로 다양한 입장에 서서 질문과 대답을 구하는 과정에서 역사에 관한 다양한 시각이 있을 수 있음을 알게 되고, 나와 타자에 관해 폭넓은 인식 역시 습득할 수 있을 것으로 기대된다.

■ 이 글은 기미지마 가쓰히코(君島和彦) 엮음, 《역사교육에서 '사회과'로―현장에서의 물음(歴史教育から〈社會科〉へ―現場からの問リ)》(東京堂出版, 2011)에 실린 동일 제목 논문의 한국어본입니다.

3부

역사적 사고와
역사화

1장

역사학습에서 인지발달에 관한
몇 가지 문제

1. 머리말

수업에서 가르칠 내용을 학생들이 이해하기 쉽게 하려면 학생의 사고방식과 수준을 고려해야 한다. 이는 역사학습에서 더욱 필요하다. 왜냐하면 역사수업에서는 대부분 학생들이 직접 경험할 수 없는 과거 인간의 의도와 행위 그리고 그에 대한 역사가의 해석을 학습내용으로 다루기 때문이다. 이러한 배경에서 학생의 역사적 사고를 규명하려는 여러 노력이 계속되었다. 그중에서 특히 주목할 만한 것이, 역사교과에서 피아제(J. Piaget, 1896~1980)의 인지발달론을 학생의 사고에 적용해보는 것이었다. 이러한 연구에 따르면, 역사학습에는 수학이나 과학에서와 같이 형식적 조작 단계의 사고가 필요하며, 학생들이 이러한 수준에 이르는 시기는 위의 교과보다 뒤늦은 16세 전후라고 한다. 역사교육의 측면에서 이러한 연구 결과는 교육내용

구성 상의 상당한 제약으로 작용하였다. 즉 역사해석과 인과관계 같은 역사학습의 핵심 부분은 학생들의 논리적·추상적 사고를 필요로 하므로 초등학교, 중학교 수준에서는 교육내용으로 부적당하게 된다. 이에 대해 피아제 이론 적용의 타당성을 비판하고 역사학습의 가능성과 필요성을 주장하는 반론이 전개되었다. 또한 이러한 이론 틀에서 벗어나 새로운 시각에서 학생의 이해를 조명해보려는 연구도 등장하였다.

피아제의 인지발달론이 역사학습에 어떻게 적용되었고, 그 이론의 핵심은 무엇이며, 그에 대한 반론은 어떻게 전개되었는가? 이러한 논쟁이 학생의 역사이해나 역사적 사고를 규명하는 데 어떠한 공헌을 하였는가? 역사이해에 관한 좀 더 새로운 접근에서 부각된 내러티브와 구성주의 학습이론의 문제는 무엇이며 향후 추진되어야 할 연구의 방향은 어떠한가?

이 글은 이러한 질문에 대한 답변을 통해 역사학습의 심리적 기초와 관계된 여러 이론에 대한 이해를 심화시키는 한편, 이 부분의 실증적인 후속 연구를 촉발하고 안내하기 위한 것이다. 이러한 작업이 궁극적으로 역사교육과정과 교수방법 개발의 이론적 기반으로 이어질 수 있기를 기대한다.

2. 역사학습과 피아제의 인지발달론

1) 피아제의 인지발달론

피아제는 여러 학문 분야에서 60년에 걸쳐 80여 편의 저서를 저술·편집하고 500여 편의 보고서와 논문을 기고한 대학자다. 인지발달에 대한 피아제의 주장을 짧게 요약한다면, 지적 발달은 새로운 지식의 구성으로 표시되는 평형적인 변화를 통해 일어나며 따라서 성, 학교교육, 사회계층과 같은 선행변수와 별개로 연구될 수 있는 독자적인 과정이라는 것이다. 즉 그는 지식구성의 내재적, 본원적 측면을 규명하려 했다.

피아제의 이론은 엄격히 말해서 심리학이 아니라 경험적인 근거에 입각한 인식론이다. 이 이론의 궁극적인 목적은 지식에 대한 과학적 이론을 확립하는 것이었다. 다시 말해 그는 철학적 인식론의 문제인 '지식이란 무엇인가' 하는 물음을 지식이란 어떻게 성장하는가 하는 경험론적인 문제로 변환하였다. 즉 성인들의 사고과정을 이해하려면 이 과정이 어떻게 발생하고 발달하였는가를 이해해야만 한다고 보았다. 이런 의미에서 그의 이론을 발생론적 인식론이라 부르기도 한다.

그의 이론은 사고의 질적 차이에 주목한다. 어린이의 사고는 성인의 사고와 같지 않다. 발달은 단순히 양적인 계속이 아니라 질적인 재구조화의 연속으로 일어난다. 여기에는 정해진 순서가 있는데, 각 단계는 다음 단계 형성에 필수적이다. 세 가지 발달단계는 ① 주로 표상을 통해서 문제를 해결하고 자기중심적 사고와 언어를 구사하는 전조작기, ② 논리적 조작이 발달하여 구체적 문제에 적용하고 가역적 사고도 행할 수 있으나 복잡한 언어 문제와 가설적 문제를 해결하지는 못하는 구체적 조작기, ③ 인지구조의 성숙 단계로서 모든 형태의 문제를 논리적으로 해결하고 가설적 사고도 수행할 수 있는 형식적 조작기이다.

발달은 갑작스러운 도약으로 이루어지지 않는다. 한 단계에서 다른 단계로 옮아가는 데 일련의 연속적인 소단계를 거치게 되고, 이러한 소단계에서의 발달은 동화와 조절을 통해 일어난다. 유기체는 대상을 인식하기 위한 도식을 가지고 있는데, 이 도식이란 개인이 환경에 적응하면서 환경을 인지적, 정신적으로 조직하는 구조로서, 새로운 문제에 봉착한 유기체는 원래 가지고 있던 구조를 조절하거나 수정해서 그것을 인식하거나 혹은 새로운 요소들을 기존의 구조에 동화시킨다. 피아제는 이처럼 모든 활동에서 수행되는 동화와 조절의 계속적인 상호작용을 '적응'이라고 불렀다.

피아제의 이론은 교육에 꾸준히 적용되어왔으며, 이로써 그의 이론은 교육이라는 분야를 통해서 세계적으로 관심의 대상이 되었다. 여기에는 여러 이유가 있다. 첫째, 피아제 본인이 여러 차례 사회적 경험이 지적 발달에 필수요인이며 교육이 사회적 경험의 주된 형태 가운데 하나라고 주장했기 때문이다. 둘째, 피아제가 본인 작업의 교육적 의미를 언급하면서 그 이론의 교육적인 적용을 고무하였고, 셋째, 학교학습, 특히 과학과 수학이 이 분야의 지식발달에 특별히 관련되는 그의 이론 영역에 맞아떨어질 뿐 아니라, 넷째, 교육의 두 가지 의미라 할 수 있는 사회경험과 학교학습을 연결하는 일종의 통합된 설명을 얻으려 했기 때문이다.[1]

이러한 피아제 이론의 교육적 적용에 대한 태도는 크게 세 가지로 구분될 수 있다. 첫째는 지적 발달의 심리학적 설명에 중요한 교육적 의미가 담겨 있다고 가정하려는 태도이며, 둘째는 피아제가 교육에 대해 별 관심을 갖지 않았으며 그의 연구 또한 교육적으로 적용될 만한 것이 없다는 태도이다. 마지막으로 그의 이론이 교육에 관한 특정한 결론을 도출할 수 있는 수단을 제공하지는 않으나, 만약 교육에 적용된다면 별도의 보충을 요한다고 보는, 즉 피아제의 연구를 참조할 수는 있지만 교육적 관련성이 평가되기 전에 고려되어야 할 요소가 많이 남아 있다는 태도이다.[2] 뒤에서 살펴볼 바와 같이 이러한 차이점은 역사학습에서 피아제의 이론을 적용하는 데에서도 유사하게 나타난다.

2) 역사학습에서 피아제 이론의 적용과 비판

1960년대에 들어 피아제의 인지발달론을 사회과 교육이나 역사교육에 적용하려는 연구가 활발하게 진행되었다. 미국에서 이러한 움직임은 교육에 대한 태도의 변화, 특히 신교육과정과 깊은 관련을 가지고 있다. 당시 미국 심리학을 주도하던 연합주의와 학습이론, 그리고 지능의 양적 측정에 대한 연구 등이 1957년 소련의 스푸트니크 호 발사로 초래된 미국 교육의 관심사 변화와 요구를 충족시키지 못하던 상황에서, 많은 교육자들이 학생의 지적 능력을 높여야 하는 과제를 추진하는 데 실질적인 도구가 될 만한 이론을 찾고 있었다. 그들에게 피아제 이론은 매우 매력적이었다. 특히 진보주의 교육의 퇴조와 더불어 부상하기 시작한 이른바 학문 중심 교육과정이라는 교육과정 개혁운동의 이론틀을 제공한 것이라 할 수 있는 브루너(J. Bruner)의 나선형 교육과정 개념이나, 어떤 교과의 구조라도 지적으로 정직한 형태로 어떤 연령의 아동에게라도 가르칠 수 있다[3]는 아이디어는 피아제의 발달이론과 연결된다. 아동에게 제시되는 교육의 형식은 아동의 능력 및 사고방식에 적합해야 하는데, 이 발달단계를 규정하기 위한 틀로 피아제의 이론이 원용되는 것이다.

비슷한 시기에 시작된 역사학습에서의 사고발달에 관한 논의도 피아제의 인지발달론에 토대를 두고 있다. 1960년대를 전후하여 특히 영국을 중심으로 필(E. A. Peel)과 할람(R. N. Hallam)이 피아제의 인지발달론을 역사적 사고에 적용한, 이른바 '피아제-필-할람(Piaget-

Peel-Hallam) 모델'이라고 하는 역사적 사고의 발달단계론이 성립되었다.

이러한 시도의 선구적 인물이라 할 수 있는 필이 피아제의 인지발달론을 역사교육에 적용해 역사적 사고의 개념을 체계화하였다. 피아제의 이론을 받아들여 필은 역사적 사고를 분류하고 계열화하는 문제에 대해 역사적 사고의 발전에는 단계가 있으며, 피아제가 말하는 사고의 단계가 역사에서도 나타난다고 주장하였다.[4]

필은 기술(description)과 설명(explanation)을 구분하고 있는데, 기술이란 이전에 혹은 별도로 획득된 경험이나 개념에 대한 참조 없이 단지 개별 사건이나 현상의 부분을 서로 관련짓는 것으로 추론이나 일반화를 하는 데에는 이르지 못한 것이다. 반면에 설명이란 직접적 경험뿐 아니라 일반화나 추론을 통해 사건의 세세한 부분이나 인과관계를 논리적으로 파악하고 상황에 영향을 줄 수 있는 여러 가능성을 고려하는 것을 의미한다.[5] 설명이란 '왜 이렇게 되었는가? 개념적 기초는 무엇인가? 그것의 예는 무엇인가? 그것은 어떤 상황에 적합한가?'라는 질문에 대답하는 것으로, 이러한 설명적 사고가 역사이해의 본질이라는 것이다.[6] 필에 따르면, 과거 인간 행위의 상황과 결과를 분석, 해석, 비판, 평가하는 과정에서 학생의 경험과 개념에 비추어 유추를 수행할 수 있는 설명적 사고의 능력은 성숙에 따라 결정되는 것으로, 초기 혹은 중기 청소년기에 이르러서야 가능하다.[7] 피아제의 인지발달단계로 보면, 기술이란 구체적 사고의 양상이라 할 수 있으며 설명적 사고는 형식적 사고에 해당한다고 할 수 있다.[8]

필의 이론은 피아제가 말하는 사고의 단계를 기술과 설명이라는, 역사학에서 자주 사용되는 개념을 통해 체계화함으로써 역사적 사고에 대한 연구에 크게 기여한 것으로 평가되며, 실제로 이후 많은

연구들이 필의 이론을 받아들였다.[9]

할람은 1960년대 후반에 학생의 역사적 사고 발달단계를 분석하고자 본격적인 조사연구를 수행하였다. 11세에서 16세에 이르는 1백 명의 학생을 대상으로 세 가지 역사적 사건, 즉 '메리 튜더(Mary Tudor)', '노르만의 잉글랜드 정복', '아일랜드와 내전'에 관한 자료문장을 제시하고 한 자료 당 10문항씩 질문한 다음, 그에 대한 학생의 응답을 피아제의 인지발달단계에 맞춰 분석하였다. 복잡하고도 다양한 통계분석을 통하여 할람은 다음과 같은 두 가지 연구 결과를 발표하였다. 첫째, 피아제가 아동의 사고를 구분하는 데 사용한 반응의 형태는 역사 문제에 대한 중등학교 학생의 반응에서도 나타난다. 둘째, 일반적으로 학생들은 역사 문항에 대하여 기대한 것보다 낮은 수준에서 추론하며, 대부분 12세가 되어야 구체적 조작 단계에, 그리고 16.2~16.6세가 되어야 형식적 조작 단계에 도달하게 된다. 즉 할람은 이 연구를 통해, 기본적으로 역사학습을 할 때 학생에게 필요한 사고는 수학과 과학 같은 가설연역적 사고이고, 형식적 사고라 부른 이러한 사고는 다른 교과보다 역사학습에서는 지체된다고 주장했다.[10]

할람은 1970년대 후반에 이전의 연구 결과를 발전시킨 새로운 실험연구를 실시하였다. 이 연구에서 그의 관심은 과연 학습을 통해 역사교과에서 논리적 사고의 발달을 앞당길 수 있는가 하는 것이었다. 이에 대해 할람은 첫째, 초등학생의 경우 질문과 문제 상황 제기 등을 이용한 교사 주도의 새로운 교수방법이 사고 수준을 개선할 수 있는 가능성은 있으나, 기본 사료 취급에서 피아제가 중시한 학생의 자발적 행위가 인지구조의 수준에 변화를 초래할 수 있는가를 확인하려면 추후 실험연구가 필요하고, 둘째로 중등학생의 경우에 새로운 교수방법이 별 효과가 없어서 통제집단에 비해 실험집단에 의미 있는 변화가 보이지 않는다고 주장하였다.[11]

피아제 이론에 입각한 다른 연구들도 할람의 연구 결과를 뒷받침하고 있다. 스톡스(A. B. G. Stokes)와 로드윅(A. R. Lodwick) 그리고 다른 사람들의 연구에 의하면, 다른 과목보다 역사에서 가설에 입각해 연역적으로 사고하는 것이 더 어렵다는 결론을 내렸다.[12] 또한 콜담(J. B. Coltham)은 6개의 역사용어에 대한 반응을 조사한 결과, 아동들이 단지 2개의 용어를 구체적 수준에서 처리하고 있을 뿐 형식적 수준에서 반응한 것은 없다고 밝히고 있다.[13] 이 밖에도 이후 20편이 넘는 관련 논문들이 피아제의 이론에 따라 역사적 사고를 규명하려는 노력을 전개하였다.

역사학습에서 피아제-필-할람 모델은 학교에서 역사교육의 필요성과 유용성을 주장해온 역사교육 관계자들에게 매우 당혹스러운 것이었다. 만약 대부분의 학생들이 16세 이전에는 가설연역적 사고나 추상적 사고를 수행할 수 없다면, 역사를 가르치는 것을 포기해야 한다는 것인가? 그렇지 않으면 어떠한 역사를 가르쳐야 한다는 것인가? 이러한 점에 착안하여, 할람처럼 피아제의 인지구조론을 역사학습에 적용한 연구에 대한 반론이 다양한 각도에서 진행되었다.

이에 대해 저드(M. F. Jurd)는, 가설연역적 법칙이 역사에서의 형식적 사고를 측정하는 데 이용될 수 없고 역사에서 증거는 과학적 자료와 동일하게 취급될 수 없다고 주장하였다.[14] 또한 콜리스(K. F. Collis)와 빅스(J. B. Biggs)는 역사적 사고에서의 발달단계라는 개념과 역사지식의 성격을 통합하려고 노력하였다. 그들은 수학이나 과학 같은 교과의 '닫힌' 구조에 비해 역사는 '열린' 구조를 가지고 있다고 보았으며, 학교에서 역사교육의 기능이란 개인의 판단과 경험에 의해서 과거를 해석하는 것이라는 데 주목하였다. 이러한 접근은, 역사가가 객관적인 관찰자로서 '사실'을 종합하여 실제 있었던 '진실 (truth)'의 상을 만든다는 과학적 역사의 관점과는 다른 것이다. 따라서 학생이 역사사건에 관련된 질문을 다루는 데에는 개별적인 대답을 하는 것이 오히려 바람직하며, 이른바 정답이란 것은 없다고도 할 수 있다.[15]

그러나 이들은 학생이 역사자료를 다루는 능력에 관해 역사적 사고에는 발달단계가 있고 피아제 이론에 따른 사고의 발달에 근거하여 학습경험을 조직할 수 있다고 주장함으로써, 피아제가 제시한 발달단계가 역사적 사고의 발달에도 적용된다는 할람의 견해에 동조하고 있다. 즉 이런 연구들은 공통적으로 인지구조에 대한 피아제의 개념이, 학생들이 역사자료에 대해 생각하는 방식의 주된 결정 요소라는 전제에 근거를 두고 있다. 이런 점에서 피아제-필-할람 이론에 대한 본격적이고도 근원적인 비판은 아마도 부스(M. B. Booth)로부터 시작되었다고 할 수 있다.

부스는 할람의 연구를 예로 들어 피아제류의 연구를 강도 높게 비판했다. 그는 할람이 역사적 사고에 대해 지나치게 편협한 시각을 가지고 있다고 지적하면서, 역사적 사고의 논리는 피아제-필-할람 모델이 전제하듯 가설연역적인 것이 아니며, 역사는 "과거에 대해 가장 믿을 만한 설명을 언어로 재창조하는 것을 목표"로 하므로 오히려 그것은 피셔(D. H. Fischer)가 지적한 대로 '인증적인(adductive)' 것이라고 주장하였다. 인증적 사고란 관련된 사건의 공통 부분을 연결하고 상상의 망을 형성하는 것이다. 그러므로 자연과학과 다른 역사의 특수한 지식 형태와 관련해서 아동들의 사고를 분석하는 연구가 필요하다는 것이다.[16]

부스는 할람이 학생들의 학교학습과 별 관련 없는 짧은 역사서술 문장을 사용한 점과 질문의 타당성, 즉 질문이 과연 역사적 사고를 측정하는 데 적합한 것이었는지에 대한 방법론 상의 오류를 지적하였다. 또한 역사적 사고의 기능을 촉진하는 것에 부정적인 입장을 보였던 할람의 주장에 대해서도, 효율적인 교수방법을 거친다면 역사학습에서도 학생들이 추상적으로 생각하는 능력이 뚜렷하게 증진될 수 있다고 강조하였다.[17]

부스의 주장을 요약한다면, 14~16세의 학생들은 인증적으로 사고할 수 있으며, 역사를 학습함으로써 인지적 · 정의적 사고를 증진시킬 수 있고, 학습에서 중요한 것은 성숙이 아니라 교수방법 및 교수내용이라는 것이다. 사실 부스의 작업은 방법론, 역사적 사고의 본질, 역사학습에 의한 가속화의 문제, 역사적 사고의 연령 구분 문제 등 피아제-필-할람 모델에 대한 가능한 비판의 영역을 모두 구사하고 있다.

인지심리학의 일부에서도 피아제식 접근에 대해 의문을 제기하고 있다. 파스쿠알-레온(J. Pascual-Leone)은, 사고의 질에 영향을 주는 정보를 처리하기 위해 학생들에게 필요한 것은 구조적 신체능력이라고 주장하였다. 컴퓨터가 보통 한 번에 처리할 수 있는 정보의 양에 한계가 있듯이 인간의 인지능력에도 유사한 한계가 있다는 것이다. 그는 이를 M공간(M space)이라 명명했는데, 이것은 개인에게 주어진 정보를 처리하는 역량을 뜻하는 것으로서, 컴퓨터의 기종 혹은 응용프로그램에 따라 정보의 처리능력에 차이가 나듯이 개인이 동시에 처리할 수 있는 정보의 양에도 차이가 있다는 것이다. 그는 이 개념을 이용하여 피아제식의 발달단계를 '정보처리능력(information processing capacity)'이라는 개념으로 재규정하였다.[18]

역사학습에서 정보처리능력의 개념은 케네디(J. K. Kennedy)의 연구로 구체화되었다. 케네디의 연구 목적은 정보처리능력과 역사이해 수준 사이의 관련성을 검토하는 것이었다. 조사 결과에 따르면 역사이해는 피아제식의 발달단계보다 정보처리능력과 관련이 있는 것으로 나타났다. 이는 정보처리능력이라는 것이 피아제의 개념에서처럼 발달하는 것이 아니라는 것을 의미한다. 또한 역사이해가 정보처리능력과 상관관계가 높다는 것은 역사이해가 발달구조물이 아니라는 주장에 부합한다. 이에 의거하여 케네디는 역사이해와 발달단계의 측정대상이 서로 다른 것일지도 모른다고 주장하였다. 역사이해는 정보처리능력과 의미 있는 상관관계가 있으며, 피아제식의 발달단계라는 개념으로 설명하기에는 부적절하다는 것이다.[19]

이러한 논쟁이 전개되는 가운데 피아제 이론을 비롯한 심리학의 연구는 교육에 별 쓸모가 없다는 과감한 주장도 등장하였다.[20] 이러한 입장에서는 역사적인 개념이 결여된 초등학생에게 역사수업이 적절하지 못하다는 주장을 배격한다. 더불어 아동들에게 보통 기본적인 역사 개념이 부족하지만 교육적인 입장에서는 역사지식이 매우 중요하므로, 피아제류의 심리학 연구가 밝힌 대로 아동들의 개념적 한계를 고려하여 가능한 한 많은 역사를 가르치자는 입장, 즉 개념발달규범에 대한 피아제류의 주장과 교육적으로 바람직한 것을 조종하자는 견해도 거부한다. 이건(K. Egan)과 같이 이러한 입장을 지지하는 사람들은 어렵더라도 필요한 개념에 대해서는 가르치는 방법을 고안해야 한다고 본다. 당장은 이해가 되지 않는 역사용어나 개념도 가르쳐주면 아동들은 결국 그 의미를 파악할 수 있다. 더 나아가 아동들은 동화나 신화에 자주 등장하는 선과 악, 사랑과 미움, 용기와 비겁과 같은 대비적 개념을 이용하여 상상을 통해 과거 사건에 대한 이야기를 이해할 수 있다는 것이다. 이건에 따르면, 역사와 별 관련이 없는 가정, 이웃, 지역사회 등의 개념의 확대를 고려하여 작성된 '환경 확대(expanding horizon)' 접근의 사회과 교육과정은 난센스일 뿐이다. 이들은 가르치는 교과 자체의 논리를 중시하며, 적절한 교수기술만 마련된다면 아동들에게 언제 어떤 개념이라도 가르칠 수 있다고 생각한다.[21]

3) 논쟁의 공헌과 한계

피아제의 인지발달론을 역사학습에 본격적으로 적용한 할람의 연구는, 연구내용과 방법론적인 측면에서 이전의 역사학습에 대한 논의와 구별되는 특징을 가지고 있다. 그는 심리학의 계량적이고도 정교한 방법론을 이용하여 주로 가치론적이며 이론적인 역사교육 분야에 학생을 대상으로 한 실험·조사연구의 예를 제시하였다. 이는 역사교육 연구에 좀 더 '과학적인' 모습을 도입한 것이라고 할 수 있으며, 바야흐로 주로 가치론적인 차원의 역사교육 논쟁을 실증적이며 계량적인 차원의 문제로 전환하는 역할을 하였다. 예를 들어 왜 역사를 가르쳐야 하는가에 대한 문제는 본질적으로 규범적인 것이며 이에 대한 논쟁도 주로 가치관, 견해 혹은 의견의 차이에 따른 것이라 할 수 있는 반면, 특정 연령의 학생이 역사의 특정한 텍스트를 어떤 연령에서 어떻게 이해하고 있는가와 같이 할람이 제기한 문제는 실증적인 것이다. 따라서 할람의 역사교육, 학생의 사고발달에 관한 새로운 접근은 연구방법의 새 지평을 열어 심리학적 측면에서 본 역사학습의 문제를 제시하였고, 후속 연구들도 이러한 연구와 유사한 방법론적 대열에 서게 되었다.

그러나 한 시대를 풍미한 피아제 이론을 역사학습에 그대로 적용해보려는 시도가 성공했다고 하기는 어렵다. 그 시도의 정점을 이룬 할람의 연구 역시 역사학습 내용의 조직과 배열을 고려하는 데 피할 수 없는 구속 요건으로 작용하지는 않는다. 이제 그의 연구는 역사학습에서 인지 문제를 다루는 과정에서 증명된 결론이 아니라, 하나의 연구사적인 방향표시판으로 인식되고 있다고 보아야 할 것 같다.

할람은 역사적 사고의 본질 혹은 특성 그 자체를 규명하기보다 피아제 이론의 보편성을 역사학습에까지 확대하려 하였다. 따라서 그의 연구에서 주안점은 역사적 사고의 구성요소 및 단계 그리고 발달에 관한 측정이었다고 할 수 있다. 역사교육 관계자들의 관심을 끄는 것은 할람의 이론이 역사를 효과적으로 교수학습하는 데 어떤 도움을 줄 수 있느냐 하는 것인데, 이미 밝혔듯이 이 문제에 대해 그가 언급한 바는 부정적이거나 빈약할 뿐 아니라 그나마 제언한 점들도 그리 설득적이지 못하다.

이런 면에서 애초 할람의 연구에서 역사적 사고에 대한 종합적 이해를 구한다는 것은 기대할 만한 것이 아니었다. 그에 대한 일련의 비판도 이러한 기대를 충족시키지는 못한 것은 마찬가지다. 역사적 사고를 규범적으로 정의하는 것과 그 실체를 경험적으로 밝히는 것은 동일한 것이 아니다. 예를 들어 부스는 역사적 사고가 인증적인 것이라고 주장하고 그것의 의미를 설명했는데, 인용문과 그림을 통해 측정한 것[22]이 과연 그가 규정한 인증적 사고인가를 따지는 문제는 간단하지 않다. 마찬가지로 케네디가 역사이해와 발달단계 사이에 의미 있는 상관관계가 없다고 했을 때, 그는 객관식 문항을 통해 나름대로 정의한 역사이해능력을 측정했을 뿐이며, 역사이해와 유의미한 상관관계가 있다고 주장한 정보처리능력이라는 것이 역사이해의 수준을 예측하게 할 수는 있으나 역사이해가 무엇인지를 설명해주지는 못한다.[23] 즉 역사이해를 개념적인 분석을 통해 연역적으로 규정하는 것과 실험결과를 통해 귀납적으로 도출하는 것은 다르다. 대부분의 조사실험은 개념적 · 연역적 분석으로 정의한 역사이해를 실험 결과를 통해 확인하는 방식을 취하고 있으며, 따라서 역사이해의 부분적 측면을 부각시키고 있을 뿐이다.

이렇게 볼 때 피아제-필-할람 모델이나 이에 대한 반론에서 역사적 사고가 무엇인가에 대한 설명이 불충분한 이유는, 피아제 이론 적용론자들이 역사적 사고를 주로 일반 과학의 논리적 사고와 같은 것으로 취급하는 반면, 이에 대한 반론의 대부분이 역사적 사고의 다른 측면이라 할 수 있는 직관적 양상의 역사적 상상력에만 집중하고 있기 때문이라 할 수도 있다.[24] 이렇다면 과연 두 가지 대립적인 사고의 양상이 역사적 사고라는 범주 안에서 순조롭게 병존하며 이해의 대상에 따라 별도로 나타나는 것인지, 아니면 역사적 사고가 두 가지 사고의 측면이 혼합된 독특한 체계로 이루어진 것은 아닌지 하는 본질적인 문제에 다시 직면하게 된다.

주목할 것은, 이러한 논의를 가능하게 하는 출발이 되었던 피아제의 이론에 대한 최근의 종합적 평가가 피아제-필-할람 모델과 이에 대한 반론의 중요 부분에 대해 좀 더 포괄적인 해석을 제시하고 있다는 사실이다. 피아제는 인간의 사고에 대한 자연과학적 · 인과적 설명을 내린 것이 아니라, 그것을 목적론적으로 설명하여 사고의 발달과정을 묘사하고 그 가운데 인식론적인 규범을 제시하였다고 할 수 있다. 즉 그는 왜 다음 단계의 사고가 나타나는가보다 더 나은 지식체계로 이어지는 연속적인 사고발달의 방향성에 주목하였다. 따라서 그에게 발달론적 변화란 지식의 상태에 대한 가치론적 평가를 포함하는 것이기도 하다.[25]

그가 내세운 인식론적 규범 가운데 가장 뚜렷한 것은, 인간의 사고체계가 내적으로 통합적(coherent)이라는 것이었다. 사고발달에서 내적 통합의 규범이 어떻게 드러나고 있는가 하는 것이 그의 주된 관심사였다. 오히려 지금까지의 논의에서 쟁점이 되어온 많은 부분에 대해 피아제 이론은 매우 유연하다. 예를 들면 연령의 문제에 대해서도 그는 연령이 사고발달의 질적 변화를 나타내는 표시일 뿐, 그것 자체가 결정적인 기준이 아니라고 지적한다. 또한 그의 인식론은 과학과 논리에 근거한 사고의 부분에 관심을 두었으므로, 이것이 사고의 유일한 형태가 아닐 수 있고 인간 경험의 모든 형태를 반영하지 않을 수도 있다고 덧붙였다.[26] 심지어 과학 분야에서조차 피아제 이론이 구체적 사고에서 형식적 사고로의 이행이라는 발달론적인 구속을 정당화하는 것은 아니며, 오히려 피아제의 이론이 초등학교 수준에서도 진정한 의미의 과학 탐구를 포함한 폭넓은 교육과정이 가능함을 뒷받침한다는 평가가 등장하고 있다.[27] 이렇게 본다면, 피아제 이론에 따라 역사학습의 내용 범위와 계열을 단정하려고 하는 시도나 이에 대한 시비가 지나치게 편협한 시각에서 피아제의 이론을 교조적으로 해석하는 데 머물렀다는 비판을 면하기 어렵다.

더불어 피아제의 이론을 과잉 해석하거나 그 이론의 제한적 측면을 무시하는 것도 문제라 할 수 있다. 할람을 비롯한 역사학습에서 피아제류의 연구는, 특히 초등학생에게 역사를 의미 있게 하는 데 필요한 역사적 시간, 변화, 인과관계 등의 개념이 부족하다는 것을 제시하고 있다. 그러나 어떤 개념이 부족하다고 하는 것으로부터 무엇을 교육내용으로 할 것인가에 대한 시사를 받기는 어렵다. 즉 이 이론은 무엇을 가르쳐야 하는가의 문제가 아니라, 교육내용을 어떻게 조직해야 하며 언제 가르쳐야 하는가의 문제와 관련이 있다.

특정한 내용을 언제 가르쳐야 하는가에 대한 문제를 논하려면, 아동의 이해발달을 제약하는 논리적 요인과 심리적 요인을 구분할 필요가 있다. 모든 교과 영역에서 그 내용을 의미 있게 가르치기 위해 배열하는 데에는 논리적 제약이 따르기 마련이다. 예를 들어 셈하기를 배우기 전에 방정식을 배울 수 없고, 역사사실을 배우기 전에 역사적 변화의 일반화를 깨달을 수 없다. 즉 논리적 분석을 통하여 학습내용을 시간상으로 배열하는 것도 가능하다.

논리적 분석과 심리이론 그리고 양자의 상호관련 측면에서 피아제의 이론은 주로 심리이론에 대한 설명이라 할 수 있다. 이에 관해 엘킨드(D. Elkind)는 '학교 커리큘럼'과 '발달 커리큘럼'을 구별하는데, 전자는 계통화된 교과로 구성되어 있는 것이며 후자는 "아동이 스스로 습득해가는 능력이나 개념의 계열"을 말한다.[28] 그의 견해에 따르면, 피아제가 명백히 한 것은 바로 발달 커리큘럼이며, 이것은 주어진 교육내용이 아동의 인지 수준에 적합한 것인가를 판단하는 기준으로서만 학교 교육과정을 보완할 수 있다. 다시 말해 이것은 학교 교육과정 그 자체가 아니라, 학교 교육과정을 분석하는 도구라는 것이다. 그러나 분석도구로서 발달 커리큘럼은 자체의 기준에 따라 어떤 교육과정의 내용이 주어진 발달단계에 적합한 것인가를 말해줄 뿐이며, 발달상으로 적합한 여러 방법 가운데 어떤 것이 최상의 방법인지에 대해 또 가장 교육적으로 가치 있는 것은 어떤 방법인가에 대해서는 말해주지 않는다.[29] 따라서 피아제 이론을 역사학습에 적용하여 곧바로 역사교육의 내용과 방법에 대해 지침을 얻으려 하는 것은 적절하지 못하다.

역사교육의 관점에서는 피아제 이론 자체의 정당성에 대해 단정적 판결을 내리는 것이 중요한 것은 아니다. 이러한 시도와 태도는 역사학습에서처럼 그의 이론이 간접적으로 적용되어온 분야에서는 적절하지도 효과적이지도 못하다. 그러나 피아제-필-할람 모델과 그에 대한 반론에서 불필요한 논쟁의 소지를 제거하고 향후 연구과제를 더욱 분명하게 하기 위해서는, 피아제 이론의 특징과 한계를 제대로 이해하는 것이 중요하다. 피아제 이론은 역사적 사고의 본질에 관한 다양한 논의를 배제하는 것이 아니며, 또 학교교육의 모든 영역을 포괄하는 것도 아니다. 또한 할람 연구의 최대 논점이라고 할 수 있는 역사학습에서 사고발달의 연령 시기에 관한 문제도 더 이상 단정적으로 해석될 필요가 없다.

전체적으로 보아 피아제 이론에 대한 논박에도 불구하고 그의 이론이 학교학습을 이해하는 데 도움을 주었다는 사실을 부정하기는 어렵다. 피아제가 학습자를 이해하기 위한 새로운 접근 가능성을 보여 주었음은 분명하다. 피아제 이후로 학생들이 인지발달과정에서 질적 변화를 거친다는 것과 어떤 단계에서 학생들은 주어진 문제를 해결하기에 적절한 논리적·개념적 준비를 갖추지 못했을 가능성이 있다는 주장은 교육적으로 설득력을 획득했다. 신중한 교육자라면 당연히 학생의 인지발달단계에 맞는 학습내용을 선정하려 할 것이다.

또한 경험을 갖추지 못하였다는 것이 결과적으로 기본적인 개념을 결핍하고 있음을 의미한다고 할 때 피아제 이후로 학습에서 경험의 역할을 부정하는 것은 무모한 것이 되었다. 학습의 과정에서 학습자들이 단지 정보와 사실 들을 축적하는 것이 아니라, 어떤 방식으로든 개념과 도식을 조직해나간다는 것을 인식하는 것도 중요하다. 예를 들어 정해진 분류 목록과 순서에 따라 많은 책이 잘 정렬된 서가와 그렇지 않은 서가 중 어느 것이 필요한 책을 이용하는 데 편리한가를 비교해본다면, 정보와 사실의 나열과 조작이나 도식을 통한 조직 사이의 차이와 그 중요성은 분명해진다. 뒤에서 살펴볼 바와 같이 이러한 피아제의 입장은 오늘날 구성주의 학습이론이라는 이름으로 다시 조명되고 있다.

특히 역사학습에서 피아제 이론의 적용과 반론의 전개는 역사학습에 대한 연구에 중요한 공헌을 하였다고 인정할 수 있다. 무엇보다도 이러한 논쟁 그 자체가 역사의 본질에 대한 문제를 새롭게 인식하는 계기를 제공하였다. 역사의 본질과 역사설명에 관한 문제는 더 이상 역사철학의 고유 분야가 아니며, 학생의 사고라는 측면에서 이 문제에 대한 접근이 가능하게 되었다. 이런 점에서 역사이해와 역사적 사고에 대한 새로운 접근이, 학생의 사고 변화를 중시하는 구성주의적 관점과 측정이나 계량에 의한 부분적·분석적 고찰이 아니라 역사의 특성 및 학문적 기준과 절차에 초점을 두고 있는 것은 자연스러운 추세라 할 수 있다.

3. 역사이해에 대한 새로운 이론의 전개

역사이해발달을 피아제의 발달단계에 연결시킨 많은 연구들은, 보편적 지식 재구성의 입장에서 역사이해를 청소년 후반기에 나타나는 형식적 조작으로 보았다. 반면에 피아제 이론에 대한 최근 비판은, 학습과 사고에서 선행지식의 역할을 강조하는 인간 인지의 지식기반에 개념적 기초를 두고 있다. 학습의 일반적 단계가 영역에 상관없이 적용된다는 것에 이의를 제기하고, 오히려 학습은 영역 고유의 것일지도 모른다는 주장이 대두하고 있는 것이다. 즉 학습자가

관여하는 주제나 개념 영역이 직접적으로 인지에 영향을 미친다는 것이다.[30]

이 견해에 따르면 인지발달은 특정 개념을 획득하고 통합하는 것에 좌우된다. 최근 연구는, 아동이 역사시간을 이해하지 못하는 것이 보편적 발달단계 상의 제약 때문이 아니라 연관된 영역에 대한 지식 부족 때문이라는 점에 주목하고 있다. 이러한 연구의 관점은 내러티브와 구성주의 학습이론의 측면에서 나누어 살펴볼 수 있다.

1) 영역 고유의 인식과 내러티브

영역 특정적 인지에 대한 연구에 의하면, 개념 획득의 핵심은 인과관계를 이해하는 것이다. 의미란 대체로 원인과 설명으로부터 도출되는 것이며, 따라서 개념은 인과적으로 연결되어야 한다. 학습자는 인과관계를 통해 귀납하거나 추론할 수 있다. 인과관계는 개념을 구성하는 요소를 통합하며, 그 개념에 부수하는 여러 특징을 결합한다.[31]

이런 의미에서 내러티브이론[32]은 역사이해에 특별한 관련을 맺고 있다고 할 수 있다. 내러티브는 사실이나 가공의 과거 경험을 언어적으로 표현하는 방법으로서, 다른 형태의 역사서술과 다르게 이야기 형태를 띤다는 특징이 있으며, 이러한 성격은 이야기, 전기, 자서전, 전통적 역사서술 같은 논픽션에 시공적 · 인과적 요소로 나타나 있다.[33]

화이트(H. White)는, 내러티브가 일련의 사건을 시간에 따라 전개되는 전체성으로서의 사건에 대한 담론으로 변형시킨다고 말한다. 즉 내러티브는 사건을 연관시킴으로써 시간적으로 연관된 사건의 목록으로서의 연대기를 사건의 해석으로서의 역사로 변화시킨다는

것이다.[34]

일반적으로 내러티브는 시간상 전후관계를 포함하는데, 특별한 경우가 아니면 시간적으로 연결된 사건은 인과적으로 관련된 것으로 간주된다. 또한 내러티브의 구조 자체가 시간과 인과성을 통한 사건의 관계를 표현하기에 적합하다.[35] 따라서 내러티브는 아동들에게 수용될 수 있는 역사이해의 발판을 제공한다. 이는 내러티브가 자료에서 역사지식을 해석하는 근거가 되는 인과관계를 이해하는 데 큰 도움을 주며, 역사를 맥락화하여 인간의 구성물인 역사의 해석적 성격을 잘 드러내주기 때문이다.

역사이해발달에 대한 기존 연구는 학생들에게 친숙하지 못한 분석적 설명 같은 서술 형태를 이해하는 것에 중점을 두고 있으나, 오히려 아동은 주변에서 늘 접하는 이야기의 형태를 선호하고 있다. 레브스틱(L. S. Levstik)은, 학생들이 내러티브로 표현된 역사에 큰 관심을 가지고 있으므로 역사소설이나 전기 같은 이야기를 이용하여 학생의 역사해석을 증진할 수 있으며, 7, 8세의 아동이라도 이야기 형태로 역사를 이해할 수 있다고 주장한다. 또한 역사소설이나 전기 같은 내러티브를 읽거나 토론하는 것이 역사설명에 대한 해석과 분석을 촉진하며, 그 안에 담긴 갈등과 인과적 연속성은 역사사건의 동기를 생각하게 하고 역사에 전체성과 결말의 의미를 부여한다고 덧붙인다.[36] 또한 이건은, 초등학생들이 이야기 형식으로 소개된 역사에 흥미를 느끼며 역사사건에 인간이 어떻게 대응했는지를 강조하면 역사의 비판적 분석을 위한 준비가 될 수 있다고 지적한다.[37] 레브스틱과 파파스(C. C. Pappas)는, 초등학생을 대상으로 역사 이야기를 제시한 후 각자 그것을 자신의 언어로 다시 이야기하게 하는 한편, 역사와 과거, 역사의 중요성을 묻는 질문에 대해 응답하게 하였다. 그리고 이를 분석한 결과, 학년이나 개인성에 따라 차이가 있으나 초등학생들도 역사 이야기를 통해 역사를 이해하는 것이 가능하다고 주장하였다.[38] 이것은 아동이 역사이야기와 자료를 통해 역사사건의 인과관계를 이해할 수 있음을 보여주는 다른 연구들과 맥을 같이하고 있다.

이와 같은 연구의 흐름 속에서 내러티브는 역사이해발달에 관한 연구에 중요한 단서로 등장하고 있다. 내러티브를 이용하는 데에는 여러 장점이 있기 때문이다. 내러티브는 아동에게 문화적으로 친숙할 뿐 아니라, 역사가들이 흔히 사용하는 장르이며, 역사학습의 고유 개념들인 다른 시대, 장소, 사람 들에 대한 이해를 가능하게 한다. 또한 내러티브는 인간의 경험을 이해하게 하는 해석의 한 형식으로서, 구체적인 인간의 행위와 의도 그리고 그 결과를 다루며 사실의 수집이나 사건의 연속만이 아닌 서술과 해석, 즉 사실을 설명하는 원인을 포괄한다. 더불어 아동들은 대개 내러티브의 시간적 전후관계를 통해 역사적 사건의 인과관계를 인식할 수 있다.

2) 역사학습에 대한 구성주의적 접근

역사학습에서 학생의 역사이해를 규명하려는 또 다른 방향의 시도는 넓게 말해 구성주의 학습이론의 경향과 관련이 있다. 구성주의 심리학은, 인간이 환경과의 상호작용을 통해 능동적으로 지식을 재구성해간다는 관점을 취하고 있다. 학습자가 학습 전에 간직하고 있는 선행개념이, 주어지는 교육내용의 어떤 측면을 받아들일 것인가를 결정하는 중요한 역할을 한다는 것이다. 또한 학습자가 외부로부터 파악한 정보는 내부의 기존 개념과의 변형과정을 통해 새롭게 구성된다고 본다. 구성주의적 접근은, 지식의 획득이 선행개념을 재구성하거나 혹은 인지도식을 재현하는 것이라고 보고 선행개념의 의미와 역할을 중시하며, 따라서 아동이 왜 오해하는가를 파악하는 것이 필요하다고 주장한다.

구성주의 학습이론의 기본 관심 중의 하나는, 아동의 기존 오개념, 선행개념이 학습을 통해 얼마나 교정되는가 하는 것이다. 또 학습내용을 조직하고 그것을 선행지식과 관련시키는 학생의 능력을 어떻게 배양해야 하는지에 대해서도 관심을 둔다. 이러한 노력은 먼저 과학교육 분야에서 진지하게 검토되었는데, 과학교육 분야는 학습자에 대한 적극적이고 능동적인 관점을 받아들임으로써, 학생의 선행개념이나 인지구조가 학습에 영향을 미치는 가장 중요한 요소이며 교사가 가르치는 정보는 학습자가 학습 이전에 지니고 있는 선행지식과 인지구조에 적절하게 연결될 때 유의미하다고 본다.

이러한 구성주의 학습이론은 역사교과에서도 활발하게 논의되고 있다. 역사학습에서 선행개념은 아동의 역사이해와 재구성의 근본이라 할 수 있다. 역사가가 사관과 관점 혹은 신념을 가지고 역사사건을 해석하는 것처럼, 아동은 역사이해를 가능하게 하는 선행개념을 가지고 있으며 그것을 완벽하게 제거하는 것은 불가능하다. 이처럼 역사학습에서 선행개념의 역할을 강조하는 입장에서는 잘못된 선행개념을 어떻게 교정할 것인가 하는 학습전략을 매우 중시한다. 실제로 학생들이 직관적으로 파악하고 있는 선행개념과 이것에 대한 교수 후의 개념 변화를 조사하는 연구가 다양하게 추진되고 있다.

선행지식의 역할을 강조하면서 맥키온(M. McKeown)과 백(I. Beck)은, 초등학생들이 아직 정식으로 학습하지 않은 역사 주제에 대해 가지고 있는 지식의 특징을 검토하였다. 이 연구에 따르면 역사를 정식 교과목으로 배우지 않은 5, 6학년 학생들의 지식은 단순한 연합에 의존하고 인과관계구조로 통합되지 못하였으며, 특히 초보자들의 일반적 특성인 오개념이나 혼동을 보이는 특징이 있다고 설명했다. 또한 학습에 따른 부분적인 지식 획득이 나타나기는 하지만 학생들이 가지고 있던 오개념, 잘못된 선행개념은 교수 후에도 완전히 바뀌지 않고, 어떤 주제에 대해서는 오히려 혼란이 증가해서 정확한 영역개념의 획득을 방해한다고 지적하고 있다.[39]

특히 구성주의 학습이론의 관점에서 내러티브 형식을 학습에 이용했을 때 나타나는 문제점에 대한 연구는, 역사학습에서의 이해발달에 관한 유망한 방향을 제시하고 있다. 반슬레드라이트(B. Van-Sledright)와 브로피(J. Brophy)는, 초등학생이 내러티브형식으로 이야기를 재구성할 경우 소박한 개념이나 공상적 꾸밈을 역사지식과 뒤섞어 합리적 설명을 이끌어내지 못하는 것을 보고하고 있다. 구화식(口話式) 내러티브가 일관성 있는 구조로 정보를 조직하고 상상과 감정이입을 고무하는 데에는 효과적이지만, 공상적으로 이야기를 꾸미거나 관련되지 않은 부분들을 혼용하는 단점이 있다고 지적하고, 이런 의미에서 역사학습에서의 내러티브는 이른바 '양날의 칼'과 같은 것이라고 설명함으로써 위에서 언급한 내러티브에 관한 논의를 실질적인 학습의 관점에서 심화시키고 있다.[40]

이들은 내러티브가 인간 행위의 동기와 의도를 부각시키는 효과가 있음을 인정하면서도, 반면 아동들이 상상력을 통해 과거 사건을 재구성하는 데 자주 혼동을 일으킨다는 사실에 주목하고, 학생들의 직접적인 경험 밖에 있는 지식 영역에 대한 초보적 개념의 형성을 위해 참고할 만한 맥락을 제공할 필요가 있음을 강조하였다. 맥락이란 역사사건의 주제, 배경, 연대기에 대한 개관을 포함하는 것으로서, 이를 통해 학생들은 역사가 이야기의 형식에 담긴 가공만이 아니라 증거에 바탕한 실질적 내용과 이에 대한 탐구의 결과로 이루어짐을 깨달을 수 있다는 것이다.[41]

구성주의적 관점에서 더욱 새로운 접근은, 학생의 역사이해에 관한 논의를 역사라는 학문체계의 인식론적 바탕에 연결시키려는 시도라 할 수 있다. 이런 입장에서 논의의 핵심은, 역사학의 학문적 특성과 그것을 초중등학교에서 교육하는 과정에서 전달되는 양상에 대한 것이다. 이런 경향의 연구는, 무엇보다도 역사이해의 모습이 다른 교과와 본질적으로 다름에도 이에 대한 규명이 부족하다는 점에서) 출발하고 있다.

역사적 탐구는 구조적인 영역의 문제해결과 다르다. 예를 들면 물리학의 경우에는 목표가 주어지고 그에 따라 문제를 변형해서 해결점을 찾는다. 그러나 역사의 경우, 목표라는 것이 모호하거나 정해져 있지 않으며, 개인의 해석 여하에 크게 좌우된다. 더 구조화된 영역의 경우에는 해답이라고 제시된 것이 실제 정답인지를 평가할 수 있으므로 문제해결의 성공 여부를 판가름할 수 있지만, 역사에는 그러한 평가의 방법이 존재하지 않는다. 이런 의미에서 역사이해는 다른 교과에서의 문제해결과 다른 것이라 할 수 있다. 역사이해란 다른 부분에서의 문제해결이 종료되는 지점에서 시작되는 것이다. 왜냐하면 다른 교과의 문제해결 학습이 추구하는 해답 또는 결과가 역사에서 이미 알려져 있기 때문이다. 즉 역사는 해답을 추구하는 것이 아니라, 해석과 설명을 중시한다.[42]

구성주의 인식론의 시각에서 역사는 인간이 만든 지식체계로서, 시간을 통해 인간의 경험을 조직하고 해석하는 하나의 틀로 간주된다. 역사를 배우는 것은 단지 사실을 발견하기 위함이 아니라, 접하게 되는 사실의 의미를 구하고 사건과 해석의 관계를 이해하기 위함이다. 이 해석의 틀은 사색적이고 잠정적이며 새로운 정보나 관점에 의해 바뀔 수 있다. 또한 역사해석은 현재적이며 의도적인 것으로서, 주어진 시간과 상황에 관련된 문제에 대해 답을 하는 행위라 할 수 있다.[43]

연구대상에서 격리되어 있는 역사가는 상상력과 감정이입을 이용하여 역사를 탐구하는데, 그들의 역할은 현재 남아 있는 과거인의 말과 이미지 그리고 그들이 만들고 남긴 것에 담겨 있는 상황을 이해하고 해석하는 것이다. 역사가는 이미 알고 있으나 그것에서 역사사건을 재구성해야 한다. 그러한 재구성은 어떻게 생기는 것이며, 이러한 역사의 학문적 특성을 학생들에게 어떻게 이해시킬 수 있을까 하는 것이 이들 연구의 주요 과제다.

와인버그는, 보편적(영역중립적) 발달단계에 입각한 피아제-필-할람 모델에 대한 비판으로 제기된 케네디류의 정보처리능력의 관점이 일단 영역고유지식에 관한 관심을 증대시키는 데에는 기여했지만, 그가 의도했든 의도하지 않았든 간에 지식과 정보를 동일시함으로써 오히려 혼란을 일으켰다고 비판한다. 역사에서 이해는, 더 많은 정보의 획득과 포괄적인 독해능력을 강조하기보다 비판적·비교분석적 관점을 중시해야 하며, 따라서 정보처리능력의 관점에 의한 여러 가지 독해검사방식—선다형 문제나 자구적 의미를 아는 기술—은 역사이해의 측정이 될 수 없다는 것이다.[44]

와인버그는 고등학생과 전문 역사가들이 역사서술을 이해하는 방식을 비교조사하면서, 역사사실에 대해 많이 알고 있는 고등학생들조차 텍스트의 숨은 뜻을 이해하지 못하고 서술 간의 상호관련성을 검토하지 못한다고 지적한다. 학생들은 텍스트를 역사의 학문적 절차와 기준에 입각해 이해하지 못하며, 역사 텍스트를 읽을 때 중요성에 대한 판단 기준을 수립하지 못한다. 따라서 텍스트에서 지식을 획득한다는 것의 의미를 검증하고, 역사의 학문적 특성에 맞추어 역사서술을 읽고 이해하는 방식을 강구해야 한다고 주장한다.[45]

이런 입장에서 학생들이 역사의 인식론적 바탕을 제대로 이해하고 있는가에 대하여 관심을 두는 것은 당연하다. 가벨라(M. S. Gabella)에 따르면, 대부분의 학생들은 학교교육을 통해 역사지식이 어떻게 생성되는가에 대해 교사와 교과서가 역사의 '진리'를 가르친다는 완고한 오개념을 가지고 있다. 학생들은 역사의 해석과 기술이 맥락 속에서 창조되는 것으로서 의도적이고 잠정적인 것임을 깨닫지 못한다. 학생들은 학문 또는 교과를 특별한 탐구방법을 통해 성취되는 이해와 신념의 복잡한 체계로 보기보다, 그저 시험을 위해 암기하고 기억해야 하는, 활력 없고 관련성 없는 사실의 묶음으로 간주하는 경향이 있다.[46]

가벨라는, 학생들이 탐구로서의 역사를 이해하려면, 비판적인 질문과 토론을 통해 교사의 설명과 교과서의 서술이 잠정적인 것임을 깨달아야 한다고 강조한다. 이를 위해서 음악, 미술작품, 시, 필름 같은 자료를 적극 활용하는 것과 더불어 여러 종류의 교과서를 사용하는 것이 필요하다. 역사가들은 전형적인 역사서술의 방식—이를테면 설화, 이야기, 분석적 설명—으로 그들의 해석을 표현하지만, 역사해석의 근거는 구전, 음악, 미술 그리고 영화를 포함하는 다양한 모습으로 존재한다. 이런 자료는 모두 인간이 자신의 경험을 표현하는 방식이라 할 수 있다. 또 지식의 본질이 사물의 정확한 표상이 아니라 사회적으로 정당화된 신념이라고 보는 견해, 즉 지식이란 실재를 거울처럼 반사시키는 것이 아니라 탐구공동체에서 이루어지는 대화라는 점을 주지시켜야 한다고 주장한다. 이런 의미에서 역사는 과거를 비춰주는 거울을 찾는 것이 아니라, 과거를 이해하고자 더 나은 방법을 탐구하는 것이며, 이러한 이해방법은 창조적이고 의도적인 동시에 상황에 따라 변할 수 있다.[47]

역사적 중요성에 대한 학생의 인식을 조사한 세이사스(P. Seixas)는, 역사적 중요성에 대한 역사학계의 기준이 최근 급속하게 변화하여, 역사지식의 절대성과 객관성을 문제시하는 역사학의 인식론 차원에서 새로운 도전이 제기되고 있다고 본다. 또한 연구대상도 전통적인 관심에서 벗어나 성, 계급, 인종 문제 등에 대한 인식을 부각시키고 있는 반면, 학생들의 인식은 정치제도적으로 중요한 역사사건에 집착하는 경향이 있음을 지적한다. 그에 의하면, 역사학습에서 역사학 내의 관심과 관점의 변화를 수용하고, 왜 어떤 사건이 역사적으로 중요하며 그렇게 인식되어온 이유는 무엇인가 하는 문제를 다루어야 한다.[48]

홀트(T. Holt)는, 대학생을 대상으로 상반되는 견해를 담은 사료를 제시하고 학생들이 그것을 바탕으로 직접 역사를 서술하게 하는 방법을 이용하여, 역사가 단지 사실의 연속이나 고정된 이야기가 아니라 과거와의 끊이지 않는 대화라는 점을 인식시키고 있다. 원사료를 제시하거나 역사적 해석의 차이를 소개함으로써 학생들에게 새로운 해석의 기회를 경험하게 할 수 있고, 역사사건에 대한 새로운 서술을 시도하게 할 수 있다는 것이다.[49]

특히 대학생을 대상으로 역사적 사고에 대한 학습 사례를 보고한 것은 특별한 의미를 지닌다. 즉 중등학생의 역사이해에서 나타나는 문제는 단순히 성숙에 따라 자연적으로 교정되거나 완전해지는 것이 아니며, 특별한 역사학습의 경험을 겪지 않는다면 그러한 현상이

대학생에게도 나타날 수 있다는 점에서, 더욱 적극적인 역사학습의 필요성을 제시하고 있다.

4. 문제와 전망

1) 내러티브의 유용성과 문제점

내러티브에 관한 논의가 등장하면서 역사학습에서 사고형식에 대한 차별성이 더욱 뚜렷하게 강조되기 시작했고, 교수에 의한 역사이해 증진 가능성에 대해서도 좀 더 적극적인 입장이 표명되고 있다. 특히 이러한 움직임은 보편적 인지발달이라는 것에 대한 반발로서 영역 고유의 인지를 바탕으로 하고 있는 동시에, 지식의 재구성이라는 측면에서 구성주의적 접근을 취하고 있다는 점에서, 학생의 역사이해와 역사적 사고에 관해 피아제-필-할람 이론과는 다른 대안적 접근이라 평가할 수 있다.

특히 주목할 것은, 최근의 연구가 역사학습의 가능성을 인정하는 바탕 위에서 효과적인 학습방안을 위한 모색으로 내러티브의 이용을 진지하게 검토하고 있다는 사실이다. 또한 중등학생의 역사학습에만 집중되던 역사적 사고와 역사이해의 문제가 초등학생에까지 확대되었다. 이것은 이론적 · 경험적 타당성에 대한 입증 없이 당연한 것처럼 인식되어온, 초등학교 사회과 교과과정 및 역사적 내용을 가르칠 필요성과 방법에 대한 논의가 더욱 진지하게 추구되어야 할 필요성을 제기한 것이라 할 수 있다. 그뿐 아니라 내러티브에 대한 연구가 심화되면서 단지 역사이야기나 구화를 통한 역사학습의 수단으로만 논의되는 범위를 벗어나 넓은 의미에서 수리적인 사고양식과 대비되는 독자적인 사고의 양식으로 이해되기도 하며,[50] 또는 인지도구로서의 내러티브 형식에 대한 논의도 등장하였다.[51]

그러나 내러티브 자체와 학습에서의 유용성에 대한 비판도 만만치 않다. 우선 내러티브가 지니는 이데올로기적 성격에 관해 말하자면, 내러티브가 특정 문화나 집단에서 중요도에 따라 사건을 서열화하려는 요구에서 비롯된 것이므로, 필연적으로 합법성, 정당성 같은 권위의 관점에 부합하게 된다. 또한 시작과 중간과 끝이라는 내러티브의 구조가 과거 실제 사건의 흐름에 존재하지 않으며, 따라서 내러티브에서의 결말은 흔히 상상 속에서나 가능한 사건의 일관성과 결말을 알고 싶어 하는 욕구에서 비롯되는 것이라고 할 수 있다. 종종 이러한 욕구는 내러티브의 요소인 등장인물과 그들의 행위에 대한 의도적인 도덕적 판단의 형태로 나타난다. 이미 화이트는 모든 역사 내러티브가 사건을 도덕화하고 정당화하려는 의도를 가지고 있다고 지적한 바 있다.[52] 독자들은 저자의 역사해석 관점이나 정확성에 문제를 제기하는 대신, 잘 꾸며진 이야기를 그대로 역사사실로 믿어버리는 경향이 있다. 커모드(F. Kermode)는 이러한 현상을 '자의적인 진실성의 부과'라 부르는데, 특히 일인칭의 내러티브들은 목격자의 진실성과 화자의 권위가 깊게 배여 있기 때문에 독자가 그 내용을 비판적으로 분석하기 어렵다고 지적하였다.[53]

학습 현장의 측면에서 일부 연구자들은, 전후관계를 중시하는 내러티브는 연대기적인 형식을 취할 수밖에 없으며, 이는 역사적 상상력의 중요한 요소를 제거하는 것으로서 줄곧 비난받아온 무미건조한 역사학습의 전형적인 모습이라고 비판한다. 내러티브는 과거 사건의 중요성, 역사의 설명과정, 그리고 이데올로기적 의미를 드러내지 못한다는 것이다.[54] 이에 대해 내러티브를 역사학습에 적극적으로 이용하려는 측에서는, 연대기에 관한 지식은 인과관계와 변화를 이해하기 위한 필수조건이며, 현행 역사 교과서의 서술은 참다운 내러티브 형식이라 볼 수 없다고 반론한다.[55] 또한 학생들이 내러티브의 전후관계를 무조건적으로 역사사건의 인과관계로 간주하는 경향도 문제라 할 수 있으며, 내러티브적 이해는 상상력과 감정이입을 고무하여 역사사실을 조합하는 데는 유효하지만 그것을 체계적으로 조직해내는 구조화의 기능은 결여되어 있다고 지적한다.[56]

내러티브에 대한 정의가 불분명하여 넓은 의미에서 역사서술의 다양한 형태를 모두 포괄하기도 하고 좁은 의미로는 구화를 지칭하기도 해서, 이에 관한 여러 논의가 더욱 혼란스러워지는 경우도 흔하다. 또한 대부분 내러티브의 유용성에 관한 논의가 초등학생을 중심으로 하며 그 이상의 학생을 대상으로 한 연구가 빈약하여 기존 연구 결과를 적용할 수 있는 범위의 문제가 있으며, 상이한 역사서술의 배경과 문화적 전통 속에서 내러티브의 정의와 유용성이 어떤 차이를 보이고 있는지도 미개척 분야라 할 수 있다.

2) 인지발달과 지식의 체계

구성주의의 관점에서는, 인간의 지식이 여러 학문으로 알려져 있는 공적인 지식의 체계든지 개인의 인지구조든지 모두 인간이 만드는 것이라 본다. 이 가운데 피아제는 인간 개인이 자신의 인지구조 내에 어떻게 지식을 구성해나가는가에 관심을 두었다. 그는, 인지구조가 외재하는 학문의 구조와 별도로 개인의 내부에서 시간의 종축을 따라 변형되고 재구성되는 실체라고 규정하였다. 이에 반해 어떤 사람들은 개인의 심리구조보다 일반적인 인간의 지식이 어떻게 생성되는가에 대해 더 큰 관심을 가진다. 과학지식의 발달에서 패러다임 선택에 관한 연구집단의 능동적 역할을 강조한 쿤(T. S. Kuhn)이 그 대표적인 인물이다.[57] 구성주의 학습이론의 측면과 다소 거리가 있지만, 교과나 학문의 구성요소 간의 관계에 관심을 두고 이른바 학문의 구조 혹은 지식의 형식을 주창한 브루너, 슈왑(J. Schwab), 허스트(P. Hirst)도 이 부류에 속한다.

문제는 지식 또는 학문의 구조와 개인 내부의 인지구조를 어떻게 관련지을 수 있는가 하는 것인데, 이에 대해 필의 연구를 되돌아보는 것이 앞으로의 논의를 풀어가는 데 좀 더 유익할 것이다. 필은 피아제가 말한 평형의 개념을 어떻게 적용할 것인가의 문제에 대해 언급하면서, 역사적 사건의 인과관계와 학생들의 역사적 사고는 공통적으로 평형에 이르는 구조를 가지고 있다고 하였다. 역사적 사고력은 역사적 인과관계의 두 측면, 즉 평형의 유지와 변화를 이해함으로써 발전할 수 있다. 예를 들어, 노사관계에서 노동자들의 임금 인상 요구가 있을 때 노동자와 고용주 사이에 평형 상태의 유지와 변화의 발생이라는 두 가지의 가능성이 있다. 임금 인상 요구가 노동시간 단축이나 노동조건의 향상으로 보상된다면 평형은 유지된다. 그러나 임금 인상 요구만 있고 이를 보상할 변화가 고용조건에 나타나지 않으면 인과적 변화가 일어나게 된다. 필은 역사적 인과관계의 이 두 가지 측면이 일반적으로 성숙된 사고에 기본적으로 나타나는 구조적 특징이라고 보았다.[58]

여기서 필은 역사적 사고의 구조와 역사적 변화의 구조 간의 유사성을 설명하고 있다. 그러나 이러한 유사성에 대한 언급이 시사하는 바가 무엇인지는 분명하지 않다. 짐작하건대 보상과 상쇄, 상호작용, 평형의 변화, 원인과 결과 같은 개념에 대한 이해는 청소년 중기 이후에나 가능하다[59]라는 주장을 피력하기 위한 것만은 아닌 듯하다. 왜냐하면 필은 분명히 사고의 양식을 양분하여, 하나는 설명, 상상 그리고 추론의 기제라 하고 다른 하나는 역사적 평형과 시간적 변화의 구조라고 밝히고 있기 때문이다.[60] 그러나 과연 후자를 사고의 양식에 포함할 수 있는가? 혹은 그것을 정신구조라 부를 수 있는가? 이 부분에서 필은 인지구조와 역사적 변화의 구조를 착종하고 있는 것은 아닌가? 이러한 혼동의 예는, 필이 역동적 균형 상태에 민감한 정신적 구조의 형식이 학생의 역사적 사고를 설명하는 데 유용한 것인가라는 물음에 대해 역사적 사건 혹은 현상도 본질적으로 동일한 구조를 가지고 있다[61]라고 대답하는 데서도 드러난다.

만약 양자 사이의 공통성을 지적하는 것이 필의 의도였다면, 이는 그의 표현대로 현상의 공통성에 대한 기술일 뿐 역사적 사고의 발달에 대한 설명이 아니다. 이로부터 청소년기 학생들이 이러한 역동적인 균형과 평형의 구조를 이해하지 못하는 이유에 대한 설명을 구할 수는 없다.

여기서 필의 주장이 타당한지를 따지는 것보다 중요한 것은, 심리적인 문제라 할 수 있는 개인의 인지구조와 논리적 분석을 필요로 하는 공적인 지식체계로서의 학문이라는 양자를 어떻게 접합하여 교육내용을 구성할 수 있는가 하는 것인데, 이에 대한 전통적인 해결책의 하나는 이른바 '반복론(recapitulation hypothesis)'이라고 하는 것이다. 반복론이란 초기 성장과정에서 태아가 인간이 진화해온 생명태를 거치는 발달과정을 반복한다는 것이다. 교육적 관점으로 문제를 제기하자면, 개인이 문화에 접촉하는 과정은 어느 정도까지 그 문화가 발달되어온 역사를 반복하는 것일까 하는 것이다. 다시 말하면 과연 교육이 문화발달의 여러 단계를 거치는 과정을 가속화할 수 있는가 하는 것이다. 만약 이것이 사실이라면, 우리는 역사를 통해 인간의 문화접촉과정을 특정한 지식의 형식으로 조직하는 방법을 배울 수도 있다.[62] 예를 들어 역사교육과정은 역사의식이 발달해온 유형을 따르면 된다. 마찬가지로 수학교육과정은 현재의 수학적 통찰력 수준으로 발달해온 점진적인 진보의 단계를 따르면 된다. 이렇게 하면 아동이 한 교과를 이해하게 하는, 논리적으로 일관된 교과과정을 꾸밀 수 있다.

그러나 반복론이 교과내용을 구성하는 만능의 해결책은 아니다. 예를 들어 과학에서라면 화학을 가르치기 전에 연금술을 먼저 가르쳐야 하는가? 역사의식이 발달해온 유형을 따른다면, 학생들은 역사수업에서 헤로도토스나 투키디데스의 역사론을 먼저 학습한 뒤에 랑케의 실증적 역사관을 배워야 한다는 말인가? 또는 학생들은 역사가들이 발견해낸 순서대로 차근차근 역사지식을 습득해야 하는가?

마치 반복론에 대해 언급하고 있는 듯이, 쿤은 과학지식의 발달이 아동의 지적 발달과 동일한 과정을 거친다고 주장한다. 특히 이러한 발달이 인식론적 변화의 모순에 의해 촉발되는 것은 마찬가지라고 본다. 인식상의 모순은 통합적 사고로 수용될 수 없으며, 사고의 좀 더 나은 체계 속에서 해결되는 것이 지식 성장의 필수 양상이라는 것이다.[63] 그러나 이 주장은 아동이 아리스토텔레스적인 사고를 하다가 갈릴레오의 생각으로 바뀐다는 의미가 아니라, 과학적 사고가 발달하는 이유가 한 이론에서의 잠재적 모순이 뒤를 잇는 이론 내에서 극복되기 때문이며, 아동의 사고도 이와 마찬가지로 발달한다는 의미다. 따라서 이 부분에서 쿤은 교육과정을 구성하는 원리로서 반복론을 이야기한 것이 아니라, 과학지식과 아동의 지적 발전 양상에 대한 구성주의적 유사성을 강조한 것이라 할 수 있다.

지식의 체계와 학생의 인지발달의 관계에 대한 문제는 학문의 구조를 주창한 브루너에게도 크나큰 관심사였다. 이 문제에 대한 브루너의 입장은 다소 상반되는데, 각각의 발달단계에 맞게 학문의 핵심적 아이디어를 번역하는 데에는 각 단계별 이해방식을 따라야 한다고 주장함으로써 피아제의 발달론 적용을 옹호하고 있다.[64]

그러나 그는 또한 아동의 지적 발달이 기계적인 사건의 연속이 아니고 환경, 특히 학교교육의 영향을 받으므로, 초보 단계조차 학문적인 아이디어의 교육은 인지발달과정을 맹목적으로 답습할 필요가 없다는 의견도 제시한다.[65]

특히 후자의 입장은 학습이론과 교수이론의 차이로 표현되기도 한다. 학습이론은 학습이라는 현상을 사후적으로 기술하는 이론인데 반하여, 교수이론은 교수활동을 사전에 처방하는 이론으로서 양자 사이에는 중요한 차이가 있다.[66] 그런데 피아제류의 발달이론은 교수이론보다는 학습이론에 더 가까우며, 따라서 브루너가 학습이론에 대해 말한 것은 그대로 발달이론에도 적용된다고 할 수 있다. 이에 대해 브루너가 제시한 원리는, 지식구조의 세 가지 표현방식인 작동적 표현(enactive representation), 영상적 표현(iconic representation), 상징적 표현(symbolic representation)이 아동의 발달단계를 따른다는 것이다.[67]

이에 대해 이홍우는, 특정한 단계에 특정한 이해방식이 있다고 단정할 수 없으며, 발달이론을 교수이론으로 받아들이는 것은 큰 잘못이라고 지적한다. 대부분의 핵심적 아이디어를 세 가지 방식으로 표현할 수 있다는 것부터가 믿기 어려울뿐더러, 발달단계가 낮은 아동들에게 반드시 작동적 또는 영상적 표현을 써야 한다든가 그런 표현이 반드시 아동들에게만 이해되기 쉽다는 보장도 없다는 것이다. 그는 이어서, 나이 어린 아동이 상징적 표현에 익숙하지 않다고 생각하는 것은 전혀 입각점이 다른 발달이론을 그대로 교수이론으로 받아들인 터무니없는 생각이라고 말한다.[68] 이는 학문의 논리성과 심리적 차원에서 개인의 인지발달단계를 일률적으로 일치시킬 수 없다는 논리와 궤를 같이하는 것이라 할 수 있다.

이 문제와 관련해서 우리는 흔히 말하는, 학생의 수준에 맞게 가르친다는 말의 의미를 곰곰이 생각해볼 필요가 있다. 위에서 언급한 공적 지식 체계로서의 학문과 개인의 심리발달 사이의 관계에 대한 이전 논의를 바탕으로 이 말의 의미를 좀 더 면밀히 되새겨보면 문제가 간단하지 않음을 깨닫게 된다.

학생의 수준에 맞게 가르친다는 말의 의미 가운데 하나는 학생의 인지발달 수준을 고려한다는 것이다. 그러나 인지발달에 대한 피아제의 이론을 받아들인다 해도 각 발달 수준에 적합한 학습내용이 무엇이어야 하는가의 문제는 해결되지 않는다. 앞서 지적한 대로 피아제 이론은 학습내용 자체에 대해서는 시사해주는 바가 없다. 단지 그 이론으로부터 학습의 지침을 끌어내는 것에 관해서는 이른바 '궁합의 문제(problem of match)'라는 것이 있는데, 피아제류의 주장은 학습자를 내래적(內來的)으로 동기화하기 위해 적정 수준의 불균형(optimal discrepancy)을 유지해야 한다는 것이다. 동일한 학습 경험이 학습자의 인지발달단계에 따라 내래적 동기화를 일으킬 수도 있고 그렇지 못할 수도 있으므로, 교사는 학습자의 개별적 발달단계를 진단하여 각자에 적합한 도전적인 학습과제를 제공해야 한다.[69] 그러나 이는 교사가 학생 개개인의 발달단계를 진단하기 위해 피아제의 이론을 이해해야 함은 물론이고, 임상적으로 마치 의사와 같이 학습내용을 처방해야 하는 매우 어려운 과업을 책임지는 것을 의미한

다.[70]

　더구나 적정 수준의 불균형이라는 것 또한 모호한 개념이며 이에 대한 경험적 자료도 충분하지 않다. 학생의 수준과 동등한 혹은 다소 높은 수준의 자극이 적당한가, 아니면 그보다 훨씬 높은 수준의 자극이 적당한가? 피아제 이론을 엄격하게 해석하는 사람들은 지나치게 높은 수준의 자극은 불필요하며 오히려 아동의 인지발달에 해로울 수 있다고 경고한다. 그러나 한편 학생의 수준에 집착하다 보면, 가르치는 것 자체가 시기적으로 지나치게 일러서 학생들이 학습할 내용을 배울 수 없거나 너무 늦어 학생들이 학습할 내용을 이미 알고 있는, 이른바 교수와 학습의 역할에 대한 논리적 모순에 직면한다. 대체로 적정 수준이라는 것이 무엇인가에 대해 발달론자 스스로도 모호한 태도를 취하고 있으며, 이는 이 이론을 학습에 실제 적용해야 하는 교사의 책임이 지난한 것일 수밖에 없음을 말해주는 것이다.[71]

　학생의 수준에 맞춘다는 말의 또 다른 의미는 아마 학습내용을 쉽게 한다는 뜻으로 사용되는 듯하다. 그리고 내용을 쉽게 한다는 말은 교과나 학문의 논리적 체계를 가정하는 것이라 할 수 있다. 사실 위에서 언급했듯이 모든 교과 영역에는 논리의 순서가 있다. 학문의 내용과 체계의 논리성을 찾으려는 가장 현저한 노력이 지식의 구조에 관한 논의라 할 수 있을 것이다. 그러나 이러한 논리적 분석이 인간 본성의 제한을 반영하고 있는 것인가? 특히 역사처럼 이론적·방법론적 구조가 불명확한 분야에서 학습내용을 계열화할 수 있는 원리를 어떻게 찾아낼 수 있는가? 설혹 그것을 발견하였다고 해도 논리의 순서에 따른 학습내용이 학생들에게 이해되었는가를 어떻게 파악할 수 있는가? 그것은 인간의 인지발달과 어떠한 관계가 있는가? 이런 질문에 대해 생각해보자면, 다시 우리는 지식의 구조와 인지의 구조에 관한 애초의 문제로 회귀하게 됨을 깨닫는다.

이렇게 본다면, 학생의 수준에 맞춘다는 말은, 교수행위에 대한 상식적인 지침을 제공하는 의미를 넘어 지식의 체계와 인간의 마음 사이의 관계라는 근본적인 문제를 제기하는 것이라 할 수 있다. 이 문제에 관해 반복론이 해결책이 될 수 없음은 이미 밝힌 바와 같다. 반복론이 교육내용의 구성에 대한 실질적인 지침을 마련해줄 가능성은 오래 전부터 인식되어왔지만, 그것이 가정하고 있는 학문적 진보와 인간 내부의 지적 발달 사이의 공통성에 대한 논의는 여전히 열린 상태라 할 수 있다.

이 글은 이 문제에 대해 속시원한 대답이나 새로운 돌파구를 마련하지 못하였다. 그럼에도 이 문제에 대한 생각은, 여러 측면에서 역사학습에서 인지발달에 관련된 이 글의 주제를 정리하고 발전시켜 나가는 데 유익하다. 인지구조와 학문구조라는 매우 익숙한 개념은 혼동되어서는 안 될 별개의 것이지만, 양자 사이의 관계에 대해 오랫동안 여러 사람의 고민이 있었으며 이는 인간의 지식구성에 관한 가장 본질적인 문제라고 할 수 있다는 것을 인식할 필요가 있다. 이러한 고민의 바탕에는 대체 학습을 가능하게 하는 것은 무엇인가라는 인식론상의 기본 문제가 도사리고 있다.

만약 인간의 지식이 회상(recollection)에 의한 것이라거나 혹은 그것이 기본적으로 성숙에 따른 것이어서 인위적인 학습이 불필요하다는 극단적인 불간섭이론(non-intervention theory)을 배제한다면, 우리는 여전히 학습내용에 대한 학생의 이해 상태와 인지구조의 상호작용에 대한 구성주의 학습이론의 연구 진전을 눈여겨보아야 할 필요가 있다. 예를 들어 학생의 사고를 일면적으로 조사하는 것보다 그것이 실질적인 역사의 내용을 접했을 때 일어나는 상호작용에 대해 주의를 기울일 필요가 있다는 관점에서 보면, 역사 교과서에 대한 연구가 그것을 읽는 학생의 입장을 고려하지 않았던 점에 대한 비판은 당연한 것이다. 최근 '독자반응이론(reader response theory)'이라는 해석학적 관점에서 독자와 텍스트의 상호작용과정을 탐구하는 것은, 별개로 진행되어온 학생의 사고에 대한 연구와 교과서 내용의 분석에 대한 연구를 접맥하는 새로운 전망을 제시해주는 것이라 할 수 있다.

더불어 효과적인 교수방법을 찾기 위해서는, 무엇보다도 역사연구에서의 탐구과정을 역사학습에서의 인지절차로 전환하는 문제에 대해서 관심을 기울여야 한다. 역사지식의 형성과정에 대한 해명이 좀 더 구조화된 다른 학문 분야나 교과에 비해 부진하다는 점은 이미 지적하였다. 역사적 사고 혹은 역사이해를 역사학의 내용으로 변형하는 문제의 시작은 역사의 학문적 절차와 방법에 대한 탐구라 할 수 있으며, 이런 의미에서 역사 연구자는 역사학습 문제를 논의하는 과정에서 중심적인 역할과 책임을 가지고 있다고 하겠다. 이는 역사가 모두가 동일한 사관과 연구절차를 가지고 있어야 한다는 것을 주장하는 것이 아니다. 중요한 것은 역사가가 자신의 연구절차에 대해 숙고하고 그러한 탐구행위에 대한 성찰을 표현할 수 있다면, 그 자체가 학생들에게 역사학습에서 배우고 궁리할 거리가 될 수 있다는 점이다. 이런 의미에서 역사학습에서의 인지발달에 관한 문제를 오로지 계량적인 심리학 연구에만 의존하는 것은 잘못이다. 왜냐하면 역사라는 학문의 의미와 특성을 규명하고 역사가가 작업하는 방식을 바탕으로 하여 절차적이고도 경험적인 역사적 사고로 학습내용을 마련하는 일은, 본질적으로 역사 연구자와 역사를 가르치는 사람의 과업이기 때문이다.

5. 맺음말

이 글에서는 피아제의 인지발달론을 소개하고 역사학습에서 그의 이론을 적용하는 데 따른 논쟁을 검토하는 한편, 대안적 연구 패러다임에서 두드러진 역사학습에서의 내러티브와 구성주의 학습이론의 가능성과 문제점을 살펴보았다.

그러나 논의를 전개하는 과정에서 드러났듯이, 역사학습에서 인지발달에 대한 논의들의 추이가 하나의 결론으로 판가름나거나 적어도 그런 방향으로 초점화되기보다 시각과 관점 그리고 연구방법을 달리하는 문제로 확산됨을 알 수 있다. 이는 역사학습에서 학생의 사고발달단계 상의 연령 지체에 대한 측정 문제에서, 역사의 인식론적 특성과 그것을 학생에게 가르치는 방법에 대한 문제로 전환됨을 의미하기도 한다. 최근 전자의 문제에 대해 계량적인 심리학적 연구 보고는 희귀하다. 연령 혹은 발달단계의 제한을 문제삼기보다, 오히려 역사가 학생들에게 어떻게 인식되고 있으며 그들에게 가르칠 역사란 어떠한 것이 되어야 하는가에 대한 관심이 높아지고 있다. 이는 어떤 의미에서든 피아제의 인지발달론을 역사학습에 그대로 적용하려는 시도를 극복한 것이라 할 수 있다.

반면 이러한 새로운 연구 추세는 역사학의 본질에 대한 근본적인 물음으로 회귀하게 됨을 의미하기도 한다. 역사서술의 전통적 형식이라 할 수 있는 내러티브의 의미와 역사학습에서의 이용 가능성을 따지거나, 인간이 만든 공적 지식체계로서의 역사의 특성을 규명하는 작업은 바로 이러한 추세의 반영이다. 이 가운데 역사학습이나 이해의 기준으로서의 역사학과 인지의 구조와 발달을 관련지으려는 시도가 나타난 것은 당연하다. 단지 이 글은 이러한 시도가 등장하게 된 배경과 의미에 대해 연구사적인 안내를 했을 뿐이다.

2장

역사학습의 인식론적 모색

1. 머리말

역사학습에 관한 관심과 연구 성과가 적지 않음에도 여전히 이 문제의 본질에 대한 개념화와 이론체계, 현장과의 연계성은 산만하고 모호하다. 그리고 본질적인 문제의식과 논의 영역도 편협하다. 현재의 역사학습론은 왜 문제 영역을 제대로 설정하지 못하고 있는가? 무엇보다 주된 이유는 많은 사람들이 주로 방법론적 차원인 교수학습론의 범주에서 역사학습의 문제를 다루어왔기 때문이다. 이러한 입장에서는 수업의 설계와 학습 현상에 대한 일반 교육학 이론을 역사교과에 적용하는 데 주력하는 반면, 가르치고자 하는 역사지식의 생성과정과 인식론적인 바탕 그리고 이에 대한 관점의 변화가 역사학습에서 차지할 수 있는 역할과 기능의 잠재성을 제대로 고려하지 못한다.

그렇다면 역사학습에 대한 주요 담론은 지금까지 어떻게 전개되어왔으며, 문제점은 무엇인가? 필자는 이러한 문제제기로부터 역사학습에 대한 새로운 시각을 탐색하려 한다. 이를 위해 역사교과 교육이론의 전형적인 담론이라 할 수 있는 교수학습론, 이론과 현장의 관계, 역사적 사고의 논의 양상과 전개 방향을 비판한 다음에, 역사화(historicization)의 개념을 바탕으로 비판적 역사인식의 의미와 중요성을 밝혀 역사학습론의 인식론적 전환을 모색하고자 한다.

2. 역사학습에 관한 시각과 담론의 문제점

1) 교수학습론

학교에서 역사를 가르치고 배우는 것은 역사교육의 핵심 영역이다. 아무리 영역이 다양해지고 학교교육 외의 새로운 연구주제가 계속 등장한다 해도 역사수업의 문제를 도외시한 역사교육이란 존재할 수 없기 때문이다.[1]

교수학습론이라는 용어가 말해주는 바와 같이, 현재 역사과 교수학습에 관한 이론의 바탕은 교수이론과 학습이론이다. 교수이론이란 가르치는 과정에 대한 이론으로, 대체로 학습과정이 일어나기 이전의 과정을 촉진하기 위한 방법론적 절차를 제시하고 있다. 이는 보통 수업모형으로 구체화된다. 수업모형이란 실제 수업 상황을 체계적으로 재현하는 것으로, 교육과정을 구성하고 수업자료를 선정하며 수업을 실행하는 데 이용되는 계획을 말한다. 이는 크게 계획―진단―수업―평가 단계로 이루어진다.

역사수업의 모형은 몇 가지 기준에 따라 분류된다. 첫째, 교수학습활동에 따른 강의법, 문답법, 탐구식 수업, 토론식 수업, 극화학습, 개별화학습, 활동학습 등이 있다. 둘째, 내용구성에 따른 사실학습, 개념학습, 주제학습, 시대학습, 인물학습, 비교학습 등이 있다. 셋째, 교수학습자료의 활용에 따른 사료학습, 역사지도 활용학습, 연표학습, 신문학습, 시청각학습, 컴퓨터학습 등이 있다.[2]

교수이론은 수업방법에 관한 사전적 절차를 연구하는 분야이고, 학습이론은 배운다는 것이 무엇이고 어떻게 일어나는가를 설명하는 것이다. 대표적인 학습이론으로는 행동주의이론, 통찰이론, 구조화학습이론, 인지구조이론, 인지과학이론 등이 있다.

한 시대를 풍미한 행동주의이론은, 학습을 새로운 행동을 획득하는 과정으로 보았다. 이를 촉진하려면 조건 혹은 자극을 만들거나 대체하여 바람직한 반응을 유도하고, 이 과정의 일부로서 효율적인 보상 혹은 강화를 제공해야 한다는 것이 행동주의 학습이론의 핵심이다. 그러나 이 이론은 행동의 변화로 구체화되는 학습목표를 중시하는 나머지, 수업에서 전개되는 교사와 학생의 내면적 사고과정과 상호작용의 의미를 외면한다는 비판을 받았다. 다양한 인식과 표현으로 이루어지는 학습 영역과 내용을 모두 행동목표로 진술할 수 없다는 점도 행동주의 학습이론의 쇠퇴를 재촉하였다.

한편 일어난 행동의 변화가 아니라 배우려는 사람이 사고의 과정을 통해 스스로 무엇인가를 성취하는 것을 학습의 본질로 생각한 사람도 있었다. 듀이(J. Dewey)는 사고과정없이 단순히 주어지는 정보란 죽은 지식으로, 이는 오히려 학습자의 마음에 부담이 될 뿐이라 생각하였다. 그는 학생 자신의 경험과 흥미에서 비롯된 문제에 의미를 두고 이를 스스로 해결하려는 학습자의 사고과정을 가르치는 것이 학습의 출발점이 되어야 한다고 주장하였다.[3] 이러한 그의 견해를 문제해결학습이론이라 부르기도 한다. 탐구수업은 바로 학습자의 사고절차를 학습과정으로 체계화한 것이라 할 수 있다.

현재 역사교육 분야에서 말하는 교수학습론은 주로 학교 현장에서 교사가 학생에게 역사를 가르치기 위한 수업의 모형과 방법을 가리킨다. 이 가운데 역사학습에서 자주 언급되는 수업방법은 탐구수업이다. 탐구란 어떤 의문이나 문제에 대한 해결방법이나 해답을 찾아내기 위해 체계적으로 자료를 처리하는 사고과정을 말한다. 일반적으로 문제 정의, 가설 설정, 자료 수집, 가설 검증, 결론 도출 및 적용의 다섯 단계로 구성된다. 흔히 교사가 일방적으로 역사사실을 전달하는 강의식 또는 설명식 수업에 비해, 탐구학습은 학생들 스스로 가정을 세우고 자료를 수집하여 결론을 도출함으로써 문제해결 능력을 기르는 방법이다. 이러한 사고과정을 통하여 학생들이 역사의 해석과 관점을 체득할 수 있다는 것이 탐구학습의 장점으로 여겨져왔다.

그러나 역사학습에 적합한 모델로 여겨지던 탐구수업은, 역사사실에 관한 지식을 소홀히 하기 쉽고, 내용보다 과정을 지나치게 중시하며, 학생들이 경험하는 사고의 의미와 기능이 명확히 규정되어 있지 않다는 문제점을 가지고 있다. 과학적 설명의 논리구조를 지니는 탐구절차에서 요구되는 가설 검증과 결론 도출의 성격이 역사의 연구와 학습에서 요구되는 그것과 다르다는 비판을 받기도 한다.[4]

현재 역사교수학습에 대한 담론은 대개 이러한 양상으로 진행되고 있다. 그러나 이러한 교수학습 논의는 다음과 같은 문제점을 가지고 있다. 첫째, 역사교수학습이라고 하면서도 담론의 개념과 전략은 주로 교육학과 심리학의 범주에 두는 반면, 담론의 영역과 대상은 역사수업 자체다. 이렇듯 담론의 개념과 전략이 영역과 대상을 간섭하거나 규제하고 있기 때문에 실제로 역사과 교수학습에 관한 논의는 독자성과 가치를 확보하지 못하고 있다. 이런 상황에서 교수학습론은 (어떤 의미에서든) 효율적으로 역사를 가르치기 위해 어떤 수업모형이나 학습이론을 도입하거나 이용하느냐에 머물러 있을 뿐, 어떠한 역사내용을 왜 가르쳐야 하는가의 차원에서 가르치는 방법의 문제를 다루지는 않고 있다. 교수학습론이 아닌 다른 분야에서 다루어야 할 문제라고 간주했기 때문이다. 이러한 이유 때문에 담론의 개념과 전략을 이루고 있는 교육학과 심리학에서 새로운 교수학습이론이 나와서 그것을 역사과로 적용하지 않는 한, 역사교수학습론은 자체로 변화를 모색하거나 현재의 문제점을 돌파할 수 있는 계기를 만들지 못하고 있다.

둘째, 현재 역사과 교수학습론은 교사를 수업절차와 전략을 선택하고 운영하는 존재로서 학생이 이해할 수 있게 가르칠 내용을 전달하는 중계자로 설정하고 있다. 따라서 가르칠 내용에 대한 개별 교사의 이해방식과 이것을 전달하기 위한 교사의 사고과정은 그다지 중시하지 않는다. 사실 교사가 가르칠 내용을 재구성하는 데서 나타나는 역사인식의 특성과 표현은 수업을 전개하는 데 핵심 부분이다. 그런데도 이러한 과정이 수업모형과 절차에 이미 갖추어져 있거나 자동적으로 매개되는 것으로 간주하고 있는 것이다. 이 부분에서 '교사의 역사이해방식과 상관없이 전달될 수 있는 학생의 역사이해란 대체 무엇인가?'라는 의문이 당연히 제기된다.

셋째, 많은 역사학자들이 역사과 교수학습론을 경시하거나 의심하고 있다. 교수방법적인 변형 때문에 연구 성과로서의 역사인식이 왜곡되거나 단순화되는 것을 염려하는 것이다. 하지만 이러한 염려는 대부분의 교수학습론이 어떻게 가르치고 배울지와 어떻게 이해하고 있는지를 무리하게 분리하는 데서 생긴다. 연구자의 인지절차, 즉 문제인식, 자료 파악, 해석 및 결론 도출의 방식 등이 학습의 주요 대상과 영역인데도, 현재의 교수학습론은 이 문제에 관하여 연구자들도 역할과 책임이 있다는 점을 분명하게 드러내고 있지 못하다. 오히려 연구자들은 자신들의 연구 성과를 교수학습론이 오염시킬지도 모른다고 염려한다.

2) 이론의 역할 및 현장과의 관계

역사교수학습이론에서 자주 들을 수 있는, 어떤 수업방법이 효율적이니 활용해보라는 식의 담론에서는, 절차상의 세부 문제나 구체적인 사례의 특수성을 제외하고는 논란의 여지도 별로 없고, 그나마 이러한 문제제기도 빈약하다. 더구나 현장 교사들은 이론 연구가 제시하는 구체적인 방안에서 실질적인 도움을 얻지 못하고 있다. 다시 말하여 현재의 교수학습론은 이론과 현장을 서로 보완하기보다 양자 간의 비생산적인 갈등을 심화시키는 경우가 흔하다. 많은 현장교사들이 대부분의 역사교수학습이론 연구가 수업 현장과 동떨어져 있어 현실적으로 중요하거나 도움이 될 만한 것을 제공하지 못한다고 비판한다.

사실 역사교육을 포함한 교과교육 분야는, 연구 영역과 대상이 수업 현장과 관련된 것이고 현장 적용성 자체가 이론 연구의 존립 기반인 것으로 여겨지는 경향이 있다. 필자는 실제로 중등학생들에게 역사를 가르치지는 않지만, 이론 연구자로서 연구의 동기와 관점은 역사를 가르치고 배우는 문제에서 출발한다. 필자가 연구논문을 통해서 말하고자 하는 바가 수업 현장에 별 도움이 되지 않는다면, 그 이유는 문제를 잘못 파악하고 있거나 이른바 아카데미즘에 빠져서 학문담론의 포장 아래 구체적이고 복잡한 수업 현장의 문제를 회피하거나 희석시켰기 때문일 수도 있다. 물론 이러한 지적과 비판은, 교과교육이론 연구의 용도와 가치를 더 깊게 생각해볼 계기와 기회가 된다.

그러나 이러한 지적과 비판에도 그대로 지나칠 수 없는 문제가 있다. 우선 수업 현장에 실질적으로 도움이 될 만한 연구가 필요하다고 할 때, 그 도움이란 것이 무엇인지가 불분명하다. 위에서 언급한 대로 교수학습의 이론은 그것이 수업의 모형이든 방법이든 실제로 벌어지는 수업에 대한 처방이 아니다. 만약 처방과 같은 수업의 절차와 방법을 원한다면, 그것은 가르치는 사람이 구상하고 판단하고 결정해야 할 부분을 포기하는 것과 다름없다.

오히려 이론은 현장의 문제에 대한 처방과 해결을 무리하게 제시하는 대신에, 이를 개념화하고 문제화함으로써 본래 역할에 충실할 수 있다. 이론이 현장에 공헌한다고 해서 현장의 문제에 함몰된다면, 이론의 기능과 영역은 사라지고 현장은 문제제기와 비판의 기회를 상실하게 된다. 만약 이론 연구가 일종의 지식권력으로 현장 문제와 목소리를 왜곡하거나 억누른다면, 이론 연구가 현장에서 동떨어져 있다거나 적용 가능성이 희박하다는 비판보다는 그것이 어떻게 그러한 권력의 메커니즘을 형성하고 그 안에서 기능해왔는가에 대한 그야말로 이론적인 비판이 필요할 것이다.

이처럼 이론과 현장 간에 갈등이 생기는 큰 이유는, 본질적으로 교수학습론이 교사에게 '생각할 수 있는 하나의 도구(thinking tool)'라는 사실이 분명하지 않기 때문이다. 즉 교사는 교수학습론을 통하여 자신의 인식 기반과 그것이 수업에서 표현되는 조건과 과정을 살펴보아야 한다. 이런 점을 고려하지 않고 이론이 현장에 실질적인 도움을 줄 수 있는가를 판단하는 것은, 양자의 기능과 역할을 제대로 파악하지 못한 결과다. 수업의 절차와 방법을 처방하는 것을 목적으로 하는 교수학습론은, 가르치는 사람이 창의적으로 구상하고 판단하고 결정해야 할 수업과정의 가장 중요한 부분을 방치하는 것이다.

3) 역사적 사고

역사적 사고는 역사교육담론의 중심에 있으며, 그 중요성에 대한 인식이 모든 연구와 현장에 확대되고 있다. 역사적 사고력 양성은 현행 역사교육과정의 중요한 교과목표이며, 최근 많은 연구자들이 역사적 사고력의 개념과 성격 규명에 주력하고 있다. 이렇게 역사적 사고에 관심과 논의가 집중되는 데에는 몇 가지 이유가 있다. 무엇보다도 역사적 사고라는 개념 자체가 학습에서 사고력을 중시하는 최근 교육학의 흐름에 보조를 같이함으로써, 그동안 역사교육의 최대 문제점이라고 지적된 비활동적인 암기식 수업을 개선하는 가장 효과적 방안을 포함하는 것처럼 보이기 때문이다.

또한 역사적 사고는 기본적으로 역사가의 연구과정을 그 모델로 하고 있다. 즉 역사학의 연구방법과 절차가 역사적 사고의 바탕이므로, 역사적 사고력을 양성한다는 것은 역사를 역사답게 가르쳐야 한다는 주장을 내실화할 수 있는 적합한 방안이다. 따라서 우리나라에서만 더욱 강화되는 사회과 통합 추세로 말미암아 교과로서 역사의 위상과 역할이 도전받고 약화되는 상황에서, 역사적 사고는 독자적인 학습·인식 영역으로서 역사교과의 가치를 정당화하는 교과목표와 학습절차로 설정될 수 있다.[5]

더구나 역사적 사고라는 개념은 역사교육을 둘러싼 담론주체들에게 논의의 영역과 역할을 분담하는 효과를 가져왔다. 역사적 사고는 교육정책이나 교육과정 개발 담당자들에게 단순 암기하는 역사의 방법론적 치유책으로 명분상 손색이 없을 뿐 아니라, 논란의 소지가 많은 역사교육의 목표를 이데올로기에서 분리시킬 수 있는 대안으로서 매우 매력적이었다. 역사 연구자들에게도 역사적 사고는 역사교육을 역사학의 인접 분야로서 별도의 영역으로 구분하는 데 적절한 개념이었다. 앞서 말한 대로 역사학의 연구방법과 절차가 역사적 사고의 바탕이므로, 역사적 사고라는 개념은 역사교육에서 역사학이 차지하는 본질적인 위상을 다시금 확인하게 해주는 것이었다. 그리고 역사 연구자들은 자연스럽게 역사적 사고를 규정하고 수업, 교육과정, 교과서에 구체화하여 활용하는 것을 역사교육의 몫으로 돌릴 수 있었다.

역사교육 분야는 역사적 사고를 독자적인 연구대상과 영역을 설정하고 발전시킬 수 있는 적절한 논의 소재로 받아들였다. 역사적 사고를 둘러싼 논의는 수업방법이나 학습내용 개발 같은 다소 기계적인 작업보다 하나의 연구 분야로서 역사교육의 모습을 갖출 수 있는 개념과 논의구조를 제공하는 것으로 여겨졌다. 또한 인접 학문과의 관련성에서도 사고력에 관한 심리학과 교육학의 풍부한 연구 성과, 역사적이라는 것에 대한 역사학 또는 철학 분야의 깊이 있는 논의는 역사적 사고가 학문적 담론으로서 전혀 손색이 없다는 사실을 뒷받침해주었다. 더구나 대부분의 교육학자, 교육과정 담당자, 역사 연구자 들이 역사적 사고를 역사교육의 주요 논의 영역으로 기대하거나 인정하고 있다.

이렇게 보면 역사적 사고에 관한 담론의 생성과 논의구조가, 지식이 권력주체들의 의도에 따라 구성되고 변화된다는 권력/지식의 관계와 속성을 드러냄을 발견할 수 있다. 이러한 의미에서 역사교육을 둘러싼 논의 집단들이 역사교육에 관한 담론을 어떻게 전개해왔고, 그 담론 관행 속에서 어떻게 권력관계를 변화시켜왔으며, 또한 이 과정에서 역사교육의 담론이 어떻게 바뀌어왔고, 새로운 담론구조 속에서 논의 당사자들이 어떻게 (재)배치되었는지에 대한 비판과 분석이 필요하다. 이러한 역사교육담론 분석은 더욱 상세한 이론틀과 방법론을 바탕으로 하는 별도의 작업으로 추진되어야 할 것이다. 다만 이러한 문제의식에서 보면, 현재 역사적 사고에 관한 담론이 지나치게 사고의 기능적 측면에 치우쳐 있다는 점을 발견하게 된다.

역사적 사고에 대한 논의는 대체로 역사적 사고를 보는 태도를 구분하는 것에서 시작한다. 하나는 일반적 사고를 역사교과나 역사교재에 적용하였을 때 이를 역사적 사고라고 보는 태도이고, 다른 하나는 각 교과에 고유한 사고 형태가 있으며 역사적 사고 역시 다른 교과의 사고형태와는 구별된다는 태도다. 전자를 주장하는 사람들은 교육학 일반에서 제시되는 교육목표나 교수모델을 역사교육에도 적용하려 한다. 이에 반해 역사학자나 역사철학자 사이에서는 후자의 태도가 자주 제기되고 있다.[6] 예를 들어 콜링우드(R. G. Collingwood)는 역사에서 중요한 것은 사건에 포함되어 있는 사상이며, 그것을 알 수 있는 방법은 과거의 역사를 역사가 자신의 정신에 재연(reenactment)하는 길뿐이라고 주장한다. 이에 따르면, 역사적 사고란 과거 사건 속에 포함되어 있는 인간의 사상을 재연하는 것이다. 즉 역사 이해는 과거에 대해 개별적 접근을 필요로 하며, 이는 고유한 사고의 형태로서 상식이나 과학적 사고와 다르다는 것이다.[7]

역사적 사고가 사고의 형식 및 방법에서 고유하다는 주장에 이어지는 논의는, 어떠한 면에서 고유하고 그 영역은 어떻게 구성되는가 하는 점이다. 이에 대해 김한종은 역사적 사고에는 일반 과학에서와 마찬가지로 논리적 탐구방법을 사용하는 측면과 과학적 사고의 경우보다 직관적인 방법을 더 많이 사용하는 역사적 상상의 두 가지 측면이 있다고 보았다. 그리고 역사적 사고력의 영역을 역사적 탐구 기능과 역사적 상상력으로 구분하여, 전자는 문제의 파악능력, 정보의 수집능력, 자료의 취급능력, 결과의 적용능력, 후자는 역사적 판단력, 역사적 감정이입, 삽입 등으로 구성된다고 주장한다.[8]

이렇듯 역사적 사고의 영역을 세분화·체계화함으로써 학습모델을 수립하고 학습내용을 구성하려는 것이 현재 역사적 사고에 관한 연구의 추세다. 이러한 모습은 미국에서 상당한 논란 끝에 발간된 《국가역사표준(national history standards)》에 가장 구체적으로 나타난다. 《국가역사표준》은 학생들이 습득해야 할 목표를 역사적 사고기능(historical thinking skills)과 역사이해(historical understanding) 영역으로 나누고, 역사적 사고기능을 연대기적 사고(chronological thinking), 역사이해(historical comprehension), 역사적 분석과 해석(historical analysis and interpretation), 역사적 탐구(historical research), 역사적 쟁점 분석과 의사결정(historical issue analysis and decision making)으로 분류했다. 그리고 이러한 사고기능을 사회, 정치, 과학·기술, 경제, 철학·종교의 이해 영역에 연계하여 학생들이 성취해야 할 과제를 배열하고, 각 항목마다 기대되는 역사학습의 내용을 진술하고 있다.[9]

역사적 사고를 기능으로 간주하여 세분화하려는 논의 경향은 미국의 《국가역사표준》이 발간된 이후 우리나라에서 더욱 확장되고 있다. 많은 사람들이 《국가역사표준》이 역사적 사고기능을 강조하는 동시에 이것이 역사적 이해와 어떻게 통합되는지 잘 보여주고 있다고 긍정적으로 평가하면서, 우리 역사교육과정의 내용을 구성하는 데 이 보고서가 제시하는 사고력과 역사내용을 조합하는 모델을 참조하고 있다.

위에서 볼 수 있듯이 현재 통용되는 역사적 사고에 대한 담론은, 역사적 사고의 본질이 전체적이고 통합적이라고 하는 전제에도 사고의 기능을 순서화하거나 분류함으로써 사고의 기능에 따라 학습할 역사적 내용을 선택하는 방식을 취하고 있다. 더구나 역사적 사고가 고유한 것이라고 주장하면서도 사실상 그것을 사고기능으로 구체화하고 있기 때문에, 역사적 내용이 사고의 대상이라는 점을 제외하면 결국 역사적 사고기능의 성격이 일반적 사고기능과 본질적으로 어떻게 차별화될 수 있는지의 문제가 남는다. 즉 역사적 사고가 고유하다는 전제에 따라 설정하고 분류한 사고기능이 역사적 사고의 고유성을 다시 일반화하고 있는 것이다.

역사적 사고를 둘러싼 담론에서 중심이 되어야 할 것은 당연히 사고가 아니라 역사다. 사고를 기능화하여 역사적으로 생각하게 한다는 것은 본말을 뒤바꾸는 상황을 낳는다. 더구나 이러한 접근에서는 역사적 사고력의 양성이 역사교육의 가치중립적 목표로 강조되는 경향도 있다. 즉 역사교육에서 중요한 점은 학생들로 하여금 역사가처럼 생각하게 하는 것이고, 과거 사건의 의미와 가치에 대한 평가와 판단은 개별화된 사고의 결과에 맡긴다는 것이다. 이 경우에 사고력을 중심으로 하는 학습이론이 학습의 절차를 중시하여 학습내용을 탈가치화하고 교과의 인식상 특성을 배제하는 문제점이 역사교육에서도 반복될 가능성이 크다.

더구나 역사적 사고를 인지 또는 역사의식의 발달단계와 연결시켜 논의하는 경우[10]에 이러한 논의의 전제는 학생 개개인을 보편적으로 표준화된 발달단계에 따라 정상/비정상으로 구분하여 개별화·대상화하는 문제점을 가지고 있다. 또한 발달단계이론에 따르면, 어떤 학생은 연령이나 발달 수준에 따라 특정한 학습내용을 이해할 수 없으므로, 오히려 학습의 기회를 상실하고 발달단계에 적합한 것으로 생각되는 학습내용만이 학습순서로 배열될 가능성도 커진다. 따라서 보편적인 심리적 표준을 전제하여 결과적으로 역사학습의 주체인 학생과 대상인 과거 사건을 재단하는 결과를 빚는 것이다.

교사의 소임을 어떻게 규정하는가의 문제도 역사적 사고의 담론에서는 제외되고 있다. 탐구학습의 담론에서 교사의 역할과 기능이 중시되지 않는 것처럼, 절차화되고 분류화된 역사적 사고의 담론에서도 교사의 역할이 별도로 규정되지 않는다. 더구나 역사적 사고의 영역과 기능의 설정 및 분류가 이미 정해져 있으므로, 교사는 이에 맞춰 학습내용을 설정하고 배열하면 된다는 기계적이고 도구적인 생각을 하게 되고, 당연히 이러한 영역의 설정 및 분류나 이로부터 기대되는 사고기능에 적용하기 쉽지 않은 내용들은 배제된다. 이러한 현상은, 많은 역사교육 연구자들이 역사적 사고를 기능화하고 그에 따라 학습할 내용을 적용하려 한 반면에 사고와 내용을 역사적으로 만드는 방안이 무엇인가 그리고 그 과정에서 교사의 역할이 무엇인가에 대해 신중하게 고려하지 않았기 때문에 나타난 결과다.

역사적 사고에서 사고기능을 분류하고 체계화하는 것은, 마치 비판적 사고(critical thinking)에서 사고의 절차를 중시하는 나머지 비판이라는 부분을 도외시하거나 경시하는 것과 같다.[11] 만약 '비판'이라는 부분이 중요하지 않다면, 굳이 비판적 사고라고 할 것 없이 차라리 '반성적 사고(reflective thinking)'라고 부르는 것이 더 적절하지 않겠는가? 마찬가지로 역사적 사고에서 사고기능이 지나치게 중시된다면, 역사적 사고라는 용어와 의미에서 무엇이 역사적인가라는 매우 심각한 질문에 부딪히게 된다.

물론 역사적 사고의 기능적 분류가 전혀 무용한 것은 아니다. 사고를 기능적으로 분류하고 이에 따라 역사학습의 목표와 내용을 체계화하면, 획일적인 암기 위주의 학습을 탈피하고 학습 영역을 다양화할 수 있다. 그러나 이러한 장점만 보고 역사적 사고를 사고기능의 방향에서 접근하다 보면, 역사적 사고가 역사적일 수 있는 의미와 명분이 축소되거나 왜곡될 가능성이 크다. 역사교육의 목적에서 중요한 것은 사고의 기능이 아니라 역사인식이다. 그리고 이것은 과거 사건을 사고기능에 따라 정해진 질문의 형식에 적용하는 것이 아니라, 무한하게 펼쳐진 과거 사건을 어떻게 의미 있게 묻는가 하는 것에서 출발한다.

3. 인식론적 전환의 가능성과 방향

　역사학습론이 이러한 문제점을 극복하고 새로운 전망과 방향을 제시하기 위해서는 인식론적 시각에서 문제틀을 바꿔야 한다. 역사를 가르치는 문제에 접근할 때 중요한 것은 먼저 수업모형이나 학습방법이 아니라, 교사와 학생의 문제인식이다. 교수학습에 대한 인식론은 가르치는 행위에 대한 처방이 아니라 가르치기 위한 지식의 성격과 그것을 만드는 과정에 관한 성찰이다.

　역사를 가르치는 것은 역사를 이해하는 것과 분리되지 않는다. 교사는 연구활동으로 얻어진 역사지식을 학생이 이해할 수 있게 전달하고 재생산한다. 역사교사가 전문 연구자와 다른 점이 있다면 가르칠 궁리 속에서 내용을 이해하려 한다는 것이다. 이런 점에서 교수방법에 대한 지나치게 편협한 견해는, 동일한 인식행위의 연속이라 할 수 있는 연구하며 가르치고 배우는 과정을 무리하게 구별하고 분리하는 데에서 나타난 현상이다. 어떻게 가르치고 배우는가 하는 문제는, 사실 어떻게 이해하고 있는가의 적극적인 표현이라 할 수 있다. 이러한 의미에서 교수학습론은 그 대상과 과정에서 학생과 교사의 존재를 고려하는 하나의 인식론이라 할 수 있다. 여기서 말하는 인식론이란 진리의 궁극적 규칙을 찾는 메타담론이 아니라, 가르치고 배우는 특수한 상황에서 지식이 생성되는 조건과 과정을 이해하려는 노력을 의미한다.

이러한 인식론의 연장 선상에서 가르치는 방법의 문제를 생각해야 한다. 모든 학문 분야는 고유의 지식을 생성하는 과정을 어떠한 형태로든 학습의 절차로 제시하고 있다. 역사과 교수학습에서 먼저 생각해야 할 것은, 역사 연구의 조건, 역사지식의 생산절차와 양상, 그리고 그것이 수용되고 배포되는 사회 현실과의 관계이다. 그리고 이러한 사실을 역사학습의 대상으로 포착해야 한다. 이러한 작업은 역사의 학문적 절차와 방법에 대한 비판적 탐구에서 시작된다고 할 수 있다. 이런 의미에서 가르치는 방법은 다른 분야에서 빌려오고, 가르칠 내용으로 역사를 대상화하는 현재의 역사교수학습론은 이론적으로 순진하고 실질적으로 공허하다.

역사지식을 만들고 전달하는 과정에서 교사는 독자적인 위치에서 적극적으로 개입하는 존재이다. 역사교수학습을 인식론적 측면에서 파악할 때 제기되는 가장 핵심적인 질문은, 역사교사가 가르칠 내용을 어떻게 문제화하는가 하는 것이다. 이러한 역사적 인식의 방향은, 교사와 학생의 인지과정을 상황 및 배경과 무관한 것으로 탈가치화하고 사고기능으로 심리화하는 것이 아니라는 전제 하에서 그 사회적 맥락을 이해하는 것이다. 그렇다면 교사가 역사를 문제화한다는 것은 무슨 의미인가? 문제화와 관련하여 역사화란 어떠한 점에서 새로운 역사인식이라고 할 수 있는가?

1) 역사화

역사인식으로서 문제화의 출발점은 현재 상황에 대한 비판적인 안목을 가지고 과거에 질문을 던지는 것이다. 여기서 중요한 점은 현재에 이르게 된 과정의 기원을 찾아 계속성과 연속성의 차원에서 설명하지 않는 것이다. 이런 식의 설명은 현재의 문제를 드러내기보다 감추게 되고, 이때 역사는 권력화된 지식의 형식으로 과거를 순치하고 통제하는 수단으로 작용할 수 있다. 이보다 인식과 담론의 단절을 통해서 과거가 어떻게 달랐는가를 과거의 맥락과 상황에서 이해하는 것이 중요하다. 이것은 단지 과거가 현재와 다르다는 점만을 강조하는 것이 아니라, 과거에 얼어난 어떠한 인식의 변화와 권력의 작용이 현재에 미치고 있는가를 비판하는 것이다. 또한 결정된 현재와 다른 가능성의 역사를 탐색함으로써, 현재의 문제를 해결해 나갈 수 있는 폭넓은 인식의 바탕을 형성하고자 하는 것이다.

예를 들어 푸코(M. Foucault)는 오늘날 성에 대한 담론이 넘쳐흐르는 이유를 탐구하고자 역사를 살펴본다. 그에 의하면 근대의 성담론이 우리를 자유롭게 할 것이라는 착각과 달리, 다양한 섹슈얼리티(sexuality) 담론들은 기존의 질서를 유지하고 우리의 섹슈얼리티를 억압하는 하나의 방법에 불과하다. 17세기 금욕적인 사회 분위기에서조차 성에 대한 고백이 광범하게 확산되어 목회자들은 신자들에게 성에 대해 모든 것을 낱낱이 말하도록 요구하였고, 이러한 고백의 기술(technology)이 성에 대해 행사되는 권력작용의 관계에서 성적 욕망에 대한 과학을 정립하는 것으로 바뀌어 개인의 섹슈얼리티

를 통제해왔다는 것이다.[12]

이러한 문제화의 인식론적 전제는 무엇인가? 개인의 자아를 구성하는 지식은 자아의 행위와 참여를 유도하고 조절하는 사회적 영역에 속한다. 또한 사회의 다양하고 중층적인 담론으로 지식과 이론을 구성하는 언어는 하나의 독립체계로, 인간의 정신과 문화적 삶을 형성·제한·변화시킨다.[13] 이러한 이론과 지식이 생성되는 사회적·언어적 관례와 메커니즘 그리고 이것에 작용하는 권력관계에 대해 질문을 던지는 것이 바로 역사화다.

새로운 역사인식론으로서 역사화 작업은, 어떤 역사적 범주나 개념이 형성되고 그에 따라 다양한 주체들이 담론적으로 구성되고 투쟁하고 수용되는 갈등과 모순의 과정을 밝히려는 것으로 나타난다. 이는 역사적 범주와 개념을 본질화하여 그것을 바탕으로 과거의 사건을 설명하는 것과는 다르다.[14] 예를 들어 콜링우드가 역사적 사고의 고유함을 주장하면서 과거의 경험을 재연한다고 할 때, 그것은 역사가의 독자적 사고행위를 전제로 하는 것이며, 역사가가 어떤 위치에 처해 있는지 그는 누구이며 타자와의 관계는 어떠한지의 문제는 중시되지 않는다. 그러므로 역사연구에서 역사화 작업이란, 계급, 인종, 젠더(gender), 생산관계, 주체 같은 역사학에서의 표상 및 분석범주들이 어떻게 형성·이용되었고, 역사가들이 이러한 범주를 바탕으로 과거를 연구하는 것이 뜻하는 것은 무엇이며, 역사가의 분석틀과 연구대상의 관계는 무엇인지를 따져보는 것이라 할 수 있다. 이런 입장에서 역사가는 중립적일 수 없으며, 또한 생산되는 역사지식에 대해 객관성을 주장할 수 없다. 왜냐하면 어떠한 범주와 개념을 역사화할 것인가를 선택하는 것은 정치적일 수밖에 없으며, 지식의 생산과정에 있는 역사가 자신의 위치에 대한 인식과 결부되어 있기 때문이다.

마찬가지로 역사교사의 지식생산과정에는 자신의 현재 위치와 문제의식에 대한 인식이 필연적으로 깔려 있을 수밖에 없다. 따라서 교사의 문제화 과정과 그것의 인식론적 토대로서 역사화는, 각자의 현재적 문제의식과 지식 및 이론 생성의 사회적 · 언어적 조건에 대한 비판의식을 바탕으로 한다.

2) 객관성과 텍스트, 그리고 역사교사

새로운 역사인식으로서 역사화는 학교 역사교육의 기본 담론이라 할 수 있는 객관성과 텍스트 그리고 교사의 위치와 역할에 대한 재개념화를 요구한다. 객관성은 역사학의 기본 인식방법과 태도로 여겨져왔고, 이러한 현상은 역사수업에서도 반복되고 있다. 객관성은 역사학과 역사학습이 추구해야 할 최고의 가치로 간주된다. 따라서 역사교사와 교과서가 객관적이지 못하다는 비판은 치명적일 수 있다.

역사적 객관성이란 무엇보다도 과거의 실재와 진리가 대응한다는 것을 전제로 하며, 인식주체와 인식대상, 사실과 가치, 특히 역사와 허구를 철저히 구분한다. 역사적 사실은 해석과 다른 것으로 간주된다. 역사가의 소임은 객관적이고 중립적이며 이해관계를 초월한 판단을 내리는 것이다. 과거는 엄연한 실체로 존재하며, 역사가의 임무는 사료에 근거하여 되도록 객관적으로 과거를 재구성하는 것이다.

객관성은, 역사의 사실 기록에 증거의 규칙을 엄격히 적용함으로써 과거는 증거 속에서 발견되는 것이라는 확신에서 자라났다. 결국 객관성은 역사의 도구이자 가치로 절대화되었다. 이러한 객관성의 추구는 역사학습의 텍스트에서도 그대로 이어진다. 현재 대부분의 역사 교과서, 사료, 자료 등의 텍스트는 모두 과거에 있었던 사실을 보여주는 것으로 이용된다. 즉 텍스트의 기록성[15]이 중시되는 것이다. 따라서 이것을 이용하는 과거에 대한 학습은 지식을 만드는 것이 아니라 전달하는 과정이다. 역사 교과서는 텍스트의 기록적 성격을 극대화하고 있다. 교과서의 서술내용은 객관적 진리이며, 의미는 만들어지는 것이 아니라 학습자 외부의 기호체계에 고정된 것으로 학생들에게 제시된다. 의미가 확정되어 있고 주어지기 때문에, 의미 생성에서 학생들이 차지하는 구실은 무시되거나 축소된다. 이때 교사는 객관적 지식 전달과정의 객관적 매개자이다.[16]

이런 상황에서는 의미가 사회관계, 언어 사용, 인간의 이해와 권력관계를 반영하는 담론 속에서 발견되는 것으로서 고정된 것이 아니라 해체되는 것이라는 점은 부각될 수 없다. 또한 역사가에 따라 역사사실이 다양하게 구성될 수 있으며 서술내용에서 진리의 상응이론에 따라 판가름될 수 없다는 점은 무시된다.

더구나 기록적 성격의 텍스트라고 하더라도 그것이 과거를 그대로 말해주는 증거가 될 수 없다. 관청의 문서 같은 공식적 텍스트가 가장 타당한 증거일 것이라는 생각은 착각이다. 그것은 오히려 역사의 행위자들이 의도적으로 역사가들에게 읽을 것을 강요하고 유인하려는 인조물일 수 있다. 설혹 문서의 신빙성을 판별할 수 있는 경우에도 문제는 있다. 문서에 기록된 사실보다 기록되지 않은 사실들이 훨씬 많고, 이러한 경우 기록된 사실이 더 중요하다는 판단은 논리적으로 불가능하다.[17]

역사서술에서 관점의 개입은 피할 수 없는 일이다. 역사가는 어떤 관점을 택함으로써만 역사를 서술하고 해석할 수 있다. 관점 자체가 바로 과거를 역사로 바라보는 방식을 마련해주기 때문이다. 관점이 없으면 해석도 불가능하다. 본질적으로 역사란 시작과 중간, 끝 그리고 배경, 등장인물, 갈등과 해결이 있는 과거에 대한 이야기다. 역사가 이야기로 전달되려면, 누군가는 그 이야기가 언제 시작되고 끝나게 되는지, 무엇을 포함하고 생략해야 되는지, 어떤 사건을 갈등으로 또 어떤 사건을 결말로 삼아야 하는지를 선택해야 한다. 따라서 역사서술은 언제나 관점에 따른 해석을 포함하게 된다. 즉 어떻게 이야기할 것인가를 결정해야 한다.

역사가가 관점과 해석을 통해서 역사지식을 만들어내는 것과 마찬가지로, 역사교사는 가르칠 내용을 재구성한다. 즉 교사도 역사지식을 만들어내는 존재다. 역사지식의 생성에서 관점과 해석이 중요하다고 한다면, 그것은 역사가만이 아니라 교사에게도 해당되는 말이다. 역사지식을 만들고 전달하는 과정에 개입하는 교사는, 객관적 지식을 객관적으로 전달하는 순진한 매개자로서만 존재할 수 없다. 역사교사에게 중요한 것은, 역사화라는 인식론적인 토대에서 가르칠 내용을 문제화하면서 자신의 위치와 역할을 파악하는 것이다. 이것은 학문과 학교에 걸쳐 있는 지식 생산 및 유포의 구조와 과정에서 자신의 관점과 해석 그리고 문제인식, 이러한 구조 속에서 통제되는 주체인 교사와 학생의 관계에서 오가는 역사담론과 지식의 성격을 학생들에게 드러내는 일이다.

4. 맺음말

교수학습방법에 대한 기존의 연구와 적용 시도는, 기본적으로 실증적인 역사학의 틀을 전제하거나 반영하고 있다. 따라서 어쩔 수 없이 실재를 반영하는 객관적 지식과 전달을 중시한다. 또한 교사가 가르칠 내용을 절차적으로 조직하여 학생에게 제공하는 방법으로 진행된다. 그러므로 현재의 역사학습론은 여전히 교수학습에 관한 방법의 담론이지, 역사인식에 관한 담론이 아니다.

교수학습론이 이러한 문제점을 극복하고 새로운 전망과 방향을 제시하기 위해서는, 인식론적인 시각으로 문제를 바꿔야 한다. 역사를 가르치는 문제에 접근할 때 더 중요한 것은, 수업모형이나 학습방법이 아니라 교사와 학생의 역사인식이다. 교사와 학생이라는 인식주체는 기능과 소임의 차이가 있지만 인식의 본질과 과정은 유사하다. 교수학습에 대한 인식론은 가르치는 행위에 대한 처방이 아니라, 가르치기 위한 지식을 만들어가는 조건과 문제화 과정에 관한 성찰이다.

가르칠 내용을 재구성한다고 할 때 핵심은 교사의 문제인식이다. 역사인식의 출발점은 현재 상황에 대한 비판적인 안목에서 과거를 보는 것이다. 과거 사건에 대한 관심은 현재와의 관련성에서 비롯된다고 할 수 있다. 역사 연구와 학습이 반드시 즉각적인 유용성을 가져야 하는 것은 아니지만, 그렇다고 현재와의 관련성을 포기할 수는 없다. 역사 연구 자체가 사회적 관심의 영향을 받기 마련이며, 또한 이로 인하여 연구 영역이 확대되는 것이다. 즉 현재적 관심에 역사적 관점을 제공하는 것이 역사를 연구하고 학습하는 의미라고 할 수 있다. 따라서 가르칠 내용의 문제화와 이러한 인식 토대로서 역사화가 역사학습에 관한 논의의 중심이 되어야 한다.

물론 이러한 문제인식의 방법은 지나치게 현재주의적이라거나 제기된 문제에 따라 영역과 자료를 임의적으로 선택한다는 비난을 받을 수 있다. 그러나 객관성과 가치중립성을 내세워 역사의 흐름을 전체적 또는 구조적으로 파악한다고 하면서 주어진 결과로서 현실을 고정적으로 설명하는 것보다, 이러한 문제제기의 방식이 역사인식의 비판적인 성격에 더 적합하다고 생각한다. 결국 이것은 교수학습방법론이 아니라 역사인식론이다. 역사는 그 자체가 하나의 인식양식이다. 역사학습론을 인식론으로 전환한다는 의미는, 역사라는 학문 영역이나 교과목의 성격과 구분을 무시하거나 포기하는 것이 아니라, 오히려 그것을 가르치고 연구하는 의미를 새롭게 함으로써 역사교육의 논의 영역을 확장하려는 것이다.

3장

역사적 사고의 한계와
역사화의 가능성

1. 머리말

역사적 사고는 역사교육이론 연구의 최대 주제이다. 이 용어는 역사이해, 역사의식 등의 개념과 중복되어 인식되고 사용되는 경우가 많아서, 사실상 역사교육 연구의 거의 모든 영역에서 이 문제를 거론하고 있다고 해도 지나친 말이 아니다. 또한 적지 않은 관련 연구 성과 덕에 역사적 사고라는 연구 영역 자체가 역사교육 연구의 독자적 이론체계를 마련하는 데에 크게 공헌하기도 하였다.

대개 그간의 논의는 역사적 사고를 개념적으로 정의하거나 관련된 사고기능과 하위 영역을 분류하는 경우가 많았다. 그러나 역사적 사고라는 용어가 전제하는 것, 구별하고 있는 것, 관련 지식을 생산하는 방식과 양상, 이에 대해 말하는 사람들의 위치와 상호관계에 대해서는 별다른 논의가 진행되지 않았다. 필자는 이미 다른 글에서 역사적 사고와 관련된 논의의 이러한 문제점을 지적한 바 있다. 역사학습이론을 인식론적 시각으로 전환해야 한다고 주장한 논문에서는, 역사적 사고에 관한 논의가 사고기능으로 환원되어 무엇이 역사적인 것인가를 간과하고 있다고 언급하였다.[1] 다른 논문에서는, 역사적 사고에 대한 담론의 생성과 논의구조가 지식(역사교육학)이 권력주체(역사학자, 역사교육 연구자, 교육과정 개발 담당자 등)의 의도에 따라 구성되고 변화하는 권력/지식관계의 속성을 드러내면서 논의대상과 영역을 구별하였고, 이에 따라 역사적 사고에 대한 담론이 더욱 사고의 기능적 양상에 집중되는 결과를 초래하였다고 지적하였다.[2]

이러한 문제제기에 대해 주목할 만한 반응이 있었던 것은 아니다. 역사적 사고가 역사교육의 이론을 정교하게 하고 특성화시켰으며 또한 역사적 사고를 양성하는 것이 역사교육의 유력한 목적이라고 인정받고 있는 상황에서, 역사적 사고에 대한 비판은 아직 독자 영역을 쌓아가는 과정에 있는 역사교육 논의 자체에 생산적이지 못하다는 평가를 받을 수 있다. 말하자면 역사적 사고를 비판하는 것은 별로 반갑지 않은 손님이 찾아오는 것과 같을지도 모른다. 이런 사정에서도 역사적 사고에 관해 다시 문제를 제기하는 이유는 무엇인가? 그것은 바로 역사적 사고가 추구하고 있다는 역사가의 사고에서 역사가는 과연 어떤 역사가인가, 그리고 역사적 사고가 제시하는 역사학습의 의미가 적절한가를 검토하기 위해서다.

역사교육 연구자들이 역사적 사고를 거론하는 것은, 지식의 형식으로서 역사학의 특성과 본질 그리고 역사가가 연구하는 방식을 역사학습에 이식하고자 하는 노력이라고 할 수 있다. 그러나 만약 역사학의 기본 성격이 문제시되고 있다면, 그것을 모델로 하거나 그것에서 추출된 개념으로서의 역사적 사고를 비판적으로 검토하는 것은 당연하다. 역사가의 존재와 기능, 경험, 증거, 사료, 객관성 등에 대한 재개념화는 역사학습에서 역사적 사고가 차지하고 있는 의미에 대해 새로운 쟁점을 제시하고 있다. 이를 검토하지 않고 역사적 사고가 무엇인지를 개념적으로 정의하거나 중요성만을 반복하여 강조할 수는 없지 않은가?

2. 역사적 사고: 논의의 전제와 한계

1) 본질화된 역사가와 역사학

역사적 사고라는 용어가 언제부터 무슨 뜻으로 쓰이기 시작했는지를 확실히 추적할 수는 없다. 그러나 이 말이 합의된 정의를 가지고 사용된 것이 아니라 다양한 의미를 포괄하는 용어로 지칭된 것임을 짐작할 수는 있다. 우리나라에서 최초의 용례인지 확인할 수는 없지만《역사교육》창간호에서 이 용어를 발견할 수 있다. 강우철은 창간호에 수록된 〈교육과정과 교과서〉라는 논문에서 "역사 추진체로서의 자아를 발견하고 현재적 제 문제의 사적 배경을 탐구하는 역사적 사고력과 비판력을 함양하는 등의 여러 가지 교육목표의 요구를 교과서가 어떻게 반영시키는가 하는 것이, 새로운 교과서 출현 여부의 관건을 쥐고 있다고 하겠다"[3]라고 언급했다. 여기서 역사적 사고력이라는 말이 매우 폭넓은 개념으로서 역사적 비판력과 더불어 쓰였음을 알 수 있다.

이 밖에도 역사적 사고 혹은 역사적 사고력이라는 말은 역사적 비판력, 판단력, 탐구력, 문제해결능력 등의 유사개념과 함께 사용되어왔다.[4] 그러나 이에 대한 논의가 진행되면서 역사적 사고가 역사교육에서 차지하는 비중과 위상이 한층 강화되고 확대되어, 이제는 역사적 사고라는 것이 역사교과·학습의 특성과 정당성을 확보해주는 이론적 근거로서[5] 위에서 열거한 관련 영역을 포괄하는 상위개념으로 규정되고 있다.[6] 또한 역사적 사고를 기능별로 분류하는 경우도 있는데, 예를 들어 미국에서 발행된《국가역사표준(*National History Standards*)》은, 학생들이 습득해야 할 목표를 역사적 사고기능(historical thinking skills)과 역사적 이해(historical understanding) 영역으로 나누고, 사고기능을 연대기적 사고, 역사이해(historical comprehension), 역사적 분석과 해석, 역사적 탐구, 역사적 쟁점 분석과 의사결정으로 분류하고 있다.[7] 이는 역사적 사고가 학술적으로 개념화되면서 그 의미와 영역 혹은 기능을 분류하고 차별화하는 과정에서 나타난 현상이라 할 수 있을 것이다.

그런데 역사적 사고를 정의하거나 분석할 때 많은 연구자들이, 역사적 사고가 역사가의 사고방식과 과정을 모델로 하고 있다는 점을 공통적으로 전제하거나 수용한다. 즉 '역사적 사고는 역사가가 역사를 연구하고 역사 문제를 다룰 때 발휘되는 사고'[8]라는 것이다. 그중에서도 콜링우드(R. G. Collingwood)는 자주 인용되는 역사가다. 그에 따르면, 인간 행위는 자연현상과 달리 외면과 내면을 가지고 있는데, 인간 행위를 인식하는 것은 그 내면을 이해하는 것으로서 이를 위해서는 추체험이 필요하다.[9] 역사가의 추체험은 역사학습의 모델로 연결된다. 예를 들어, 이명희는 "역사적 사실을 이해한다고 하는 것은 그 사실과 관계하는 인간 행위를 추체험함으로써 그 내면을 아는 데 본질이 있으므로, 역사학습의 목적도 인간 행위의 내면적 사고를 이해하는 데 두어야 하며, 학습자 스스로 과거의 인간 행위를 상상적으로 재구성해야 한다"[10]라고 말하는데, 이때 그는 역사 학습자가 역사가처럼 추체험 과정을 겪어야 한다는 것을 전제하고 있다.

이러한 방식으로 역사적 사고를 생각할 때, 다음 단계는 당연히 역사학습에서 추체험을 활용하는 방법을 고안하는 작업이다. 예를 들면, 학습자가 역사적 인물의 감정을 그 인물이 처한 상황의 입장에서 되새겨보는 인물학습이나, 학습자가 어떠한 역사적 상황에 처해 있는 한 인물의 역할을 맡아서 연기함으로써 그 인물의 행위를 이해하는 역할학습이 그것이다. 이 둘은 모두 역사적 인물의 내면을 추체험적으로 이해하는 대표적 학습방법이다.[11]

이와 같이 우리나라에서 역사적 사고와 관련된 논의는 역사의 본질을 연구의 절차와 방법에 두고 있는데, 이러한 입장에서 역사교육을 생각하는 바탕에는 역사의 학문적 본질이나 연구작업의 성격에 대한 특정한 관점이 담겨 있다. 역사적 사건의 맥락을 더 잘 파악하고 과거의 인물을 당시 상황 속에서 더 잘 이해하려는 작업이 과거의 진실을 추구하기 위한 것이라면, 학생들이 역사학자의 작업절차를 모방하게 하는 것도 마찬가지로 최대한 과거를 진실되게 이해하기 위한 것이다. 이런 입장에서 사료를 역사학습의 교재로 활용한다는 것이 곧 학생들이 스스로 역사가의 연구과정을 경험해보게 함을 의미하는 것[12]이라 한다면, 과거란 사료를 통해서 말하며 사료를 통해서 복원되는 것이므로 사료는 과거의 진실을 담고 있는 재료, 즉 증거로서 취급되는 것이다.

보편화된 것으로 간주된 역사의 학문적 본질과 특성을 역사적 사고의 전제로 생각하는 것은, 다른 나라 연구 경향에서도 마찬가지다. 최근 역사적으로 생각하는 것이 무엇인가에 대해 왕성한 연구활동을 펼치고 있는 사람 가운데 하나가 미국의 와인버그(S. Wineburg)

이다. 최근 논문에서 그는 역사적 사고에 대해 그간 연구 성과를 검토하면서, 역사적 사고는 가장 심오한 의미에서 자연스러운 과정도 아니고 심리적 발달로 저절로 자라나는 것도 아니며 그것은 사실 우리가 평상적으로 생각하는 것을 거역하는 것이라고 주장한 바 있다.[13] 그에 따르면, 역사를 가르치고 배우는 문제에 대한 연구가 대부분 심리학자에 의해 이루어졌으며, 심지어 역사학자 혹은 역사철학자가 경험적인 연구를 행할 때도 심리학 연구의 전제를 받아들이거나 그 영향을 받았다고 진단한다.[14] 즉 역사학습에 대한 연구가 일방적으로 심리학의 개념을 차용하고 있지만 반면 심리학적 이론화에는 기여하지 않았다고 주장하면서, '응용인식론(applied epistemology)'[15]이라는 개념을 소개한다. 이는 각 학문영역의 인식론적 특성과 심리학의 개념이 상호의존적이며 따라서 양자를 함께 고려해서 학문 혹은 관련 교과를 가르치고 배우는 문제를 연구해야 한다는 의미라 하겠다. 이러한 연구 결과는 그간 역사학습에서 학생의 인지발달 혹은 역사의식의 발달단계 측면에서 역사적 사고를 규정하려는 시도에서 한 걸음 더 나아간 것으로 평가할 수 있다. 그런데 '역사적 이해를 이해(understanding historical understanding)'하는 분야에서 독보적인 연구체계를 이루었다고까지 평가받는 그의 연구경력을 보면 특이한 점을 발견할 수 있다.

처음에 그는 역사적으로 생각한다고 할 때의 역사를, 지식의 형식 혹은 신념으로서의 전공이라는 측면에서 접근하였다. 역사적으로 생각한다는 것은 바로 학문으로서의 역사였으며, 그가 인용한 역사가는 바로 콜링우드였다. 어떤 학문을 전공했다는 것이 가르치는 것에 어떤 영향을 끼치는가에 대해 4명의 신임교사를 관찰하고 면접조사한 연구에서, 그는 역사에서의 사실, 해석과 증거, 연대기와 지속성, 인과관계 등에 대하여 거의 기성 역사학의 특성과 동일한 내용을 서술하고 있다. 예를 들어 그는 인과관계에 관해서, 역사가에게는 무엇이 일어났는가를 발견하는 것과 왜 일어났는가를 발견하는 것에 별 차이가 없다는 콜링우드의 주장을 인용한다.[16]

그리고 사료를 읽을 때 전문 역사학자와 고등학생의 인지과정을 비교 · 조사하면서 그는 세 가지 차이점을 지적하는데, 그것은 문서를 상호대조하는 능력, 사료의 출처를 조사하는 능력, 그리고 문서를 구체적인 시간과 공간의 상황에 비추어 맥락화하는 능력이라고 주장한다.[17] 단순한 역사사실에 대한 지식이 아니라 이러한 대조 · 비교, 출처 확인, 맥락화라는 인지행위가 역사학도들이 보여주는 특징이라는 것이다. 즉 역사가는 역사지식의 성격을 체득하고 있다는 것인데, 이러한 주장을 전개하면서 그는 인식론적으로 실증역사학에서 전제하는 사실과 객관성을 의문시하지 않는다. 위의 연구와 마찬가지로 그는 영역 특정적인 인지양식으로서 그리고 학교역사의 원천으로서 역사학을 인정하고 그것의 지식생성과정을 탐색함으로써, 학교에서 역사를 가르치는 의미와 방법을 모색하고 있는 것이다. 그렇다면 그가 의문시하지 않고 인정하고 있는 역사학이란 어떤 것인가?

와인버그는 역사학의 변화와 갈등, 특히 포스트모더니즘의 문제제기와 관련된 역사학의 인식론적 쟁점에 대해서 자신의 견해를 밝히고 있지 않다. 단 이후의 연구에서 그가 제기하는 이슈를 살펴보면, 그는 앎의 형식으로서 역사학을 존중하지만 그에 대한 의문과 도전은 심각한 문제로 여기고 있지 않다는 것을 알 수 있다. 〈역사적 사고와 자연스럽지 않은 다른 행위들(Historical Understanding and Other Unnatural Acts)〉[18]이라는 논문은 이런 의미에서 눈길을 끈다.[19] 이 논문에서 와인버그는, 역사가가 카이사르(Caesar)가 처한 상황과 취할 수 있었던 행동을 생각하면서 자신을 그의 마음속에 위치시킴으로써[20] 카이사르에 관해 안다고 할 수 있는 것은 인간의 사고방식이 가장 본질적이고 근원적으로 시공을 초월하기 때문이라는 콜링우드의 견해를 비판하고 있다. 그리고 진즈부르그(C. Ginzburg)와 단턴(R. Danton) 같은 '현대 역사가(contemporary historians)'를 인용하면서 과거와 현재의 문화적 차이는 엄연하고 과거와의 유사성을 강요하는 것은 오류이며 과거인은 타인이라는 것을 명심해야 한다고 주장한다.[21] 그는 우리가 어떻게 당대인이 아는 것과 마찬가지로 카이사르를 알 수 있는가, 또한 그럴 가능성이 있더라도 우리가 그렇게 이해하는 것이 올바른지를 어떻게 알 수 있는가에 대해 의문을 제기한다. 즉 역사적 이해란 '그 시간 그곳에 있던 사람의 눈으로 바라보는 것'이 아니라 우리가 보지 못하는 것을 가르쳐주는 것이라는 주장이다.[22]

물론 그는 현재주의(presentism)의 위험에 대해서만 언급하고 있지 않다. 과거와의 불연속성을 지나치게 강조하는 것도 현재주의만큼이나 위험하다는 것이다. 로웬덜(D. Lowenthal)의 저서명[23]을 변용하면서 "과거는 낯선 나라이지만, 낯선 행성은 아니다(A foreign country, not a foreign planet)"[24]라고 주장한다. 와인버그에 따르면, 역사적 사고는 우리로 하여금 두 가지 모순된 입장을 타협하도록 요구한다. 우리가 이미 가지고 있는 사고방식은 쉽게 거두어낼 수 없는, 물려받은 것이다. 그러나 우리가 그러한 사고방식을 제거하려 하지 않으면 우리는 현재를 과거로 읽는 현재주의에 빠질 수밖에 없다.[25]

그러나 현재주의의 위험성 그리고 반대로 과거와의 단절로 인한 역사이해의 어려움에 대한 지적이 새로운 것은 아니다. 한 세대 이

전에 《역사적 사고(*Historical Thinking*)》라는 제목의 책에서 톨프센(T. F. Tholfsen)은, 역사적 사고란 '근대 역사가(modern historian)'의 특징적 이해양식으로서, 역사가는 특정한 시각에서 연구주제에 접근하며 그 나름의 방식으로 문제를 제기하고 답변한다고 말하고 있다.[26] 그에 따르면, 근대 역사가는 과거가 현재와 다르다는 것을 명확하게 깨닫고 있다. 또한 톨프센은 와인버그와 마찬가지로 과거는 낯선 곳이라는 영국 소설가[27]의 언급이 역사적 사고의 요점을 잘 나타내고 있다고 주장한다.[28]

와인버그가 제기한 역사적 사고의 모순에 대해서도 톨프센은 유사한 견해를 드러내고 있다. 그가 보기에 역사가는 현재와 과거의 대립적인 요구를 조화시키고자 한다. 한편으로 역사가는 과거를 그 자체로 이해하려 한다. 왜냐하면 역사가는 현재와의 잘못된 유추를 피하려 하기 때문이다. 역사가는 과거의 고유한 가치와 관습을 강조하고자 한다. 다른 한편으로 역사가는 현재에 관한 자신의 지식과 경험에 부분적으로라도 의존하지 않고서는 과거를 해석할 수 없다. 과거에 대한 역사가의 가장 흥미로운 질문은 현재로부터 도출되는 것이기 때문이다.[29]

톨프센은 역사학이 인간 경험의 구체적 실재를 다양성과 충만함 속에서 이해하려는 것이라면서, 계몽주의와 역사주의의 상호작용 속에서 역사이해의 새로운 양상이 등장하였고, 이는 과학의 분석적 측면과 문학, 예술 그리고 종교의 인문적 감수성을 결합한 것이라고 말한다. 그리고 역사적 사고가 대학에서 근대 학문으로 자리잡은 것은 19세기이며, 그 표본은 랑케라고 밝히고 있다.[30]

역사학과 역사적 사고의 특성에 관한 톨프센의 설명을 읽다 보면, 와인버그가 이야기하고 있는 것이 생각난다. 비록 와인버그가 콜링우드를 비판하고 당대의 미시사 혹은 신문화사를 추구하는 역사가를 소개하고 있다 하더라도, 본질적으로 와인버그의 견해는 오히려 톨프센과 유사하다. 그런데 여기서 콜링우드와 대비하여 와인버그가 인용하고 있는 두 역사가, 그의 표현으로 '현대 역사가(contemporary historians)'는 어떤 역사가인가?

사실 이 두 사람은 신문화사를 비롯하여 일상사, 심성사, 미시사, 역사인류학 등으로 불리는 새로운 연구 경향을 대표하는 역사학자로서, 역사학의 연구대상과 주제, 이론과 방법론, 인식론의 측면에 이르는 역사연구와 서술의 핵심 문제를 다루면서 역사학의 본질에 대해 근본적인 문제를 제기한다. 연구의 대상과 주제 면에서 이들은 구조보다 경험, 일상생활, 집단심성, 혹은 확장된 개념으로서 문화를 다루면서 주로 미시 영역을 그 대상으로 추구한다. 또한 과거 사건에 대한 인과적 분석과 설명이 아니라 의미에 대한 이해와 해석의 방법을 채택하고 있는데, 결국 이는 인간 사고와 행위의 본질에 대한 새로운 인식과 더불어 기성의 고정된 범주로서의 사회와 역사를 해체하도록 요구하는 것이다.[31]

기존에는 물질적 기반으로서 경제적 구조와 과정, 사회적 이해관계로서의 인간관계가 역사적 실재로 파악되었던 반면, 확장된 개념으로서의 문화는 이 모든 관계와 구조의 표현 그 자체를 의미한다. 그것은 사회적 실재 속의 의식, 관행, 언어 등을 모두 포괄하는 의미 체계이다. 따라서 새로운 문화사를 추구하는 과정에서는 확장된 개념의 문화와, 사회사가 중시한 물질적 기반으로서의 사회의 관계를 어떻게 상정하는가가 핵심적인 쟁점이 된다. 그리고 이 문제에 대해 사회사적 문제인식을 버리지 않으면서 특정한 삶의 의미체계와 권력관계가 구조적인 틀로 성립하는 과정을 세세히 그려내기 위해 인식 범위를 축소하여 미시사를 추구하는 진즈부르그와, 사회사의 문제점을 극복하는 방법으로 인류학적 방식, 특히 인종지학적 방식으로 문화와 상징을 통해 낯선 세계를 해독하려는 단톤은 서로 다른 입장과 견해를 취하고 있다.

와인버그가 현대 역사가라 칭한 진즈부르그와 단턴이 과거를 낯설게 보기를 주장한 것은 공통점이라 할 수 있지만, 사실 두 사람이 추구하는 역사 연구의 인식론적 지향은 현격히 다르다. 이 두 사람을 같은 현대 역사가로 묶어 현재주의의 위험을 지적했다고 인용하는 것은, 적어도 두 사람이 드러내고 있는 차이점을 무시하거나 중요하게 여기지 않는 것이라 할 수 있다. 즉 와인버그가 주목하는 것은 두 사람이 공통적으로 지적하는 낯선 것으로서의 과거, 현재주의의 위험성이지, 두 사람이 차이를 드러내는 역사학의 인식론적 쟁점이 아니다.

와인버그가 이 두 역사가가 제기하는 역사학의 본질적 문제, 즉 역사학에서 인식의 대상, 영역, 방식의 문제를 언급하지 않은 것은 무슨 까닭일까? 그가 역사학의 최근 연구 동향을 전혀 무시하고 있는 것은 아니다. 지난 30년간 크게 변화한 역사서술은 더 이상 통치 행위에 국한하지 않으며 출산, 보통 사람의 일상사까지 포괄한다고 하면서 사회사와 여성사에 대해서도 짤막하게 언급한다. 그가 주목할 만한 변화라고 하는 것은 역사서술에서 역사가의 역할로서, 즉 역사가가 서술주체로서 존재를 숨기지 않고 오히려 드러낸다는 점이다.[32] 그러나 그는 이처럼 서술양식이 바뀌게 된 것과 관련하여 사회사와 여성사의 등장으로 제기된 학문으로서 역사의 인식론적 전제, 분석의 새로운 범주로서의 젠더 문제[33]에 대해서는 견해를 제시하고 있지 않다. 그뿐만 아니라 역사학 자체가 성립되는 과정에서

젠더화되었다는 점도 거론하지 않는다.[34]

위에서 언급한 역사적 사고 문제의 핵심은, 이것이 역사가의 사고를 모델로 하고 있으나 그가 어떤 역사가인지는 문제삼지 않는다는 것이다. 그들을 구별하는 것은 현대 역사가니 근대 역사가니 하는 모호한 명칭과 분류일 뿐이다. 그리고 역사가가 연구하는 방법과 절차로서의 역사학 혹은 그들이 속해 있으며 역사지식의 생산과 성격을 규제하는 권력집단으로서의 역사학을 학습 영역으로 치환하고 있는 것이다. 이는 위에서 언급한 우리나라 연구자와 같이 역사가를 판단의 주체로 상정하고 이러한 역사가의 사고과정과 절차를 학생에게 경험하도록 하는 것이다.

그러나 이러한 견해는 인식론적으로 지나치게 순진하다. 학생들이 역사가가 하는 일을 흉내낼 수 있다고 하는 것은 바로 역사지식이 구성되는 사회적 맥락을 무시하는 것이다. 역사가들은 빈 손 혹은 열린 마음으로 일련의 역사자료에 접근하지 않는다. 사실 그럴 수도 없다. 그들은 다른 역사가의 작업을 통해 알게 된 일련의 가정과 질문을 활용할 수밖에 없다. 교실 상황에서 학생들이 역사자료를 통해 혹은 역사적 상상력으로 역사적 과거에 대한 이해에 일시적으로 접근할 수 있다고 믿는 것은 지나치게 단순한 견해다.[35] 역사가 자신의 독자적 사고를 인정하는 것은 그리고 모든 역사는 사상의 역사라고 하면서 과거인의 입장이 되어 보게 하는 것은, 과거 사건을 이해하는 데 인간의 주체적 행위를 다른 요인보다 중시함을 뜻한다. 그러나 학문으로서의 역사 그리고 그 중심에 있는 판단주체로서의 역사가는 당연하거나 자연스럽지 않으며, 역사학습의 목표나 절차 혹은 의미로서도 큰 문제점을 가지고 있다.

2) 낯설게 하기와 역사화

과거인의 입장과 그들의 행위를 다시 체험하는 것이나 그에 대한 비판으로서 오히려 과거에 대해 경외심을 가지고 그것을 새롭고 낯설게 보는 것, 그리고 순진한 역사주의나 오만한 현재주의를 버리는 것이, 역사학습에서 차지하는 의미와 문제점은 무엇인가? 역사적 사고가 본질화하고 있는 역사학의 문제점을 모두 거론하는 것은 필자에게 버거운 일이며, 오히려 이 글의 논지를 모호하게 할 수도 있다. 중요한 것은 학문화된 역사, 역사지식의 성격과 생성을 규율하는 기능으로서 역사학이 배제하거나 구별하는 것이 무엇인가를 밝히는 것이다. 그리고 이러한 비판은 곧 역사화의 개념과 의미에 대한 논의의 바탕이 된다. 그중에서 가장 중요한 문제는 역사가의 존재, 기능, 위치를 어떻게 바라볼 것인가 하는 문제다.

흔히 역사가는 과거의 인간 행위 혹은 사건을 맥락화한다고 이야기한다. 그리고 역사화라는 말을 맥락화라는 의미로 함께 쓰기도 한다. 그러나 엄밀히 말하자면 둘은 같은 뜻이 아니다. 맥락화라는 것은, 현재의 관점에서 설정한 구도와 같은 것에 과거의 현상을 삽입하는 것이라고 할 수 있다. 즉 맥락화를 정해진 틀에 과거의 조각을 모아 완성된 그림으로 만드는 것으로 이해한다면, 그것은 역사화와 다르다. 역사화란 모든 종류의 과거에 대한 진술을 그 역사적 맥락에 위치시키는 것이며, 동시에 모든 역사서술과 연구가 어쩔 수 없이 그것이 수행된 당시의 관심과 선입견을 반영하고 있는 정도를 검토하는 것이다.[36] 따라서 역사화를 추구하는 새로운 역사주의는, 과거가 들려주는 이야기에 대해서만이 아니라 듣는 측의 당파성에 대해서도 의심한다. 역사주의는 자체의 과거와 현재 모두를 이데올로기적으로 점검하고자 한다.[37]

이런 의미에서 눈에 띄는 것은, 학문적 성향에 있어서 역사가들이 과거에 관한 이해와 해석에 적용하는 역사화로부터 자신들을 제외하고 있다는 점이다.[38] 포스트모더니즘 경향의 연구자들은, 역사가들이 과거에 대한 공정한 관찰자가 될 수 있다거나 역사의 흐름에서 벗어난 초월적 존재가 될 수 있다는 것에 의문을 제기해왔다. 이에 따르면, 모든 역사서술은 기본적으로 각자가 취하는 입장에 따르는 것이며 정치적인 것이다. 이런 의미에서 학문으로서의 역사는 그것이 구태여 구별하고자 하는 집단기억과 다르지 않다. 비록 학문적 절차와 인정에 의존하기는 하지만, 역사학도 과거를 기억하는 한 가지 방식인 것이다. 즉 역사가의 서술이 구별되는 이유는 인식론 혹은 방법에 근거한 것이 아니라, 공적 과거에 관해 그들이 전문가로서 규율적인 기능을 행사할 수 있기 때문이다.[39]

역사가가 주체적이고 독립적 판단으로 과거의 사건을 이해한다는 것 역시 구성된 개념이라 할 수 있다. 예를 들어 콜링우드가 과거의 경험을 재연한다고 할 때 그것은 역사가의 독자적 사고행위를 전제로 하는 것이며, 역사가가 어떤 위치에 처해 있는지 그가 누구이며 타자와의 관계는 어떠한지의 문제는 중시되지 않는다. 즉 콜링우드는 과거의 사건을 맥락화하려 하지만, 그러한 자신 역시 역사적 존재라는 것을 문제삼지는 않는다. 역사가로서의 독자적 사고행위가 시공에 얽매이지 않는 초월적 기능으로 비역사화되고 있는 것이다.[40]

맥락화와 구별되는 의미에서의 역사화는 언어와 사물 간의 중재되지 않은 관계에 대한 신념을 통해 경험을 당연시하는 것이 아니라, 분석의 모든 범주가 맥락적일 뿐 아니라 갈등을 겪고 있으며 상황에 따른 것임을 받아들이는 것이라 할 수 있다. 따라서 중요한 것은 계급, 인종, 젠더, 생산관계, 정체성, 주체성, 경험, 심지어 문화에 이르기까지 이러한 재현과 분석의 범주들이 어떻게 근원적 위상을 획득하게 되었는가, 역사가들이 이러한 범주에 근거하여 과거를 연구한다는 것은 어떤 의미인가를 묻는 것이다. 이러한 관점에서 역사가는 중립적일 수 없다. 또한 역사지식에 대해 객관성을 주장할 수도 없다. 왜냐하면 어떤 범주와 개념을 역사화할 것인가를 선택하는 것 자체가 정치적일 수밖에 없으며, 지식의 생산과정에 있는 자신의 위치에 대한 인식과 결부되기 때문이다. 역사화란, 어떤 역사적 범주나 개념이 형성되고 그에 따라 다양한 주체들이 담론적으로 구성되고 투쟁하고 수용하는 갈등과 모순의 과정을 밝히는 것이다.

이러한 입장에서 역사를 바라보는 스코트(J. W. Scott)의 언명은 명쾌하다.

> 역사는 무엇이 일어났는가의 문제 혹은 발견되고 전달되기 위해 존재하는 진리의 문제가 아니라, 우리가 과거에 대해 아는 것은 무엇인가 그리고 우리가 역사라고 부르는 지식을 생산하고 수용하는 것을 다스리는 규칙 혹은 관행은 무엇인가의 문제이다. 역사는 지시적인 것이라기보다 역사가에 의해 구성되는 것이다. 서술된 역사는 권력관계를 반영하며 생성한다. 포함과 배제의 기준, 중요성에 대한 측정, 그리고 평가의 규칙은, 객관적 준거가 아니라 정치적으로 산출된 관행이다. 우리가 역사로 알고 있는 것은 과거 정치의 산물이다. 오늘날의 문제는 현재에 관해 역사가 어떻게 구성될 것인가에 대한 것이다.[41]

따라서 중요한 것은, 역사가들이 자신의 작업이 미치는 효과를 비판적으로 성찰하고, 그들이 생산한 작업의 부분적이고 상대적인 지

위를 인정하는 것이다.[42]

역사적 사고의 학습 유용성에서 가장 주목되는 것은, 추체험 혹은 재현, 그리고 감정이입이라는 개념이었다. 과거의 사건을 과거인의 입장에서 다시 경험해보도록 하는 것이 바람직한 역사이해라는 견해도 긍정적으로 수용되었다. 또한 과거의 사건과 사상, 인물을 당시의 맥락에서 이해해야 한다는 것이 상식에 가까운 것으로 여겨지기도 하였다. 그리고 와인버그 같은 연구자들은 이에 대해 순진한 역사주의 또는 현재주의의 위험성을 지적하였다. 이미 언급한 바와 같이 맥락화라는 것이 정해진 틀에 과거의 조각을 모아 완성된 그림으로 만드는 것으로 이해된다면, 이는 현재의 시각과 구도로 과거를 재단하는 오류를 피하기 어려울 것이다.

따라서 역사가가 과거를 이해하는 과정에서 맥락 자체를 끊임없이 재구성하고 재설정하는 과정, 즉 역사가(역사가의 분석틀)와 과거(역사가의 연구대상인 사건)의 전이적 관계[43]가 필요하다고 할 수 있다. 과거를 낯설게 보아야 한다는 말도 이러한 문제를 지적한 것이라 할 수 있다. 그러나 현재주의의 오만과 오류를 경계하는 것은 좋지만, 경외심을 가지고 과거를 낯선 것 자체로 존중하자는 것[44] 역시 문제가 있다. 그들은 우리와 달랐다고 하는 것이 현재 우리가 이해하고 알고 있는 것의 부족함에 대한 지적인 겸손함을 일깨워주는 가치를 가질 수 있지만, 이로써 역사이해의 비판성을 상대적으로 위축시킬 수도 있기 때문이다.

현재주의를 단지 과거에 대한 시대착오적인 오해로 치부할 것이 아니라, 현재의 문제의식에서 과거를 어떻게 바라볼 것인가의 문제로 생각할 수도 있다. 이러한 입장에서는 단지 과거가 현재와 다르다는 것만을 강조하는 것이 아니라, 과거에 일어난 어떠한 인식의 변화와 권력의 작용이 현재에도 미치고 있는가를 비판함으로써 결정된 현재와 다른 가능성의 역사를 탐색하는 것이다.[45] 이러한 과정이 바로 문제화, 역사화라고 할 수 있으며, 이를 위해서 전통 역사학과 학문화된 역사학의 한계와 갈등 그리고 이에 대한 의문과 도전을 드러내는 학습이 필요하다. 역사학습에서 역사가의 연구과정과 방식을 체험하는 것보다 중요한 것은, 과거와 과거에 대한 역사가의 이야기에 대해 비판적인 질문을 던지게 하는 것이다.

3. 역사학습에서 역사화의 적절성과 가능성

그렇다면 역사학습에서 역사화의 의미와 개념을 도입해야 하는 이유는 무엇인가? 그리고 역사화는 가능하며 적절한가? 이 문제에 답하기 위해 필자는 우선 역사를 가르치는 이유로서 자아의 확립과 주체성에 대해 생각해보고자 한다. 흔히 역사를 가르치는 이유가 무엇인가라는 질문에 대해, 학생의 인문적 소양을 넓히기 위해서 그리고 그들로 하여금 인간적으로 사는 것이 어떠한 것인가를 깨닫게 하기 위해서라고 답하는 경우가 많다. 꼭 이런 식의 질문과 답변이 아니더라도, 주체적인 인간으로 사는 것은 이미 보편적이고 긍정적인 가치로 여겨지며 교육의 목적 또는 의미와 매우 밀접한 관계를 가지고 있다. 이는 이 세상에서 인간 개인으로서 살아가는 양식과 정체성, 자아에 대해 주체적인 판단을 요구하는 문제이며, 학교교육, 그리고 역사교육은 이러한 판단과 이른바 독자적 의사결정을 주요 목표로 한다. 그렇다면 학교교육에서 자아와 주체성은 어떻게 구성되었는가? 이것과 학습자라는 범주의 설정은 어떠한 관련이 있는가?

학습자에게 격리와 유예가 부과되는 것이면 그것은 주체성과 어떠한 관계가 있는가? 이런 문제와 관련지어 비판으로서의 역사화가 역사학습에서 왜 필요한 것인가를 검토하기로 하자.

1) 학교교육에서 자아와 주체, 그리고 학습자

자아는 개별적이고 의식적이며 독립적인가? 그렇다면 그것은 어떠한 의미인가? 자아라는 개념은 세 가지 차원을 가지고 있다. 첫째는 물질적이고 육체적인 차원, 둘째는 관계적이며 사회적인 차원, 셋째는 반성적(reflexive)이며 자기정립(self-positing)적인 차원이다.[46] 이 세 가지 차원은 별도로 분리되어 논의되기 어렵다. 즉 육체적이며 사회관계로서의 자아는 외부적 대상으로서의 자아를 파악하고자 하는 것으로서 셋째 차원의 반성적인 자아와 구별되지만, 여전히 반성적 자아는 첫째와 둘째 차원의 자아에서 완전히 분리되어 논의될 수 없다. 만약에 우리가 구체적으로 물질적이며 육체적인 자아만을 문제삼고 있는 것이 아니라면, 그리고 심지어 그러한 자아를 파악하기 위해서라도, 사회적 관계로서의 자아와 자기성찰로서의 자아가 어떻게 설정되고 구성되는가를 물어야 한다.

타인과의 직접적인 접촉에만 의존하지 않는 근대적 개념으로서의 자아는, 추상적 사고체계 내에서 세상의 관행과 관계가 끊임없이 다시 자리매김되는 사회적 장 안에서 활동하는 존재이다. 모든 사회적 삶은 순환적인 성격을 가지고 있다. 개인은 시간과 공간의 맥락에서 자신의 존재를 구성하는 행위를 통하여 사회적 존재 조건을 재생산한다. 인간은 그들이 무엇을 하고 있는지 그리고 왜 그것을 하는지를 언어적으로 설명할 수 있는 특성을 가지고 있다. 그렇다고 해서 이것이 개인이 행하는 바의 결과에 관해 알아야 할 것을 모두 알고 있다는 것을 의미하지는 않는다. 또한 개인은 행위의 조건, 즉 자신의 행위와 인과적으로 관련된 상황에 대해서도 완전히 파악할 수 없다. 인간 행위의 합리성과 권한은 제약되어 있다. 그것을 구속하는 요소는 사회제도의 시간적·공간적 환경, 그것이 구현되어 있는 일상생활의 관행, 타인의 인정과 허가, 사회적 재생산의 조건에 대한 이해방식 등을 포함한다.[47]

더구나 개별주체는 타자와 완전히 절연된 상태에서 자의식으로만 구성된 세계도 아니다. 인간의 자아에 대한 감각, 개인성은 그 존재를 위해 타자와의 구분과 타자의 인정에 의존한다. 나아가 자율적이고 독립적이고 자기창조적인 개인성은 오직 그것의 재현(representation) 속에만 존재하며, 재현은 정의상 실재의 사물도 아니고 원본도 아니다. 즉 자아는 비록 전적으로 자기충족인 것으로 이해되기는 하지만, 재현 없이 그리고 타자 없이 존재할 수 없다.[48] 따라서 '(심층적으로 의식되거나 혹은 무의식의 동일시의 과정이라는 의미에서) 개인적인 것은 (구조적인 권력관계라는 의미에서) 정치적인 것'이라 할 수 있다.[49]

특히 학교교육에서 개인/자아/주체의 개념은 매우 모순된 의미를 가지고 있다. 이것이 잘 드러나는 지점은 이 개념과 학습자라는 범주의 교차점이다. 주체로 만들어진다는 것은, 분류와 구별의 과정을 통해 주체를 객체화(대상화)한다는 뜻이다. 학교교육에서 분류와 구별의 관행은 시험, 검사, 기록, 능력별 학습 편성, 입학기준 적용, 지능과 학력 등 조직적인 교육의 과정에서 명확하게 드러난다. 이러한 구별의 관행은, 교육학의 형성 그리고 학문적으로 교육학이 정교화해지는 과정과 결정적으로 상호관련되어 있다. 교육학이 제공하는 지식과 관행은 분류와 통제의 양상을 만들어내는 것이지만, 역설적으로 교육(개혁)이라는 명분 아래 인간적인 수사로 포장된다.[50]

교육체제는 지식과 권력을 통해 적절한 담론을 유지 혹은 변형시키려는 정치적 수단이다.[51] 학교교육을 받음으로써 학생은 수동적인 대상화의 과정을 겪기도 하지만, 적극적으로 자아형성적인 주체화의 과정을 겪기도 한다. 학교와 교실은 학생들을 단지 권력의 대상으로 만드는 것이 아니라, 동시에 학생을 권력을 담지할 주체로 만들어내기도 하는 것이다. 이런 의미에서 권력은 부정적인 동시에 긍정적이다. 즉 인간은 스스로 그 자신의 존재를 주체로 그리고 객체로 대상화할 때 가장 주체화되거나 개인은 기꺼이 권력에 종속함으로써 주체화된다. 학교교육에서 이러한 주체의 대상화는 두드러진 특징이다.

인간을 교육한다고 할 때 교육받은 주체가 어떠한 존재인가에 대한 문제는 주어진 당위가 아니라 역사적으로 생성된 전제이다. 여기에는 교사가 피교육 주체를 가르칠 수 있다는 전제, 과학적이고 합리적인 수단을 통해 지식에 접근할 수 있다는 전제, 일반화가 가능한 합리적 인지과정의 전제, 피교육 주체는 인식의 주체인 동시에 자아를 그 대상으로 파악할 수 있다는 근대적 인식의 전제, 주체가 교육을 통해 하나의 개체로 성장되어간다는 전제, 그리고 주체가 교육받기를 열망하고 이를 통해 교육은 의지와 욕망 그리고 쾌락의 영역까지도 포괄한다는 전제가 포함된다.[52]

당연하게 받아들이는 이러한 전제는 특정한 역사 시기에 논쟁의 대상이었지, 본질적 당위로 주어진 것은 아니었다. 여기서 중요한 것은 누가 어떤 시기에 어떤 지적 맥락에서 이러한 전제를 창출하였는가를 묻는 것이다. 즉 어떻게 피교육 주체가 점차로 더욱더 조절과 규범의 대상으로 자리매김되었는가?

이것은 학습자라는 개념의 도입에서 더욱 명백히 드러난다. 학습자라는 범주는 19세기에 등장하였는데, 그것은 학교교육에서 개인성에 관련된 문제를 수정하려는 사고체계의 일부였다. 학생은 19세기에 학교교육에 관한 언급에서는 존재하지 않는 범주였다. 19세기 말에 학생, 이후 학습자라는 가르침의 범주를 만듦으로써 학생 혹은 아동은 교사가 주시할 대상이 되었다. 그들은 숫자로 파악할 수 있는 합리적인 대상이었으며, 교사의 주시 또한 과학적으로 측정 가능한 것으로 간주되었다. 학생은 성인과 구별되었으며, 자신을 합리적이며 문제를 해결하는 존재 그리고 발달하는 존재로 이해하게 되었다. 역사적으로 학습자라는 개념은 주체성이 구성되는 학교교육의 체계 속에서 인격발달 혹은 인지단계와 같이 아동을 측정하고 평가하는 합리성의 도식으로 작용하였다.[53]

더구나 아동을 타락하고 정치적인 어른들의 세계에서 안전하게 격리하고 잘 교육시켜야 한다는 생각에 따라 청소년기라는 시기가 상정되면서, 학교가 자연스럽게 이러한 기능을 담당하게 되었다. 즉 주체화하는 과정에서 아직 완전한 성인이 되지 않은 학생들을 사회에서 격리시키고 사회문제에 대한 판단을 유예하는 것이 바람직한 것, 옳은 것으로 받아들여진 것이다. 역사학습에서 더 나아가 학교교육의 거의 모든 분야에서 발달단계론은 이처럼 학생을 격리시키고 유예하는 것에 대한 이론화 작업에 크게 기여하였다.

따라서 배우는 학생이니까 이렇게 해야 한다, 저것은 알 필요 없다는 식으로 정치적이고 사회적인 정체성이 항상 환원적으로 작동한다면, 도대체 왜 그리고 어떻게 그렇게 되는지를 질문해야 한다. 즉 인간다운 삶을 위해 주체적인 판단과 독자적인 의사 결정을 기대하고 요구하는 학교교육이, 다른 한편으로 학습자라는 범주를 통하여 배우고 행동해야 할 바를 통제하면서 그들을 대상화하는 양상을 문제삼아야 하는 것이다. 인간다운 삶과 주체적 판단은 학생들이 개별적으로 성취해야 하는 것으로서 가치중립적인 교육목표로 내세워지지만, 사실 이는 푸코의 개념으로서 목가적 권력(pastoral power)의 관계망 속에서 통치가 가능한, 그리고 그것을 기꺼이 자신의 책임으로 받아들이는 개인성[54]을 추구하고 있는 것이다.

2) 역사화: 적절성에서 가능성으로

이 문제와 관련하여 역사화라는 것이 역사지식의 가치중립성을 비판하고 기성의 역사학, 역사지식을 문제화하는 것이므로, 배우는 과정에 처해 있는 학생들에게 적당한가라는 질문이 제기될 수 있다. 이러한 질문은 사실 인지발달단계에 따른 교육내용의 적합성에 관련된 것으로만 논의되는 경우가 많지만, 실질적으로는 역사학습내용의 이데올로기적 성격에 결부된 것이라 할 수 있다. 따라서 이를 누가 어떤 기준에서, 어떻게 학생에게 적절한 교육내용을 결정하는가의 문제로 바꾸어 생각해볼 필요가 있다.

어떤 지식체계가 학교의 교과로 성립되고 정착되는 과정에 개입하는 중요한 요인은, 학문 연구자들이 자신의 전문적 지식체계를 대학의 분과로 확립하고 그것을 초중등학교의 교과목으로 이전하여 학계에서 그 지위를 확보해가는 과정이다. 이런 전제 아래서는 흔히 역사학계에서 인정된 정설을 학생에게 가르치는 것이 바람직하다는 주장이 이어질 수 있다. 그리고 이른바 이설을 학습의 필요성과 학생의 수용능력을 감안해서 소개한다고 덧붙일 수도 있을 것이다. 그렇다면 이른바 정설과 이설을 구분하는 것은 무엇인가? 정설을 담은 교과서를 과거에 관한 바른 해석으로 받아들이고 다른 것에 앞서 학생들에게 가르쳐야 한다는 주장은 정당한가?

교과서 서술내용과 같은 과거의 현상과 이에 관해 (권력관계에 따라 교육이라는 체제 속에서 정치적으로 합의된) 해석 또는 견해를 비판적으로 검토하는 것이 아니라 긍정적으로 수용하는 것이 적절하다는 주장은, 발달 혹은 성장을 이유로 학생들에게 다른 사람들이 정한 고정된 과거에 대한 개념을 가르쳐야 한다는 것을 정당화한다고 할 수 있다. 교과서 서술을 통해 이루어지는 학계의 합의를 정설이라고 할 수 있는가에 대해서는 역사학계 내부적으로도 의견이 갈릴 것이다. 정설/이설의 구분은 학계의 권력관계가 교육과정과 교과서를 통해 재현되는 것이라 할 수 있다.

또한 과거에 대한 해석이 교과서를 통해 학습내용이 되었다고 해서 반드시 객관성과 중립성을 보장받는 것도 아니다. 흔히 역사학습에서는 객관성과 진리가 중시되지만, 객관성의 당파성은 손쉽게 간과된다. 즉 누구의 진리인가, 누구의 객관성인가, 혹은 객관성이 누구에게 유리한가라는 질문이 생략된다. 역사학습에서 교과서의 내용을 과거의 거울처럼 받아들인다면 역사화의 의미와 가치를 구현할 수 없다.

따라서 역사학 그리고 역사학의 연구 성과를 학교에서 가르칠 역사를 결정하는 가장 유효하고 타당한 기준으로 받아들일 것이 아니라, 오히려 역사를 가르치는 국면에서 무엇을 왜 가르쳐야 하는가에 대해 역사가가 어떠한 연구를 어떤 방식으로 진행하고 있는가를 검토할 때 역사교육이 역사학에 비판적이고도 생산적으로 기여할 수 있을 것이다. 아직 학계에서 인정되지 않았다거나 논란이 많은 부분이기 때문에 가르치고 배울 내용으로 적합하지 않다고 주장하는 것은, 역사를 가르치는 의미와 가치를 존중하는 주장이 아니다.

나중에 학생들이 (언제가 될지는 확실하지 않지만) 스스로 판단할 수 있을 때가 되면 학교에서 배운 내용을 수정할 수 있다는 견해 또한 문제의 소지가 다분하다. 우선 이 주장은 그 자체가 학교 역사학습의 의미와 가치를 과정과 절차의 문제로 축소하고 있을 뿐 아니라, 학생들이 받아들인 역사에 대한 개념과 인상을 어떻게 바꿔나갈 수 있을까 하는 이른바 구성주의 시각에서 볼 때도 무책임하다. 역사학습에서 많은 역사교사 또는 역사교육이론가들이, 학생이 선행학습에서 습득한 지식과 가치 그리고 학교 밖에서 대중매체, 주변 인사로부터 의도적, 비의도적으로 습득한 과거에 대한 이해상이 학교 역사수업에 지대한 영향을 미치고 있다고 인정한다. 학생들을 넘쳐나는 각종 역사적 메시지에 노출시키면서 다른 한편으로 그들의 순수함을 상정하는 것은 위선이다. 따라서 무엇을 배우는 만큼 이미 배운 것을 비판/검토/교정/폐기하는 탈학습(unlearning)도 중요하다고 할 수 있다. 역사지식의 자체 변형성은 바로 선행지식 혹은 이해를 비판적으로 재수용하는 것을 의미한다.

이러한 과정의 대상은 흔히 학생으로만 한정되지 않는다. 이 문제는 당연히 역사학습에서 학습내용을 재구성하는 교사의 직무와 관련된다. 흔히 학생들에게 역사를 가르치는 교사는, 자신을 이미 이러한 역사지식의 변형과 재수용 과정을 초월한 것으로 학생들에게 나타내는 경우가 많다. 역사교사는 역사화 과정에서 교사의 위치와 역할, 교사와 학생의 인지과정을 상황 배경과 무관한 것으로 탈가치화하거나 심리학적인 사고기능으로 환원할 것이 아니라, 현재의 문제의식과 지식 및 이론 생성의 사회적·언어적 조건에 대해 비판과 성찰을 추구해야 한다. 교사 역시 역사지식의 역사성을 탐색하는 역사화 과정의 일부로서 부분적이고 상대적인 기능과 역할을 수용함으로써, 학생이 교과서와 교사의 설명에 대해 의문을 제기할 수 있도록 도와야 하는 것이다.

4. 맺음말

이 글에서 필자는 역사적 사고력의 문제점과 한계를 검토하여 학생들에게 어떤 역사를 가르쳐야 하는가를 논의하고자 하였다. 사실 우리나라에서 역사를 연구하고 가르치는 많은 사람들이 서구에서 19세기 이후 학문화된 역사의 방법론, 연구대상, 인식론적 전제를 거의 그대로 수용하면서도, 이에 대한 문제제기를 포스트모더니즘이라는 이름과 이론 아래 자신의 역사상의 잘못과 책임을 상대화하려는 서구의 음모에 휘말리는 것이라고 비난한다. 문제화하고 해체해야만 할 서구 역사학의 개념과 범주를 실증이라는 명분 속에서 더욱 굳고 단단하게 하고 있는 것이다. 더구나 공식 역사로서 교과서 서술은 이른바 민족, 국가, 계급, 전통, 발전 등의 본질적인 역사 개념에 근거하여 과거를 더욱 정형화하고 있다.

역사적 사고에 관한 논의는 이러한 사정에 처해 있는 역사학과 역사가를 본질화하고 있기 때문에 역사학이 겪는 도전, 갈등, 변화를 포착하는 데 효과적이지 못하다. 또 이러한 도전, 갈등, 변화를 역사학의 위기로 인정하고 그것을 타개하는 방법으로 역사교육을 강화해야 한다는 주장도 크게 문제삼지 않는다. 역사학을 거울로 하여 역사학과 역사교육을 연결해주는 고리로서 역사적 사고를 바라보면, 역사학의 위기는 곧 역사교육의 위기가 되기 때문이다. 어떤 역사학을 거울로 삼는가, 거울로 삼는 것은 정당한가를 문제삼지 않으면, 역사에서 무엇을 왜 가르쳐야 할 것인가를 결정하는 기준과 절차가 의문시되지 않고 비판도 되지 않는 그 역사학일 수밖에 없다.

　역사화는 가르치는 방법에 대한 처방이 아니라, 주어진 그리고 당연시되어온 개념과 범주를 문제화하는 인식론적 발상이며 태도이다. 이는 내용과 분리되어 분류되는 사고기능과 다르다. 또한 어떠한 이론이나 강령 혹은 축적되어가는 항구적인 지식체계도 아니다. 그것은 우리가 누구인가에 대한 비판인 동시에 우리에게 부과된 한계에 대한 역사적 분석과 그 한계를 넘어설 수 있는 가능성에 대한 실험이다.[55] 우리는 자신의 이해관계와 의도에 관해 성찰함으로써 역사에 대해, 즉 사물들이 현재의 그것과 다르게 존재해왔고 또 다르게 존재할 것이라는 발상 및 그 가능성에 대해 스스로를 열어놓을 수 있다.

4장

역사교육의 목적을 다시 묻는다

1. 머리말

'역사교육의 목적[1]은 무엇인가?'는 역사교육의 연구와 현장에서
피할 수 없는 질문이다. 상식적으로 어떤 행위에 목적이 없다면 그
행위는 정당한 의미를 가지기 어렵다. 더구나 교육처럼 명백히 의도
된 행위에서 그 목적을 밝히는 것은 최우선의 과업으로 간주될 수
있다. 목적이 정해져야 그것을 달성하기 위한 수단이나 방법도 마련
할 것이 아닌가? 지향하는 바를 명확히 하지 않는 교육행위란 무책
임한 임기응변이 될 수밖에 없다는 말도 역시 교육행위에서 목적의
중요성을 상기시키는 말이다.

일반적인 교육 문제를 떠나 교과 영역으로 초점을 맞추면 다른 문
제가 부가된다. 즉 특정 교과가 왜 교과의 위치를 차지하고 있어야
하는가 하는, 이른바 교과로서 가치정당화의 문제가 그것이다. 이러

한 질문은 당연하게 들린다. 학생들에게 정식교육의 일부로서 가르쳐야 할 것들이 많은데, 어떤 방법과 형식으로 가르칠 것과 가르치지 않을 것을 선택하고 조직해야 하는가를 결정해야 하기 때문이다. 물론 학교에서 가르치는 교과가 반드시 그 가치와 기능을 사전에 정당화한 이후에 그 자리를 차지한 것은 아니다. 역사적으로 공교육을 담당하는 학교의 설립과 그곳에서 가르칠 내용을 결정하는 일은 국가적 · 정치적 사안이었다. 과학 연구에 대한 투자를 활성화한 고등교육기관이 있었기에 서유럽의 2차 산업혁명에서 전기 · 화학 분야의 기술혁신이 가능했다든지, 19세기 후반 유럽에서 열강의 세력 판도에 결정적인 변화의 계기였던 프러시아와 프랑스의 전투에서 프러시아가 승리한 이유 중 하나가 그들의 문자해득률이 프랑스군보다 훨씬 높았기 때문이라는 등의 지적은, 학교교과가 가지는 역사적 배경과 효과를 설명하고 있는 것이다.[2] 더구나 어떤 교과가 교과로서의 자리를 차지하는 과정에는 특정 목적과 가치를 위해 학교를 이용하고자 하는 다양한 사회적, 전문 직업적 이해관계와 갈등이 작용해왔다.[3]

다른 분야를 거론할 것 없이 역사라는 교과 자체가 국민국가의 발전과정에서 구성원의 일체적인 소속감을 위해 마련되었다는 것은 이미 널리 인정되고 있는 사실이다. 역사를 학교의 정식과목, 그리고 많은 경우 필수과목으로 가르치고자 한 것은 국가 정체성의 확립을 위한 결정이었고, 이런 의미에서 자국사를 중심으로 한 역사교육은 특별한 관심의 대상이었다. 즉 이는 매우 의도적인 행위였고 이에 대한 명분과 이유가 필요했음은 명백하다.

현재 우리나라에서 역사교육의 목적이 무엇인가라는 질문은 매우 복합적인 의미와 배경을 가지고 있다. 우선 그 자체로 역사교육의 목적이 무엇인가, 왜 역사를 가르쳐야 하는가 하는 문제가 있다. 그리고 이 질문은 교과로서 가치를 정당화해야 한다는 요구도 함께 포함하고 있다. 특히 '사회과'라고 하는 과목통합을 지향하는 교과가 교육과정의 일부로 자리잡은 이후, 그 일부로서 역사를 가르치는 것을 반대하고 역사를 독자적으로 가르쳐야 한다는 주장과 이에 대한 반론이 이어지고 있는 상황에서 이러한 요구는 더욱 절박하다.

교과가치를 정당화하는 문제를 제쳐두더라도, 역사교육의 내용 선정과 조직을 위해서도 목적에 대한 논의가 불가피하다. 어찌됐든 목적을 정해야 그것을 달성하기 위한 방법을 마련할 수 있다는 주장이 두루 인정되고 있는 것이다. 그러나 이와 같은 역사교육의 목적에 대한 논의를 시작하기 전에, 이러한 목적 위주의 사고방식이 실제로 역사를 가르치는 데 어떠한 영향을 미치는가 하는 문제 역시 생각해 볼 필요가 있다. 일반적으로 중요하다고 생각되는 문제에 대한 논의는 어느 때라도 가능하겠지만, 만일 그 논의가 당연히 초래하리라고 예상한 가치 있는 결과나 의미를 가지지 못한다면 도대체 그 논의를 왜 시작했는가 하는 의문이 제기될 수 있기 때문이다. 이것이 이 논문에서 다루고자 하는 주제이다. 즉 이 글에서 필자는 역사교육의 목적이라는 주제가 논의되는 방식, 그럼으로써 빚어지는 효과에 주목해서 역사라는 교과의 가치를 정당화하는 작업이 실제 학교의 역사교육에서 갖게 되는 의미는 무엇인지를 밝히고자 한다. 이는 '역사교육의 목적이 무엇인가'라는 질문에 대한 비판이다. 이를 위해서 역사교육의 목적에 관한 기존 논의의 특성을 살펴보고, 목적 위주의 사고방식이 초래하는 문제점을 분석할 것이다. 이를 바탕으로 역사에서 무엇을 가르칠 것인가에 대한 판단의 주체와 중요성에 대해 이야기해보고자 한다.

2. 역사교육의 목적에 관한 기존의 논의: 사례와 특징

그렇다면 과연 이토록 중대한 문제라고 여겨온 역사교육의 목적에 관한 논의는 어떻게 전개되어왔을까? 최근 발표된 논저를 중심으로 논의의 방식과 강조점을 간추려보기로 하자. 미리 밝혀두자면 여기서 필자는 역사교육의 목적으로 무엇이 바람직하다는 전제를 가지고 기존의 논의를 모두 정리하고 평가하려는 것이 아니다. 오히려 그보다 역사교육의 목적을 논의하는 관점과 국면의 다양성을 부각시키고자 한다.

《역사교육의 이해》[4]는 최근 출간된 가장 대표적인 개론서이다. '역사교육의 의의'라는 제목의 제1장에 '역사교육의 목적'이라는 절이 있는데, 여기서는 역사교육의 목적을 다섯 가지로 나누어 설명한다. 곧 ① 역사교육의 내재적 가치, ② 역사적 교훈, ③ 교양으로서의 역사, ④ 민족공동체의식의 고취, ⑤ 역사의식의 함양이다.

먼저 '역사교육의 내재적 가치'라고 하는 첫째 항목은 역사교육이 그 자체로 목적을 가지고 있다고 주장하면서 학생들의 세계관 혹은 역사인식에 대한 역사교육의 역할을 강조한다. 예를 들면, 현재 문제의 기원과 발달에 대한 지식, 과거와 현재 사회에 대한 비교인식, 현재와 미래의 문제를 해결하는 데 의미 있는 교훈을 제공한다고 부연 설명하고 있다.[5] 또한 역사를 배워서 인간의 집단적 경험을 활용하고 과거의 잘못을 반성함으로써 현재나 미래의 생활에 도움을 얻을 수 있다는 것은 동서양의 공통된 생각으로, 이를 '역사적 교훈'이라는 항목으로 정리한다. '교양으로서의 역사'는 역사를 아는 것이 하나의 상식을 갖추는 일, 즉 교양인의 자질에 관한 문제라는 점을 언급한 것이고, 타민족과 구별되는 고유의 유산이나 역사상을 통해 민족의 동질감, 민족적 주체성을 확립하는 것이 역사교육의 목적이라는 주장도 낯설지 않다. '역사의식'도 역사교육의 목적에서 자주 거론되는 요소이다. 역사의식이란 무엇인가에 대한 논란은 있지만, 존재, 변화와 발전, 자아와 시간에 대한 의식을 역사에서 가르치는 것이 역사교육의 궁극적 목적이라는 견해 자체에 많은 사람들이 동의하고 있다.[6]

《역사교육의 이해》에서는 역사교육의 목적을 다섯 가지 항목으로 정리 · 소개하고 있으나, 각 항목의 의미가 서로 상충한다든가 또는 중복된다든가 하는 것에 대한 논의는 없다. 반면에 파팅톤(G. Partington)은 역사교육의 목적이라고 흔히 거론되어온 것에 관한 장단점을 비판하는 방식으로 자신의 견해를 밝히고 있다. 그가 제시한 전통적인 역사교육의 목적은, ① 문화유산의 전승, ② 도덕교육, ③ 현재와 미래에 대한 이해의 증진, 세 가지다.[7]

이에 주목하고자 하는 이유는, 그가 제시한 항목이 전혀 새로운 것이라기보다 그가 이러한 역사교육 목적의 문제점을 지적하면서 최근 교육과정이론에 비추어 역사교육이 지향해야 할 바를 주장하였기 때문이다. 그에 따르면 위의 세 가지가 전통적인 역사교육의 목적이었으나, 오늘날 왜 학교에서 역사를 가르쳐야 하는가에 대한 답으로는 각각 문제점을 안고 있다. 우선 유산으로서의 역사교육은 배타적인 자민족중심주의로 흐를 위험성을 배제할 수 없다. 둘째, 도덕교육을 위한 역사교육은 현재의 도덕 혹은 정치적인 사정에 맞추어 과거의 도덕적 교훈을 무리하게 이끌어내고 그것을 학생들에게 주입하게 될 수 있다. 셋째, 역사교육이 현재에 대한 이해를 증진시킨다는 주장은 이를 위해 과거를 얼마만큼 돌아보아야 할지, 또 어떤 과거를 선택하여 돌아보아야 할지가 분명하지 않다. 그리고 그는 이러한 역사교육 목적의 타당성이 선험적인 전제에서 논리적으로 도출된 것인가 아니면 경험적 증거를 가지고 있는가 하는 것도 확실하지 않다고 지적한다.[8]

그는 교육과정이론가들이 제기한 비판을 소개하는데, 그것은 곧 역사수업의 비활동성, 고차원적 사고 기능에 대한 관심 부족, 학생의 관심과 흥미로부터의 괴리, 역사수업에서 주요 개념이나 근본 구조의 결여, 역사 자체의 난해함 등이다. 그러나 파팅톤은 역사학습의 특성에 비추어볼 때, 이러한 비판을 그대로 수용할 수는 없다고 주장한다. 예를 들면 역사수업에서 고차원적 사고기능을 활성화하기 위해 학생의 지적 요구를 더 심층적으로 분석하고 교육목표 분류를 좀 더 광범하게 이용해야 하는 것은 사실이지만, 역사이해는 행동목표에 따라 분리된 개별적인 기능들의 모둠이 아니며, 이처럼 분류된 기능을 중시하면 역사학습의 과정이 목적을 대신하게 되는 문제점이 있다는 것이다.[9]

결론적으로 그는 학생들에게 역사를 가르치는 이유는 역사이해를 증진시키기 위해서이며, 그것, 즉 역사를 가르치는 이유를 외재적이고 도구적인 근거로 정당화하는 것은 적절하지 않다고 지적한다. 그가 보기에 역사를 배운다는 것은 인간의 경험에 대한 특징적인 사고방식을 개발하는 것으로, 이러한 사고과정 자체가 내재적인 가치를 가지고 있다고 주장한다.[10]

1990년대 초에 이인호, 정현백 두 교수는 역사교육의 목적에 관해 여러모로 대비되는 글을 발표하였다.[11] 본격적인 학술논문이 아니라 시사성이 있는 비평으로서 비슷한 시기에 발표된 이 두 글 외에 지금까지 역사교육의 목적을 본격적으로 다룬 논문이 국내에서 등장한 적이 없다는 것은 매우 의외라 할 만하다. 역사교육의 중요성의 핵심이 그 목적에 관한 부분이라는 점에 모두 동의하고 있는 상황임을 고려한다면, 이러한 상황은 더욱 특이하다고 볼 수 있다.[12]

두 사람 모두 역사교육이 경시되고 있는 우리나라 교육 실정에 대해서 비판하고 역사교육을 강화해야 한다는 점에서는 의견을 같이하고 있다. '역사는 가르쳐야 하나?' 혹은 '역사교육이 강화되어야 한다'라는 글의 제목부터 이러한 주장을 드러낸다. 그러나 역사를 왜 어떠한 방식으로 가르쳐야 하는가라는 문제에 대해서는 양자의 의견이 사뭇 다르다.

이인호 교수는, 인문교육의 토대로서 역사교육은 집단적 삶을 살고 있는 인간들의 다양한 모습을 보여줌으로써 삶의 양식의 무한한 가능성에 대한 인식을 높이고, 고통과 슬픔에 대한 감수성을 확장하여 도덕적으로 올바른 선택을 할 수 있게 해야 한다고 주장한다. 즉 바람직한 인간성의 함양, 정신적 공간의 확대가 역사를 가르쳐야 하는 이유다.[13] 반면에 정현백 교수는 역사교육의 사회비판적 기능을 중시하고 인간 해방이 그 목표가 되어야 한다고 본다. 이를 위해 이데올로기 측면에서 비판적으로 사고할 수 있는 능력을 배양하고, 역사의 발전과정이 관념과 존재, 주체와 객체 사이의 갈등으로 채워진 변증법적 과정임을 학생들에게 인식시켜야 한다고 주장한다.[14] 이렇듯 양자가 목적과 지향을 달리하기 때문에, 그것을 달성하기 위한 수단과 형식도 달라진다. 이인호 교수에게 설화 또는 이야기로서의 역사[15]가 적합하다면, 정현백 교수에게는 사회과학적 이론과의 관련 속에서 전체 사회사적인 결정요인들을 설명하는 것[16]이 중요하다.

이런 차이점이 있음에도 이 두 글이 발표된 배경에 공통점이 있는데, 두 글 모두 우리나라 역사교육의 위기와 관련되어 있다. 다름 아닌 교육과정 개편에 따른 통합사회과의 문제가 그것이다. 사회과 통합은 6차 교육과정부터 본격적으로 추진·시행되었고, 통합에 관한 사전 논의가 많은 논란을 불러오면서 통합을 추진하는 교육과정 전문가와 역사학계의 갈등이 더욱 깊어졌으며, 역사학계에서는 역사교육의 독자적 위상을 위해서 이러한 문제의 심각성을 대중에게 알리는 노력이 필수적이라고 의견이 모아졌다. 따라서 이 시기에 이 두 글이 발표된 것도 같은 맥락에서 파악할 수 있다.

미국의 경우 '국가표준(national standards)'을 둘러싼 논쟁 가운데 '역사를 왜 가르쳐야 하는가'라는 질문을 제기한 글이 눈에 띈다. 미국에서는 1990년대 중반에 국가표준에 제안된 내용이 미국 문명에 대한 전면적인 공격이자 이데올로기적으로 반서구적으로 편향되어 있다는 보수파들의 비판과 이에 대한 반박으로, 이른바 '역사전쟁(history wars)'이 벌어졌다. 와인버그(S. Wineburg)는, 이러한 논쟁이 '어떤' 역사를 가르칠 것인가에 대한 물음에 매달린 나머지, 역사를 왜 학습해야 하는가라는 더 근본적인 문제를 간과하고 있다고 지적한다. 그는 어떠한 역사가 더 나은가에 초점을 맞추는 대신, 이 전쟁에서 몇 걸음 물러서서 역사는 무엇에 유익한가, 왜 학교에서 역사를 가르치려고 하는가에 대해 논평하고 있다. 그에 따르면, 역사는 다른 교과와 달리 우리를 인간답게 만드는 잠재력을 가지고 있다. 그리고 그것은 과거와의 만남에 깔려 있는 친근함과 낯섦의 긴장에 대한 세심하고도 균형 잡힌 이해에서 구현될 수 있다고 주장한다.[17]

위의 글 외에 역사교육의 목적과 직간접으로 관련된 논문은 적지 않다. 그럼에도 위의 글을 논의의 대상으로 삼은 것은 이것이 역사교육의 목적에 관해 가장 설득력 있는 견해를 제시해서라기보다,[18] 이 문제에 관한 논의의 방식을 특징적으로 보여주기 때문이다. 그것은 우선 역사교육의 목적이라는 주제가 역사교육의 문제를 논의하는 일종의 출발점으로 자리잡고 있다는 것이다.[19] 눈에 띄는 다른 한 가지는, 전통적으로 역사를 가르쳐온 의의와 방식에 대해 교육과정 혹은 교육방법적 측면에서 비판이 제기되었고, 이에 대한 답변을 하려고 역사를 학교에서 교과로 가르치는 이유를 설명하게 된 사정을 배경으로 한다는 점이다.

　더욱 주목할 것은, 이 글들에서 역사교육의 목적을 논의 또는 결정하는 과정에서 교사의 역할에 대한 분명한 언급이 보이지 않는다는 것이다. 물론 위의 글들이 발표된 시점과 맥락에는 차이가 있다. 즉 파팅톤의 글이 발표된 것은 영국이 국가 수준의 교육과정을 설정하기 전이므로, 그는 교육구나 각 학교에서 자체적으로 교육내용을 결정하는 영국의 교육환경에서 역사교육의 목적을 논의하였을 것이다. 반면에 이인호·정현백 교수의 글은 분명히 언급하고 있지는 않지만, 우리나라와 같이 전국적인 규모와 수준에서 교육과정을 구상하고 그 가운데 역사교과의 위상과 비중이 결정되는 상황을 염두에 두고 역사교육을 강화해야 한다는 주장을 펼쳤다고 볼 수 있다. 와인버그도 미국 사회에서 역사에서 가르칠 내용에 관해 정치·이념적 갈등이 제기되고 있는 상황에서 역사학습의 본질적인 의미가 무엇인가를 검토한 것이라고 할 수 있고, 《역사교육의 이해》는 개론서 수준에서 목적 그 자체만을 개략적으로 소개한다고 볼 수 있다. 그러나 이 글들은 모두 역사교육의 목적 논의와 관련된 역사교사의 역할과 위치에 대해서는 구체적으로 문제를 제기하고 있지 않다. 그렇다면 우리나라와 같이 전국적인 교육과정이 시행되는 환경 하에서는 그 특수성을 고려하여 역사교육의 목적을 논의하는 국면이 갖는 특징을 살펴볼 필요가 있다. 다음 장에서 이러한 논의의 양상과 문제점을 검토해보기로 하자.

3. 목적 논의의 명암

우리나라에서 역사교육의 목적에 관한 논의는 전국 규모 교육과정과 총론/각론이라는 구도를 전제하고, 이렇게 결정된 사항이 각급 학교와 교실로 일방적으로 파급·전달된다는 것을 가정하고 있다. 교육목표의 설정, 내용의 선정 및 조직, 그리고 평가로 이어지는 이른바 타일러(R. Tyler)의 원리가 발표되고,[20] 이것이 지닌 기술적 합리성(technical rationality)의 문제점을 지적한 클리바드(H. M. Kliebard)[21]의 글이 고전이 되다시피 한 현재에도, 게다가 우리나라의 많은 연구자들도 타일러 원리를 비판하고 있음에도, 우리나라의 교육과정은 여전히 타일러의 원리와 목표모형에 따라 개발되어왔다. 이에 따라 먼저 총론에서 교육과정의 구성방향을 설정하고, 이에 기초하여 각론의 목표를 결정한 다음에, 이를 성취하는 데 적합한 내용을 선정·조직하는 방식[22]을 택하고 있다. 그러나 이러한 전제와 가정을 검토하기 전에, 가르칠 내용을 목적 위주로 생각하는 것에 관한 문제를 생각해보기로 하자.

달리기에 비유하여 목적의 문제를 생각해보자. 왜 달리는가, 달리기의 목적은 무엇인가라는 질문에 여러 가지 답변이 있을 수 있다. 흔한 답변 중에 하나는 건강을 위해 달린다는 것이다. 유산소운동으로서 달리기는 심폐기능 강화에 큰 효과가 있다는 것이 잘 알려져 있다. 그러나 똑같이 건강을 위해 달린다 하더라도 심폐기능 강화나 실질적인 신체기능 증진보다는 달려보니까 기분이 좋아서 혹은 스트레스를 해소하는 데 효과적이라서 달리는 사람들도 많다. 그저 달리는 것이 좋다는 말이 전혀 이상하게 들리지 않는다. 체중을 줄이려고 달리는 사람들도 많을 것이다. 이 경우는 실제 달리는 것이 힘들기는 해도 체중을 줄인다는 목표 아래 인내심을 가지고 꾸준히 달리는 사람들도 있을 것이다.

만약 어떤 사람이 위의 어떤 사정으로든 달리기를 시작했다가 점차 이 운동에 익숙해져서 정해진 거리를 달리는 데 소요되는 시간 단축, 즉 기록 향상 혹은 정규 마라톤 풀코스를 완주하는 것을 목표로 한다고 하자. 사실 기록을 앞당기기 위해서는 체력을 보강해야 함은 물론 특별한 훈련을 거쳐야 한다. 아무런 준비 없이 42.195킬로미터 거리를 4시간 혹은 그보다 빠르게 주파한다는 것은 매우 힘든 일이다. 오히려 큰 부상을 당할 수도 있다. 그렇다면 이 경우에 기록 향상 혹은 완주라는 목적은 무엇인가? 이러한 목적을 설정한 당사자에게 어떤 역할을 하고 있는 것인가? 사고라도 난다면 건강을 위한다는 것은 헛소리가 될 것이다. 빨리 달리면 체중을 더 효과적으로 줄일 수 있는가에 대해서도 반드시 그렇지는 않으며 오히려 오래 걷는 것이 더 효과적이라는 견해도 있다.

기록 향상을 위해 정해진 훈련 스케줄을 소화하는 데 인내심과 여유를 가지지 못한다면, 스트레스를 해소하기는커녕 오히려 마음의 부담을 갖게 될지도 모른다. 이 경우 기록 향상이라는 목표는 잘못된 것인가? 만약 그렇다면 이것은 무엇에 비추어 잘못된 것인가? 기록 향상이 이렇게 문제가 되는 것이라면 달리기의 '진정한 목적'은 무엇인가? 만약 달리는 사람마다 그 목적을 달리 한다면, 달리기의 목적은 무엇인가라고 묻기보다 "당신은 왜 달리십니까?"라고 묻는 것이 더 적절하지 않은가? 모든 사람에게 같은 의미와 가치를 지니는 달리기의 목적이 과연 있을 수 있는 것인가? 설령 그것이 마련된다고 하더라도 달리는 사람 모두가 이 목적을 위해 달려야 하는 것일까? 이 경우 "왜 달리십니까?"라는 말이 달리는 사람에 대한 고려

없이 의미를 가질 수 있을까?

물론 학교 역사교육과 개인이 취미생활로 하는 달리기를 비유하는 것은, 여러 가지 면에서 적절하지 못하다. 특히 공교육으로서 역사교육은, 성장기의 학생을 대상으로 국가가 그 내용과 형식을 통제한다는 점에서 달리기와 근본적으로 다르다. 다만 위의 사례가 시사하는 것은, 목적이라는 것과 관련하여 그것을 달성하려는 행위는 매우 다양한 의미를 가질 수 있으며 목적 달성 여부가 반드시 긍정적인 효과를 주는 것은 아니라는 점이다. 즉 건강을 위해 달린다고 하지만, 그러한 목적이 달리는 행위에 제시하는 의미와 가치는 개인이 처한 상황에 따라 다를 수 있다는 것이다.

마찬가지로 단일하게 잘 짜인 역사교육의 목적이 있다고 가정한들, 그것이 저절로 역사교과의 내용을 선정·조직하는 데 직접적인 도움을 주지는 않는다. 이런 의미에서 역사교육이 어떤 목적을 가지고 있는가보다 더 중요한 것은, 수업에서 일어나는 상호작용과 실제로 역사를 가르치는 과정에서 그 목적이 어떤 의미를 구성해내는가 하는 것이다. 어떠한 목적을 정하고 그것에 의거하여 가르칠 내용을 구성한다는 발상은 실제로 어떤 내용을 가르쳤을 때 나타날 결과를 사전에 정당화하자는 것이지만, 그 내용을 어떻게 가르치느냐 하는 것은 교사와 학생 간 상호작용 속에서 비의도적으로 실현되는 것이므로 미리 정한 목적이 이 과정을 완전히 통제할 수는 없다.[23]

목적의 결정방식도 논란의 대상이다. 극단적인 가정이긴 하지만, 국민투표를 통하여 역사교육의 목적을 정의한다고 생각해보자. 국민투표, 즉 다수의 의견에 따라 합의를 해나가는 방식은 절차상 매우 합리적이다. 위에서 예를 든 여러 가지 역사교육의 목적들 중에서 개인이 각자 선호하는 순위를 정하게 하고, 그것을 집계하여 다수의 지지를 받은 순서대로 역사교육의 목적으로 삼는 것은 어떤가? 민주적이고 합리적인 절차에 따른 선택과 결정이므로, 이것이 논란 많은 역사교육의 목적을 정하는 가장 최선의 방법이 될 수 있을까? 그래서 만약 민족공동체의식 고취라는 것을 최상위의 역사교육의 목적으로 삼으면 원만한 결정에 이른 것일까?[24]

앞에서 예로 든 여러 목적들이 상호배타적이지 않아 구별하기 어렵다는 점은 논의의 편의상 제쳐두기로 하자. 이러한 비유를 통해 필자가 말하고자 하는 것은, 역사교육의 목적, 더 크게는 교육의 목적이 다수결의 원칙이라는 합리적 절차만으로 그 정당성이 확보되는 것이 아니라는 점이다. 즉 교육에 관한 문제에서, 그것도 어떤 것을 위해서 교육을 한다고 할 때 그 '어떤 것'을 결정하는 문제에는 어쩔 수 없이 가치에 대한 판단, 즉 무엇이 교육적으로 바람직한가, 역사를 가르치는 일의 의미는 무엇인가 하는 질문이 따르기 마련이다. 교육의 목적은 이미 시대와 사회가 지향하거나 수용하는 가치 위에 놓일 수밖에 없는 것이고, 따라서 도둑질을 교육한다는 말이 성립하기 힘든 것처럼 역사학습을 통해 인종차별의식을 고양한다는 것 역시 허용되기 어렵다. 즉 교육의 목적이 모든 도덕과 가치로부터 가치중립적일 수 없다는 말이다.

이 문제에 관해서 교육의 일반목적과 역사교과의 목적의 관계를 둘러싼 리(P. Lee)와 화이트(J. White)의 논쟁을 참고할 만하다. 화이트는 역사학 그 자체는 학교교육과 구별되는 목적을 가질 수 있으나, 학교교과로서의 역사는 역사 연구 그 자체보다 학교교육의 목적을 중시해야 하며, 따라서 학교에서 가르칠 역사는 민주시민의 덕목 양성이라는 교육의 기본적인 목적에 부합해야 한다고 주장한다. 화이트에 따르면, 그것은 자립적인 인간으로서 자신이 지향하는 것을 선택하기 위한 가능성과 조건을 이해하고 동시에 그것의 사회적 조건과 맥락을 이해하는 것이다.[25] 반면에 리는 역사가 자체의 내재적 가치를 가지고 있으며 다른 정치적 목적—시민교육(citizenship education)을 포함해서— 에 이용되어서는 안 된다는 의견을 제시하면서, 이러한 외재적인 정치적 목적을 위해 역사가 이용되면 역사의 본질적 특성인 객관성과 공평성(detachment)을 손상하게 된다고 주장한다.[26] 그러나 화이트는, 리가 주장하는 역사 고유의 변형적 목적 (transformative aim)— 즉 학생이 세상을 바라보는 방식을 존중하고 그것을 통해 자신을 변화시키도록 하는 것—이라 불리는 것도 따지고 보면 개인이 속한 사회의 가치를 반영할 수밖에 없으므로, 아무리 학생 스스로 판단하는 일이 중요하다 하더라도 학생들이 역사학습을 통해 나치즘을 신봉하게 된다면 이를 방관할 수만은 없는 노릇이라고 반박하고 있다. 만약 이를 인정한다면, 학생 자신의 판단을 중시하는 가치중립적인 (혹은 가치중립적으로 보이는) 변형적 목적이라는 것도 시민교육이라는 일반적인 목적에 부속되는 학교 역사교육의 목적—개인의 독립적 선택 가능성을 기르는 것—과 크게 다르지 않다[27]는 것이다.

사실 흔히 거론되는 역사교육의 내재적·본질적 가치와 외재적·도구적 가치의 구분이라는 점에서 보면 위의 논쟁은 쉽사리 해결될 수 없으며, 교육 자체가 갖는 내재적 가치가 무엇인가에 관한 문제까지 고려한다면[28] 사정이 더욱 복잡해질 수밖에 없다. 하지만 여기서 가치의 속성에 대해 논의하기보다는, 학교에서 가르치는 역사, 즉 역사교육의 목적이라는 문제가 가치의 문제와 매우 민감하게 관련되어 있으며, 이것이 공교육 과정의 하나로 가르쳐지는 역사가 가지는 필연적인 특성이라는 점에 유의하기로 하자. 단적으로 말하면,

역사교육에 관한 한 교과의 설정과 내용은 국가적 정체성의 확립과 무관하지 않으며 따라서 강령과 상징의 의미를 갖는다는 사실을 부정할 수 없고, 결과적으로 역사교육의 목적은 국가적 명분과 분리될 수 없다. 달리 말하여 역사교육이 그 자체로서 내재적 가치를 가지고 있다는 주장만으로는 학교 역사교육의 독자성이나 그 목적의 가치중립성을 확보하는 데 한계가 있다는 뜻이다. 역사교육의 목적을 반국가적 사고의 고취라고 설정하여 국가적 분열을 조장하거나, 우리 선조의 문화유산의 대부분이 당시 선진적인 타문화의 모방임을 깨닫게 한다는 식으로 기술하는 경우는 없다. 왜냐하면 공교육의 일부로 국민국가 형성과정에서 구성원의 소속감과 일체감을 불러일으키려고 마련된 자국사 중심의 역사교육이 이러한 목적을 내세운다는 것은 자기부정이기 때문이다. 결국 현재와 같이 전국적인 규모와 수준에서 교육과정을 논의하고 결정하는 상황 하에서는 역사교육의 목적이 그렇지 않은 경우보다 더욱 국가적 성격을 가질 수밖에 없다.[29]

우리나라 상황에서 역사교육의 목적이 국가 차원 혹은 수준에서 벌어지는 담론이라는 점은, 교육과정의 개발에 대한 논의의 방식과 과정에도 직접적인 효과를 미치고 있다. 우리나라의 교육과정 개발 단계에서 벌어지는 논의의 방식은, 간단히 말하여 학문과 교과를 선명하게 구별하여 학문이 아닌 교과가 갖는 특수성을 정당화함으로써 탈학문적 혹은 간학문적인 통합교과를 만들려는 노력과 경향, 그리고 그러한 탈학문적인 통합교과의 창출이 이른바 교육과정연구자의 역할이며 전문성임을 주장하는 것이다.[30] 이런 입장에 선다면 교과는 학문과 다른 관점들, 즉 교육활동 자체가 갖는 목적이나 학생의 지적 발달, 사회적 요구와 교육적 관점만을 고려하여 교과로 선정되고 조직된 것으로, 같은 명칭의 교과라도 학습대상인 학생 또는 사회의 변화에 따라 그 내용이 달라지기도 한다.[31]

학습자와 사회의 요구를 분석하여 도출해낸 교육의 일반 목표를 달성하는 데 필요한 것을 체계화하여 분야별로 묶은 것이 바로 교과이고, 교육과정 연구자들의 임무는 이러한 교육목표의 달성에 적합하게 교과를 나누거나 통합하고 그 교과의 지위나 비중 또는 역할 등을 판단하는 것이다.[32] 즉 특정 교과가 그 교과 관계자들의 주장대로 교육적으로 중요한 의의가 있다면 그것을 반드시 독립적인 교과로 분리해서 가르칠 필요가 있는지, 다른 교과에 통합하여 가르치면 더욱 나은 효과가 있는지를 판단하고, 만약 독립 교과로 가르친다면 필수로 가르쳐야 하는지 선택으로 가르쳐야 하는지, 또 그 교과를 어느 시기에 어느 정도의 비중으로 가르칠 것인지를 결정하는 일은 온전히 전문적인 교육과정 연구자들의 몫이다.[33]

따라서 통합사회과를 추진하는 경향이 두드러지는 최근의 상황에서는 역사라는 교과의 교육목표가 교육의 일반 목표에 제대로 부합하는지만 따지면 되고, 교육과정 개발 논의 절차에서 이에 대한 판단은 총론 개발을 맡고 있는 교육과정 전문가와 연구자 들에게 맡겨져 있다. 그들에게 역사학자들이 역사교과의 가치정당화를 위해 제기하는 문제들은 '영역이기주의'로 들릴 뿐이고, 통합된 하나의 교과 속에서 자신들의 지분을 다투는 모습으로 비춰질 뿐이다. 이러한 점에서 본다면 교과의 가치를 정당화하는 작업을 교과교육학의 중요한 구성 영역으로 설정한 것 자체[34]가 교육학 위주의 시각이고, 이러한 시각을 고수하면서 교과교육학의 존립근거를 묻는다면 그 대답은 당연히 교육적 의미와 필요성을 강조할 수밖에 없을 것이다. 이때 교과교육학은 '교과내용으로서의 특정한 학문 영역의 지식과 그것을 유용한 지식이 되도록 가르치는 방법으로서의 교육을 통합한 실천적 교육학'[35]으로, '교과교육에 관한 연구는 그 자체가 교육학이며 교육학이 되지 않으면 안 된다.'[36]

정리하자면 교육의 목표는 학습자와 사회적 요구를 고려한 교육적 필요에서 결정되며 그에 따라 교과의 비중과 위상이 판단된다. 이 판단의 주체는 교육과정 전문가이고, 그 대상은 교과 관련자가 정당화한 교과의 교육적 가치이다. 만약 역사교육의 목적을 역사적 사고의 함양이라 하고 역사적 사고를 역사학자의 연구절차와 역사학의 독자적인 특성에서 도출되는 것이라 한다면, 교과의 통합을 지향하는 교육과정 전문가들과 대립되는 것이며, 따라서 역사학자들의 교과가치론과 교육과정 전문가들의 전문성은 양립하기 어렵다.

이 점에서 역사교육의 중요성과 가치를 정당화하여 역사교육을 정상화 또는 강화하려고 하는 것은 논의의 구도와 질서를 잘못 파악한 탓이라고도 할 수 있다. 우리나라에서 지금까지 공교육체제에서 어떤 교과를 설치하거나 필수 여부를 결정할 때, 그 교과의 가치를 어떻게 정당화할 수 있는가를 근거로 삼은 경우는 발견하기 어렵다. 많은 경우 그것은 교과 자체에 대한 국가와 사회의 가치 부여 및 판단으로 이루어져왔다. 더구나 역사교육은 그 시작부터 근대국가적 사업이었고, 우리나라에서도 사정은 마찬가지였다. 그런데 1980년대부터 실질적으로 사회과 통합을 추진하고, 이로부터 역사과의 위상이 변화하면서 교과의 가치를 정당화하라는 요구를 받게 되었고, 그 요구에 응하기 위해 역사교육의 목적을 논의하게 되었다. 역사교육의 목적이 활발히 논의되어 이상적인 목적을 이끌어냄으로써 교과의 가치가 정당화되면 역사교육이 정상화 또는 강화될 것이라는 기대와 예상이 있었으나, 사정과 실상은 그와 달랐다. 교과의 가치가 제대로 설정되지 못해서 역사교육이 위기에 처하게 되거나, 혹은 역사교육의 목적을 잘 설정하면 그것이 강화 또는 정상화될 수 있는 것은 아니다. 예를 들어 흔히 주요 교과라고 하는 과목, 예를 들면 국어교과가 국어교육의 목적을 잘 설정함으로써 주요 교과의 위상을 갖추게 된 것인가라는 질문을 던진다면 그렇다고 답하기는 어렵다.

현재 교육과정의 결정구도 속에서는 교과가치의 정당화라는 그럴 듯한 합리적 논의가 정책 결정의 중심에 있는 것처럼 설정되고, 이러한 담론구도의 틀 속에서 역사교육 관계자들이 배치된다. 즉 전체 교육과정 논의의 하위 영역으로서 사회과 협의체 내에서 역사교육 관계자들이 역사과의 비중과 위치를 자체적으로 그리고 합리적으로 논의하여 결정하는 모양새를 갖춘 듯이 보인다. 하지만 실제 판단과 결정의 단계로 가면 여전히 역사교육 관계자들은 교과이기주의에 빠져 있다는 해묵은 비난의 굴레에서 벗어나기 어렵고, 여기서 학생들에게 역사를 왜 가르쳐야 하는가에 관한 실천적 논의는 잘 발견되지 않는다. 결국 전국 규모 교육과정 논의에서 교사는 담론의 주체가 아니다. 그것은 교육과정이라는 영역에서 이 분야의 이른바 '전문가'들이 주관하는 일이다. 교과가치를 정당화한다는 것도 실상 교사의 책무는 아니다. 교사가 교실에서 학생들에게 역사를 왜 배우는가를 설명하는 것과 교육과정 결정과정에서 교과의 가치를 정당화하는 것은 다르다.

더구나 목적 위주의 사고방식은, 상황과 맥락의 차별성을 고려하지 않은 획일적 구도로 역사학습의 실제를 예상하는 것이다. 일단 목적이 설정되고 그것이 실제로 교육내용으로 구성되어 그 효과가 학생들의 이해와 태도에 어떠한 효과를 미치는가를 가늠하려면, 달성 목표를 세분화하고 그것을 성취했는가의 여부를 평가·조사하는 시스템을 구현해야 한다. 이는 성취도의 측정과 전국적인 학습 혹은 수업내용의 수준 관리를 추구하는 것인데, 사실 이는 수준 관리라기보다 오히려 품질 관리의 측면이 더 두드러진다고 할 수 있다. 품질 관리 모델에서 중요한 것은 우수한 제품을 만드는 것이라기보다 불량품을 최소화하는 것이다. 국가는 교사보다는 교과서를 가지고 가르칠 내용을 통제하는 쪽을 선택할 가능성이 매우 높다. 가르칠 내용의 표준화와 이것이 학생들에게 제대로 전달되었는가에 대한 확인으로서의 성취도검사는 이런 과정의 중요 부분이다. 그리고 이 과정에서 교사는 충실한 전달자 역할을 다했는지를 검사당하는 존재로서 철저히 객체화된다. 전국 규모의 시험, 예를 들어 성취도검사라든지 수학능력시험 같은 평가도구 역시 유사한 역할을 한다는 것은 새삼 강조할 필요도 없다. 결과적으로 교육과정의 운영 혹은 실행에서조차 교사의 역할이 별 상관이 없는 방(防)교사교육과정(teacher proof curriculum)[37] 현상이 빚어지는 것이다. 영국에서 1988년의 교육개혁 결과로 1991년부터 국가교육과정이 정치적 권력의 영향 하에 시행됐고, 이것이 교육 전반과 교사에 대한 통제적인 관점에서 제정·운영됐다는 비판은 우리에게 그리 새로울 것도 없다.[38]

4. 다른 관점과 질문

역사교육의 목적이 무엇인가 하는 질문은 형식적으로 혹은 형식을 갖추기 위하여 필요한 질문이다. 그렇지만 역사교육의 목적에 관한 논의가 가지는 특성 때문에, 그 답을 찾고자 하는 노력이 오히려 기대한 것과 달리 부정적인 기능을 가져오는 경우도 있다. 지금과 같은 역사교육의 위기가 초래된 것은 역사교육의 목적이 잘못되었기 때문이 아니다. 그럼에도 그것을 재정립함으로써 혹은 역사교과의 가치를 정당화함으로써 문제에 대응하려는 것은 그 방향과 대상을 잘못 설정한 것이라 할 수 있다. 그리고 역사를 왜 가르치는가, 역사교육의 목적은 무엇인가라고 질문하는 것은, 정답을 얻으려고 묻는 것도 아니고 그렇게 해서도 안 된다. 위에서 사례를 들었듯이, 이는 논의의 과정에서 그러한 목적을 묻는 배경이나 의도가 드러나는 경우가 많고, 우리가 주목해야 할 것도 바로 이 부분이다.

역사교육의 목적을 묻는 질문을 역사교육에 관한 최상위의 질문으로 본질화할 필요는 없다. 문제의식의 출발은 무엇을 가르칠 것인가이다. 그리고 이 질문을 실질적인 내용이 없는 역사교육 목적의 아래에 두어서도 안 된다. 문제를 '왜 가르치는가'와 '잘 가르친다'로 거칠게 나누어볼 때 전자를 결정함으로써 후자의 문제가 자동적으로 해결되지는 않는다. 따라서 후자의 문제, 곧 어떻게 가르쳐야 잘 가르치는 것인가의 문제를 별도로 소중하게 생각해야만 한다. 앞서 와인버그는 어떠한 역사를 가르치는 것이 더 나은가 대신에 왜 학교에서 역사를 가르치려고 하는가에 초점을 둔다고 하였지만, 그 역시도 후자의 질문으로부터 전자의 문제가 해결된다고 주장한 것은 아니다.[39] 그는 이데올로기적으로 이분법적인 구도에서 학교에서 가르칠 역사내용에 관한 공방이 진행되는 것으로부터 한발 떨어져서 역사학습의 본질적인 의미가 무엇인가의 문제를 제기한 것이라 할 수 있다.

더구나 역사교육의 목적을 논의하는 수준이 국가적인 차원이라는 점을 고려해본다면 위의 문제를 위계적으로 그리고 절차적으로 생각해서는, 즉 큰 목적을 정하고 그것을 세분화·체계화하여 가르칠 내용을 결정해야 한다는 사고방식으로는 제대로 잘 가르치는 문제를 포착할 수 없다.

따라서 역사교육의 목적에 관한 논의 자체를 문제화하는 것이 필요하다. 이는 오늘날 우리나라 사회에서 공교육과정으로 역사를 가르친다는 의미가 무엇인가를 따지는 것이라 할 수 있다. 역사를 왜 가르쳐야 하는가의 문제를 가치의 대립과 갈등이 없는 진공 상태에서 논의할 수는 없다. 비록 미국의 경우이기는 하지만, 와인버그의 문제제기는 이러한 상황에 대한 적절한 사례라 할 수 있다. 역사는 정체성에 관한 논란이 겹쳐진, 의미와 가치, 이데올로기의 각축장이다. 역사는 단순히 무엇이 일어났는가의 문제 혹은 발견되고 전달되기 위해 존재하는 진리의 문제에 그치는 것이 아니라, 우리가 과거에 대해 아는 것은 무엇인가 그리고 우리가 역사라고 부르는 지식을 생산하고 수용하는 것을 통제하는 규칙 혹은 관행은 무엇인가의 문제 역시 포함한다. 서술된 역사에서 어떤 내용에 대한 수용과 배제, 중요성에 대한 판단, 그리고 평가의 기준은, 객관적 준거보다는 정치적으로 산출된 관행 쪽에 더욱 가깝다.[40] 역사교육의 목적이 이러한 논의 범주 내에 있는 것은 마찬가지이다.

역사교육에서의 목적 위주 논의방식은 역사학습 자체에서도 심각한 문제점을 안고 있다. 목적론적 해석은 대상을 도덕적으로 판단하려는 경향을 초래한다고 한다. 고병권은 스피노자(B. de Spinoza)를 인용하여 다음과 같이 지적한다. "태양은 왜 창조되었을까? 비추기 위해서. 바다는 왜 창조되었을까? 물고기를 기르기 위해서. 눈은 왜 창조되었을까? 보기 위해서. 최종적으로 세계는 왜 창조되었을까? 우리 인간을 위해서. 인간을 위해서 세계가 창조되었다면, 인간에게 이로운 것은 선이고 해로운 것은 악이라는 식으로 선악에 대한 판단이 갈린다. 그렇다면 인간을 위해 창조된 세계에서 왜 인간에게 해로운 벼락이 치고 해일과 지진이 일어나는 것일까?"[41]

이러한 질문은 기원에 대해 무모한 열망을 품는 것에 대한 비판으로 이어진다. 니체(F. W. Nietzsche)는, 기원에 대한 열망이란, 사물은 탄생의 순간에 가장 진귀하고 본질적이라고 믿는 것이라고 설명한다. 기원에 관한 이야기, 그것을 신성하게 여기고 찬양하는 것의 반대편 끝에는 결과로서의 목적이 있다. 즉 우리가 지금 이렇게 된 것은 이러저러한 기원을 가졌기 때문이다. 그런데 신성화된 기원에서 어떻게 오염된 결과가 맺어질 수 있는가?[42]

역사를 가르치는 데에서 목적과 기원부터 먼저 따지려고 하는 것은, 현재에 대한 문제의식에서 출발하여 역사를 생각하는 것과 잘 조화되지 않는다. 기원을 추구하는 것은 '사물의 정확한 본질, 사물의 가장 순수한 형태들, 사물의 조심스럽게 보호된 주체성'을 포획하려는 시도이나, 사물들의 역사적 단초에서 발견되는 것은 기원의 신성불가침한 주체성(동일성)이 아니라 사물들이 갖는 또 다른 질서인 불연속성과 차이들, 즉 부조화이다.[43] 더구나 목적부터 먼저 설정하고 이에 종속하여 역사에서 무엇을 가르칠 것인가를 선정하는 식의 사고 패턴은, 역사가 역사이기에 갖는 특성을 스스로 구속하고 제한할 수 있다. "역사는 절대적인 담론이나 절대적인 개별성을 성취하지 못하는 한, 그 의미가 혼란스럽고 복잡한 상태에서만 역사라 할 수 있다"[44]라는 주장을 생각해보면, 이런저런 이유로 역사를 가르쳤으니 그렇게 가르치고 배운 교사와 학생, 특히 그런 이유의 결과로서 학생들의 역사이해는 반드시 이래야 한다는 식의 발상은 무모하고 위험하다.

목적을 설정한다고 해도 그것을 달성하기 위해 교육내용을 마련하는 것이 매우 어려운 과업이 되는 경우도 있다. 그렇다면 이러한 이유 때문에 그 목적 자체를 포기해야 하는 것일까? 예를 들어 7차 교육과정 세계사 영역의 목표 가운데 하나인 '인류 역사의 발전과정을 종합적이고 체계적으로 이해함으로써 오늘날 세계의 성격과 과제를 올바로 인식'하기 위하여 그 방법으로 유럽중심주의를 극복해야 한다는 결론을 얻고 이에 대한 학계의 논의를 검토한다고 하자. 최근 유럽중심주의 이데올로기에 관한 학술대회에서 한 서양사 연구자는, 서양사 체계의 유럽중심주의적 편향을 극복하려면 많은 사람들이 장기간에 걸쳐 노력을 기울여야 할 것이며, 서양사 연구자들이 최소한 한 세대 이상은 매달려야 우리 나름의 관점을 어느 정도 확립할 수 있을 것이라고 진단한다.[45]

이는 당연히 학계에 한정된 문제가 아니다. 더구나 장기간 기본적인 내용체계에 큰 변화가 없었던 중등 세계사는 문제가 더 심각하다. 우리 세계사교육의 유럽중심주의의 현황, 문제점 및 개선방안을 제시하는 적지 않은 수의 논문이 이미 발표된 바 있으나,[46] 교과서 내용이 이러한 학계의 연구 성과를 모두 반영하거나 이를 뛰어넘기란 매우 어려운 일이다. 만약 상황이 이렇다면 현재 학교에서 세계사를 어떻게 가르쳐야 하는가? 위의 연구자가 예상한 대로 한 세대가 지난 뒤에 우리 나름의 관점이 확립될 때까지 문제가 많은 대로 유럽중심주의의 내용을 학생들에게 가르쳐야 하는가? 아니면 그때까지 관련 내용에 대한 언급을 자제해야 하는가?

아직 배우는 과정에 있는 학생들에게는 아쉬운 대로 기존의 서양사 체계를 그대로 가르치자는 견해는 그다지 설득력이 없을 것이다. 대개의 경우에 그들이 다시 서양사의 관련 내용을 학습하게 될 기회는 없을 뿐 아니라, 설혹 그런 기회가 온다 하더라도 선행학습에서 습득한 이해체계를 수정 혹은 극복하는 것은 최초로 배울 때보다 오히려 힘들기 때문이다.

이런 문제를 심각하게 인식하고 있는 역사교사라면 어떠한 대처방안을 마련할 수 있을까? 교사 개인 혹은 문제인식을 같이 하는 사람들이 유럽중심주의를 극복한 새로운 서양사 체계를 연구하고 수립해나가는 것도 이상적이겠지만,[47] 그 과정에서 현실적으로 따르는 많은 어려움들을 고려한다면 교사 자신이 이러한 문제의식을 수업 속에 투영시켜 실제 수업 속에서 학생과 교사가 문제의식을 공유하는 것 또한 교사가 취할 수 있는 좋은 방안이라 할 수 있다.

단지 하나의 예시이기는 하나 유럽중심사관의 극복이라는 문제에 대한 개선방안이 결국 학계의 논의보다 교실의 실제 수업 현장에서 가장 실질적으로 이루어질 수 있다는 것은, 학교 역사교육이 학계에 의존할 수만은 없는 하나의 사례가 될 수 있을 것이다. 또한 역사를 가르칠 때의 내용과 역사를 가르치는 일이 가지는 의미 또는 그 과정에서 생기는 문제의 해결은, 외부로부터 주어지는 것이 아니고 목적으로부터 자동적으로 도출될 수도 없다는 것을 잘 드러내준다. 학문으로서 역사학이 갖는 관심 분야와 학교에서 역사를 통하여 무엇을 가르칠 것인가를 궁리하는 것은 동일하지 않다. 중요한 것은 이미 지적했듯이 학교에서 역사를 통하여 가르칠 '무엇'을 어떻게 포착하느냐 하는 것이다.

학교에서 가르치는 역사학습의 분량과 범위가 과다하며 따라서 분량을 줄이고 사고력을 중시해야 한다는 비판에 대해서도, 조금은 다른 시각에서 검토할 필요가 있다. 사실 이러한 지적이 타당하다고 인정하기에는 교과서에 담긴 역사의 내용이 매우 건조하고 빈약하다고 할 수 있다. 통합사회과 내의 다른 교과들과 비슷한 정도로 분량을 줄여야 한다는 강박에 사로잡혀 지나치게 일반화하고 추상화한 진술로 많은 범위를 포괄해버리거나, 인과관계와 전후 맥락을 과도하게 생략하여 학생들의 이해를 어렵게 하고 오히려 사고력을 저하시키는 결과를 초래하는 것이 현실이다. 학교 역사교육이 부실하기 때문에 학교 밖 역사교육은 활발해질 수밖에 없고, 이러한 현상은 학교가 학생이나 대중이 요구하고 기대하는 만큼의 콘텐츠를 제공하지 못하기 때문에 빚어지는 현상일 수 있다. 즉 학교에서 가르치는 역사가 재미없어서 학교 밖의 역사교육을 추구하는 것이 아니라, 학교에서 제도적으로 그리고 구조적으로 역사를 제대로 가르칠 수 없게 만들어버렸기 때문에 이러한 현상이 나타났을 수 있다. 그렇지 않다면 책이나 영화, 드라마에서 역사물이 이처럼 호황을 이루는 이유를 제대로 설명하기가 어려울 것이다.

사실 역사처럼 이른바 '부교재'가 잘 팔리는 과목은 없다.《먼 나라 이웃나라》,《만화로 보는 삼국의 역사》시리즈,《한 권으로 보는 한국사 101장면》등의 베스트셀러가 그 사례라 할 수 있다. 같은 사회과에 속한 과목이라고 할 수 있는 지리 영역도 일반사회 영역도 이렇듯 교재에 가까운 형식과 내용의 책들이 출간되어 상업적 성공을 거둔 예는 별로 없다. 이러한 현상은 '역사'에 대한 사회적 수요가 있음을 의미한다. 독자들이 수학능력시험에 대비하여 이런 책을 사지는 않는다. 만약 그것을 대비한 것이라면 선택률이 극히 저조한 세계사 영역과 베스트셀러《먼나라 이웃나라》의 관련성을 어떻게 설명할 수 있겠는가? 결국 역사를 알고자 하는 호기심과 의욕은 절실한데 학교에서 가르치는 역사는 부실하거나(혹은 아예 가르치지 않거나), 교과서 서술내용이 잘 이해되지 않고 교사가 수업시간에 내용을 충분히 가르칠 수 있는 여건도 조성되지 않았기 때문에, 이러한 현상이 생긴 것이라고 볼 수 있다. 즉 부실한 교육과정 자체가 그 원인인 것이다. 이러한 사회적 수요가 존재한다는 것은 역설적으로 역사교과의 가치를 '정당화'하고 있다. 즉 이러한 수요야말로 학교에서 가르쳐야 하는데 가르치지 않는 것들— 이른바 영(零)교육과정[48]—에 대한 관심과 호기심에서 비롯되는 것이 아닐까?

5. 맺음말

이 글에서 필자는 역사교육의 목적이란 무엇인가라는 질문을 왜 물어야 하는지 그리고 그 질문을 어떻게 바라보아야 하는지에 대해서 논의하고자 하였다. 이러한 비판 없이 역사교육의 목적을 본질화하는 것에 따른 문제점을 요약하면 다음과 같다. 첫째, 역사교육의 목적을 정한다고 해서 가르칠 내용이 자동적으로 도출되지는 않는다. 둘째, 역사교육의 목적을 정하는 절차와 방식 속에 이미 역사교육의 내용을 하향식으로 결정하려는 전제가 내재되어 있고, 전국적인 교육과정의 결정과정에서 역사교과가 지향해야 할 가치를 도출하고자 할 때 교실 현장과 역사교사는 크게 고려되지 않는다. 지금의 논의방식으로는 그럴 수도 없다. 왜냐하면 실제 교육내용이 교사와 학생에게 내면화되는 것은 매우 개별적인 사태이기 때문에 이를 미리 예측하여 교육내용을 선정하기란 매우 어렵고, 더구나 그것이 각각의 개별적인 수업 속에서 어떻게 의미화되는지를 진단하거나 처방하는 것은 거의 불가능에 가깝기 때문이다. 따라서 흔히 논의되는 역사교육의 목적은 실제 역사수업과 동떨어져 있다. 셋째, 역사교육의 목적을 설득력 있게 제시함으로써 교과의 가치를 정당화하고 이를 바탕으로 역사교과의 위치를 강화할 수 있다는 생각은 순진하다기보다 교육과정의 논의구도를 잘못 파악하고 있는 데서 비롯된 오해 혹은 환상이다. 교육과정을 결정하는 논의구도는 이해당사자를 철저히 배격하여 중립성을 확보해야만 한다는 맹신과 그것을 독자 영역으로 구축한 이른바 교육과정 전문가들의 근거조차 의심스러운 전문성에 매몰되어 있다. '중립성 확보'에 절대적인 가치를 부여함으로써 교과 자체가 갖는 가장 기초적이고 본질적인 특성이 무시된 채, 관련 교과 모두에 중립적으로 똑같은 처우를 해주어야 한다는 형식논리만이 관철되어 정작 교육 현장과 학습과정에서 이상스런 불균형과 파행이 빚어지고 있는 것이다. 결과적으로 학교교육과 수업에서 가장 중요하다고 할 수 있는 교과내용에 관한 전문가가 '이해당사자'로 몰리며 논의에서 배제되어, 결국 '중립성'이라는 가치가 교육의 다른 어떤 가치보다도 우위를 차지하는 기이한 현상이 초래되고 있다. 이러한 사회과 체제에서 역사교육의 목적을 더 잘 서술함으로써 역사의 교과 기반을 독립시키거나 확충하는 것은 매우 기대하기 힘든 일이다.

역사교육의 목적을 설정하려는 논의는 하나의 정답을 이끌어내려하기보다 그 자체가 쟁론의 과정이 되는 것이 낫다. 전국 단위 교육과정에서 목적을 논하는 것은 결국 국가적·사회적 의미에서 역사교육이 수행해야 하는 기능을 전제로 하는 것이고, 이런 수준에서의 역사교육의 목적은 실제로 학생들에게 어떻게 역사를 가르쳐야 하는가의 문제와는 직접적인 관련성이 적다. 따라서 목적이라고 제시된 주장을 받아들이는 것보다는 그것을 비판하는 일이 더 필요하고, 더불어 역사학습의 다양성을 실현시키고자 교사가 가르칠 내용을 재구성할 수 있는 재량과 범주를 넓히는 것이 중요하다. 이는 목적으로부터 기계적으로 처방되는 것이 아니라, 기존에 주어진 그리고 당연시되어온 개념과 범주 들을 문제화하는 인식론적 발상과 태도에서 비롯된다. 앞서 "달리기의 목적이 무엇인가?"라고 묻기보다 "당신은 왜 달리십니까?"라고 묻는 것이 더 적절하지 않겠느냐는 질문을 던졌다. 이는 역사를 가르치고 배우는 교사와 학생을 배제하고 진행되는, 역사교육의 목적에 관한 논의에도 던질 수 있는 질문이다.

5장

집단기억, 역사의식, 역사교육

1. 머리말

역사와 기억의 상호관련성에 대한 논의는, 1989년에 미국에서 《역사와 기억(*History and Memory*)》[1]이라는 전문학술지가 출간되면서 새롭게 주목받는 분야로 공인되었다. 그리고 약간의 시차가 있긴 하지만, 우리나라에서도 기억이 역사 연구의 새로운 영역과 경향을 이끄는 쟁점으로 자리잡아가고 있다.

기억에 관한 연구가 촉진된 것은, 특히 기억의 사회적 · 집단적 성격이 부각되면서부터다. 이 문제를 본격적으로 제기한 사람은 알브바슈(M. Halbwachs)라는 프랑스의 사회학자로, 그는 기억의 기초를 개인에 둔 베르그송(H. Bergson)을 비판하면서 기억을 사회적 현상으로 해석하였다. 그에 따르면 개인의 기억은 사회적으로 매개됨으로써 형성될 수 있다. 즉 기억이 사회적으로 구성된 것이며 본질적으

로 집단적 특성을 지니고 있기 때문에 개인이 속한 집단이 기억을 재구성하는 수단을 제공한다는 것이다.[2]

이러한 기억의 특성은 역사학습에도 새로운 쟁점을 제기하고 있다. 기억은 역사적 기록, 유물과 함께 과거를 알 수 있는 중요한 통로다. 하지만 그동안 기억은 기록이나 유물에 비해 신뢰하기 어려운 것으로 여겨지며, 그다지 주목받지 않았다. 역사라는 것이 기록, 특히 문자로 쓰인 기록을 그 기초로 삼기는 하지만, 기억이 과거를 저장하고 표현하는 주요한 방식이라는 점을 생각하면 이러한 무관심은 오히려 이상할 정도다. 이것은 역사학습에서도 마찬가지였다. 학교 역사수업에서 기억, 특히 개인의 기억은 학습의 영역으로 인정되지 않았다. 오히려 기억은 전적으로 개인적, 심리적, 주관적인 것으로 간주되었으며, 한편으로 '암기(memorization)'라는 말과 동의어로 여겨지면서 경계해야 할 것으로 처리되기도 하였다.[3]

그렇다면 역사 교과서에 실려 있는 과거에 대한 공식적인 서술과 개인의 기억은 전혀 관계가 없는 것일까? 개인의 기억은 개인의 삶에 대한 경험으로서 최근의 것에 대한 회상으로 간주되는 반면, 역사 교과서는 먼 과거에 대한 객관적이고도 종합적인 기록으로 여겨진다. 따라서 양자 사이에 어떤 관계를 설정하는 것 자체가 무리일 수도 있다. 그러나 이처럼 서로 동떨어져 있는 것처럼 보이는 양자가, 많은 경우에 서로 혼재·혼용되고 있다. 보통 많은 사람들은 공식적인 역사와 개인의 기억을 명확히 구분하지 않는다. 자신이 속한 집단의 역사를 기억처럼 간직하고 있는 것이다. 사실 회상(回想) 행위에서 역사적 요소와 기억적 요소를 구별하기란 대단히 어렵다. 대부분의 사람들은 자신이 기억하는 것의 일부가 다른 사람에게 들은 역사라는 사실을 분명히 깨닫지 못할 때, 그것을 다른 기억들과 마

찬가지로 자명한 진실로 취급하곤 한다.[4]

이는 우리나라 기억 논의에서도 다루어지고 있는 문제다. 민족, 일제의 식민지배, 그리고 '과거사 청산'(이 용어에 대해 과거사를 과연 청산할 수 있는가의 논란을 포함하여)에 관련된 집단기억의 기능과 효과에 대한 연구 중 상당수는 우리의 역사교육, 특히 국사교육과 국사교과서의 국가주의, 자민족주의를 집중적으로 비판하고 있다.[5] 기억, 특히 구성된 것으로서의 집단기억이 민족을 우선으로 하는 '공식기억(official memory)'이 되었으며, 이것이 이른바 '숨겨진 기억'을 억압하므로 대항기억을 발굴해야 한다는 것이다.

공식기억의 형성에 자주 언급되는 것이 바로 학교 역사교육, 특히 역사 교과서와 그 서술내용이다. 학교 역사교육이 집단기억을 형성하고 전달하는 주요한 통로이며, 국가·사회 또는 특정 집단의 정체성을 확립하는 데 기여한다고 보는 것이다. 그러나 이러한 주장은 역사학습의 의미를 지나치게 고정적이고 기능적으로 판단한다는 점에서 한계가 있다. 과연 학교 역사교육은 숨겨진 기억을 억압함으로써 공식기억을 구성하는 도구적 역할밖에 할 수 없는 것인가?

이 글에서 필자는 최근 활발해진 기억 논의가 우리의 역사학습에 시사하는 바가 무엇인가를 탐색하려고 한다. 이를 위해 첫째, 기억의 사회적 성격을 검토하고 집단기억과 역사의 관계를 조명할 것이다. 둘째, 양자 간의 접점에 있는 역사의식을 중심으로 역사의식의 의미가 무엇이며 이것을 어떻게 진전시킬 수 있는가를 살펴볼 것이다. 셋째, 이를 바탕으로 집단기억을 공식화하는 것을 넘어서는 역사학습의 가능성을 모색해보고자 한다.

2. 집단기억의 등장

1) 기억의 사회적 성격

알브바슈는 개인 기억의 사회적 맥락을 강조한다. 순수하게 개인적인 기억은 존재하지 않으며, 우리의 모든 기억은 정도의 차이가 있을지언정 모두 '집단기억'이라는 것이다. 그에 의하면, 개인적 기억은 그것이 구성되는 '사회적 틀'[6] 속에서만 회상될 수 있다. 심리학의 영향으로 인해 기억을 개인적인 것으로 생각하기 쉬우나, 오히려 기억은 구성적인 행위이며 회상된 것으로서 소통행위 과정에서 변형된다. 아무리 개인적으로 떠올린 기억이라 하더라도 그 내용과 의미를 표현하려면, 불가피하게 타인과의 의사소통(communication)을 구조화하는 사회적·집단적 범주를 사용할 수밖에 없기 때문이다. 그러므로 기억은 사회적 틀을 통해 매개되며, 주로 그 구성원 내부에서만 유효하다. 따라서 집단기억은 그 집단 구성원들과 다른 집단을 구별 짓는 정체성을 형성한다.[7] 이로 인해 집단기억은 집단 외부에 대해서는 배타적인 반면, 집단 내부에서는 지속성·연속성·동질성의 의식으로 그 구성원을 아우른다.[8]

얀 아스만(Jan Assmann)과 알라이다 아스만(Aleida Assmann)은 알브바슈의 이러한 견해를 보완·비판하면서, 기억이 문화적 창조물이라고 주장한다.[9] 아스만 부부가 제시한 '문화적 기억(cultural memory)'은 제도적으로 공고화되고 조직적으로 전승되는 기억을 말한다. 사회집단은 자신들이 실제 체험한 가까운 과거를 기억할 때 일상적 소통을 통해 그것을 현재화하고 '구체적' 정체성을 획득하지만, 그것이 '생생한 기억'으로 기능할 수 있는 것은 시간적으로나 사회적 효력에서나 매우 제한적이다. 따라서 이 생생하고 개인적인 기억은 인위적이고 문화적인 기억으로 변환되어야 한다. 그런데 이 과정은 자연적으로 이루어지지 않는다. 집단적·제도적 영역에서 이 과정은 의도적인 기억이나 망각을 통해 조정된다. 즉 한 사회 내에서 정치적 헤게모니를 쟁취한 집단은 그들의 제한된 기억을 머나먼 기원에 소급함으로써 그것의 배타성을 은폐하고, 자기 집단의 보편적 정당성을 찾고자 한다. 이를 위해서 기록물, 텍스트, 건축물, 동상, 묘비, 사원, 기념비 또는 제의와 축제 등의 매체를 동원하는 것이다.[10]

이들의 집단기억에 대한 논의는 다음과 같이 정리할 수 있다. 첫째, 기억이 집단적·사회적이라는 의미는 어떤 사회(집단)가 기억을 만든다는 의미다. 둘째, 기억을 만들고 전승하려면 각종 장치가 필요하다. 상징, 텍스트, 그림, 의례, 기념비, 장소 등의 문화적 표현물들이 그것이다. 셋째, 기억이 이처럼 고안된(만들어진) 것이라고 한다면, 기억에 의도가 개입되는 것을 피할 수 없다. 넷째, 기억이 특정 집단의 의도로 만들어진 것이라고 한다면, 그 기억은 선택적이다. 따라서 이렇게 만들어진 공식 기억은 수많은 대항기억들을 제압하여 망각되게 한다. 다섯째, 기억은 재구성된다. 어떤 기억이 성립되는 과정에서 파편화되어 흩어져 있는 관련 지식들이 취합되어 재구성된다. 또 그렇게 만들어져 전해지는 기억은 변화하는 현실의 삶에 맞추어 지속적으로 재해석된다. 여섯째, 기억이 특정 집단에 의해 의도적으로 재구성되는 것이라면, 그 기억은 권력적이다. 일곱째, 기억은 변화하지만 그에는 일정한 한계가 부여되고, 사회적 구성이 전면적으로 변경될 때에만 근본적으로 바뀔 수 있다.[11]

강조점에 차이가 있기는 하지만, 기억의 사회적 성격에 주목하든 그것의 제도적이고 조직적인 전승의 측면을 부각하든, 현재 학계의 논의에 따르면 기억은 동상이나 기념물 같은 물적 대상뿐 아니라 개인의 타인에 대한 정신적 행위까지를 광범하게 포함하며, 그 속성은 주어지는 것이 아니라 구성되는 것이라고 정리할 수 있다. 더 나아가 사회적 환경이 우리가 무엇을 어떻게 기억하는가를 형성한다는 점을 받아들인다면, 기억은 구조적이라고도 할 수 있다. 이때 구조의 의미는 사회사에서 말하는 사회구조의 개념, 그리고 소쉬르(F. de Saussure)의 언어학을 계승하는 구조주의에서 말하는 '차이의 체계'라는 개념 모두를 포함하는 것이다.[12]

2) 기억 논의의 대두 배경

여기서 생각해보아야 할 것은, 왜 알브바슈의 저작이 출간된 지 반세기가 지난[13] 1980년대에 와서야 '기억'에 관해 관심을 가지게 되었는가 하는 점이다. 이는 사실 기억 논의를 역사(학)와의 관계 속에서 살펴보고자 할 때 제기되는 필수적인 질문이기도 하다. 뒤에서 다시 언급하겠지만, 그 이유는 과거의 이미지를 어떻게 표상하는가라는 문제에서 기억과 기존의 역사학이 일종의 긴장 또는 갈등을 겪고 있으며, 양자의 이러한 관계가 포스트모더니티라는 시대 상황 속에서 다양한 모습으로 나타나고 있기 때문이다. 이에 대한 설명은 크게 세 가지로 나누어볼 수 있다.

첫째, 전쟁, 더 정확히는 제2차 세계대전을 체험한 증인들이 점차 자연수명을 다하게 되면서 사라지고 있기 때문이다. 전쟁을 겪은 증인의 사망 또는 증언의 소멸로, '체험자의 기억'이라는 단계에서 아카이브(archive), 기념비, 영상, 서적, 그 밖의 '문화적 기억'의 단계로 이행하고 있기 때문에 기억에 관한 관심이 새로워진 것이라고 보는 것이다.[14] 특히 서구에서는 홀로코스트(Holocaust)가 기억 논의에 적지 않은 영향을 미쳤다.[15] 1980년대 이후 역사의 객관성에 대한 믿음이 무너지고 화이트(H. White)가 말한 구성으로서의 역사가 도입되면서, 나치의 유대인 학살(홀로코스트)이라는 사실 자체에 대해서도 의문이 제기되었다. 이에 대항하여 홀로코스트는 이른바 '한계사건(limit event)', 즉 표현할 수 없는 사건으로서, 학문적 토론의 대상이 아니라 겪지 못한 사람들에게도 기억으로 체험되어야 하는 것이라는 주장이 대두되었으며, 이러한 과정에서 기억의 역할이 새롭게 조명되었다.[16] 이러한 설명은, 우리나라의 경우에도 적용될 수 있다. 우리나라에서 일제 강점기의 증인, 특히 '일본군 위안부'나 6·25전쟁을 겪은 사람들의 연령이 높아지면서 이와 관련된 기억 논의가 등장한 것도 같은 맥락에서 파악할 수 있다.[17]

둘째, 정보나 사실을 전달하는 물질적 조건이 바뀌었기 때문이다. 르 고프(J. Le Goff)는 기억 전달의 물질적 수단이 대체로 다음과 같은 단계를 거쳐 발전하였다고 분석한다. 먼저 기록이 없던 시기에는 구전을 통해 집단의 종족적 기억이 전승되었다. 그 뒤 고전 시기로 이행하면서 정보 전달의 수단이 구전에서 문서로 바뀌고, 문서의 기록이라는 기억행위가 시작되었다. 중세에는 기억과 기억술이 기독교화되어, 의례적 기억과 보통 사람들의 기억이 구별되었고, 성인(聖人)에 대한 기억술의 발달이 이루어졌다. 르네상스 이후부터 현재까지의 시기에는 인쇄술이 발명되어 기억을 저장하고 전달하는 수단이 발전하면서 기억에 근본적인 변화가 일어났다. 또한 대중의 읽고 쓰는 능력(literacy)의 향상과 그와 관련된 지적 행위가 가능해짐에 따라 중산층의 대중들도 비판적인 생각과 토론을 할 수 있게 되었다. 그리고 낭만주의의 등장과 함께 기념행위(주화, 메달, 우표, 동상, 기념물 등)가 더욱 활발해졌다. 서고, 도서관, 박물관 등이 설립되기 시작한 것도 이 시기였다. 20세기에 접어들면서 기억에 혁명적인 변화가 생겼는데, 그중에서 가장 중요한 것은 기록과 정보 전달의 전산화이다. 이것은 우리의 기억방식을 변화시켰을 뿐 아니라, 기억을 개념화하는 방식을 새롭게 하였다. 현재 우리는 기억의 표현양식이 활자에서 거대한 용량의 전자 메모리를 기본으로 한 정보수단으로 이행하는 과정을 경험하고 있다. 이제는 컴퓨터와 이미지 전송이 기억을 개념화하는 모델이 된 것이다.[18]

셋째, 기억 논의의 등장을 포스트모더니즘이나 후기 자본주의의 세계 상황과 연결시키는 시각이다. 특히 일단의 포스트모더니스트들은 단선적 역사성, 진리, 정체성의 개념적 함의를 비판하면서, 역사, 기억, 권력의 관계로 관심을 확장하고 있다. 다문화주의 혹은 탈식민주의의 관점에서는, 기억을 서구적 역사서술에서 배제된 피억압 집단, 이른바 '역사 없는 민족(people without history)'이 지배적인 역사이야기에 도전하는 자연스러운 담론의 방식이라고 해석하기도 한다.[19]

이는 노라(P. Nora)가 '역사의 민주화'라 부른 현상과도 통한다. 즉 지금까지 주류 역사학에서 배제되어온 인민, 종족, 집단 또는 개인들이 자신들의 정체성을 되찾기 위해서 자신들의 과거를 기억을 통해 되살리고 있는 것이다. 이처럼 소수자의 기억들이 크게 증가하여, 그동안 역사에서 억압되고 잊혀진 소수 또는 주변집단이 대항기억을 통해 역사의 지배적인 기억을 바꾸고 있다.[20]

3) 기억과 역사의 관계

이 가운데 특히 우리의 관심을 끄는 것은 기억과 역사의 관계다. 기억 논의가 역사적 담론에 대한 비판과 불만을 포함하는 것은 분명하다. 역사를 '검은 군화의 행진'으로 비유하면서 이를 억압적 허구로 여기는 포스트모던적인 사고방식이 기억에 대한 논의에 매력을 느끼는 것은 놀라운 일이 아니다. 이는 기억이 위기에 처한 역사담론을 치유하는 대안으로서 전면적으로 등장하였기 때문이다.

역사와 기억을 대립적으로 파악하는 논의 속에서 역사는 근대, 국가, 과학, 제국주의, 남성 중심, 억압의 도구로, 반면 기억은 포스트모던, 상징적으로 배제된 것, 신체, 치유와 구원의 도구로 상징된다.[21] 역사와 기억의 이러한 대립구도는 최근에 나타난 현상만은 아니다. 학문으로서의 역사가 출현하기 전, 전근대 세계의 기억은 근대 역사학이 추구한 지식체계와 달리 상상에 따라 공간적으로 배치되는 이미지로서, 현재적·반복적 성격을 가진 것으로 생각되었다. 구술문화 속에서 기억의 권위는 과거가 남긴 지혜를 재생하고자 하는 욕구에서 비롯된 것이었다. 이러한 전통에서 집단기억은 망각으로 잊혀진 과거를 판단할 수 있는 유일한 수단이었다. 구술전통 속에서는 반복에 의한 지속이라고 여겨지던 기억의 개념이, 필사문화가 보편화되면서 상실된 과거를 소생시키려는 부활로서의 기억으로 바뀌었다. 기억이 필사라는 방법으로 보전되어 과거를 재생해주는 능력으로 재인식된 것이다.[22] 문제는 기록된 것에 대한 믿음이 강조되면서 기록되지 않은 기억에 대한 신뢰성은 약화되었다는 점이다.

19세기에 이르러 역사학이 전문화되면서 기억은 점차 역사적 사실로서 증명되어야 할 의문스러운 자료로 간주되었다. 특히 역사주의가 등장하면서 과거에 대한 기록의 가치는 결정적인 변화를 맞았다. 예를 들면, 독일에서 '보존의 문화'는 1815년 이후 역사주의의 진전과 궤를 같이하였다. 그리고 이러한 보존의 문화 속에서 집단의 정체성을 표현하고 고양하는 방식으로서 역사학이 탄생함과 동시에, 집단기억이라는 용어와 개념은 쇠퇴하였다.[23] 기록된 문서는 왜

곡이나 변조의 가능성이 적으므로 기억보다 선호되었다. 역사가들은 역사를 문화적·종교적 배경에서 분리하여 세속적이고도 학문적인 관행으로 만들고자 노력하였다. 이러한 과정에서 역사는 객관적·집단적·단수적이지만, 기억은 주관적·개인적·복수적이라는 신념이 확대되었다.

역사와 기억의 대립적인 관계를 더욱 부각시킨 인물이, 앞서 언급한 노라다. 그는 역사학이 인식론적 단계, 즉 역사학의 변화와 발전에 대한 자기성찰의 단계에 들어섰다고 주장하면서, 원인보다 결과의 분석에 비중을 둔 새로운 방식의 역사학을 제창하였다. 즉 어떤 사건이 왜 일어났는지, 어떻게 전개되었는지보다, 그 사건에 관한 기억의 구성과 변형, 상징화된 재이용에 주목하는 것이다. 결국 노라가 주장하는 기억의 역사학이란 과거의 복원이나 재생이 아니라, 현재 안에 있는 과거의 총체적인 구조로서의 기억이다. 이런 관점에서 보면 역사가는 물론 역사학이라는 분야까지도 일종의 '기억의 장소'라고 볼 수 있다.[24]

이러한 논의에서 '기억'이라는 단어는 공식적 차원을 갖는 '역사'에 대한 저항감을 노골적으로 드러낸다. 공식적으로 서술된 역사는 과거 사건의 실체적 진실 자체가 아니라, 그 사건의 와중에서 승리한 사람들의 시각만을 담고 있을 뿐이라고 보기 때문이다.[25] 따라서 역사가 권력자의 이해관계를 대변하는 이데올로기라면, 기억은 억압되고 잊혀진 진실에 해당한다.[26] 이런 시각에서는, 역사가 기억을 왜곡·변형·침투·마비시키는 것으로서 실재하는 과거와의 자연스러운 연결을 파괴하는 존재로 간주된다.[27]

그러나 최근에는 기억과 역사의 관계를 이런 식으로 이해하는 것에 대한 비판이 커지고 있다. 역사학이 연구 영역을 넓혀가면서 기억이 점차 역사학의 중요한 증거 또는 자원이 되고 있기 때문이다. 또한 역사의 객관성이 의문시되면서, 기억과 역사의 구별이 인식론적인 우열의 문제라기보다 학문권력에 따른 질서의 문제일 뿐이며, 이런 의미에서 역사를 사회적 기억이라 보는 견해도 등장하였다.[28]

하지만 역사와 기억을 상이한 기능과 작동의 양식에 따라 구분하기보다, 역사의식이라는 접점 또는 중간 용어를 통하여 문제를 새롭게 설정할 필요가 있다. 이는 기억과 역사의 구분 자체를 무효화하자는 것이 아니라, 이러한 구분으로 인해 시야에서 사라져버리는 것이 무엇인가를 살펴보아야 한다는 의미다. 즉 역사의식을 통하여, 개인이 기억을 수동적으로 전달하는 것이 아니라 어떻게 기억을 구성하는 데 참여하며 어떤 과정으로 이것을 역사로 인식해가는가를 재조명할 수 있다. 기억이 사회적 환경 속에서 구성되는 것이라는 시각에서 보면, 기억을 통해서 과거 또는 경험을 다시 살려내는 것보다 개인이 어떻게, 왜, 어떤 상황에서 기억을 구성하는가가 중요하다.[29] 즉 기억을, 과거를 현재로 전달하는 불변의 도구이자 주어진 것 또는 고정된 것으로 보지 않고 형성되는 것으로서의 과정이라고 한다면, 기억은 시간의 변화에 따라 다르게 작동하는 것이라 할 수 있다. 따라서 기억에 관한 연구는 개인의 주관적 마음의 내재적인 속성을 철학적으로만 고찰할 것이 아니라, 기억이라는 것이 개인의 마음과 사회에서 어떻게 함께 작동하는가를 검토하여야 한다. 또한 기억이 사회적 질서와 제도에 의해 매개되는 방식뿐 아니라, 그것이 어떻게 구조화되는지도 살펴보아야 한다.[30] 바로 이러한 점이 기억 논의에서 개인의 역할과 의미를 다시 생각해보고자 하는 연구들[31]이 주목하는 부분이다.

4) 집단기억과 개인: 문화적 도구와 행위자

개인이 과거에 직간접적으로 체험한 사건만이 기억으로 남는 것일까?[32] 워츠(J. V. Wertsch)에 따르면, 집단기억은 개인이 회상한 것을 조합하여 이루어진 개인기억의 집합이나 나열이 아니다. 그것은 특정 개인이나 집단의 소유물 같은 것이 아니라 능동적인 과정을 통해 형성되는 것이다.[33] 과거에 일어난 사건은 그 자체로 우리에게 다가오지 않는다. 의미, 의사소통 그리고 생각 등은 텍스트로 구조화되어야 우리에게 전달될 수 있다. 한 사건이 텍스트화될 때, 어떤 표현수단을 사용하는가의 문제는 그 텍스트에 어떤 내용을 담을 것인가에 영향을 끼친다.[34]

따라서 워츠에게 기억(remembering)의 대상은 과거 그 자체라기보다 텍스트다. 독자 또는 집단기억 속의 대중이 능동적으로 매개하는 행위자(active agent)가 된다는 것이다. 왜냐하면 집단기억은 독자 · 대중에 의해 자체적으로 생산되어 그들의 생각 속에 저장되는 것이 아니라, 오히려 텍스트와 마주하는 독자 · 대중에 의해 자신의 존재를 구성하고 드러내는 것이기 때문이다. 이러한 의미에서 독자와 대중은 기억하는 행위자이기도 하지만 집단기억을 실어 나르는 매개자이기도 하다. 즉 사회적으로 형성된 집단기억이 문화적 도구와 매개자에게 각각 분배되어 있다고 보는 것이다.

기억이 '매개된 행위의 한 형태'로서 '능동적인 행위자와 문화적 도구의 관계'를 끌어들이는 것이라 할 때,[35] 문화적 도구(cultural tools)란 과거를 수용 가능한 형태로 텍스트화하는 형식 또는 수단을 의미한다. 가장 대표적인 것이 '내러티브 텍스트(narrative texts)'이며, 다큐멘터리 영화, 박물관 전시, 통계 보고서 등도 이에 해당한다.[36] 넓게 보아 역사 또한 이러한 문화적 도구로 작동한다. 국가에 의해 생산된 역사(특히 자국사), 교육을 매개로 제도화된 역사를 통해 국가의 구성원들은 국가에 의해 의도된 집단기억을 가질 수 있으며, 이 경우에 역사는 근대 국민국가의 집단기억을 위한 매개물, 즉 문화적 도구(내러티브 텍스트)인 셈이다.[37]

그런데 독자가 텍스트, 문화적 도구를 항상 원활하게 지배적으로 사용할 수 있는 것은 아니다. 오히려 개인과 그들 행위의 원천이 되는 매개적 도구 간에 갈등 상황이 빚어질 수도 있다. 도구는 우리가 성취할 수 있는 것의 범주를 확대해주지만, 행위자의 의도를 전체적으로 그리고 있는 그대로 나타내지는 못한다. 실제로 쓰는 행위 자체가 작가의 생각을 풀어나가는 것을 통제하는 면이 있는 것처럼, 기억하기에 유용한 내러티브 도구는 무엇이 기억될 수 있는가를 조직하고 형성한다. 마치 작가가 실제 쓰기행위에서 생각난 것을 그대로 글로 옮기지 못하는 데에서 곤란을 겪을 수 있는 것처럼, 공식적 내러티브를 자원으로 쓰도록 강요받은 개인은 이러한 자원을 통해 표현될 수 있는 것과 다른 '경쟁하는 목소리들' 간의 긴장을 느낄 수 있을 것이다. 이러한 행위자와 도구 간의 긴장은 매개적인 수단에 숙달하는 것에서부터 저항이나 거절 같은 방식에 이르기까지 다양하다.[38]

워츠에 따르면, 문화적 도구와 독자·대중 사이의 상호 관계 속에서 집단기억이 생성·발전하는데, 이 과정은 내러티브 같은 매개적인 수단을 이용하는 능동적 행위자를 포함한다. 그리고 텍스트 공동체(text community: 공통언어 사용자, 학교, 가족, 특정 미디어 이용자 등)가 동일한 매개 수단을 공유하므로 이 과정은 집단적이다. 이 경우에 텍스트 공동체는 다양하고 복수적일 수 있다. 따라서 한 사회 내에서도 다양한 집단기억이 생성될 수 있다는 것이다.[39]

이 점에서 개인을 집단기억의 단순한 매개 수단이나 수용자로 볼 것이 아니라, 양자의 관계를 구조적인 관점에서 바라볼 필요가 있다. 이와 관련하여 펀켄슈타인(A. Funkenstein)은 집단기억과 개인기억의 관계를 소쉬르의 언어(랑그)와 발화행위(파롤)의 관계에 비유한다. 즉 집단기억은 언어와 마찬가지로 기호, 상징, 관행의 체계(예를 들면 기념일, 장소의 명칭, 박물관과 문서, 관습과 예절, 정형화된 이미지 등)로 특징지을 수 있으며, 개인기억, 즉 개인의 기억행위는 발화에 해당하는 것으로 이러한 상징이 사례화된 것이라고 본다. 동일한 기억행위란 존재하지 않는다는 것이다.[40] 다시 말해 언어의 체계와 구조에 따라 개인이 발화를 하지만 개인이 발화한 것을 모두 합쳐도 언어의 구조가 소진되지는 않으며, 발화의 관례가 언어의 새로운 용법과 체계를 형성해가듯이 집단기억과 개인기억도 이러한 상호적인 관계로 파악할 수 있다는 뜻이다.

결국 개인에 의해 발화되지 않은 집단기억이란 존재하지 않는다. 개인은 다른 개인에게 해석을 제공하고, 이러한 해석은 다양한 과거를 만들어내고자 정보로서 수합되고 기억되고 문서로 보존된다. 역사 연구도 자기성찰적인 역사가가 스스로 겪은 경험을 의식적으로 집단기억으로 통합시키는 작업이라고 할 수 있다. 즉 역사적으로 의식이 있는 개인은 학습을 통해 얻은 역사지식을 개인적인 삶의 경험의 일부로서 집단기억으로 표출할 수 있다. 개인은 다양한 집단의 구성원, 즉 텍스트 공동체의 구성원으로서 역사적 중요성에 대한 개인의 기억을 살아 있는 기억으로 유지하고 표현한다는 것이다.[41]

이는 집단기억에 참여하는 주체들의 행위와 의도를 중시할 필요가 있으며, 기억을 어떻게 받아들이고 어떻게 소비하는가의 문제에도 관심을 가져야 한다는 주장과도 상통한다.[42] 칸슈타이너(W.

Kansteiner)에 따르면 집단기억의 형성과정에는 다음의 세 가지 요소가 상호작용한다. 첫째, 지적/문화적 전통(표현의 시각적/담론적 대상과 전통), 둘째, 기억을 만드는 사람, 셋째, 기억을 소비하는 사람이 그것이다. 이러한 시각에서 보면, 그동안의 기억 연구에서는 기억을 소비하는 측면에 대한 고려가 부족했다는 것을 알 수 있다. 여기서 기억을 소비한다는 것의 의미는 워츠의 매개적인 행위에 해당한다. 이와 같이 기억과 역사의 구분을 넘어서서, 집단기억 형성과정에서 개인의 인지적 행위를 살펴보기 위해 필요한 개념이 바로 역사의식이다.

3. 기억과 역사의 접점으로서의 역사의식

1) 집단기억과 역사의식

서구에서 '역사의식(historical consciousness)'이 주목을 받기 시작한 것은 비교적 최근의 일이다. 1880년대에 헤겔(G. W. F. Hegel)과 딜타이(W. Dilthey)가 이에 대해 논하기도 했지만, 역사의식에 대해 본격적인 논의가 이루어진 것은 1980년대 이후다. 1958년에 가다머(H. G. Gadamer)가 역사의식을 주제로 한 강연은 3년이 지난 뒤에야 책으로 출판되었고, 1968년에 발간된 루카스(J. LuKacs)의 《역사의식》이라는 책 역시 당시에 큰 주목을 받지 못하다가 1980년대 중반 이후에야 재발행되었다는 점들이 이러한 사정을 잘 보여준다. 즉 역사의식이 관심을 끌기 시작한 것은 기억에 대한 논의가 활성화된 것과 거의 같은 시기인 것이다.[43]

보통 역사의식은 과거에 대한 감각 또는 인식을 가리킨다. 이 경우에 역사의식은 집단기억과 거의 동일한 의미를 갖는다. 그러나 역사의식은 이보다 더 특수하고 구체적인 인지작용이라 할 수 있다. 가다머는 역사의식을 새롭게 규정했는데, 그에 의하면 역사의식이란 근대에 나타난 특수한 문화적 산물로서, 현재의 모든 것에 대한 역사성을 이해하고 모든 의견의 상대성을 인식하는 것을 의미한다. 역사의식은 전통적으로 전해 내려오는 모든 것에 대해 반성적인 입장을 취하는 것이다. 그것은 과거로부터의 목소리를 신성시하는 것이 아니라, 그 자체의 중요성과 상대적 가치를 파악하기 위해 그것을 맥락 안에 재위치시키는 것이다.[44]

넓은 의미에서 보면, 역사의식은 앞서 언급한 기억과 구별되는 것으로서의 역사(학)의 범주에 포함된다. 예를 들면 노빅(P. Novick)은 역사의식을 비판적 역사주의와 관련지으면서, 집단기억과 대비시킨다. 그에 따르면, 역사의식은 본질적으로 사건의 역사성에 초점을 맞추는 반면에, 기억은 이러한 역사성에 대한 의식이 없다. 집단기억은 사건을 단일한 관점으로 보는 것이고, 어떠한 종류의 모호함도 용납하지 않으며, 사건을 신화적 원형으로 변형한다.[45]

스피겔(G. M. Spigel) 역시 역사의식이 본래 사건의 역사성에 초점을 맞추는 데 비해, 기억은 대상의 '과거성'을 부정하며 그것의 계속적인 현존만을 강조한다고 주장한다. 이러한 입장에서는 역사의식을 전문 역사학에서 발전한 문화적 도구로서, 기억의 특수하고 전문화된 형태로 본다.[46] 그런데 이러한 의미의 역사의식은 다음과 같은 두 가지 문제점을 갖고 있다. 첫째, 이는 근대 서구의 역사이해방식으로서 비서구적인 역사이해를 도외시한 유럽중심적인 개념이라 할 수 있다. 이러한 입장에서는 역사의식이 근대 서구의 속성이자 전유물이며, 서구적인 이해방식을 성취하지 못한 비서구 지역의 토양에서는 자라날 수 없는 것이다. 둘째, 이러한 입장에서는, 집단기억을 하위에 그리고 역사의식을 상위에 놓고 집단기억을 교정과 비판의 대상으로 인식한다. 이는 기억과 역사의 상호작용에 대한 논의를 축소시킨다.[47]

따라서 역사의식의 개념 속에 집단기억에 포함되는 다양한 종류의 이해방식을 통합할 필요가 있다. 즉 집단기억 논의에서 이루어지는 과거에 대한 광범하고 대중적인 이해방식에 대한 관심을 유지하는 동시에, 역사서술의 근대적 · 학문적 관행(practice)과 서로 다른 문화와 시대에 속한 대중들의 기억 관행 간의 관계도 염두에 두어야 한다. 이런 면에서 학술지 《역사와 기억(History and Memory)》에서, 역사의식을 집단기억, 역사서술, 공적인 영역에서 과거에 대한 이미지를 형성하는 다른 형식들을 혼합하는 영역으로 정의한 것은 주목할 만하다.[48] 이처럼 포괄적으로 역사의식을 정의하려는 이유는, 그럼으로써 기억에 관한 관심이 확대되고 이로 인해 역사와 기억 간의 관계가 새롭게 변화하는 상황에서 역사교육이 개입하고 공헌할 수 있는 가능성을 열어주기 때문이다. 그렇다면 역사교육은 역사의식과 관련하여 어떤 문제에 주목해야 하며 실천적으로 노력을 기울여야 하는 부분은 무엇일까?

우리 학계에서도 역사의식에 관한 논의가 전무했던 것은 아니다. 역사의식을 시간과 시대의 흐름에 따라 역사의 변화와 계속성을 파악하는 시간의식 및 변천의식, 역사 속에서 자기 자신의 위치와 역할을 깨닫는 자아의식 또는 존재의식으로 규정한 연구를 비롯하여,[49] 조금 더 구체적으로 역사의식의 구성요소를 규명하고 이를 바탕으로 학생들의 역사인식이 어떻게 발달하는가를 조사한 연구들도 등장하였다.[50] 이들 연구에서는 역사의식의 내용을 시원의식, 고금

상위의식, 변천의식, 역사적 인과관계의식, 시대구조의식, 역사발전의식 등으로 분류[51]한 다음, 이것이 아동의 성장에 따라 어떻게 나타나는지 그리고 그에 적합한 내용요소는 무엇인지를 추출하고 있다. 즉 아동의 성장에 따른 심리적 발달 및 사회성의 발달에 따라 역사의식을 계열화한 것이라 할 수 있다. 이와 달리 역사의식을 역사에 대한 흥미나 관심, 역사 접근의 태도와 방법, 역사인식에 토대를 둔 고찰과 판단 등으로 나누고, 여기에 역사적 비판의식을 추가하기도 한다.[52] 이러한 입장에서는 역사학습이나 생활환경과 경험에 따라 문제의식으로서의 역사의식, 즉 역사적 문제의식이 양성되는 것으로 파악한다.

그런데 우리나라에서 역사의식은 역사적 사고력과 더불어 논의되며, 양자 간의 관계를 상보적으로 파악하고 있다. 예를 들어 정선영은, 역사적 사고와 역사의식이란 역사적 현상에 대해 내면적으로 지각하는 힘이며, 역사적 사고력은 역사적 문제에 직면했을 때 이를 해결하기 위해 취하는 모든 정신활동을 가리키는 것으로 정의한다. 역사적 사고력의 바탕이 역사의식이며 역사적 사고력의 발달을 통해 역사의식의 수준을 높일 수 있으므로, 역사의식과 역사적 사고력이 상보관계에 있다는 것이다.[53]

사실 역사의식과 역사적 사고를 명확히 구분하기는 어렵다. 두 용어 모두 명확한 개념 정의 없이 포괄적인 의미에서 과거에 대한 감각 및 이해를 가리키는 것으로 사용되기 때문이다. 대체적으로 역사적 사고에 대한 연구가 역사가의 사고과정과 절차를 사고기능으로 범주화하는 경향이 있는 반면, 역사의식에 관한 연구는 그 내용의 유형을 분류하고 위계성을 밝혀내려는 방향으로 진행되고 있다. 이 글에서는 양자의 관계를 상보적으로 보기보다 역사적 사고의 한계와 문제점을 검토하는 방향에서 역사의식을 규명하는 것도 필요하다고 보기 때문에, 기존의 역사적 사고와 구별되는 역사의식의 특성을 기억 논의와 관련지어 살펴보고자 한다.

2) 역사의식의 새로운 유형

뤼젠(J. Rüsen)은 역사의식을, 미래를 전망하는 동시에 현재를 이해하고자 과거를 해석하는 인간의 지적활동으로 파악한다. 그는, 고대의 A 씨족이 다른 B 씨족에게 씨족의 존속과 관계된 큰 신세를 졌고, 이에 대한 보답으로 은혜를 베푼 B 씨족의 후손 중 피신처를 구하는 사람이 있으면 그가 아무리 큰 죄를 지었더라도 그 청을 거절하지 않겠다는 약속이 기록으로 전해 내려오고 있다는 이야기를 제시한다. 그러고는 만약 오늘 밤 중죄를 지은 B 씨족의 후손이 A 씨족의 후손에게 도움을 청한다면 어떠한 결정을 내리겠는가라는 질문을 던진다. 그리고 이 상황 속에서 내릴 수 있는 결정방식을 네 가지 유형으로 구분하고, 이를 역사의식과 관련짓는다.[54]

그 네 가지는 전통적(traditional) 유형, 전형적(exemplary) 유형, 비판적(critical) 유형, 발생적(genetic) 유형이다. 전통적 유형에서의 역사의식은 시간에 따른 중요한 변화를 인정하지 않으며, 사회 구성원들이 공통의 기원을 갖고 있다는 생각을 유지시킴으로써 연대감(togetherness)을 이끌어낸다. 위의 사례로 말하자면, 예전에 한 약속이 기록으로 남아 있으니 피신처를 제공해야 한다고 판단하는 경우다. 이러한 유형은 기념적인 공적 연설, 공적 기념비에 잘 나타난다. 또한 고정된, 불변의 도덕적 의무감을 지속시킨다.

전형적 유형은 과거의 특정 사건을 문화적 보편으로 삼아 이것을 다른 경우에 적용시키는 경우에 해당한다. 현재의 위대한 인물을 만들기 위하여 과거의 영웅을 찬양하는 방식도 이 유형에 속한다. 이러한 유형에서는 과거를 현재를 위한 교훈적인 내용을 가진 것으로 본다. 즉 약속은 지켜야 하는 것이라는 보편적 원리에 입각하여 도움을 청한 사람을 도와주어야 한다고 판단하는 경우다.

비판적 유형에서는 현재의 가치체계를 문제화함으로써 과거를 단절적인 것으로 파악한다. 이 유형에서 개인은 미리 규정된 자기 이해방식을 부정함으로써 정체성을 구성해나간다. 즉 과거에 맺은 약속이라도 시대가 바뀌고 사회체제와 법질서도 바뀌었으므로 범법자를 도울 수 없다고 판단하는 경우다.

발생적 유형은 변화와 발전 개념 속에서 역사에 그 의미를 부여하는 것이다. 과거의 지속성을 인정하는 동시에 변화된 현재의 상황과 규범을 이해하고자 한다. 이 유형에서는 시간의 변화가 도덕 가치의 유효성에 대한 결정적인 논거가 된다. 즉 변화된 시대 환경과 법질서에 맞추어, 범법자에게 피난처를 제공할 수는 없으나, 과거의 약속을 존중하여 경찰에 자수하기를 권하고 법이 허용하는 테두리 내에서 각종의 후원책을 마련하는 경우다.[55] 이러한 유형의 역사의식은, 인간이 자신을 시간 속에 위치시키며 그들의 과거를 설명하는 다양한 방식을 통합하는 관점을 제공해준다.

뤼젠에 따르면 이러한 유형들의 역사의식은 개체발생적인 특징을 갖는다. 즉 모든 개인에게 보편적으로 나타나며, 각 유형 간에 위계성이 있다는 것이다. 물론 뤼젠의 역사의식에서 가장 진전된 형태는 발생적 유형이다. 그리고 이러한 계열성은 시간성의 이해, 사실과 의미의 중요성에 대한 판단, 추상화와 논리적 조작, 삶의 지향성, 역사적 정체성 형성 등의 과정에서 복합성이 증가하는 것으로 나타난다. 역사의식은 시간성에 대한 의식과 도덕적인 의식의 합성으로서

성장하고 발달하는 것이라고 보는 것이다.[56]

역사학습과 관련해서, 뤼젠은 역사의식의 발달을 학습의 순서로 설명할 수 있다고 본다. 그의 견해에 따르면, 전통적 유형의 역사의식은 쉽게 학습할 수 있으며, 전형적 유형이 대부분의 역사교육과정을 채운다. 반면 비판적 유형과 발생적 유형은 교사나 학생에게 집중적인 노력을 요구한다. 역사학습의 과정은 역사의식의 유형을 정신적으로 절차화하는 것이며, 이는 곧 과거의 시간을 경험하는 능력, 그것을 역사의 형식으로 해석하는 능력, 이러한 해석을 삶의 지향이라는 실질적인 목적을 위해 활용하는 능력을 획득하는 과정이라 할 수 있다. 즉 역사학습은 역사의식의 전통적 유형에서 시작하여 발생적 유형에 도달하는 구조적 변화의 과정이다. 그리고 이러한 유형은 과거에 대한 자신의 이해를 이야기로 구성하는 능력(narrative competence)으로 나타난다. 그는 이러한 유형의 위계성은 개체발생적인 것이므로 피아제의 인지발달단계이론과 마찬가지로 경험적 증거를 통해 입증될 필요성이 있다고 주장한다. 또한 이러한 유형 구분은 비록 경험적으로 입증되지는 않았지만 충분히 설득력이 있으며, 개인이 추구해야 할 현재의 삶과 미래의 전망에 대한 실천적 지향성을 드러내고 있다고 주장한다.[57]

사실 뤼젠의 유형은 이전에 소개된 역사의식 유형과 비교해볼 때, 더욱 구체적이며 체계적인 측면이 있다. 역사의식을 시원의식, 고금상위의식, 변천의식, 역사적 인과관계의식, 시대구조의식, 역사발전의식같이 정태적으로 분류하는 것보다, 전통적 유형에서 발생적 유형으로 진전된다는 주장은 동태성을 가지고 있으며, 이를 학습의 순서로 삼은 것도 능동적인 역사학습의 필요성을 부각시킨 것으로 볼 수 있다. 더불어 진전된 역사의식을 통해 삶의 지향을 성찰할 수 있으며, 이 점에서 역사의식이 도덕적 의식을 포함하고 있다는 지적도 주목할 만하다.

그렇지만 이처럼 역사의식의 유형을 개체발생적으로 발달하는 것으로 파악하고 피아제식의 경험적 연구를 통하여 이를 입증할 수 있을 것이라는 그의 주장은, 피아제의 인지발달론을 역사학습에 적용한 연구에서 나타난 문제점을 그대로 반복할 가능성이 있다.[58] 역사의식의 유형을 역사학습의 과정으로 절차화하는 것은 그다지 쉬운 문제가 아니며, 이것이 학생 개개인에게 보편적으로 나타나는 현상이라고 보는 것도 원칙적으로 학습의 가능성을 축소시킨다.

또 다른 문제는 뤼젠이 상정하는 역사의식이 유럽중심적 성격을 띠고 있다는 점이다. 역사의식이라는 용어와 개념이 유럽에서, 이른바 역사 없는 민족을 구분하는 기준으로 활용되었음은 이미 지적한 바와 같다. 더구나 뤼젠은 역사의식의 유형을 개체발생적인 것으로 파악함으로써 사회적·문화적 맥락을 배제하고 있다. 이것은 유럽의 사회적·문화적 배경을 당연한 것으로 전제하고 있음을 뜻한다. 나아가 뤼젠은 유럽의 통합을 위해 경제 부분의 통합뿐 아니라 공통된 역사의식이 필요하다고 주장하면서, 이를 유럽의 공통 화폐인 '유로(Euro)'에 짝하여 공통의 '문화통화(cultural currency)'라고 명명한다. 유럽의 경제적 통합을 위해 유로가 필요한 것과 마찬가지로, 유럽의 진정한 통합을 위해서는 이러한 문화통화가 도입되고 시행되어야 하며, 이를 관철하려면 학교가 사실을 위주로 한 내러티브를 역사교육과정으로 삼아야 한다는 것이다. 이에 대해 통합유럽에 필요한 문화화폐로서의 역사의식이라는 것이, 국민국가 형성을 위해 동원된 집단기억 또는 역사의식과 전혀 차이가 없는 것이 아닌가라는 비판이 제기된다.[59]

또한 통합유럽의 정체성을 담보할 사실 위주의 내러티브라는 것도 문제다. 내러티브는 본질적으로 통합적이며 연속적이다. 내러티브가 응집력과 일관성을 가지려면 어쩔 수 없이 단순화되어야 하고, 이것은 표현해야 할 대상으로서의 과거를 선택할 수밖에 없음을 의미한다.

역사학습과 관련하여 뤼젠식의 역사의식 유형화를 비판·보완하는 연구도 주목할 만하다. 리(P. Lee)는 뤼젠의 역사의식의 유형화를 존중하면서도, 역사의식의 발달을 설명하기 위해서는 실질적 개념(substantive concepts)/실질적 과거와 메타역사적 이론(역사학의 연구방법론)에 대한 학생의 이해가 유형 분류 안에 포함되어야 한다고 주장한다. 학생들이 역사의 내용이나 사실 개념들뿐 아니라 역사학의 방법론적 개념(metahistory)까지도 학습해야 한다는 것이다.[60]

그는 영국 학생들을 대상으로 한 사례 연구에서, 하나의 주제에 대한 두 개의 다른 설명(이야기)을 제시하고 두 설명에서 나타난 차이를 학생들이 어떻게 이해하는지 조사하였다. 이를 바탕으로 그는 과거와 설명의 관련성에 대한 학생의 사고가 어떻게 진전(progression)하는지를 이끌어낸 뒤, 이를 여섯 단계로 나누어 제시한다. 첫째, 과거를 주어진 것으로 이해하는 것이다. 둘째, 과거를 접근할 수 없는 것으로 이해하는 것이다. 즉 과거는 여기에 존재하지 않기 때문에 알 수 없는 것으로 생각하며, 과거에 대한 설명에서 차이가 나는 것도 과거에 직접 접근할 수 없기 때문이라고 생각한다. 셋째, 과거가 이야기를 결정한다고 간주하는 것이다. 이야기는 이용할 수 있는 정보에 의해 규정되며, 설명에서의 차이는 정보의 차이나 실수의 결과라고 이해한다. 넷째, 과거가 다소간 치우친 방식으로 전해진다고 이해하는 방식이다. 즉 설명의 차이가 단순히 정보의 부족 때문이 아니라 왜곡의 결과라고 본다. 다섯째, 과거가 어떤 관점에 따라 선택되고 조직된다고 이해하는 것이다. 이야기는 과거를 그대로 모방한 것이 아니라, 저자에 의해 확립된 어떤 입장에 따라 쓰인 것이라고 생각한다. 여섯째, 과거가 질문에 대한 답변으로서 기준에 따라 재구성된다고 보는 것이다. 차이가 발생하는 것이 설명의 본성이라고 파악하는 것이다.[61]

리의 연구는 연령에 따른 학생의 반응을 단계화한 것이지만, 그 자체를 학습의 과정으로 구성할 수도 있다. 그중에서 마지막 두 단계에 대한 인식이 필수적이다. 역사라고 하는 것이 과거를 그대로 묘사한 것이 아니라 일정한 관점에 따라 과거를 선택하고 조직한 것이며, 이로 인한 역사적 설명의 차이가 역사의 본질이라는 것을 이해해야만, 뤼젠의 유형 분류에서 비판적 의식이나 발생적 의식이 가능하다. 비록 학생들이 어떻게 과거가 역사로 서술되는가를 쉽게 이해하지는 못하지만, 학교 역사교육에서 이에 관한 문제를 다룸으로써 학생들의 과거/역사에 대한 이해를 강화할 수 있다는 것이다. 리가 말하는 역사학의 방법론적 개념은, 일찍이 브루너(J. S. Bruner)가 학문의 구조에서 말한 기본적인 앎의 방식, 그리고 슈왑(J. Schwab)이 말한 학문이나 교과에서의 실질적 내용과 구별되는 구문적 구조(syntactic structure)와 맥을 같이한다. 즉 학문 분야나 교과에서 참과 거짓, 타당성과 부당함이 수립되는 일련의 절차와 방식, 상이한 주장과 견해의 정당성을 판단할 수 있는 능력, 다른 말로 학문의 방법론적 절차와 구조에 대한 이해를 가르쳐야 한다는 입장이다.[62]

내용을 가르칠 것인가 아니면 기능을 가르칠 것인가의 문제를 이분법으로 생각할 필요는 없다. 역사학의 방법과 절차를 중시해야 한다는 주장이 역사내용에 대한 학습은 필요 없다는 것을 의미하지 않으며, 그 역도 마찬가지다. 그러나 지금까지 역사학습에서 관심과 노력이 부족한 전자의 측면을 적극 고려해야 한다는 입장에서 보면, 리의 주장은 매우 설득력이 있다.

그런데 이러한 비판과 차이점에도 불구하고 뤼젠과 리의 논의는 공통점을 가지고 있다. 리가 개념화한 것처럼 뤼젠의 개체발생이론이 '지향(orientation)'이라는 통합적인 시각에서 역사의 내용과 방법에 관한 이해를 결합하려는 것이었다면, 리의 논의는 메타역사적 측면(metahistorical ideas)에 대한 사고방식을 더 중시하는 것으로,[63] 강조의 정도에 차이가 있지만 두 사람 모두 역사가처럼 과거를 이해하는 것을 궁극적인 모델로 삼고 있다.

문제는 과거나 역사에 대한 학생들의 이해에 영향을 끼치는 요소들이 역사가들이 생산한 텍스트와 교실이라는 경계 내에만 존재하는 것은 아니라는 점이다. 학생들은 역사적 접근방법을 배우기 전에 이미 다양한 경로로 과거와 역사를 접한다. 그러한 접촉은 학문적이고 지적이라기보다 일상의 다른 활동과 연관되어 있는 경우가 많으며, 감성적이고 이데올로기적인 성격을 띨 때도 있다. 또한 이것은 개인이나 개인이 속한 집단의 이해관계나 정체성 문제와 연관되기도 한다.[64] 학생들은 학교에서 학습하지는 않았지만, 집단기억이라는 다양한 통로로 형성된 일종의 역사의식을 이미 가지고 있을 수 있다.

따라서 학생들이 과거를 어떻게 이해하는가 또는 학생들이 과거를 어떻게 이해하도록 할 것인가라는 문제와 관련하여, 학생들이 과거에 관한 표현을 문화적 도구를 통하여 그리고 그것과의 상호작용을 통하여 어떻게 수용하는가에 관심을 둘 필요가 있다. 이는 집단기억에 참여하는 세 가지 행위주체인 지적 문화적 전통, 기억생성자, 기억소비자 중에 기억소비자의 역할과 기능을 고려해야 한다는 지적과도 관련된다.[65] 어떤 기억을 만든다고 해도, 그것이 어떤 시각적 · 담론적인 형태의 표현을 통해 누구에게 받아들여지는가를 고려하지 않는다면, 집단기억의 생성과 지속, 소멸 현상을 제대로 설명할 수 없다.

4. 집단기억 · 역사의식과 역사학습의 의미

1) 학습자의 기억과 의식

집단기억과 관련하여 학교 역사교육에서 무엇보다도 주목해야 할 점은, 학생들이 역사에 대해 이미 상당한 정도의 지식, 인상, 감각을 가지고 있는 상태에서 역사를 배우게 된다는 것이다. 집단기억은 대부분 학교 외의 다른 사회적 · 문화적 경로로 학생들에게 전해진다. 이 점을 무시한 채, 학생들이 교과서 서술을 유일한 역사해석으로 받아들일 것이라고 기대하는 것은 적절하지 않다. 학생들의 역사이해가 쉽게 바뀌지 않는다는 보고는 국내외적으로 드물지 않다. 이는 워츠가 말한 이른바 도식적 내러티브 템플릿(schematic narrative template),[66] 즉 물려받고 습성화된 과거에 대한 인식의 틀과 관련된다. 도식적 내러티브로 인해 집단기억은 변화에 매우 저항적인 경향을 보인다.[67]

이런 점에서 학교에서 배운 역사와 학교 밖에서 습득하게 된 역사가 갈등 상태에 놓일 경우에 학생들이 심리적인 부담을 안게 된다는 것은 주목할 만한 현상이다. 예를 들어, 과거 소련 정부는 당의 공식적 내러티브에 의문을 가지는 것을 통제하였으며 공식적 내러티브를 부정하거나 비판하는 경쟁적인 내러티브가 유포되는 것을 감시하였지만, 사람들이 개인적 영역에서 공식적 역사와 반대되는 이야기를 나누는 것을 완전히 막지는 못하였다.[68] 국가가 집단기억을 창조하고 유포하면서 국민들이 이를 그대로 받아들이기를 원했지만, 당시 소련 사람들은 국가가 강요하는 내러티브에 소극적이나마 저항하고자 하였다. 학생들이 텍스트의 내용을 알고 숙달한다고 하여도 그것을 자신의 이해로 내면화하지는 않았다는 것이다.

실제로 소련이 해체되기 전, 볼셰비키 혁명 이후 상황에 관한 당의 공식 역사와 학생들이 알고 있는 역사가 다를 경우에 가족이나 믿을 만한 이웃, 친구와 나누는 러시아의 과거에 대한 이야기는 학교, 특히 공식적인 역사수업에서 배운 것과 큰 차이가 있었다. 이렇게 이야기를 나누는 장소와 상황에 따라 학생들이 심리적 긴장을 겪게 되는데, 워츠는 이를 '내적 이주(internal emigration)'라는 개념으로 설명한다.[69]

우리나라에서도 이와 유사한 사례를 찾을 수 있다. 과거 군사정부나 권위주의정부 시절에 이데올로기나 통치 기반의 계기가 되는 주요 사건, 예를 들면 6·25전쟁이나 5·18민주화항쟁에 대해서는 학교에서 교과서를 통해 배우는 것과 학교 밖에서 전해들은 것이 차이가 있을 수 있었다. 이러한 경우는 학생들은 대개 학교에서 이야기할 것과 이야기해서는 안 될 것을 구분하고 있었을 것이다. 당시 학생들에게 이러한 상황은 역사적 실체의 규명, 해석의 차이로 인식되기보다 이야기를 함께 나눌 수 있는 대상과 상황에 대한 신뢰의 문제로 느껴졌을 것이다. 물론 당시에 학교에서 역사교사가 소신 있게 발언하는 것이 자유롭지 않았다는 점을 감안한다 하더라도, 학생들에게 교과서 내용을 그대로 가르쳤다고 해서 역사교사로서의 역할을 다하였다고 말하기는 어려울 것이다.

이러한 점을 고려하여 볼 때, 역사수업은 학생들에게 역사적 사실이 어떻게 우리가 배우는 '역사'로서 자리잡게 되는지 그 과정을 보여줄 필요가 있다. 수많은 역사사실 가운데 어떤 것이 선택되어 역사지식으로 자리잡고 어떤 것은 배제되는 것인가, 그 이유는 무엇인가를 돌아보게 함으로써 자신의 판단과 신념을 성찰할 수 있는 기회가 되어야 한다. 이로써 학생이 역사지식의 생성과 소통과정에 능동적으로 참여할 수 있다. 이 점에서 '의식적인 행위로서의 역사'라는 개념은 매우 유용하다.

2) '실행으로서의 역사'와 '거리'

역사가가 되어야만 역사를 할 수 있는 것은 아니다. 역사적 사고 논의의 문제점 가운데 하나는, 역사적 사고를 역사가가 역사 연구에서 실행하는 사고의 절차라고 간주하는 것, 즉 역사가의 역할과 위치를 본질화한다는 점이었다.[70] 그러한 논의에서는, 역사는 역사가가 하는 것이라는 전제를 받아들인다.

실제로 활용되는 역사지식이나 서술에는, 그것이 어떻게 생성되는가의 문제만큼 그것이 어떻게 전달되고 수용되는가의 문제도 중요하다. 사실 이 글에서 소개한 집단기억과 역사의식에 관련된 여러 논의는, 역사에 참여하는 다양한 주체를 생각하지 않는다면 큰 의미가 없다. 집단기억도 결국 개인의 정신작용과 무관할 수 없다. 모든 이야기, 장소, 텍스트는 역사적으로 생각하는 개인에 의해 '읽히거나' 지칭(refer)될 때까지는 물체로 남아 있을 뿐이다. 그리고 그 개인이 반드시 역사가일 필요는 없다.[71]

이러한 입장을 더욱 적극적으로 표현한 것이, '(학생들이) 역사에 대해 생각하는 그 순간 그들 역시 역사가가 된다'라는 주장이다. 학습을 통하여 학생들은 역사적 기억의 전달에 참여하게 되고, 그것에 관해 말하고 쓰는 순간 그것이 개인적인 경험으로 변환된다는 것이다. 역사를 실행한다는 것을, 각각의 구성원이 집단기억 내에서 능동적으로 기억하고 망각하는 과정으로 재정의한다면, 이는 바로 역사의식의 특징이 될 수 있을 것이다.[72] 즉 어떻게 집단기억이 개인의 경험 차원에서 지속적으로 기능을 하는가, 그리고 어떻게 이것이 다른 역사적 표현(representation)과 경쟁하는가를 이해하는 것이 중요하다. 따라서 역사학습은, 학생들이 집단기억을 비판적으로 사유해서 자신의 역사이해로 변환해가는 과정에서 그 역할을 찾을 수 있다.

누구나 참여할 수 있는 '실행으로서의 역사'를 전제할 때 생각해보아야 할 문제는 과연 어떠한 위치에서 과거와 그것에 대한 역사적 표현에 다가서야 하는가이다. 대체로 역사가는 과거 사건으로부터 시공간적으로 떨어져(detached) 있기 때문에 그것을 공정하게 분석하고 해석할 수 있다고 한다. 하지만 이 말을 역사가가 진공 상태에서 그리고 모든 것을 포괄하는 관점에서 과거 사건을 설명해야 한다는 의미로 받아들일 필요는 없다. 역사가는 분명 관점을 택할 수밖에 없다. 여기서 관점이라는 것을, 역사가가 자신이 연구대상으로 하는 과거에 대해 어떤 위치를 선택하고 있는가의 문제로 생각해볼 수 있다.[73] 또한 역사가는 과거에 대한 자신의 이해를 표현하여 제시할 때, 독자들이 어떠한 위치에서 자신이 묘사한 사건을 접촉할 것인가를 고려한다. "모든 역사가는 그의 청중을 과거와의 관련 속에 위치시키는 임무를 맡아야만 한다"[74]라는 주장도 같은 맥락이다. 여기서 저자가 독자를 끌어들이는 관계를 '거리(distance)'라고 할 수 있는데, 이는 이에 접근하는 대중이나 독자가 취하는 태도이기도 하다. 그리고 이 '거리'는 대상과 주체 간의 정적인 관계라기보다 텍스트와 독자 사이에 일어나는 역동적인 과정이라 할 수 있다.

여기서 '거리'는 형식적, 감정적, 이데올로기적, 인식적 요소들을 포함하고 있다.[75] 역사를 서술할 때 역사가는 어떠한 관점이나 표현의 양식을 택할 것인가, 어떤 감정적인 태도와 이데올로기에서 과거 사건을 바라볼 것인가, 어떤 인식적인 가정[76]을 사용할 것인가를 선택할 수밖에 없으며, 여기에는 불가피하게 의도가 포함된다. 박물관의 전시를 생각해보면, 이러한 '거리'의 개념을 쉽게 이해할 수 있다. 관람객들은 유물을 정해진 순서에 따라 줄을 서서 구경할 수 있다. 또한 박물관이 의도적으로 기획한 특정한 주제를 '체험'할 수도 있다. 후자의 경우에 이러한 주제의 선정과 이에 따른 전시물의 배열은 매우 의도적일 수밖에 없다. 그러나 모든 것이 기획자의 의도대로 이루어지는 것은 아니다. 아무리 관람객이 어떠한 감정과 인식을 얻도록 기획하였다 하더라도, 박물관의 전시에 대한 실제 체험은 결국 관람객의 몫이기 때문이다.

역사서술에서의 '거리' 개념도 이와 유사하다. 특히 중요한 것은 '거리'가 주어지지 않고 형성되는 것이라는 점이다. 예를 들어, 위에서 언급한 소련의 상황에서 '내적 이주'는 전체주의적 국가가 강요한 공식적 내러티브와 대중 또는 독자 사이의 '이데올로기적 거리 (ideological distance)'라는 틀로 파악할 수 있다. 텍스트 또는 문화적 도구가, 독자 또는 대중이 집단기억을 분배받는 것을 돕고 집단기억 형성에 도움을 줄 수 있지만, 반대로 독자 또는 대중이 강요된 집단 기억에 반발심을 느끼고 저항하도록 할 수도 있는 것이다.

또한 '일본군 위안부'로 희생된 사람들의 증언을 어떻게 받아들일 것인가의 문제는 '거리'의 정의적 요소로 파악할 수 있다. 이러한 증언은 "나는 그들이 처한 상황과 겪은 경험을 이해하였다"라는 식으로 간단히 정리될 수 있는 것이 아니라, 듣는 사람의 심정을 파헤치는 고통스러운 접근, 자신이 속한 사회에 대한 인식과 태도의 변화와 연관되어 있다. 이는 또한 자신의 변화를 촉구하는 것이기도 하다.

증언을 주의 깊고 책임 있게 '경청(attentiveness)'하려면 자신에게 '왜 우리가 이러한 질문을 하고 있는가?', '왜 우리가 이러한 것을 알아야 하는가?' 같은 질문을 던져야 한다. 이러한 질문을 통하여 우리가 타자의 증언을 이미 알고 있거나 물려받은 이야기에 쉽게 동화시키고 있지 않은가를 되돌아보아야 한다. 이 과정을 통해 증언을 이끈 역사적 사건에 대한 자신의 인식이 불충분함을 깨달을 수 있다. '일본군 위안부'의 문제가, 왜 그렇게 오랜 기간이 지난 뒤에, 그것도 증언자가 나선 다음에야 논의되기 시작했는가, 증언이 이어지고 이에 대한 논쟁이 불거지면서 이 문제에 대한 나의 인식에는 어떠한 변화가 있었는가를 묻는 것이 경청의 태도인 것이다.

증언은 집단기억을 전하는 주요한 통로다. 그러나 이를 대하는 태도로서 경청의 의미를 생각해본다면, 증언과 관련된 역사학습은 집단기억에 새로운 잠재력을 제시할 수 있다. 증언에 대한 학습은 이전에 듣지 못하고 알지 못하던 사실이나 이야기의 습득에 그치지 않는다. 그것은 역사에 대한 책무성과 그것을 인식하게 하는 현재의 사회적 질서 속에서 자신의 정체성을 다시 생각해보고 변화시킬 수 있는 가능성을 열어준다.[77] 역사의식은 이처럼 '새롭게 기억하도록 배우는 계속적인 학습의 과정'이라는 측면에서 이해되어야 한다.[78] 이것은 증언에만 국한되지는 않는다. 어떠한 위치에서 역사를 실행하고 있는가를 생각한다면, 이러한 학습의 과정은 학생들이 역사적 표현을 대면하는 다양한 국면과 상황에서 실천적으로 시도될 수 있다.

이와 더불어 '공적 기억(public memory)'을 단지 개인적인 각성이나 태도가 아니라, 기억과 학습을 비판적으로 실천하는 역사의식을 발달시키려는 영역으로 이끌어낼 필요가 있다. 여기서의 공적 영역은 다량의 이미지나 이야기가 전파되고 대중은 그 가운데서 필요한 정보를 받아들이는 공간이지만, 집단적인 소속감과 정체성을 지속시키고자 같은 이야기가 반복되는 공간과는 다르다.[79] 역사의식을 배양하는 것으로서의 공적 기억은, 단지 유대감 형성을 위해 활용되거나 기억을 통해 무엇인가를 알게 되는 것이 아닌, 다르게 기억하는 것을 배우는 학습의 과정이 될 수 있을 것이다. 공적 기억에는 현재 문제와 관련되어 있는 망각되고 숨겨진 역사들이 포함되어야 할 뿐 아니라, 이것이 학습공간으로 작동하려면 이처럼 망각되고 숨겨진 역사들을 다시 생각하는 과정에서 생기는 질문, 불확실함, 모호함이 과감하게 드러나야 한다. 따라서 공적 기억은 과도적인 성격을 가지고 있다. 즉 공적 기억은 미리 주어진 것이 아니며, 구성원으로서의 우리 역시 동일하고 균질적인 집단으로 전제되기보다 다른 사람이 전하는 이야기에 반응하는 책임을 지는 사람들로 재규정될 수 있는 것이다.

5. 맺음말

기억은 역사와 함께 과거를 알 수 있는 주요한 통로다. 최근 기억에 관한 논의에서 역사와 기억의 관계가 이미 국내외 여러 편의 논문에서 상세히 다루어진 바 있다. 하지만 학계에서 이 문제를 바라보는 방식과 역사학습의 국면은 차이가 있다. 예를 들어, 일본의 식민지배에 따른 희생과 피해 문제에 대해 망각을 먼저 가르칠 수는 없을 것이다. 망각이란 이미 기억하는 것이나 학습한 것을 극복하는 것인데, 학교에서 가르치지도 않은 것을 잊으라고 할 수는 없기 때문이다. 오히려 학교 역사학습의 구실이자 가능성은 학생들이 자신의 과거상을 성찰할 수 있도록, 자신이 어떤 '거리'에서 왜 그렇게 생각하고 있는가를 살펴볼 수 있는 기회를 제공하는 것이다. 지금까지 학교가 국가와 사회라는 공적 권위에 의해 부과된 이른바 집단기억을 형성하는 역할을 해왔다고 한다면, 이러한 기회의 가치는 더욱 소중하다.

이 글에서 필자는 역사의식을 접점으로 해서 기억과 역사를 아우를 수 있는 논점을 제시하고자 하였다. 역사학습에서 기억의 문제를 어떻게 능동적으로 수용할 수 있을까 하는 생각에서였다. 역사의식을 집단정체성 확립을 위해 주어진 것이라고 받아들이기보다, 사회현실 및 과거의 이야기나 이미지를 포함한 다양한 역사적 표현과의 관계 속에서 사회구성원을 형성해가는 것이라고 보고자 하였다. 특히 강조하고 싶은 것은, 역사를 배우는 학생들이 기억을 포함하여 과거를 아는 방식을 어떻게 이해해야 하는가의 문제였다. 그간 역사적 사고와 관련하여 논의가 부족한 것도 바로 이 부분이었다. 역사가의 사고(과정)를 학생에게 전달하는 방식으로는 이 문제를 제대로 포착할 수 없었기 때문이다.

역사적 지식은 그 전달과정에서 생산자(사료 속의 행위자, 기록자)에서 소비자(학생)에 이르기까지 어떤 의미에서든 역사를 실행하는 단계가 연쇄적으로 일어난다. 따라서 최종 소비자인 학생 역시 과거에 대한 역사적 표현을 수용할 때 나름대로 여러 가지 해석과 판단을 하게 된다. 역사지식의 전달과정과 관계의 속성을 파악하려는 노력 속에서 학생들은 과거의 이야기나 이미지가 그것을 전달하는 사람과 매체의 성격에 의해, 그리고 그것을 받아들이는 사람의 상황과 위치에 의해 영향을 받음을 깨달을 수 있을 것이다. 더불어 자신의 역사지식이 감정이나 행동에 어떻게 영향을 미치는가, 또 그 반대의 경우는 어떠한가, 즉 스스로 어떠한 거리에서 과거의 이야기를 듣고 있는가를 생각해볼 수 있을 것이다.[80] 이것이 바로 역사에 대해 생각하는 그 순간 역사가가 되는 것, 역사를 '하는' 것이라고 할 수 있지 않을까?

주석

1부 역사교과 교육이론의 모색

1장 역사교과 교육이론의 가능성과 문제점

1) L. S. Shulman, "Those Who Understand: Knowledge Growth in Teaching", *Educational Research* 15(2), 1986, pp.6~7.

2) Ibid.

3) 어떻게 해서 내용과 방법이 근래에 들어 극심한 반목의 상황에 들게 되었는가 하는 것에 대한 대답은 매우 중요한 것이긴 하지만, 이 글의 중심주제는 아니다. 우선적으로 이 글은 이러한 양자의 반목의 결과로 빚어진 황폐화된 교과교육이론 연구의 상황에 논의의 중점을 두고 있다.

4) W. H. Hertzberg, "Are Method and Content Enemies?", in B. R. Gifford(eds.), *History in the Schools: What Shall We Teach?*, New York: Macmillan, 1988, pp.38~39.

5) 정범모, 《교육과 교육학—신교육학전서 1》, 배영사, 1977, 303쪽.

6) Ibid.

7) 이것은 미국의 교육과정 변천에서도 역사적인 사실로 나타난다. 일례로 1899년 미국 중등교육과정의 초기 결정기구였던 7인 위원회(Committee of Seven)는 주로 중등교육과 관련이 깊은 역사학자로 구성되었는데, 그들은 모든 역사교사는 가르치는 방법뿐 아니라 역사연구와 역사적 사고(Historical Thinking)의 본질을 배워야 하며, 더 중요하게는 그들 스스로가 역사적 사실은 무엇이고 그것은 어떻게 정리·해석되는가를 깨닫도록 훈련받아야 한다고 주장하였다.(Hertzberg, op. cit., p.20)

8) 이 글에서 변형이라는 말은 교과의 내용을 학습자에게 잘 가르치는 데 필요한 교사의 사고과정을 일컫는다.

9) S. M. Wilson, & G. Sykes, "Toward Better Teacher Preparation and Certification", in P. Gagnon & the Bradley Commission on History in Schools(eds.), *Historical Literacy: The Case for History in American Education*, New York: Macmillan, 1989, pp.268~275.

10) Ibid.

11) Ibid.

12) M. T. Downey & L. S. Levstik, "Teaching and Learning History", in J. P. Shaver(eds.), *Handbook of Research on Social Studies Teaching and Learning: A Project of The National Council for the Social Studies*, New York: Macmillan, 1991, pp.405~406.

13) S. M. Wilson & S. S. Wineburg, "Peering at History through Different Lenses", *Teachers College Record* 89(4), 1988, pp.537~538.

14) Ibid.

15) Ibid.

16) R. W. Evans, "Lessons From History: Teacher and Student Conceptions of the Meaning of History", *Theory and Research in Social Education* 16(3), 1988, pp.203~225.

17) 구문적 구조란 참과 거짓, 타당성과 부당성이 수립되는 일련의 방식이다. 구문이란 문법과 같은 것으로, 어떠한 현상에 대하여 경쟁적인 주장들이 존재할 때 어떠한 주장이 정당한가를 결정하는 규칙을 제공한다. 다른 말로 구문적 구조란 학문의 절차 혹은 방법론적인 구조라 할 수 있다(J. J. Schwab, *Science, Curriculum and Liberal Education*, Chicago: University of Chicago Press, 1978).

18) L. S. Shulman, op. cit., pp.9~10.

19) Ibid.

20) Ibid.

21) L. S. Shulman, "Knowledge and Teaching: Foundations of the New Reform", *Harvard Educational Review* 57(1), 1987, p.8.

22) S. Gudmundsdottir & L. S. Shulman, "Pedagogical Content Knowledge in Social Studies", *Scandinavian Journal of Educational Research* 31(2), 1987, pp.66~69.

23) 유추와 감정이입을 검토의 대상으로 삼은 것은 논의의 편의를 위해서다. 실제로 교사들의 현장 역사수업 상황에 대한 충분한 연구 없이 유추와 감정이입이 역사수업에서 이용되는 설명방식의 전형이라고 주장할 근거는 없다. 또한 이 글은 역사수업 시 교사의 설명방식에 대한 전형을 구하기보다는, 유추와 감정이입이라는 개념을 도입하여 교사가 교과의 내용을 학생들에게 전달하는 과정을 분석하고자 하는 것이다. 따라서 다른 설명의 방식들을 규정하여 분석의 대상으로 삼는 것은 얼마든지 가능하다.

24) P. J. Rogers, "Why Teach History?" in A. K. Dickenson(eds.), *Learning History*, London: Heinemann Educational Books, 1984, pp.23~27.

25) 이 글은 이해방식으로서의 유추와 그것의 심리적 기초가 아니라 교사의 설명방식으로서의 유추를 분석의 대상으로 한다.

26) E. A. Peel, "Some Problems in the Psychology of History Teaching" in W. H. Burston & D. Thompson(eds.), *Studies in the Nature and Teaching of History*, New York: Humanities Press, 1967, pp.181~182.

27) P. J. Rogers, op. cit., pp.1~14.

28) P. J. Lee, "History Teaching and Philosophy of History", *History and Theory* 22(4), 1983, pp.19~49.

29) 심리학이론에서 감정이입은 활발한 논의의 대상이 되고 있는데, 예를 들면 발달심리학의 많은 연구자들이 아동이 성숙함에 따라 이러한 감정이입과 친사회적(prosocial) 행위 간에 긍정적 강화관계가 있음을 밝히고 있다(K. P. Scott, "Achieving Social Studies Affective Aims: Values, Empathy and Moral Development", *Handbook of Research on Social Studies Teaching and Learning*, New York: Macmillan, 1991, pp.357~359).

30) P. P. Wiener, *Dictionary of the History of Ideas*, Vol. II, New York: Charles Scribners' Sons, 1978.

31) P. J. Lee, op. cit., pp.35~40.

32) Ibid.

33) M. T. Downey & L. S. Levstik, op. cit., pp.403~404.

34) S. Gudmundsdottir & L. S. Shulman, op. cit.

35) L. S. Shulman, *Aristotle Had It Right: On Knowledge and Pedagogy*, The Holmes Group, Occasional Papers series based on keynote at Annual

Meeting, Atlanta, Georgia, January 27, 1989.

36) S. M. Wilson, & S. S. Wineburg, op. cit.

37) S. J. Thornton, "Teacher as Curricular-Instructional Gatekeeper in Social Studies", *Handbook of Research on Social Studies Teaching and Learning*, New York: Macmillan, 1991, pp.237~248.

38) G. D. Fenstermach, "Philosophy of Research on Teaching: Three Aspects", in M. C. Wittrock(eds.), *Handbook of Research on Teaching, 3rd edition: A Project of the American Educational Researcher Association*, New York: Macmillan, 1986, p.43.

39) L. S. Shulman, "Knowledge and Teaching: Foundations of the New Reform", *Harvard Educational Review* 57(1), 1987, pp.12~15.

2장 '역사교과학'의 성과와 숙제

1) 〈창간사〉, 《역사교육》 1, 1956, 2~3쪽.

2) 앞의 글, 3쪽.

3) 강우철, 《역사연구방법론과 그 교육적 접근》, 탐구당, 1975.

4) 이원순 외, 《역사과 교육》, 능력개발사, 1975.

5) 정선영, 〈인지과정에 따른 역사교과의 탐구방법 연구〉, 《역사교육》 25, 1979.

_____, 〈역사학습의 구조화를 위한 시론〉, 《역사교육》 30·31, 1982.

_____, 〈역사교육에서의 일반화 문제 연구〉, 《역사교육》 35, 1984.

6) 이원순·윤세철·허승일, 《역사교육론》, 삼영사, 1980.

7) 김한종, 〈역사적 사고력의 개념과 그 교육적 의미〉, 《이원순 교수 정년 기념 역사학 논총》, 교학사, 1991, 484쪽.

8) Jörn Rüsen, "The Didactics of History in West Germany: Towards A New Self-awareness of Historical Studies", *History and Theory* 26(3), 1987, p.284.

3장 역사교육의 연구와 방법론

1) L. S. Shulman, "Disciplines of Inquiry in Education: An Overview",

Educational Researcher, June/July, 1981, pp.5~6.

2) Ibid.; P. H. Hirst, "Liberal Education and the Nature of Knowledge", in R. D. Archambault(ed.), *Philosophical Analysis and Education*, London: Routledge and Kegan Paul, 1965, pp.128~131.

3) J. Anyon, "Ideology and United States History Textbooks", *Harvard Educational Review* 49(3), August, 1979.

4) M. W. Apple, *Teachers and Texts*, New York: Routldge, 1988.

5) 역사교육을위한교사모임 · 한국역사연구회, 〈제5차 교육과정 개편에 따른 국사 교과서 분석〉, 《살아 있는 삶을 위한 역사교육》, 푸른나무, 1989.

6) 이러한 시도로서 주목할 만한 것은 A. Crismore, "The Rhetoric of Textbooks: Metadiscourse", *Journal of Curriculum Studies* 16(3), 1984.

7) E. W. Eisner, "Introduction to Special Section on Objectivity, Subjectivity, and Relativism", *Curriculum Inquiry* 22(1), 1992, p.5.

8) 연구 패러다임을 지칭하는 데에는 그 밖에 다른 용어도 있고 각 용어가 뜻하는 것에 차이가 있지만, 이 글에서는 크게 두 가지 연구 패러다임을 대비하기 위하여 하나를 양적 연구, 다른 하나를 질적 연구라 통칭하기로 한다.

9) E. W. Eisner & A. Peshkin, "Introduction", *Qualitative Inquiry in Education: The Continuing Debate*, New York: Teachers College Press, 1989, pp.9~13.

10) L. S. Shulman, op. cit., p.11.

11) M. Lecompte & J. Goetz, "Problems of Reliability and Validity in Ethnographic Research", *Review of Educational Research* 52, 1982, pp.31~60.

12) J. K. Smith & L. Heshusius, "Closing Down the Conversation: The End of the Quantitative-Qualitative Debate Among Educational Inquirers", *Educational Researcher*, January, 1986, p.4.

13) Ibid.

14) L. S. Shulman, "Paradigms and Research Programs in the Study of Teaching: A Contemporary Perspective", in Merlin C. Wittrock(ed.), *Handbook of Research on Teaching*, 3rd edition, New York: Macmillan, 1986, p.33.

15) 최근 국사 교과서 연구 동향에 대해서는 김한종의 글을 참고하시오. 김한종, 〈국사 교과서 연구의 성과와 과제〉, 《경상사학회》 7 · 8합집, 1992, 111～142쪽.

16) 할람은 이 주제에 대한 광범위한 연구를 수행하였다. 그중에서 그의 이론의 중심내용은 그의 석사와 박사학위논문에 수록되어 있다. R. N. Hallam, "An Investigation into Some Aspects of the Historical Thinking of Children and Adolescents, Unpublished Master's Thesis", University of Leeds, 1966; "A Study of the Effect of Teaching Method on the Growth of Logical Thought with Special Reference to the Teaching of History", Unpublished Doctoral Dissertation, University of Leeds, 1975. 두 학위논문의 주요 내용은 축약된 형태로 학술지를 통하여 발표되었는데, 이 글에서는 주로 다음의 두 논문을 논의대상으로 하였다. R. N. Hallam, "Logical Thinking in History", *Educational Review* 19(3), 1967; "Attempting to Improve Logical Thinking in School History", *Research in Education* 21, May, 1979.

그 밖의 할람의 논저는 다음과 같다. R. N. Hallam, "Piaget and Moral Judgment in History", *Educational Research* 11(3), 1969; "Piaget and Teaching of History", *Educational Research* 12(1), 1969; R. N. Hallam, "Thinking and Learning in History", *Teaching History* 2(8), 1971; "Piaget and Thinking in History" in M. Ballard(ed.), *New Movement in the Study and Teaching of History*, Bloomington and London: Indiana University Press, 1974; "An Approach to Learning History in Primary Schools", *Teaching History* 21, 1978.

17) R. N. Hallam, "Logical Thinking in History", *Educational Review* 19(3), 1967, pp.183～202.

18) Ibid.

19) R. N. Hallam, "Attempting to Improve Logical Thinking in School History", *Research in Education* 21, May, 1979, pp.1～24.

20) Ibid.

21) 할람 연구모델 비판의 최근 동향에 대해서는 다음 글을 참고하시오. M. T. Downey & L. S. Levstik, "Teaching and Learning History" in J. Shaver(ed.), *Handbook of Research on Social Studies Teaching and Learning: A Project of*

The National Council for the Social Studies, New York: Macmillan, 1992, pp.400~410.

22) Ibid.

23) 예를 들어 역사적 사고는 가설연역적인 것이 아니라 인증적이며 그것은 학습에 의해 촉진될 수 있다는 부스(M. Booth)의 연구나 학생들의 역사적 이해(historical understanding)와 인지발달 수준 사이의 상관관계는 미약하다는 케네디(K. J. Kennedy)의 연구는 실험연구의 상관계수 분석방법을 이용하고 있다. M. Booth, "Skills, Concepts, and Attitudes: The Development of Adolescent and Children's Historical Thinking", *History and Theory* 22(4), 1983, pp.101~117; K. J. Kennedy, "Assessing the Relationship between Information Processing Capacity and Historical Understanding", *Theory and Research in Social Education* 11(2), Summer, 1983, pp.1~22.

24) 할람에 대한 비판이 꼭 할람식의 조사실험과 통계절차를 이용해야 하는 것은 아니다. 다른 연구 패러다임에서 할람의 연구를 비판하는 것은 얼마든지 가능하다. 반복연구를 예로 든 것은 할람의 연구를 비판하기 위한 방법론의 필요성을 강조하기 위해서다.

4장 역사교육의 담론: 지속과 변화

1) T. S. Popkewitz & M. Breman, "Restructuring of Social and Political Theory in Education: Foucault and a Social Epistemology of School Practice", in T. S. Popkewitz & M. Breman(eds.), *Foucault's Challenge: Discourse, Knowledge, and Power in Education*, Teachers college Press, 1998, pp.3~38.

2) M. Foucault, *The History of Sexuality: An Introduction*, Vol. 1, New York: Vintage Books, 1978, pp.19~20.

3) 미셸 푸코, 이규현 옮김, 〈역자 서문〉, 《성의 역사 1(앎의 의지)》, 민음사, 1997, 14쪽.

4) M. Foucault, *The Archaeology of Knowledge & The Discourse on Language*, New York: Pantheon Books, 1972, p.224.

5) 각각의 문턱에 대한 설명은 M. Foucault, ibid., pp.186~189 참조하시오.

6) 〈창간사〉,《역사교육》창간호, 1956, 2~3쪽.

7) 역사교육을 위한 교사모임, 〈창립선언문〉,《역사와 교육》창간호, 1988, 4 쪽.

8) 정용택, 〈현장에서의 역사교육의 한계와 목소리〉,《역사교육》(전국역사교 사모임) 45, 1999. 6, 45~46쪽; 〈현장 역사교육의 한계〉,《제42회 전국역사 학대회 발표요지》, 1999, 279쪽.

9) 김한종, 〈역사수업이론, 그 현실과 거리〉,《역사교육》(전국역사교사모임) 46, 1999. 9, 171쪽.

10) 앞의 글.

11) 양호환, 〈역사학습의 인식론적 모색〉,《역사교육》 75, 2000, 19쪽.

12) 앞의 글, 6~7쪽.

13) 이와 관련된 논의에 대해서는 다음 글을 참조하시오. 양호환, 〈역사교과 교육이론의 가능성과 문제점〉,《역사교육》 53, 1993, 1~25쪽.

14) 강우철,《역사연구방법론과 그 교육적 접근》, 탐구당, 1975; 정선영, 〈인지 과정에 따른 역사교과의 탐구방법 연구〉,《역사교육》 25, 1979, 1~46쪽; 정 선영, 〈역사학습의 구조화를 위한 시론〉,《역사교육》 30 · 31, 1982, 1~27 쪽; 정선영, 〈역사교육에서의 일반화 문제 연구〉,《역사교육》 35, 1984, 1~33쪽.

15) 이돈희, 〈교과교육학의 성격과 과제〉, 이돈희 외,《교과교육학탐구》, 교육 과학사, 1994, 14~18쪽.

16) 양호환, 〈'역사교과학'의 성과와 숙제〉,《제38회 전국역사학대회 발표요 지》, 1995, 450쪽.

17) 양호환, 〈역사학습의 인식론적 모색〉,《역사교육》 75, 2000, 8~9쪽.

18) 〈21세기를 여는 현장의 역사교육: 전국역사교사모임 10주년 기념 좌담 회〉,《역사교육》(전국역사교사모임) 41, 1998, 18~19쪽, 박병섭의 발언.

19) 앞의 글, 14쪽, 김한종의 발언.

20) 앞의 글, 17쪽, 김한종의 발언.

21) 역사관련학회, 〈공동기자회견문〉, 2001. 6. 13.

22) 이경식, 〈한국근현대사회와 국사교과의 부침〉,《사회과학교육》 1, 1997, 28 쪽.

23) 양정현, 〈특별기고: 노병은 사라질 뿐이다?!〉,《역사교육》(전국역사교사

모임) 49, 2000. 6, 3쪽.

5장 역사교사 양성 문제와 교과과정

1) 박진동, 〈한국의 교원양성체계의 수립과 국사교육의 신구상: 1945~1954〉, 서울대학교 대학원 박사학위논문, 2004, 144쪽.
2) 앞의 책, 150~152쪽.
3) 서울대학교 사범대학 30년사 편찬위원회, 《서울대학교 사범대학 30년사— 민주교육의 요람》, 1976, 75쪽.
4) 박진동, 앞의 책, 149쪽.
5) 강환국, 〈공통사회과 교사양성의 체제와 교육과정에 대한 연구〉, 《사회과 교육》 32, 1999, 353~370쪽.
6) 이돈희, 〈서울대학교의 종합화와 사범대학의 내실화〉, 서울대학교 사범대학 50년사 편찬위원회, 《서울대학교 사범대학 50년사》, 1996, 137~183쪽.
7) 앞의 글.
8) 박상완, 《사범대학 교사교육의 특성 분석: 서울대학교 사례 연구》, 서울대학교 대학원 박사학위논문, 2000, 177~178쪽.
9) 박용헌 외, 《중등교원 양성기관의 교직과정 운영에 관한 세미나 보고서》, 서울대학교 사범대학 교육연구소, 1980, 20~22쪽.
10) 박용헌 외, 《교원양성체제의 모형 정립을 위한 연구: 사범대학 교육과정 체계화》, 문교부 학술연구 조성비에 의한 연구보고서, 1980, 18쪽.
11) 앞의 책.
12) 앞의 책, 55~56쪽.
13) 이돈희, 〈교과교육학의 성격과 탐구방법〉, 이돈희 외, 《교과교육학 탐구》, 교육과학사, 1998, 9~35쪽.
14) 장언효, 《교육논총》 21(1), 2001, 68쪽.
15) 하병수, 〈교사 전문성의 시금석: 교원양성임용 개편 방안〉, 민주노동당 최순영 의원실·정책위원회 주최 토론회 자료집, 《최순영의 이야기 나누기 ⑥》, 2004. 9. 23, 18쪽.
16) 앞의 글.
17) L. S. Shulman, "Knowledge and Teaching: Foundations of the New

Reform", *Harvard Educational Review* 57(1), 1987, p.8.

18) L. S. Shulman, "Those Who Understand: Knowledge Growth in Teaching", *Educational Researcher* 15(2), 1986, pp.21~23; 양호환, 〈역사교과이론의 가능성과 문제점〉, 양호환 외, 《역사교육의 이론과 방법》, 삼지원, 1997, 19~22쪽.

19) 양호환, 앞의 글, 29~30쪽.

20) L. S. Shulman, op. cit.

21) M. T. Downey & F. Fischer, "Responding to the Winds of Change in History Education", *The History Teacher* 34(1), 2000, pp.21~28; J. Shedd, "Why and How Should History Department Train Secondary Social Studies Teacher", *The History Teacher* 34(1), 2000, pp.29~33; D. Schwartz, "Using History Department to Train Secondary Social Studies Teachers: A Challenge for the Profession in the 21st Century", *The History Teacher* 34(1), 2000, pp.35~39; D. Ravitch, "The Educational Backgrounds of History Teachers" in P. Stearn, P. Seixas & S. Wineburg(eds.), *Knowing Teaching & Learning History*, New York: New York University Press, 2000, pp.143~155.

22) 황규호, 〈미국과 영국의 교사양성교육 동향 분석〉, 《한국교육》 30(3), 2003, 37~38쪽.

23) 대표적인 사례는 S. Wineburg, *Historical Thinking and Other Unnatural Acts*, Philadelphia: Temple University Press, 2001.

24) S. M. Wilson & G. Sykes, "Toward Better Teacher Preparation and Certification" in P. Gagnon & the Bradley Commission on History in Schools(eds.), *Historical Literacy: The Case for History in American Education*, New York: Macmillan, 1989, pp.268~275.

25) L. S. Shulman, "Knowledge and Teaching: Foundations of the New Reform", *Harvard Educational Review* 57(1), 1987, p.20.

26) S. Wineburg, op. cit.

27) 김순애, 〈전문성 제고를 위한 사범대학 교육과정의 발전 과제〉, 《교과교육연구》 1(1), 1999, 143쪽.

28) 앞의 글, 144쪽.

29) 앞의 글.

30) 앞의 글.

31) 한명희, 〈교사교육의 이념과 내용의 한계〉, 《한국교사교육》 7, 한국교사교육연구협의회, 1990, 19~26쪽.

32) 이와 달리 여전히 교과교육과 그 일부로서 역사교육에 전면적으로 부정적인 입장도 있지만, 논의의 진행상 이 글에서는 다루지 않는다.

33) 양호환, 〈역사학습의 인식론적 모색〉, 김한종 외, 《역사교육과 역사인식》, 책과함께, 2005, 43~45쪽.

34) 최근 미국에서 이와 유사한 활동을 교사양성과정에 포함시키자는 주장에 대해서는 다음 논문을 참조하시오. G. W. McDiarmid & P. Vinten-Johansen, "A Catwalk across the Great Divide : Redesigning the History Teaching Method Course" in P. Stearn, P. Seixas & S. Wineburg(eds.), *Knowing Teaching & Learning History*, 2000, pp.156~177.

35) 양호환, 〈역사교과교육이론의 가능성과 문제점〉, 《역사교육》 53, 1993, 30쪽.

2부 역사서술과 역사인식

1장 역사 교과서의 서술양식과 학생의 역사이해

1) 김한종, 〈국사 교과서 연구의 성과와 과제〉, 《경상사학》 7·8합집, 1992, 71쪽.

2) 교과서 서술은 특정한 방법으로 가르치고 배우는 행위의 주체에게 다룰 내용을 제시하는 것이다. 교과서가 광범위하게 사용되기 시작한 것은 근대 공교육의 파급과 궤를 같이하는 것이고, 이는 민족국가의 수립과 깊은 관련이 있다. 즉 교과서는 근대 국가의 시민정체성을 확립하기 위한 주요 도구로 국가 권력에 의해 의도적으로 사용되었다고 볼 수 있다.

또한 근대 이전의 역사교육은 도덕교육의 일환으로 행해졌으며 국가적, 종교적 위인의 행적을 위주로 한 내용이 대부분으로, 역사사건에 대한 분석과 비판은 생략되어 있었다. 전통적인 사서 편찬 방식인 편년과 기전을 통합하여 좀 더 분석적인 설명을 채택하려는 시도의 결과가 오늘날의 교과서 서술

형식이라 할 수 있다. 물론 이러한 가설을 검토하는 것은 별도의 작업으로
남아 있다.

3) J. Anyon, "Ideology and United States History Textbooks", *Harvard Educational Review* 49, 1979, p.361.

4) 이런 의미에서 지배적인 내러티브의 역할을 과소평가해서는 안 된다. 그것은 이해의 공동 기반을 형성하는 것이며, 인식대상에 대한 판단과 모두가 받아들이는 진리의 실체를 인정하도록 유도한다. 이것은 또한 국가의 정통성을 지탱해주는 정치담론과도 관련이 있다. H. Kellner, *Language and Historical Representation*, Madison: University of Wisconsin Press, 1989.

이와 유사한 관점에서 케이(H. J. Kaye)는, 최근 서구에서 보수정치 세력이 '역사의 위기'라는 구호를 내세워 역사교육을 강화하려는 움직임은 이러한 거대 지배서사(grand governing narrative)의 기반을 확고히 하는 것을 목적으로 한다고 분석하였다. H. J. Kaye, *The Power of the Past: Reflections on the Crisis and the Promise of History*, University of Minnesota Press, 1991.

5) M. Robinson, "Asia in American Textbooks: Revising the Cold War Paradigm", 《한 · 미 상호이해 증진을 위한 국제이해교육》, 한국사회과교육연구회, 1994, 143~144쪽.

6) 신광현 교수는 논문양식에서는 주관적 주장이 객관적 논증으로 변한다고 지적한다. 예를 들어 '나는 셰익스피어가 위대하다고 생각한다'가 '셰익스피어는 위대하다'로 바뀐다는 것이다. 신 교수는 대학의 논문양식에 대해서 이러한 문제를 제기하고 있으나, 이는 오히려 학교 교과서에서 더욱 두드러지게 나타나는 현상이라 할 수 있다. 즉 논문양식뿐 아니라 오히려 더 심하게, 교과서 서술의 주체는 합리성과 객관성을 위장하게 된다. 신광현, 〈대학의 담론으로서의 논문〉, 《사회비평》 14, 1996, 182~183쪽.

7) A. Crismore, "The Rhetoric of Textbooks: Metadiscourse", *Journal of Curriculum Studies* 16(3), 1984, pp.279~296.

8) Ibid.

9) H. White, "The Value of Narrativity in the Representation of Reality", *The Content of the Form*, Baltimore: Johns Hopkins University Press, 1987, pp.21~22.

10) F. Fitzgerald, *America Revised: What History Textbooks Have Taught Our*

Children about Their Country, and How and Why Those Textbooks Have Changed in Different Decades, New York: Vintage, 1979.

11) 민석홍 외, 《고등학교용 세계사》, 교학사, 1983, 242쪽.

12) 민석홍 외, 앞의 책, 237쪽.

13) 이민호 외, 《고등학교용 세계사》, 대한출판공사, 1983, 242쪽.

14) 이민호 외, 《고등학교용 세계사》, 지학사, 1989, 257쪽.

15) 시기별로 나타나는 역사 교과서 서술상의 해석과 평가의 변화에 대해서는 다음 논문을 참고하시오. Yang, Ho-Hwan, *World History Textbooks and Political Transformations: Korea in the 20th Century*, Doctoral Dissertation, Stanford University, 1991.

16) P. Roth, "Narrative Explanation: The Case of History", *History and Theory* 27(1), 1988, p.65.

17) C. H. Cherryholmes, *Power and Criticism: Poststructural Investigations in Education, Advances in Contemporary Educational Thought*, Volume 2, Teachers College Press, 1988, pp.65~67.

18) Ibid.

19) H. White, *Tropics of Discourse*, Baltimore: Johns Hopkins University Press, 1978.

20) K. Jenkins, *Rethinking History*, London: Routledge, 1991, pp.32~36.

21) M. S. Gabella, "Beyond the Looking Glass: Bringing Students into the Conversation of Historical Inquiry", *Theory and Research in Social Education* 22(3), 1994, pp.352~353.

22) I. L. Beck & M. G. McKeown, "Substantive and Methodological Consideration for Productive Textbook Analysis" in J. P. Shaver(ed.), *Handbook of Research on Social Studies Teaching and Learning*, New York: Macmillan, 1991, pp.496~512.

23) Ibid.

24) H. L. Chiesi, H. J. Spilich & J. F. Voss, "Acquisition of Domain-Related Information in Relation to High and Low Dmain Knowledge", *Journal of Verbal Learning and Verbal Behavior* 18, 1979, pp.275~290.

25) I. L. Beck & M. G. McKeown, op. cit., pp.497~498.

26) L. S. Levstik, "The Relationship between Historical Response and Narrative in a Sixth-Grade Classroom", *Theroy and Research in Social Education* 14(1), 1986, pp.1~19.

27) C. H. Cherryholmes. "Critical Research and Social Studies Education" in J. P. Shaver(ed.), *Handbook of Research on Social Studies Teaching and Learning*, New York: Macmillan, 1991, pp.49~50.

28) U. Eco, *Semiotics and the Philosophy of Language*, Bloomington: Indiana University Press, 1984, p.24.

29) Ibid.

30) R. Barthes, "Historical Discourse", in M. Lane(ed.), *Introduction to Structuralism*, New York: Basic Books, 1970, pp.145~155.

31) S. Wineburg, "On the Reading of Historical Texts: Notes on the Breach between School and Academy", *American Educational Research Journal* 28(3), 1991, pp.495~519.

32) Ibid.

33) Ibid. 데리다(J. Derrida)를 비롯한 후기 구조주의자들은 부텍스트의 두 번째 영역을 중시한다. 저자의 의도와 텍스트의 관계에 대해 이들은 저자의 의도를 중시하는 대신에 실제로 그것이 불확실하거나 모호하며 사후에 생성되는 경우도 있다고 주장한다. 즉 의도란 텍스트에 대한 예기적(proleptic) 독서 혹은 해석에 의한 것이라고 본다. 또한 사회와 텍스트의 관계에 대해서도 전자의 후자에 대한 일방적 영향을 부인하고, 양자의 상호작용 그리고 후자가 전자에 미치는 효과에 대해서도 주목한다. D. LaCapra, "Rethinking Intellectual History and Reading Texts", in *Rethinking Intellectual History: Texts, Contexts, Language*, Ithaca: Cornell University Press, 1983, pp.23~71.

34) S. Wineburg, "Historical Problem Solving: A Study of the Cognitive Processes Used in the Evaluation of Documentary and Pictorial Evidence", *Journal of Educational Psychology* 83(1), 1991, pp.73~87.

35) 김한종, 〈역사학습에서의 상상적 이해〉, 서울대학교 대학원 박사학위논문, 1994, p.i.

36) S. Wineburg, *Historical Understanding: A Study of the Cognitive Processes*

Used in the Evaluation of Documentary Evidence, Doctoral Dissertation, Stanford University, 1990, pp.218~219.

37) E. W. Eisner, *Cognition and Curriculum Reconsidered*, 2nd edition, Teachers College Press, 1994, pp.39~45.

2장 역사서술의 주체와 관점

1) 주체라는 말은 'subject'의 번역어이다. 이 밖에 문법적인 용어로 주어 혹은 주격이라는 말도 쓰인다. 이 글에서 주체라는 말은 '대상(object)'에 대하는 말로서 존재론적인 의미를 가지고 있다. 즉 인식의 주체를 가리킨다. 근대란 인간이 모든 것의 기초가 된 시기, 또한 인간이 의식과 사유의 주체가 된 시기라고 말할 수 있다. 즉 근대에 와서 인간은 의식주체로 절대화되었으며, 인간이 존재하는 모든 의미의 원천이 되었다. 이러한 근대성에 대한 반발로서의 포스트모더니즘은 주체의 죽음, 더 나아가 인식의 주체로서 인간의 죽음을 이야기한다. 역사서술의 주체란 저자 그리고 화자(narrator)의 개념과 관련이 있다. 사실 역사서술의 주체라는 말은 매우 생소한 개념이며, 새로운 용어의 시도이다. 지금까지 역사서술에 관계되는 인물은 저자 혹은 화자라고 표현되어왔다. 그런 역사서술에서 이러한 개념은 매우 불완전하고 불안정하다. 왜냐하면 저자의 관점과 화자의 목소리는 의도적으로 또는 관습적으로 뒤섞여 있기 때문이다. 이 글에서 주체라는 말은 저자와 화자의 존재, 그리고 그들의 관점과 목소리를 총합하는 개념으로 사용된다. 이 개념은 또한 역사서술에 등장하는 과거 사건의 행위자 그리고 화자와 저자 간의 관계와 그에 대한 인식도 포함한다.

2) 임상우, 〈역사서술과 문학적 상상력〉,《문학과사회》, 1992, 804~805쪽.

3) P. Novick, *That Noble Dream : The Objectivity Question and the American Historical Profession*, Cambridge University. Press, 1988, pp.1~2.

4) Ibid.

5) G. Iggers, *Historiography in the Twentieth Century : From Scientific Objectivity to the Postmodern Challenge*, Wesleyan University. Press, 1998, p.3.

6) P. Brickley, "Teaching Post-Modern History : A Rational Proposition for the

Classroom?", *Teaching History* 74, 1994, pp.19~20.

7) Ibid.

8) P. Veyne, *Did Greeks Believe in their Myths?*, The University. of chicago Press, 1988, p.6.

9) P. Brickley, op. cit.

10) F. Stern, *The Varieties of History*, New York : Vintage Books, 1973, p.72.

11) H. White, "The Politics of Historical Interpretation : Discipline and De-Sublimination", in *The Content of Form*, Johns Hopkins University. Press, 1987, pp.61~64.

12) Ibid. p.65.

13) Ibid. pp.66~68.

14) J. Appleby, L. Hunt & M. Jacob, *Telling the Truth about History*, New York : Norton, 1994, p.73.

15) 김기봉, 〈미시사—하나의 포스트모던적 역사서술?〉, 《역사교육》 61, 1997, 135~136쪽.

16) A. Megill, "Recounting the Past : 'Description', Explanation, and Narrative in HIstoriography", *American Historical Review* 94(3), 1989, p.647.

17) R. Berkhofer Jr., "A Point of View on Viewpoints in Historical Practice", in P. Burke(ed.), *New Perspectives on Historical Writing*, Penn. State Press, 1995, p.176.

18) R. Barthe, "Historical Discourse" in M. Lane(ed.), *Introduction to Structuralism*, New York : Basic Books, 1970, p.149.

19) R. Berkhofer Jr., *Beyond the Great Story : History as Text and Discourse*, Harvard University. Press, 1995, p.182.

20) J. Appleby, L. Hunt & M. Jacob, *Telling the Truth about History*, p.245.

21) R. Barthe, op. cit., pp.148~149.

22) R. Vann, "Turning Linguistic : History and Theory and History and Theory 1960~1975" in F. Ankersmit & H. Kellner(eds.), *A New Philosophy of History*, The University. of Chicago Press, 1995, p.57.

23) R. Barthe, op. cit. 역사학에서의 실증주의와 문예사조로서의 사실주의의 등장은 거의 동일한 시기에 나타난 현상이다.

24) 이것은 일종의 메타담론이다. 메타담론은 담론에 대한 저자의 담론으로 서, 독자에게 정보 그 자체를 제공하지는 않지만 그 정보에 대한 이해의 맥 락을 제시한다.

25) 또 다른 형태의 이동장치는 역사가 자신의 담화를 조직하는 표현을 말한 다. '위에서 말한 바와 같이', '이것에 대해서는 더 이상 언급하지 않겠다' 등 의 이동장치를 사용함으로써 역사가는 시간상 전후로 자유롭게 왕래할 수 있다. 역사서술에서는 두 가지 시간의 단위—역사진행의 시간 단위와 역사 서술의 시간 단위—가 공존한다. 역사가가 이처럼 두 가지의 시간을 필요로 하는 이유는, 그가 아직 연관되지 않은 것들이 어떤 것인가를 알고 있기 때 문이다. R. Barthe, op., cit. pp.147~148.

26) 이러한 각주와 직접인용의 활용으로 추구하는 객관성과 실재의 효과는 역 사서술의 완결성 · 통합성과 마찰을 빚기도 한다. 헥스터(J. H. Hexter)가 규 정한 역사서술의 원칙을 사례로 들 수 있다. 첫째는 '사실의 규칙(reality rule)'이다. 역사가는 과거가 실제로 어떠하였는가를 저술한다. 역사가들은 관련된 증거를 바탕으로 가장 그럴듯한 과거에 대한 이야기를 말하는 데 관 심과 노력을 기울여야 한다. 두 번째는 '최대 효과의 규칙(maximum impact rule)'으로, 역사가가 독자에게 전달하려는 효과를 감소시키는 증거와 정보 는 각주로 처리하라는 것이다. 이는 어떻게 효과적으로 과거의 기록을 인용 할 것인가의 문제와 관련된다(economy of quotation rule). 즉 독자로 하여 금 과거가 실제로 어떠하였는가를 이해하는 데 가장 적합할 경우에만 그리 고 그 정도로만, 과거의 기록을 이용하라는 것이 세 번째 규칙이다. 독자는, 각주와 직접 인용문 안에 증거가 더 많이 제시되면 될수록, 실제 발생한 대 로 과거에 접근할 수 있다고 생각할 것이다. 즉 실재의 효과를 거둘 것이다. 그러나 만약 독자가 증거의 양에 압도당하게 되면, 역사가가 의도한 증거와 독자의 만남의 목적은 분쇄되고 말 것이다. 역사가가 전하려는 이야기와 서 술의 일관성과 완결성은 뒷전에 밀려나는 것이다. 바로 이런 현상이 각주나 직접 인용으로써 객관성을 확보하려 하였을 때 나타나는 긴장 또는 갈등이 라 할 수 있다. 랑케가 웅변한 실증주의의 전제라 할 수 있는 첫 번째 원칙, 즉 있었던 그대로 쓴다는 것과 직접 인용이나 각주 같은 수사장치를 이용하 는 것은 서로 모순될 때가 있다. R. Vann, op. cit., pp.53~54.

27) R. Berkhofer Jr., "A Point of View on Viewpoints in Historical Practice",

pp.173~174.

28) Ibid.

29) Ibid.

30) Ibid.

31) R. Berkhofer Jr., *Beyond the Great Story: History as Text and Discourse*, p.172.

32) H. White, *Metahistory: The Historical Imagination in Nineteenth-Century Europe*, Boltimore: Johns Hopkins University. Press, 1973, pp.5~38, passim.

33) K. Jenkins, *On What Is History*, pp.167~173.

34) Ibid. p.174.

35) H. White, *Tropics of Discourse*, Johns Hopkins University., 1978, pp.2~3.

36) J. Appleby, L. Hunt & M. Jacob, op. cit., p.245.

37) K. Jenkins, op. cit., p.176.

38) R. Barthe, op. cit., pp.150~152.

39) R. Berkhofer Jr., "Viewpoints in Historical Practice", pp.189~190.

40) P. Burke, "History of Event" in P. Burke(ed.), *New Perspectives on Historical Writing*, Penn. State Press, 1995, p.239.

41) J. Appleby, L. Hunt & M. Jacob, op. cit., p.212.

42) 양호환, 〈역사 교과서의 서술양식과 학생의 역사이해〉, 《역사교육》 59, 1996, 5쪽.

43) 조지형, 〈'언어로의 전환'과 새로운 지성사〉, 안병직 외, 《오늘의 역사학》, 한겨레신문사, 1998, 246쪽.

44) F. Kermode, "Secrets and Narrative Sequence", *Critical Inquiry* 7, 1980. pp.83~101.

45) S. Wineburg, "On the Reading of Historical Texts: Notes on the Breach between School and Academy", *American Educational Research Journal* 28(3), 1991, pp.495~519.

46) Ibid.

47) 양호환, 〈내러티브의 특성과 역사학습에서의 활용〉, 《사회과학교육》 2, 1998, 16~18쪽.

48) 라카프라(D. LaCapra)에 따르면 텍스트는 기록성(documentary aspect)과
작품성(worklike aspect)의 두 가지 성격을 가지고 있다. 텍스트는 그 저자
가 경험한 실재를 사실적으로 기술하고 이 경험적 실재에 대한 사실 확인적
성격의 정보를 제공해주는 기록성을 가지고 있다. 텍스트는 또한 독자가 그
안에 주어진 경험적 실재를 읽고 해석함으로써 그 경험적 실재를 해체하여
재구성하는 작품성도 가지고 있다. 이러한 작품성은 텍스트에 담겨 있는 새
로운 목소리를 드러나도록 한다. 작품적 읽기에서는 역사가와 텍스트의 만
남을 중시한다. 과거와의 대화란 텍스트와의 집요한 논쟁을 포함하는 것이
며 무엇이 보존되고, 재생되고, 변형될 것인가를 결정하도록 하는 것이다.
이것은 동시에 전지한 화자로서 역사가의 위상을 문제삼는 것이기도 하다.
조지형, 앞의 글, 247~248쪽; D. LaCapra, "Rethinking Intellectual History
and Reading Text", in *Rethinking Intellectual History: Texts, Contexts,
Language*, Cornell University. Press, 1983, pp.63~70.

49) H. White, "Burden of History", in *Tropics of Discourse*, pp.27~50.

50) P. Ricoeur, "Histoire de la philosophie et historicit?", in R. Aron(ed.),
L'histoire et ses interprétation, p.226; J. Le Goff, *History and Memory*,
Columbia University. Press, 1992, p.105에서 재인용.

51) 아리엘 도르프만과의 인터뷰, 《한겨레》, 1998. 5. 2.

3장 내러티브와 역사인식

1) 이 글은 필자가 이전에 발표한 논문을 전체적으로 수정하고 보완한 것이다.
양호환, 〈내러티브의 특성과 역사학습에서의 활용〉, 《사회과학교육》 2,
1998.

2) 부활이라는 표현은 다음의 논문 제목에서 인용하였다. L. Stone, "The
Revival of Narrative: Reflections on a New Old Story", *Past and Present* 85,
1979.

3) J. Topolski, "Historical Narrative: Towards a Coherent Structure", *History
and Theory, Beiheft 26, The Representation of Historical Events*,
Middletown: Wesleyan University. Press, 1987, pp.77~82.

4) L. Stone, op. cit., pp.4~8.

5) L. Stone, op. cit., pp.8~9.

6) Ibid, pp.9~15.

7) 역사서술에 관한 화이트의 이론에 관해서는 이 책의 176~177쪽을 참조하시오.

8) J. V. Wertsch, *Voices of Collective Remembering*, Cambridge : Cambridge University Press, 2002, pp.13~14.

9) Ibid, pp.67~68.

10) W. H. Dray, *Philosophy of History*, 2nd. edition, Englewood Cliffs : Prentice Hall, 1993, pp.90~93.

11) 내러티브는 행위, 행위자, 의도, 배경, 도구의 다섯 가지 요소로 구성된다. 이들 중 어떤 것에 강조를 두느냐에 따라 내러티브의 차원이 달라진다. 행위자, 행위를 중심으로 서술한다면, 배경이나 도구가 부차적인 요소가 될 수 있으며, 그 반대도 마찬가지다.

12) A. Megill, "Recounting the Past : "Description, Explanation, and Narrative in Historiography", *American Historical Review* 94(3), 1989, pp.627~653.

13) P. Burke(ed.), *New Perspectives on Historical Writing*, Pennsylvania : The Penn. State University. Press, 1992, p.236.

14) A. Giddens, *Social Theory and Modern Sociology*, Stanford : Stanford University Press, 1987, pp.220~221.

15) H. White, "The Value of Narrativity in the Representation of Reality", *The Content of the Form*, Baltimore : John Hopkins University, 1987, pp.19~23.

16) C. Behan McCullagh, "The Truth of Historical Narrative", *History and Theory, Beiheft 26, The Representation of Historical Events*, Middletown : Wesleyan University Press, 1987, p.41.

17) H. White, op. cit., p.20.

18) 루샤오펑, 조미원·박계화·손수영 옮김, 《역사에서 허구로: 중국의 서사학》, 길, 2001, 212~213쪽.

19) 물론 화이트를 비롯한 이른바 포스트모더니스트들이 과거의 실재와 인식을 비판한 것은, 역사의 학문적 본질과 성격 그리고 전반적인 역사서술의 형식을 겨냥한 것으로서 이야기체의 내러티브에만 한정된 것은 아니다. 그러나 전통적 역사서술형식으로서의 내러티브가 이러한 논쟁의 초점이 되는 것

은 부인할 수 없다.

20) C. Hake & Y. Haydn, "Stories or Sources?", *Teaching History* 78, 1995, pp.20~22. 이 글에서 필자들은 사료학습을 할 때 사료가 추출된, 더욱 광범위한 역사적 맥락의 세부 설명에 따라야 한다고 주장한다. 과거의 한 측면에 대한 명확한 설명은 여전히 역사교사의 중요한 기술의 하나이며, 이러한 과정이 제대로 이루어질 때 사료와 설명 사이의 연관도 더 잘 형성될 수 있다는 것이다. 또한 동일한 사료에서 하나 이상의 이야기가 형성될 수 있다는 것을 보여줌으로써 무엇이 이야기를 우화나 신화가 아닌 역사로 만드는가에 대한 시사점 또한 제공할 수 있다고 본다.

21) J. Bruner, "Narrative and Paradigmatic Modes of Thought" in E. W. Eisner(ed.), *Learning and Teaching the Way of Knowing*, NSSE, 1985, pp.97~115.

22) Ibid.

23) J. Bruner, "The Narrative Construction of Reality", *Critical Inquiry* 18, 1991, pp.5~6.

24) 가장 대표적인 연구는 다음과 같다. E. A. Peel, "Some Problems in the Psychology of History Teaching", in W. H. Burston & D. Thompson(ed.), *Studies in the Nature and Teaching of History*, New York: Humanities Press, 1967, pp.150~190; R. N. Hallam, "Logical Thinking in History", *Educational Review* 19(3), 1967, pp.183~202.

25) M. Booth, "Ages and Concepts: A Critique of the Piagetian Approach to History", in C. Portal(ed.), *The History Curriculum for Teachers*, London: The Falmer Press, 1987, p.27.

26) L. S. Levstik & C. C. Pappas, "New Directions For Studying Historical Understanding", *Theory and Research in Social Education* 24(4), 1992, p.375.

27) L. S. Levstik, "Historical Narrative and the Young Reader", *Theory into Practice* 28(2), 1989, p.118.

28) L. S. Levstik, "The Relationship between Historical Response and Narrative in a Six-grade Classroom", *Theory and Research in Social Education* 14(1), 1986, pp.1~19.

29) L. S. Levstik & C. C. Pappas, "Exploring the Development of Historical Understanding", *Journal of Research and Development in Education* 21, 1987, pp.1~15.

30) Ibid.

31) 정지향, 〈내러티브 서술방식 적용을 통한 역사적 사고력 신장에 관한 연구〉, 《초등사회과교육》17(2), 2006; 박선희, 〈내러티브를 활용한 교과서 보완교재 연구〉, 서강대학교 교육대학원 석사학위논문, 2006; 곽희정, 〈내러티브적 교재 구성방안 연구〉, 숙명여자대학교 교육대학원, 2007; 변웅룡, 〈새로운 역사서술체제로서의 내러티브와 대안 교과서 분석〉, 연세대학교 교육대학원, 2007; 강민선, 〈내러티브 교재를 활용한 비판적 역사이해 함양〉, 한국교원대학교 교육대학원, 2008; 한소라, 〈내러티브를 활용한 역사수업자료의 제작〉, 군산대학교 교육대학원, 2008.

32) 안정애, 〈내러티브 역사교재의 개발과 적용〉, 전남대학교 박사학위논문, 2007.

33) F. Kermode, "Secrets and Narrative Sequence", *Critical Inquiry* 7, 1980, pp.83~101.

34) B. Vansledright & J. Brophy, "Storytelling, Imagination and Fanciful Elaboration in Children's Historical Reconstruction", *American Educational Research Journal* 29(4), 1992, pp.837~859.

35) S. L. Field, S. M. Burlbaw & O. L. Davis Jr., "I Think There Was a Storm in the Desert: Using Narrative to Assess Children's Historical Understanding of Gulf War", *The Social Studies* 85(6), 1994, pp.256~261.

36) K. C. Barton & L. S. Levstik, *Teaching History for the Common Good*, New Jersey: Lawrence Erlbaum Associates, Inc., 2004, pp.141~146.

37) R. Barthes, "Introduction to the Structural Analysis of Narrative", *Image-Music-Text*, New York: Hill and Wang, 1977, p.89; K. C. Barton & L. S. Levstik, Teaching History for the Common Good, p.183에서 재인용.

38) K. C. Barton & L. S. Levstik, *Teaching History for the Common Good*, p.138.

39) B. Vansledright & J. Brophy, op. cit., p.853.

40) 이미미, 〈역사가의 사고과정이 드러나는 서술의 특징과 교재 개발 방향〉,

《역사교육》73, 2000.

41) 이러한 방식을 기어츠(C. Geertz)의 '두터운 묘사' 용어를 차용하여 '두터운 내러티브(thick narrative)'라고도 부른다. 내러티브를 두텁게 만들어 내러티브가 원래 목적으로 하는 사건의 시퀀스와 행위자의 의도를 살려냄과 동시에 제도나 사고양식 등의 구조까지 다루고자 하는 것이다.

42) 대표적인 역사가의 저서는 다음과 같다. 나탈리 제먼 데이비스, 양희영 옮김, 《마르탱 게르의 귀향》, 지식의 풍경, 2000; 조너선 스펜스, 주원준 옮김, 《마테오 리치, 기억의 궁전》, 이산, 1999: 조너선 스펜스, 이준갑 옮김, 《강희제》, 이산, 2001.

43) 이에 관련하여 다음의 연구를 주목할 만하다. 루샤오펑, 조미원·박계화·손수영 옮김, 《역사에서 허구로: 중국의 서사학》, 길, 2001.

44) 이성규, 《사기(史記)의 구조적 이해를 위한 시론》, 서울대출판부, 1987, 3~4쪽.

4장 역사적 사실의 특징과 역사교육의 특수성

1) 국사편찬위원회, 《고등학교 국사》, 교육과학기술부, 2007, 10쪽. 이 글에서 역사적 사실이란, 개별 사건뿐 아니라 다양한 사건들로 이루어진 일련의 현상 또는 역사의 전개과정 등을 포함하여, 역사교육의 재료 또는 내용이 되는 것을 의미한다.

2) 김한종, 〈역사적 사고력의 개념과 그 교육적 의미〉, 양호환 외, 《역사교육의 이론과 방법》, 삼지원, 1997, 333~341쪽.

3) 최상훈, 〈역사적 사고력의 의미와 하위 범주〉, 김한종 외, 《역사교육과 역사인식》, 책과함께, 2005, 69~81쪽.

4) 앞의 글, 68쪽.

5) 김한종, 〈역사적 사고의 구성요소와 역사수업의 발문〉, 《사회과교육》 29, 1996, 95~96쪽.

6) 해남중학교 교사 조창익은 〈역사적 사실과 상상력을 동시에 만족시킬 수업 제재는 그 어디에?〉라는 글에서 학습에 관한 다양한 시도들이 모두 창의성 확대로 이어지는 것은 아니라는 견해를 제시하고 있다. 재판수업, 모둠토의 학습, 역사신문 만들기 등 모든 수업에 있어 성공적인 수업 여부는, 교사의

전문성과 철저한 계획에 의해 어떻게 조직되었느냐에 달려 있다는 것이다. 조창익, 〈역사적 사실과 상상력을 동시에 만족시킬 수업제재는 그 어디에? 수업제재 활용 실패기—역사〉, 《중등 우리교육》 153, 2002, 141~145쪽.

7) K. C. Barton & L. S. Levstik, *Teaching History for Commen Good*, Mahwah : Lawrence Erlbaum Associates, 2004, pp.195~196.

8) Ibid. 학생들을 적극적인 의미의 탐구절차에 참여하게 하려면, 역사적 사고의 과정과 절차를 중시하기보다 오히려 학생 스스로 자신의 삶과 상황에서 의미 있다고 판단하는 문제를 인식하도록 하는 것이 중요하다고 할 수 있다. 즉 탐구에서 중요한 것은 탐구의 절차나 사료 같은 학습자료의 체험이 아니라, 듀이가 반성적 사고의 첫걸음이라고 주장한 탐구자의 혼란, 의심, 당혹감, 즉 다른 말로 문제의 인식이다.

9) S. Wineburg, *Historical Thinking and Other Unnatural Acts : Charting the Future of Teaching the Past*, Philadelphia : Temple University Press, 2001.

10) 양호환, 〈역사교육의 담론: 지속과 변화〉, 《윤세철 교수 정년 기념 역사학 논총 2: 역사교육의 방향과 국사교육》, 솔, 2001, 28~29쪽.

11) 양호환, 〈역사학습의 인식론적 모색〉, 《역사교육》 75, 2000, 10~11쪽.

12) 강선주, 〈역사수업의 방법〉, 최상훈 외, 《역사교육의 내용과 방법》, 책과함께, 2007, 277~278쪽.

13) 통용되는 'OO적'에서 '的'은 흔히 소유격 조사를 대신하는 경우가 많으나, 역사적 사고에서는 목적격 조사를 대신하였다고 보는 것이 더욱 적절할 듯하다. '的'이라는 어미는 말하려 하는 그 자체보다 의미가 다소 약하다는 뜻으로도 사용된다. 가령 파시스트적인 사고를 한다고 할 때, 이것은 파시스트는 아니지만 그와 비슷한 사고를 한다는 뜻이 될 것이다. 그런데 역사적 사고에서 '역사적'은 역사는 아닌데 역사와 비슷하게 사고한다는 뜻이 아니고, 그렇다고 소유격으로 대체하여 역사의 사고라고 해도 어색하다. 결국 역사적 사고라는 용어를 들었을 때, (그 개념에 대한 규정을 읽지 않고서는) 바로 역사가의 사고라는 뜻으로 와 닿지는 않는다. 따라서 역사적 사고라는 용어 자체도 그 뜻을 명확하게 전달하는 데에는 미진하다고 생각한다.

14) 양호환, 〈역사교과 교육이론의 가능성과 문제점〉, 양호환 외, 《역사교육의 이론과 방법》, 삼지원, 1997, 18~19쪽.

15) 역사교육의 위기는 역사교과의 독립성을 의문시하면서 역사를 배우는 목

적 또는 유용성에 대해 질문을 던지는 방식으로 진행됐다. 이러한 질문에 한 마디로 답하기 어려운 까닭은 역사교육의 응용 분야가 인간의 삶 전반에 걸치고 있기 때문이라고 할 수 있다. 역사에 관한 이해는 나름의 가치관 형성과 앞으로 벌어지는 상황에 대한 판단에 영향을 끼칠 수 있고, 설득이나 설명에 응용될 수도 있다. 과거에 실제 있었던 일들은 허구의 사실들과 다른 의미의 간접체험을 제공할 것이고, 그 내용의 다양성만큼이나 다양한 결과를 초래할 수 있을 것이다. 경우에 따라서는 사고방식이나 행동방식을 바꿀 수도 있고, 문제해결에 응용할 수도 있을 것이다. 역사를 소재로 무한한 부가가치를 창출할 수도 있다. 같은 대상에 대해 다르게 느끼거나 다르게 생각하게 될 수도 있다. 살아가는 과정에서 내 주변의 무엇이 지킬 가치가 있는 것인지를 깨달을 수도 있고, 어떤 면을 발전시켜가야 할지에 대한 자신의 생각을 가질 수도 있다. 수학이나 과학이 원리를 이해하고 나면 응용을 할 수도 있는 것처럼, 역사도 잘 이해하고 나면 이를 응용해서 인간의 삶 전반에 걸쳐 사람들의 생각과 행동에 영향을 끼치며 넓게 작용할 수 있다. 이 모든 것은 역사를 '이해'하는 것을 통해 사고가 확대되었기 때문에 가능한 일이다. 따라서 선행돼야 할 것은 역사적 사실들에 대한 정확하고 풍부한 이해라고 할 수 있다.

16) 김택현, 〈역사연구와 사실〉, 《역사연구》 4, 1995, 210~211쪽.

17) 흔히 역사수업에서 학생들에게 나열된 사실들을 단순히 암기시킨다는 비판은 이미 새로운 것이 아니다. 하지만 역사는 과거의 이야기인 동시에 사람들의 이야기이고, 실제로 있었던 사실이기 때문에, 그 자체로 호기심을 불러일으키기 마련이다. 사람들이 학교에서 가르치는 역사로 충분하다고 생각한다면, 서점가의 역사 관련 저작을 굳이 사려고 하지 않겠지만 현실은 다르다. 초·중등학생은 물론 일반인을 위한 역사 관련 서적이 인기리에 많은 부수가 판매되고 있다. 과거는 지금과 달랐기 때문에 궁금증을 더욱 유발하기도 한다. 물론 과거는 현재에 대한 설명력을 갖기도 하고, 현재를 보는 시각을 길러주기도 한다. 역사가 수행하는 역할을 설명하라는 것은 질문자가 생각하는 것보다 훨씬 더 광범위한 차원의 대답을 요구하는 것이 되기 쉽다. 따라서 섣불리 이러한 질문에 답하려고 하기 전에, 역사의 효용에 관해 묻는 질문을 던지는 사람들은 과연 누구이고, 왜 이러한 질문을 하는가에 관하여 논의해야 할 것이다.

18) P. Lee, J. Slater, P. Walsh & J. White, *The Aims of School History*, London: The Tufnell Press, 1992, pp.20~34.

19) Ibid., pp.30~31.

20) 양호환, 〈역사서술의 주체와 관점—역사 교과서 읽기와 관련하여〉, 《역사교육》 68, 1998, 1~2쪽.

21) P. Ricoeur, "Historie de la philosophie et historicite", in R. Aron(ed.), *L'historie et ses interpretationm*, p.226; J. Le Goff, *History and Memory*, Columbia University Press, 1992, p.105에서 재인용.

22) M. R. Trouillot, *Silencing the Past: Power and the Production of History*, Boston: Beacon Press, 1995, pp.2~3.

23) Ibid., pp.3~4.

24) Ibid., p.26.

25) J. W. Scott, "History in Crisis: The Others' Side of the Story", The *American Historical Review* 94(3), 1989, p.681.

26) 따라서 역사를 주제 중심으로 가르치는 것은 비교적 주제 중심으로 역사가 정리되어 있는 유럽사에서는 적합할 수 있겠으나, 유럽에 비해 역사기록과 자료가 방대하고, 연대기식의 정사를 소유하고 있는 우리나라와 중국의 경우에는 꼭 그렇지 않다.

27) 하지만 교과서에서 다루는 모든 사건에 대해 이를 언급할 필요는 없을 것이다. 다만 몇몇 부분에서 '탐구학습'이나 '생각해보기' 등을 통해 이러한 역사적 사실의 특징을 이해할 수 있는 사례를 제시할 수 있다. 현행 교과서에서 그러한 시도가 전혀 없는 것은 아니지만, 좀 더 구체적이고 적극적인 방안이 요구된다.

28) 양호환, 〈역사교육의 개념과 연구영역〉, 양호환 외, 《역사교육의 이론》, 책과함께, 2009, 48~49쪽.

5장 역사 교과서의 서술과 유럽중심주의

1) 1982년에 윤세철 교수는 〈세계사와 아시아사—세계사 내용 선정 상의 몇 가지 문제〉라는 논문에서 우리나라 중·고등학교 세계사 교육과정의 문제점을 지적하면서, 세계사의 내용 중 특히 아시아사를 어떻게 다룰 것인가에

대하여 몇 가지 기본적인 문제를 제기한 바 있다. 그는 서구 중심의 막연한 진보관을 비판하면서, 탈서구 중심의 세계사 편성을 위해 유의할 점으로서 무엇보다도 종래 서양인의 세계사관을 극복해야 할 하나의 역사적 상황으로 인식해야 한다고 주장하였다(윤세철, 〈세계사와 아시아사—세계사 내용 선정상의 몇 가지 문제〉, 《역사교육》 32, 1982).

2) 예를 들어 '지리상의 발견'을 '신항로 개척' 등으로 용어를 바꾼 것이 대표적이다.

3) 이민호, 〈세계사를 어떻게 읽을 것인가—유럽중심주의 사관의 극복을 위하여〉, 《역사비평》 59, 2002, 196~200쪽.

4) E. Wolf, *Europe and the People without History*, Berkeley and Los Angeles: University of California Press, 1982, p.5.

5) 강정인, 〈서구중심주의를 넘어서: 서구중심주의를 극복하기 위한 담론전략과 다중심적 다문화주의에 대한 고찰〉, 《이화여자대학교 지구사연구소 제2회 국제학술대회 발표집(유럽중심주의를 넘어 지구사로)》, 67쪽.

6) 강철구, 〈한국에서 서양사를 어떻게 보아야 하나: 유럽중심주의의 극복을 위한 제언〉, 《제11회 한국서양사학회 학술대회 자료집》, 2006, 11~25쪽. 이 자료집은 2009년에 단행본으로 출간되었다. 한국서양사학회 엮음, 《유럽중심주의 세계사를 넘어 세계사들로》, 푸른역사, 2009.

7) 양호환, 〈역사교육의 목적을 다시 묻는다〉, 《역사교육》 99, 2006. 22~23쪽.

8) 강선주, 〈세계화시대의 세계사교육: 상호관련성을 중심 원리로 한 내용구성〉, 《역사교육》 82, 2002, 41~90쪽; 강선주, 〈세계사교육의 '위기'와 '문제': 역사적 조망〉, 《사회과교육》 42(1), 2003, 57~86쪽; 정선영, 〈지구적 시각에 기초한 세계사교육의 접근 방법〉, 《역사교육》 85, 2003, 1~40쪽; 이영효, 〈세계사교육에서의 '타자 읽기'—서구중심주의와 자민족중심주의를 넘어〉, 《역사교육》 86, 2003, 29~60쪽.

9) 그러나 이러한 편제에 대해서는 이미 많은 문제점과 비판이 제기되었다. 고등학교 국사의 경우에는 고대에서 근세까지를 네 번이나 반복해야 하는 어려움과 혼란이 있다는 것이다. 또한 분야사로 된 개설서나 연구서가 거의 없는 상태에서 교과서 집필이 이루어졌기 때문에 내용서술의 부정확성이나 분야 간 중첩성이 초래되었고, 사회사 같은 경우에는 연구 성과가 많지 않은 탓으로 교과서 분량을 채우는 데 어려움을 겪기도 하였다(최상훈, 〈역사과

독립의 필요성과 내용조직 방안〉,《호서사학》35, 2003, 217~218쪽). 고등
학교 국사 내용구성의 문제점에 대해서 김한종 교수 역시 ① 부적절한 내용
구조, ② 내용 범위와 깊이의 유사성을 들어 비판한 바 있다. 즉 각 단원별
로 내용 중복을 피하기 위해 정치사 단원에서는 정치제도, 경제사 단원에서
는 경제제도, 사회사 단원에서는 사회생활, 문화사 단원에서는 예술만 포함
하였기 때문에 정치적 변화가 사람들의 생활에 어떤 영향을 미치며, 사회사
상이 문화활동이나 예술작품에 어떻게 반영되었는지 알기 어렵다는 것이다.
또 중학교의 정치사 서술과 고등학교의 정치사는 그 범위와 접근방식에서
별다른 차이를 찾아볼 수 없다고 비판하였다(김한종, 〈역사교육 계열화를
위한 고등학교 국사교육 내용구성 방안〉,《호서사학》40, 2005, 88~97쪽).

10) 예를 들어 중국 남북조시대의 경우, 정치적으로 혼란이 계속되는 가운데
현실도피적인 성향의 사상이 유행하게 되었고, 송의 경우 북방 유목민족의
압력을 받아 어려운 정치적 상황 속에서 정통과 대의명분을 강조하는 성리
학이 나타나게 되었다. 황제독재체제의 확립과정에서 과거제가 강화되었고,
과거제의 강화는 새로운 사회계층으로서 사대부를 출현시켰다. 또 남북조
이후 계속해서 발전된 경제력을 바탕으로 송대에 서민계층이 성장할 수 있
었고, 새로운 서민문화의 발전을 초래하였다. 이처럼 정치, 사회, 경제, 문
화는 모두 서로 인과적으로 영향을 주고받고 있으므로, 이를 따로 떼어 설
명하는 것보다 이들 상호간의 연관성을 함께 서술하는 것이 이해하기 편할
것이다.

11) 예를 들어 7차 교육과정 《고등학교 국사》 교과서의 VI. 민족문화의 발달
단원은 1. 고대의 문화, 2. 중세의 문화, 3. 근세의 문화, 4. 근대 태동기의 문
화, 5. 근ㆍ현대의 문화로 구성되어 있으며, 1. 고대의 문화의 경우 (1) 학문
과 사상, 종교 부분에서는 삼국과 남북국의 한학 발달, 역사 편찬, 불교의 수
용과 발달 등에 대해 서술하고 있으며, (2) 과학기술의 발달에서는 삼국과
남북국의 천문학과 수학, 목판인쇄술과 제지술, 금속기술의 발달에 대해,
(3) 고대인의 자취와 멋 부분에서는 고분과 고분벽화, 건축과 탑, 불상 조각
과 공예, 글씨, 그림, 음악에 대해 대표적인 작품들과 그 특징에 대해 나열하
고 있고, (4) 일본으로 건너간 우리 문화에서는 삼국과 통일신라의 문화 중
일본에 전파된 대표적인 문화재는 무엇인지 서술하고 있다.

12) 이영효, 앞의 글, 55쪽; 유용태, 〈다원적 세계사와 아시아, 그리고 동아시

아〉, 《역사교육과 역사인식》, 책과함께, 2005, 351쪽.

13) 강선주, 〈문화적 접촉과 교류의 역사의 내용 선정 방안〉, 《역사교육연구》
 3, 2006, 74~75쪽.

14) 내용의 중복을 피하려면 일부러 특정 주제를 빼고 그 시대를 서술해야 하
 는 곳도 눈에 띈다. 예를 들면 세계적으로 영향을 끼친 세계종교로서 유교,
 불교, 크리스트교, 이슬람교를 따로 묶어서 서술하려 하다 보면, 중국의 춘
 추전국시대와 한대를 서술하면서 유교를 어떻게 처리할 것인지를 고민해야
 한다. 불교나 다른 종교의 경우도 마찬가지다. 하지만 이를 어떻게든 언급하
 지 않는다면 그 시대를 설명하기 매우 어려워질 것이고, 이 밖에도 불가피하
 게 내용의 중복을 감수할 수밖에 없는 경우가 많을 것으로 예상된다.

15) 7차 교육과정에 따라 구성된 《고등학교 세계사》의 대단원 제목은 다음과
 같다. 1. 시간, 공간, 그리고 인간, 2. 문명의 새벽과 고대 문명, 3. 아시아 세
 계의 확대와 동서교류, 4. 유럽의 봉건사회, 5. 아시아 사회의 성숙, 6. 유럽
 근대사회의 성장과 확대, 7. 아시아 세계의 근대적 발전, 8. 제국주의와 두
 차례의 세계대전, 9. 전후 세계의 발전.

16) 양호환, 〈역사서술의 주체와 관점―역사 교과서 읽기와 관련하여〉, 《역사
 교육》 68, 1998, 1~2쪽.

17) 《고등학교 세계사》, 교학사, 2003, 43쪽. 원래 서유럽 중세의 지방분권적인
 사회체제를 가리키는 말은 'feudalism'인데, 이를 중국 주대에 시행된 '봉건
 제'로 번역하여 사용하게 된 뒤로 지금은 '봉건제'의 전형은 서유럽에 있고
 중국의 '봉건제'는 이와 다른 '혈연적이고 종법적인' 특성을 가진 것으로 이
 해되고 있다. 이는 오래 전부터 사용된 고유명사를 번역어로 사용하여 개념
 의 혼동을 초래한 대표적인 사례라고 할 수 있겠다.

18) 《고등학교 세계사》, 금성출판사, 2002, 129쪽. "지방 분권적인 봉건국가의
 모습이 전형적으로 나타난 곳은 프랑스였다."

19) 이러한 관점에서 비잔티움 제국의 둔전병제에 관해, '군사적 의무를 지는
 보유지'라고 서술하면서 이를 '불안전한 형태의 봉건제'라고 평가하는 경우
 도 있다.

20) R. Bin Wong, *China Transformed: Historical Change and the Limits of
 European Experience*, Ithaca, New York, 1997. 제리 벤틀리(J. H. Bentley), 〈다
 양한 유럽 중심의 역사와 해결책들〉, 《이화여자대학교 지구사연구소 제2회 국

제학술대회 발표집(유럽중심주의를 넘어 지구사로)》, 151쪽에서 재인용.

21) 가령 7차 교육과정 때 발행된《고등학교 국사》교과서에서는 조선의 건국에 대해 설명하면서, '정도전 등 급진 개혁파는 고려왕조를 부정하는 역성혁명을 주장하였다. 급진 개혁파는 창왕을 몰아내고 공양왕을 세우면서 정치적 실권을 잡았다. 이들은 역성혁명을 반대하던 정몽주를 비롯한 온건 개혁파를 제거하였다. 이로써 이성계는 공양왕의 왕위를 물려받아 조선을 건국하였다'라고 서술하고 있다(국사편찬위원회, 《고등학교 국사》, 2009, 81쪽).

22) 《고등학교 한국 근·현대사》, 금성출판사, 2006, 4쪽.

23) 최근 학계에서는 '근대화' 대신 '근대성'이라는 용어를 사용하는 경우가 있다. 전자는 후자의 조건을 창출하는 과정이라고 할 수 있으며, 따라서 근대화가 일종의 거쳐야 할 단일한 경로가 되는 반면, '근대성'은 다양한 형태로 나타날 수 있다고 보는 것이다. 그러나 다양한 근대성들이 나타난다고 해도, 그것이 유럽이 세계를 정복하고 세계를 유럽의 이미지로 재구성하기 위해 유럽에서 파급된 개념적 결과물이 아닌가라는 쟁점은 사라지지 않는다. 아리프 딜릭(Arif Dirlik), 〈탈중심화하기: 세계들 그리고 역사들〉, 《이화여자대학교 지구사연구소 제2회 국제학술대회 발표집(유럽중심주의를 넘어 지구사로)》, 191~192쪽.

24) 예를 들어, 동유럽의 근대화는 흔히 후진적 농업사회를 기반으로 했고 재판농노제 등의 반동적인 현상으로 인해 계몽절대군주에 의한 국가주도형 근대화였음이 지적되고 강조된다.

25) 한국서양사학회 엮음, 앞의 책, 235~240쪽.

26) 교학사의《세계사》교과서에는 '명대 양자강 하류 유역에서 16세기경부터 면직물, 견직물로 대표되는 가내 수공업이 활발해지고, 상업의 발달로 전국적 유통망이 확대되었으며, 상인, 수공업자의 상호부조 조직도 만들어졌다. 청대에도 상품작물 재배와 함께 면, 제지, 제당 등의 분야에서 매뉴팩처(manufacture)가 발달하였다'라고 서술하고 있다(《고등학교 세계사》, 교학사, 2003, 181~182쪽.《고등학교 국사》교과서에도 '조선후기 농업 생산력이 증대되고 수공업 생산이 활발해지면서 상품화폐경제도 발달하였다. 특히 수공업 분야에서 자금과 원료를 미리 받아 제품을 생산하는 선대제가 성행하였고, 수공업자 가운데 독자적으로 제품을 생산하고 이를 직접 판매하는 사람들도 나타났다. 광산 경영에서도 경영 전문가인 덕대가 자본을 조달받

아 노동자를 고용하여 채굴을 하였다'라고 기술하여 조선후기 자본주의의
맹아가 나타났다는 근거를 제시하고 있다(국사편찬위원회, 《고등학교 국
사》, 2009, 166~172쪽).

3부 역사적 사고와 역사화

1장 역사학습에서 인지발달에 관한 몇 가지 문제

1) L. Smith(ed.), *Jean Piaget: Critical Assessment*, Vol. III—Education and Society, Introduction, 1992, p.8.

2) Ibid., pp.8~9.

3) J. Bruner, *The Process of Education*, New York: Vintage Booke, 1960, p.33.

4) E. A. Peel, "Some Problems in the Psychology of History Teaching", W. H. Burston & D. Thompson(eds.), *Studies in the Nature and Teaching of History*, New York: Humanities Press, 1967, pp.150~190.

5) Ibid., pp.182~183.

6) E. A. Peel, *The Nature of Adolescent Judgement*, New York: Wiley inter-science, 1971, pp.28~29.

7) E. A. Peel, "Some Problems in the Psychology of History Teaching", pp.171, 182.

8) 김한종, 〈역사적 사고력의 개념과 그 교육적 의미〉, 《이원순 교수 정년 기념 역사학 논총》, 교학사, 1991, 490~491쪽.

9) 앞의 글, 491~492쪽.

10) R. N. Hallam, "Logical Thinking in History", *Educational Review* 19(3), 1967, pp.183~202.

11) R. N. Hallam, "Attempting to Improve Logical Thinking in School History", *Research in Education* 21, May, 1979, pp.1~24.

12) A. B. G. Stokes, *An Investigagion into the Presence of Logical Thinking in a Group of 18-years-olds in Historical and Related Study*, Unpublished

Master's Thesis, Yorkshire: University of Leeds, 1970; A. R. Lodwick, *The Development Of Children's Reasoning in Relation to Mathematical, Scientific and Historical Peoblems*, Unpublished Master's Thesis, University of Manchester, 1972.

13) J. B. Coltham, *Junior School Children's Understanding of Some Terms Commonly Used in the Teaching of History*, Unpublished, Ph. D. Thesis, Manchester, 1960; E. A. Peel. "Some Problems in the Psychology of History Teaching", p.170에서 재인용.

14) M. F. Jurd. "Adolescent Thinking in History-Type Material", *Australian Journal of Education* 17(1), 1973, p.17.

15) K. F. Collis & J. B. Biggs, *The Structure of Learning Outcomes in History*, Unpublished Paper, University of Newcastle, 1979; J. K. Kennedy, "Assessing the Relationship between Information Pricessing Capacity and Historical Understanding", *Theory and Research in Social Education* 11(2), 1983, p.3에서 재인용.

16) M. B. Booth, "Skills, Concepts, and Attitudes: The Development of Adolescent Children's Historical Thinking", *History and Theory* 22(4), 1983, pp.106~107.

17) Ibid., pp.101~117.

18) J. Pascual-Leone, "A Mathematical Model for the Transition Rule in Piaget's Developmetal Stages", *Acta Psychologica* 63, 1970, pp.301~345.

19) J. K. Kennedy, "Assessing the Relationship between Information Processing Capacity and Historical Understanding", *Theory and Research in Social Education* 11(2), 1983, pp.1~22.

20) K. Egan, *Education and Psychology: Plato, piaget and Scientific Psychology*, London: Methuen & Co., Ltd., 1983.

21) Ibid., pp.12~14; K. Egan, "Social Studies and the Erosion of Education", *Curriculum Inquiry* 13(2), 1983, pp.195~214.

22) M. B. Booth, op. cit.

23) J. K. Kennedy, op. cit.

24) 김한종, 앞의 글, 484쪽.

25) L. Smith(ed.), *Jean Piaget: Critical Assessment*, Vol. IV—Intellectual Development, Concluding Assessment, 1992, pp.451~452.

26) Ibid., pp.452~453.

27) K. E. Metz, "Reassessment of Developmental Constraints on Children's Science Instruction", *Review of Educational Research* 65(2), 1995, pp.93~127.

28) D. Elkind, *Child Development and Education: A Piagetian Perspective*, New York: Oxford University Press, 1976, p.196.

29) Ibid.

30) R. Glaser, "Education and Thinking: The Role of Knowledge", *American Psychologist* 39, 1984, pp.93~104; M. T. Downey & L. S. Levstik, "Teaching and Learning History", J. Shaver(ed.), *Handbook of Research on Social Studies Teaching and Learning*, New York: Macmillan, 1991, p.403.

31) L. S. Levsik & C. C. Pappas, "New Directions for Studying Historical Understanding", *Theory and Research in Social Education* 20(4), 1992, pp.369~385.

32) 내러티브에 대한 정의가 다양하고, 구화(口話), 설화, 혹은 역사이야기라는 번역어는 의미가 한정적이며 정의상의 차이점을 드러내기 어려우므로, 이 글에서는 내러티브라는 용어를 그대로 쓰기로 한다.

33) M. T. Downey & L. S. Levstik, op. cit., p.401.

34) H. White, "The Value of Narrativity in the Representation of Reality", *Critical Inquiry* 7(1), 1980, p.19.

35) A. N. Applebee, The *Child's Concept of Story: Ages Two to Seventeen*, Chicago: University of Chicago Press, 1978.

36) L. S. Levstik, "The Relationship Between Historical Response and Narrative in a Sixth-Grade Classroom", *Theory and Research in Social Education* 14(1), 1986, pp.1~19; L. S. Levstik, "Historical Narrative and the Young Reader", *Theory into Practice* 28(2), 1989, pp.114~119.

37) K. Egan, "What Children Know Best", *Social Education* 43(2), 1979, pp.130~139.

38) L. S. Levstik & C. C. Pappas, "Exploring the Development of Historical

Understanding", *Journal of Research and Development in Education* 21(1), 1987, pp.1~15.

39) M. McKeown & I. Beck, "The Assessment and Characterization of Young Learners' Knowledge of a Topic in History", *American Educational Research Journal* 27(4), 1990, pp.688~726,

40) B. VanSledright & J. Brophy, "Storytelling, Imagination, and Fanciful Elaboration in Children's Historical Reconstruction", *American Educational Research Journal* 29(4), 1992, pp.837~859

41) Ibid., pp.852~855; J. Brophy, B. VanSledright & N. Bredin, "Fifth Graders' Ideas about History Expressed before and after their Introduction to the Subject", *Theory and Research in Social Education* 20(4), 1992, pp.440~489.

42) S. Wineburg, "Historical Problem Solving: A Study of the Cognitive Processes Used in the Evaluationof Documentary and Pictoral Evidence", *Journal of Educational Psychology* 83(1), 1991, pp.73~74.

43) M. S. Gabella, "Beyond the Looking Glass: Bringing Students into the Conversation of Historical Inquiry", *Theory and Research in Social Education* 22(3), 1994, pp.352~360.

44) S. Wineburg, "On the Reading of Historical Texts: Notes on the Breach Between School and Acadamy", *American Educational Research Journal* 28(3), 1991, pp.495~519.

45) Ibid.

46) M. S. Gabella, op. cit., pp.352~353.

47) Ibid., pp.356~357.

48) P. Seixas, "Student's Understanding of Historical Significance", *Theory and Research in Social Education* 22(3), 1994, pp.281~304.

49) T. Holt, *Thinking Historically: Narrative, Imagination, and Understanding*, New York: College Board, 1990.

50) J. Bruner, "Narrative and Paradigmatic Modes of Thought", E. Eisner(ed.), *Learning and Teaching the Ways of Knowing: 84th Yearbook of the National Society for the Study of Education*, Part II, 1985, pp.97~115.

51) L. Mink, "Narrative Form As a Cognitive Instrument", B. Fay, E. O. Golob, & R. T. Vann(eds.), *Historical Understanding*, Ithaca and London: Cornell University Press, 1987, pp.182~203.

52) H. White, op. cit., pp.13~14.

53) F. Kermode, "Secrets and Narrive Sequence", *Critical Inquiry* 7(1), 1980, p.91.

54) R. Evans, "Diane Ravitch and the Revival of History: A Critique", *The Social Studies* 80(3), 1989, pp.90~91.

55) B. VanSledright & J. Brophy, op. cit., pp.815~852.

56) T. S. Kuhn, *The Structure of Scientific Revolution*, Chicago: University of Chicago Press, 1962.

57) J. Bruner, *The Process of Education*, Harvard University Press, 1977; J. Schwab, "Education and the Structure of the Disciplines", I. Westbury & N. J. Wilkof(eds.), *Science, Curriculum, and Liberal Education*, Chicago: University of Chicago Press, 1961/1978, pp.229~272; P. H. Hirst, "Liberal Education and the Nature of Knowledge", R. D. Archambault(ed.), *Philosophical Analysis and Education*, London: RKP, 1965, pp.113~138.

58) E. A. Peel, op, cit., pp.162~163.

59) Ibid.

60) Ibid., pp.188~189.

61) Ibid., p.162.

62) K. Egan, *Education and Psychology*, pp.18~20.

63) T. S. Kuhn, *The Essential Tension*, Chicago: University of Chicago Press, 1977, pp.240~265.

64) Ibid., pp.113~114.

65) J. Bruner, op. cit., pp.135~136.

66) 이홍우, 《지식의 구조》, 교육과학사, 1992, 53쪽.

67) J. Bruner, *Toward Theory of Instruction*, Harvard University Press, 1965, pp.44~45.

68) 이홍우, 앞의 책, 54~55쪽.

69) 장상호, 《발생적 인식론과 교육》, 교육과학사, 1991, 62~63쪽.

70) 실제로 피아제는 고도의 전문성을 갖춘 교사를 양성하기 위해 초등교사도 종합대학에서 학사학위를 받은 후 추가적으로 3년 동안 전문적인 훈련과정을 이수해야 한다고 하였다. 장상호, 앞의 책, 72쪽.

71) D. Kuhn, "The Application of Piaget's Theory of Cognitive Development to Education", *Harvard Educational Review* 49(3), 1979, p.352.

2장 역사학습의 인식론적 모색

1) 양호환, 〈역사교과학의 성과와 숙제〉, 《역사교육》 57, 1995, 116쪽.

2) 정선영 · 양호환 · 이영효 · 김한종, 《교원양성대학의 역사과 교육학 교재 개발 연구》, 1997년 교과교육공동연구보고서, 84~110쪽.

3) J. Dewey, *Democracy and Education*, New York : McMillan, 1958, p.179.

4) 이영효, 〈탐구식 역사수업모형의 재인식〉, 양호환 외, 《역사교육의 이론과 방법》, 삼지원, 1997, 47 ~57쪽.

5) 그러나 교육과정 분야에서 역사학의 성격과 연구방법을 학습절차로 하는 역사적 사고가, 모(母)학문 분야와 구별되는 독자적인 교과목표를 추구하는 통합사회과에서 어떻게 조화될 수 있는가에 대한 주목할 만한 논의를 발견할 수는 없다.

6) 김한종, 〈역사적 사고력의 개념과 그 교육적 의미〉, 양호환 외, 《역사교육의 이론과 방법》, 316~318쪽.

7) R. G. Collingwood, *The Idea of History*, Oxford University Press, 1946, pp.282~302.

8) 김한종, 앞의 글, 333~341쪽.

9) National Center for History in the Schools, *National Standards for United States History*, UCLA, 1994, pp.1~15.

10) 양호환, 〈역사교육에서 인지발달의 몇 가지 문제〉, 《역사교육》 58, 1995, 2~17쪽.

11) N. C. Burbules & R. Berk, "Critical Thinking and Critical Pedagogy : Relations, Differences, and Limits", in T. S. Popkewitz & L. Fendler(eds.), *Critical Theories in Education*, Routledge, 1999, pp.45~65.

12) M. Foucault, *The History of Sexuality*, Vol. 1, Vintage Books, 1978,

pp.12~20.

13) T. S. Popkewitz & M. Brennan, "Restructuring of Social and Political theory in Education: Foucault and a Social Epistemology of School Practice", in T. S. Popkewitz & M. Brennan(eds.). *Foucault's Challenge: Discourse, Knowledge, and Power in Education*, Teachers College Press, 1998, pp.3~35.

14) J. W. Scott, ""Experience"", in J. Butler & J. W. Scott(eds.), *Feminists Theorize the Political*, Routledge, 1992, pp.23~30.

15) 텍스트는 기록성(documentary aspect)과 작품성(worklike aspect)의 두 가지 성격을 가지고 있다. 텍스트는 그 저자가 경험한 실재를 사실적으로 기술하고 이 경험적 실재에 대한 사실 확인 성격의 정보를 제공해주는 기록성을 가지고 있다. 텍스트는 또한 독자가 그 안에 주어진 경험적 실재를 읽고 해석함으로써 그것을 해체하여 재구성하도록 해주는 작품성도 가지고 있다. 이러한 작품성은 텍스트에 담겨 있는 새로운 관점과 목소리를 드러나도록 한다. 작품적 읽기에서는 저자의 권위를 절대화하지 않으며 독자와 텍스트의 만남을 중시한다. D. LaCapra, "Rethinking Intellectual History and Reading Text", in *Rethinking intellectual History: Texts, Contexts, Language*, Cornell University. Press, 1983. pp.63~70.

16) C. H. Cherryholmes, *Power and Criticism: Poststructural Investigations in Education*, Teachers College Press, 1988, pp.65~67.

17) 최정운,《오월의 사회과학》, 풀빛, 1999, 20~21쪽.

3장 역사적 사고의 한계와 역사화의 가능성

1) 양호환,〈역사학습의 인식론적 모색〉,《역사교육》75, 2000, 1~21쪽.

2) 양호환,〈역사교육의 담론: 지속과 변화〉,《윤세철 교수 정년 기념 역사학 논총 2: 역사교육의 방향과 국사교육》, 솔, 2001, 29쪽.

3) 강우철,〈교육과정과 교과서〉,《역사교육》창간호, 1956, 34쪽.

4) 최상훈,〈역사적 사고력의 학습과 평가방안〉, 서울대학교 박사학위논문, 2000, 12쪽.

5) 역사적 사고라는 용어가 생성/유포/이용되는 국면과, 이것이 어떻게 역사교육을 둘러싼 담론주체들에게 논의의 영역과 역할을 분담시켰으며, 이 과

정에서 역사교육의 독자성이 어떻게 이해되었는가에 대해서는 양호환, 〈역사교육의 담론: 지속과 변화〉, 28~31쪽 참조.

6) 대표적인 사례로 김한종은 역사적 사고를 크게 역사적 탐구기능과 역사적 상상력으로 나누고, 전자는 문제의 파악능력, 정보의 수집능력, 자료의 취급능력, 결과의 적용능력, 후자는 역사적 판단력, 역사적 감정이입, 삽입으로 구성되어 있다고 본다. 김한종, 〈역사적 사고력의 개념과 그 교육적 의미〉, 양호환 외, 《역사교육의 이론과 방법》, 삼지원, 1997, 333~341쪽.

7) National Center for History in the Schools, *National Standards for United States History*, UCLA, 1994, pp.1~15.

8) 최상훈, 앞의 글, 212쪽.

9) R. G. Collingwood, *The Idea of History*, New York: Oxford, 1946, p.215.

10) 이명희, 〈하나의 과학으로서의 역사학론과 역사교육〉, 《제41회 전국역사학대회 발표요지》, 1998, 240쪽.

11) 정선영, 〈학습자 중심 역사교육의 방향과 과제〉, 《의암 송춘영 교수 정년기념 사학 논총》, 2001, 52쪽,

12) 정선영 외, 《역사교육의 이해》, 삼지원, 2001, 151쪽.

13) S. Wineburg, "Historical Thinking and Other Unnatural Acts", *Phi Delta Kappan* 80, March 1999, p.491.

14) S. Wineburg, "The Psychology of Learning and Teaching History", in David C. Berliner & Robert C. Calfee(eds.), *Handbook of Educational Psychology*, New York: Macmillan, 1996, p.434.

15) Ibid.

16) S. Willson & S. Wineburg, "Peering at History through Different Lenses: The Role of Disciplinary Perspective in Teaching History", *Teachers College Record* 89(4), 1988.

17) S. Wineburg, "Historical Problem Solving: A Study of the Cognitive Process Used in the Evaluation of Documentary and Pictorial Evidence", *Journal of Educational Psychology* 83(1), 1991, p.77.

18) S. Wineburg, "Historical Thinking and Other Unnatural Acts".

19) 최근에 그가 기발표논문을 위주로 하여 단행본으로 발행한 책의 제목도 동일하다. S. Wineburg, *Historical Thinking and Other Unnatural Acts:*

Charting the Future of Teaching the Past, Philadelphia : Temple University Press, 2001. 이 책에서 필자는 이 단행본이 아닌 개별 발표된 논문을 이용하였다. 그 이유는 논문 발표 시기를 고려하기 위해서다. 단행본이 좀 더 많은 독자를 위해서 전문적인 용어를 생략하고 내용을 일부 수정하므로, 원래 논문에 저자의 주장이 더 논쟁적으로 서술되고 있을 것이라는 생각도 또 다른 이유다.

20) R. G. Collingwood, op. cit., p.215.

21) S. Wineburg, "Historical Thinking and Other Unnatural Acts", pp.492~493.

22) Ibid., p.493.

23) D. Lowenthal, *The Past Is a Foreign Country*, Cambridge : Cambridge University Press, 1985.

24) S. Wineburg, op. cit.

25) Ibid.

26) T. R. Tholfsen, *Historical Thinking*, New York : Harper and Row, 1967, p.vi.

27) L. P. Hartley, *The Go-Between*, Londoin : Penguin edition, 1958, p.7.

28) T. R. Tholfsen, op. cit., p.2.

29) Ibid., p.11.

30) Ibid., pp.14~15.

31) L. Hunt(ed.), *New Cultural History*, Berkeley : University of California Press, 1989 ; C. Ginzburg, trans., by John & Ann Tedeschi, *The Cheese and the Worms*, Baltimore : The Johns Hopkins University Press, 1980 ; Robert Danton, *The Great Cat Massacre : And Other Episodes in French Cultural History*, New York : Random House, 1985.

32) S. Wineburg, op. cit., p.494.

33) J. W. Scott, "Gender : A Useful Category of Historical Analysis", in *Gender and the Politics of History*, New York : Columbia University Press, 1988.

34) 19세기 역사가 학문화되면서 화려하고 허구적인 수사가 도시 매춘여성과 그들이 사용하는 언어에 비유되어, 역사학이 추구하던 객관적, 과학적 역사

에서 배제되고 구별되어 여성의 언어와 이미지에 연결되었다고 한다. 반면에 정치사가 주류이던 당시 역사 연구는 정치적 규율에 따라 사실과 중립성을 강조하고 정치를 남성의 영역으로 간주하면서, 여성의 역사는 여성의 영역으로 여겨지거나 부과되던 음식, 육아, 가정 등등의 분야로 제한되어, 결과적으로 역사학의 언어와 방법 자체가 남성화되었다. B. G. Smith, "Gender and Historical Understanding", L. Kramer, D. Reid & W. L. Barney(eds.), *Learning History in America*, Minneapolis: University of Minnesota Press, 1994, pp.108~109.

35) C. Husband, *What Is History Teaching: Language, Ideas and Meaning in Learning about the Past*, Buckingham: Open University Press, 1996, p.132.

36) P. Hamilton, *Historicism*, London: Routledge, 1996, p.3.

37) Ibid.

38) P. Seixas, "Schweigen! die Kinder! or, Does Postmodern History Have a Place in the Schools", in P. Stearns, P. Seixas & S. Wineburg(eds.), *Knowing Teaching & Learning History*, New York: New York University Press, 2000, pp.28~29.

39) Ibid.

40) J. W. Scott, ""Experience"", in J. Butler & J. W. Scott(eds.), *Feminists Theorize the Political*, New York: Routledge, 1992, pp.32~33.

41) J. W. Scott, "History in Crisis: The Others' Side of the Story", *The American Historical Review* 94(3), 1989, p.681.

42) Ibid., p.691.

43) J. W. Scott, ""Experience"", pp.36~37.

44) S. Wineburg, op. cit., p.498.

45) R. Castel, ""Problematization" as a Mode of Reading History", in J. Goldstein(ed.), *Foucault and the Writing of History*, Cambridge: Blackwell, 1994, pp.237~243.

46) J. Seigel, "Problematizing Self", in V. E. Bonnell & L. Hunt(eds.), *Beyond the Cultural Turn*, Berkeley: University of California Press, 1999, pp.285~287.

47) A. Giddens, *Social Theory and Modern Sociology*, Stanford: Stanford

University Press, 1987, pp.220~221.

48) J. W. Scott, "History in Crisis", pp.240~241.

49) J. W. Scott, "Some More Reflections on Gender and Politics", in *Gender and Politics of History*(revised edition), New York: Columbia University Press, 1999(배은경 옮김, 〈젠더와 정치에 대한 몇 가지 성찰〉, 《여성과 사회》 13, 2001, 230쪽).

50) S. J. Ball, "Introducing Monsieur Foucault", in *Foucault and Education: Discipline and Knowledge*, London: Routledge, 1990, pp.1~7.

51) M. Foucault, trans. by A. M. Sheridan Smith, *The Archaeology of Knowledge and the Discourse on Language*, New York: Pantheon, 1972, p.227.

52) L. Fendler, "What Is It Impossible to Think? A Genealogy of the Educated Subject", in T. S. Popkewitz & M. Brennan(eds.), *Foucault's Challenge: Discourse, Knowledge, and Power in Education*, New York: Teachers College Press, 1998, pp.41~57.

53) T. S. Popkewitz, "The Production of Reason and Power: Curriculum History and Intellectual Traditions", *Journal of Curriculum Studies* 29(2), 1997, pp.134~135.

54) M. Foucault, "Governmentality", in G. Burchell, C. Gordon & P. Miller(eds.), *The Foucault Effect: Studies in Governmentality*, Chicago: The University of Chicago Press, 1991, pp.87~114.

55) M. Foucault, "What is Enlightenment?", in P. Rabinow(ed.), *Foucault Reader*, New York: Pantheon, 1984, p.50.

4장 역사교육의 목적을 다시 묻는다

1) 이 글에서 목적이라는 용어는 포괄적인 의미로 사용된다. 간혹 목표라는 용어 대신 쓰이기도 하지만, 구체적인 행동목표를 뜻하지는 않는다.

2) E. Hawbsbaum, *The Age of Capital*, New York: Vintage Books, 1975, pp.42~43.

3) T. S. Popkewitz(ed.), *The Formation of the School Subjects*, New York:

The Falmer Press, 1987, p.ix.

4) 정선영 외, 《역사교육의 이해》, 삼지원. 2001. 참고로 이전에 간행된 개론서 《역사교육론》에서는 역사교육의 목적과 심리적 기초라는 장에 역사교육의 목적이라는 절을 두고 있으나, 목적 자체에 대한 본격적인 논의내용은 없다 (이원순 · 윤세철 · 허승일, 《역사교육론》, 삼영사, 1980).

5) 정선영 외, 위의 책. 34~35쪽.

6) 정선영 외, 위의 책.

7) G. Partington, *The Idea of History Education*, NFER Publishing Company, 1980, pp.10~13.

8) Ibid., pp.13~15.

9) Ibid., p.16.

10) Ibid., p.32.

11) 이인호, 〈역사는 가르쳐야 하나?〉, 《역사비평》 1990 가을호, 144~151쪽; 정현백, 〈역사교육이 강화되어야 한다〉, 《사회와 사상》 19, 1990, 124~133 쪽.

12) 역사교육 목적 자체에 관한 연구라기보다 국사교육의 체계와 구조를 고려한 목표 설정 방안에 대한 이론적 탐색으로는, 다음 논문을 참고할 수 있다. 김한종 · 송상헌, 〈중 · 고등학교 국사교육목표 설정 방안〉, 《역사교육》 63, 1997, 1~42쪽.

13) 이인호, 앞의 글, 148~149쪽.

14) 정현백, 앞의 글, 130~133쪽.

15) 이인호, 앞의 글, 150~151쪽.

16) 정현백, 앞의 글, 132쪽.

17) S. Wineburg, "Historical Thinking and Other Unnatural Acts", in *Historical Thinking and Other Unnatural Acts*, Philadelphia : Temple University Press, 2001, pp.3~7. 와인버그가 제기한 친근함과 낯섦에 대한 논평으로는 다음 글을 참고하시오. 양호환, 〈역사적 사고의 한계와 역사화의 가능성〉, 《역사교육》 87, 2003, 187~213쪽.

18) 그리고 다른 글을 참고하더라도, 역사교육의 목적에 해당하는 것으로 아주 색다른 항목을 발견하기는 어렵다.

19) 역사교육의 목적이라는 주제의 중압감은 전국역사교사모임이 발행한 《우

리 아이들에게 역사를 어떻게 가르칠 것인가》라는 책에서도 발견된다. 이 책의 제1장은 역사교육의 목적이지만, 이 장을 구성하고 있는 네 편의 글에서 필자인 교사들은 역사를 왜 가르치는가라는 문제를 직접적으로 제시하기보다 현장의 체험을 바탕으로 역사수업의 의미와 개선의 방향에 관해 포괄적으로 자신의 견해를 밝히고 있다. 그러나 네 편의 글이 교사의 입장에서 역사를 왜 가르치는가에 대해 실천적으로 언급하고 있는 것은, 역사교육의 목적에 관한 논의로서는 예외적인 현상이라 할 수 있다(전국역사교사모임, 《우리 아이들에게 역사를 어떻게 가르칠 것인가》, 휴머니스트, 2002).

20) R. W. Tyler, *Basic Principle of Curriculum and Instruction*, Chicago : The University of Chicago Press, 1949.

21) H. M. Kliebard, "The Tyler Rationale", in *Forging the American Curriculum*, New York : Routledge, 1992, pp.153~167. 클리바드 비판의 요점은 교육목표의 선정이 객관적 혹은 중립적일 수 없다는 것, 학습경험은 학생, 교사, 환경에 따라 독특하고 예측 불가능한 것이므로 사전에 선정, 조직될 수 없다는 것, 그리고 평가에 관하여 어떤 행위의 목적을 달성하는 것이 언제나 가장 중요한 것은 아니며 부수적인 혹은 보조적인 결과가 더 중요할 수도 있다는 것이다.

22) 윤병희, 〈우리나라 교육과정 개정의 총체적 분석 : 정책과 실제를 중심으로〉, 《한국교육과정학회 92년도 연차학술대회 발표논문 토론집》, 한국교육과정학회, 1992.

23) 이와 유사한 맥락에서 김한종 교수는 교육과정에서 목표의 설정이 지나치게 목표모형의 원리에 따라 이루어져왔으며 목표모형은 목표의 틀 속에 교과내용을 짜 맞추는 폐쇄적 과정이므로 교과의 체계나 구조를 제대로 반영하기 어렵다고 지적하고, 이에 대비되는 것으로 과정모형에 대해 설명하고 있다(김한종, 《역사교육과정과 교과서 연구》, 선인, 2006, 168쪽).

24) 이러한 결정방식의 아이디어에 관해서는 다음 책에서 도움을 받았다. D. F. Walker & J. F. Soltis, *Curriculum and Aims*, 2nd Edition, New York : Teachers College Press, 1992.

25) J. White, "The Aim of School History", *Teaching History* 74, 1994, pp.7~9.

26) P. Lee, "History in Schools ; Aims, Purposes and Approaches", in Peter Lee

et al., *The Aims of School History: National Curriculum and Beyond*, London; Tufnell Press, 1992, pp.23~24.

27) J. White, op. cit.

28) 예를 들어 이홍우는, 듀이(J. Dewey)가 교육의 과정은 그 자체 이외에 다른 목적을 가지지 않으며 교육 그 자체가 목적이라든가 성장에는 성장한다는 것 이외의 다른 고려 사항은 없다고 주장하여 교육은 그 자체로서 목적을 가진다는 것을 강조하는 사람으로 알려져 있지만, 여기서 교육 그 자체, 성장 그 자체라고 하는 것은 이미 이론과 실제, 수단과 목적의 관련을 그 의미의 한 부분으로 포함하는 것이기 때문에 이 말을 과연 교육의 내재적 가치를 주장한 것으로 해석할 수 있는지 매우 의심스럽다고 지적한다(존 듀이, 이홍우 옮김, 〈서문〉, 《민주주의와 교육》, 교육과학사, 1991, 14쪽).

29) 이런 점에서 역사적 사고와 같은 마치 중립적인 것처럼 보이는 것을 역사를 가르치는 이유로 설정한 것은 다소 의외라 할 수 있다. 그러나 역사적 사고를 둘러싼 담론의 양상은, 사실 역사교육의 가치중립성을 표방하려는 학계·교육정책가·교사 등의 분담된 역할구도를 잘 드러내고 있다(양호환, 〈역사교육의 담론: 지속과 변화〉, 《윤세철 교수 정년 기념 역사학 논총 2: 역사교육의 방향과 국사교육》, 솔, 2001, 28~30쪽).

30) 김성자, 〈교육과정 개발의 중립성과 전문성〉, 《역사교육》 98, 2006, 7~17쪽.

31) 함수곤, 《교육과정의 편성》, 대한교과서주식회사, 1994, 50쪽.

32) 홍후조, 〈교육과정학의 정체성 확립을 위한 탐구 영역의 규명과 그 정당화(Ⅱ)─교육과정 결정의 세 요인을 중심으로〉, 《교육과정연구》 22(4), 2004, 34~41쪽.

33) 홍후조, 위의 글, 42쪽.

34) 이돈희, 〈교과교육학의 성격과 탐구방법〉, 이돈희 외, 《교과교육학탐구》, 교육과학사, 1994, 14~18쪽.

35) 장언효, 〈교사교육 프로그램 교육과정의 문제점과 개선 방안〉, 《교육논총》 21(1), 2001, 68쪽.

36) 김순애, 〈전문성 제고를 위한 사범대학 교육과정의 발전과제〉, 《조선대 교과교육연구》 1(1), 1998, 145쪽.

37) D. Jean Clandinin & F. M. Connelly, "Teacher As Curriculum Maker" in P.

W. Jackson(ed.), *Handbook of Research on Curriculum*, New York: Macmillan, 1992, pp.374~375.

38) 영국에 1991년 국가교육과정이 도입된 이래 교육개혁이 정치적 영향 아래 국가 주도적으로 이루어져왔다는 비판이 계속되고 있다. 영국의 학교는 국가교육과정뿐 아니라 학교정책, 관리, 재정, 학생평가와 검열, 교육과 학급 조직, 교사훈련과 교사들의 연구 및 고용 상태 등에서 전면적인 개혁에 직면했다. 그리고 이와 관련된 거의 모든 교육정책이 정부의 정치적 의도에 따라 통제적 관점에서 이루어졌다. 게다가 변화에 따른 정책은 번번이 수정되고, 위원회는 제도를 만들고도 무시했으며, 교사들은 자문에서 배제되었다. 이는 결국 모든 면에서 교사를 통제하는 거대하고 복합적인 기제라 지적되고 있다(S. J. Ball, *Education Reform: A Critical and Post-structural Approach*, Buckingham: Open University Press, 1994, pp.5~12).

39) S. Wineburg, op. cit.

40) J. W. Scott, "History in Crisis: The Others' Side of the Story", *The American Historical Review* 94(3), 1989, p.681.

41) 고병권, 《니체의 위험한 책, 차라투스트라는 이렇게 말했다》, 그린비, 2003, 266쪽.

42) 위의 책, 415~416쪽.

43) 이광래, 〈부록—니이체, 계보학, 역사〉, 《미셸 푸코》, 민음사, 1989, 333쪽.

44) J. Le Goff, *History and Memory*, New York: Columbia University Press, 1992, p.105.

45) 강철구, 〈한국에서 서양사를 어떻게 보아야 하나: 유럽중심주의의 극복을 위한 제언〉, 《제11회 한국서양사학회 학술대회 자료집》, 2006, 11~25쪽.

46) 강선주, 〈세계화시대의 세계사교육: 상호관련성을 중심원리로 한 내용구성〉, 《역사교육》82, 2002, 41~90쪽; 강선주, 〈세계사교육의 '위기'와 '문제': 역사적 조망〉, 《사회과교육》42(1), 2003, 57~86쪽; 정선영, 〈지구적 시각에 기초한 세계사교육의 접근방법〉, 《역사교육》85, 2003, 1~40쪽; 이영효, 〈세계사교육에서의 '타자 읽기'〉, 《역사교육》86, 2003, 29~60쪽.

47) 현장 교사 중심으로 전국역사교사모임에서 펴낸 《살아있는 세계사 교과서》는 이런 의미에서 그 가치를 인정받을 수 있다(전국역사교사모임, 《살아있는 세계사 교과서》1·2, 휴머니스트, 2005).

48) 영교육과정(Null Curriculum)의 개념과 의미에 관해서는 다음 책을 참고하시오. E. W. Eisner, *The Educational Imagination*, New York: Macmillan, 1985, pp.97~99.

5장 집단기억, 역사의식, 역사교육

1) 인디애나대학 출판부(Indiana University Press, Bloomington), 매년 두 개호 발간.
2) J. K. Olick & J. Robbins, "Social Memory Studies", *Annual Review of Sociology* 24, 1998, pp.105~140.
3) P. N. Stearn, *Meaning over Memory: Recasting the Teaching of Culture and History*, Chapel Hill: The University of North Carolina Press, 1993.
4) 데이비드 로웬덜, 김종원·한명숙 옮김, 《과거는 낯선 나라다》, 개마고원, 2006, 482쪽.
5) 다음 논문들이 대표적인 사례다. 김기봉, 〈기억과 망각 사이의 역사—역사교육의 새로운 패러다임 모색을 위한 역사이론적 성찰〉, 《호서사학》 27, 1999; 김유경, 〈국민국가의 집단기억과 역사교육·역사 교과서〉, 《창작과 비평》 115, 2002; 안병직, 〈과거 청산과 역사서술—독일과 한국의 비교〉, 《역사학보》 177, 2003; 신주백, 〈한·중·일 역사 교과서의 국가폭력에 대한 기억 관리〉, 《문화과학 40호 특집—기억과 망각의 정치학》, 문화과학사, 2004; 윤건차, 〈최근 한일관계와 기억의 문제: 역사인식, 과거 청산에 연관시켜〉, 《문화과학 40호 특집—기억과 망각의 정치학》, 문화과학사, 2004; 안병직, 《세계의 과거사 청산》, 푸른역사, 2005, 410~411쪽; 안병직, 〈동아시아의 역사 갈등과 한국 사회의 집단기억〉, 《제50회 전국 역사학대회 발표요지》, 2007.
6) 알브바슈는 어디에도 '사회적 틀'이라는 개념이 뜻하는 바를 상술하지 않았다. 다만 그는 사회적 틀이라는 개념이 자리할 만한 문맥에 '집단의 전망', '사회적 표상체계', '관념체계', '사상체계', '관습체계' 등의 표현을 사용하였을 뿐이다(M. Halbwachs, *On Collective Memory*, Chicago, 1992, p.40, 42, 47, 59, 95, 172). 이에 대해 아스만은 사회적 틀을 '사회적으로 미리 주어진 의미의 틀'이라 해석한다(J. Assmann, *Das Kulturelle Gedachtnis, Schrift,*

Erinnerung and politische Identitat in fruhen Hochkulturen, Muchen, 1997, pp.36~40. 김학이, 〈민족의 기억, 민족의 상상: 얀 아스만의 '문화적 기억'〉, 김학이 · 김기봉 외, 《현대의 기억 속에서 민족을 상상하다》, 세종출판사, 2006, 22쪽에서 재인용).

7) 알브바슈는 자전적 기억, 역사적 기억, 역사, 집단기억을 구별한다. 자전적 기억은 개인이 개인적으로 경험한 사건들에 대한 기억이며, 역사적 기억은 문서나 사진 등의 기록에 의해 형성되고 그것들을 통해 전달되는 기억이다. 역사는 유기적 관계를 가질 수 없는 기억된 과거인 반면, 집단기억은 공간의 식에 의해 매개된 '생생한 기억'으로 그 집단 구성원들에게 '구체적' 정체성을 제공하는 역할을 하는 능동적 과거(active past)이다.

8) 전진성, 《역사가 기억을 말하다》, 휴머니스트, 2005, 48~50쪽.

9) 아스만은 기억을 네 가지로 구분한다. 첫째는 '모방적 기억'으로 요리법이나 도구사용법처럼 인간의 일상행위를 가능하게 해주는 학습기억이다. 둘째는 '사물의 기억'으로, 이는 침대와 식탁에서 집과 마을 및 도로에 이르기까지 인간이 '자기 자신을 투여한', 시간적 차원을 갖는 기억이다. 셋째는 '소통적 기억'인데, 이는 특정 집단의 당대에 공유되는 자기 시대의 기억이며, 40년 내지 80년 간의 기억이다. 넷째는 '문화적 기억'인데, 이는 당대 이전 시기로부터 전승되어온 기억이다(알라이다 아스만, 변학수 외 옮김, 《기억의 공간》, 경북대학교 출판부, 2003, 173~174쪽; 김학이, 앞의 글, 23쪽).

10) 알라이다 아스만, 위의 책, 16~17쪽; 전진성, 앞의 책, 51~52쪽.

11) 김학이, 앞의 글, 20~21쪽.

12) K. L. Klein, "On the Emergence of Memory in Historical Discourse", *Representation* 69, 2000, pp.130~131.

13) 알브바슈의 《기억의 사회적 틀》이 처음으로 출간된 것은 1925년이다.

14) 알라이다 아스만, 앞의 책, 14~15쪽.

15) K. L. Klein, op. cit., pp.139~141; J. K. Olick & J. Robbins, op. cit., p.119.

16) 홀로코스트를 둘러싼 기억의 정치학과 그 배경으로서의 유럽중심주의에 대해서는 다음의 글을 참고하시오. 최갑수, 〈홀로코스트, 기억의 정치, 유럽중심주의〉, 《사회와 역사》 70, 2006, 103~146쪽.

17) 사례로는 다음의 논저를 참고하시오. 윤택림, 《인류학자의 과거 여행─한

빨갱이 마을의 역사를 찾아서》, 역사비평사, 2003; 태혜숙, 〈한국인 군위안부 기억의 역사화를 위하여〉, 《문화과학》 40, 2004.

18) J. Le Goff, *History and Memory*, New York: Columbia University Press, 1996, pp.58~97(J. K. Olick & J. Robbins, op. cit., pp.114~115에서 재인용).

19) K. L. Klein, op. cit., p.134, 143.

20) 사실 지금껏 거의 사용되지 않던 '집단기억'이라는 개념이 널리 부각된 것도 이런 배경 하에서였다. 피에르 노라, 이용재 요약 및 번역, 《〈기억의 범세계적 도래(L'avenement mondial de la memoire)〉 국문 요약》, 《프랑스사 연구》 14, 2006, 194쪽.

21) K. L. Klein, op. cit., p.138.

22) P. H. Hutton, *History as an Art of Memory*, Hanover: University Press of New England, 1993, pp.17~18.

23) S. A. Crane, "Writing the Individual Back into Collective Memory", *American Historical Review* 102(5), 1997, pp.1372~1385.

24) P. Nora, "Between Memory and History: Les Lieux de Mémoire", *Representation* 26, 1989, pp.18~24.

25) 최호근, 〈집단기억과 역사〉, 《역사교육》 85, 2003, 160쪽.

26) 전진성, 앞의 책, 15쪽.

27) P. Nora, op. cit., p.9.

28) J. K. Olick & J. Robbins, op. cit., p.109.

29) D. Middleton & S. D. Brown, "Issues in the Socio-Cultural Study of Memory: Making Memory Matter", in J. Valsiner & A. Rosa(eds.), *The Cambridge Handbook of Sociocultural Psychology*, Cambridge: Cambridge University Press, 2007, p.666.

30) J. K. Olick & J. Robbins, op. cit., p.122.

31) S. A. Crane, op. cit.; W. Kansteiner, "Finding Meaning in Memory: A Methodological Critique of Collective Memory Studies", *History and Theory* 41(2), 2002; J. V. Wertsch, *Voices of Collective Remembering*, Cambridge: Cambridge University Press, 2002.

32) J. V. Wertsch, op. cit., p.25.

33) 이 때문에 워츠는 'memory(기억)'보다 'remembering(기억 또는 기억하기)'이 적당한 용어라고 간주한다(Ibid., p.33).

34) Ibid., pp.13~14.

35) Ibid., p.13.

36) Ibid., p.1, 52.

37) Ibid., pp.67~68.

38) Middleton & Brown, op. cit., pp.674~675.

39) J. V. Wertsch, op. cit., p.61.

40) A. Funkenstein, *Perceptions of Jewish History*, Berkeley, 1993, p.6(K. L. Klein, op. cit., p.133에서 재인용).

41) S. A. Crane, op. cit., pp.1382~1383.

42) W. Kansteiner, op. cit., pp.179~197.

43) 이러한 현상을 역사학의 패러다임 변화와 관련지어 설명하기도 한다. 특히 유럽적인 상황에서 보면, 역사학에서 기억에 대한 논의가 시작된 것은 1970년대 이후인데, 바로 민족과 국가를 위한 직선적이고 단선적인 역사가 퇴조한 시기였다. 이로써 그동안 억압되던 다양한 역사 · 기억이 자신의 독특함을 주장하면서 등장하였고, 국가는 그동안 학교를 통해 이루어져온 '민족기억으로서의 역사'라는 개념에 대한 통제를 상실하게 되었다. 역사의식은 바로 이러한 정체성을 재확인하기 위한 개념으로서 새롭게 부상한 것이다(C. Laville, "Historical Consciousness and Historical Education: What to Expect from the First for the Second", in P. Seixas(ed.), *Theorizing Historical Consciousness*, Toronto: University of Toronto Press, 2004, p.169).

44) P. Seixas, "Introduction", in P. Seixas(ed.), op. cit., p.8.

45) 역사의식과 집단기억을 이런 식으로 구별하는 것은 역사와 기억을 대립적으로 파악하는 것과 마찬가지라 할 수 있다. P. Novick, *The Holocaust in American life*, Boston: Houghton Mifflin Company, 1999, pp.3~4(J. V. Wertsch, op. cit., p.19에서 재인용).

46) G. M. Spiegel, "Memory and History: Liturgical Time and Historical Time", *History and Theory* 41(2), 2002, pp.149~162.

47) P. Seixas, "Introduction", in P. Seixas(ed.), op. cit., p.9.

48) http://www.tau.ac.il/humanities/publications/index.html/history

49) 강우철, 〈역사교육과 역사의식〉, 《전국역사학대회 발표요지》, 1978.

50) 이러한 연구로는 다음을 참고할 수 있다. 신동렬, 〈고등학생의 역사의식 발달단계와 효과적 지도 방안〉, 《역사교육논집》 13 · 14, 1990; 이승찬, 〈국민학교 학생의 역사의식발달의 실태 구분〉, 중앙대학교 석사학위논문, 1995.

51) 이런 식으로 역사의식을 구분하는 것은 일본 역사교육학계에서 먼저 시작되었다. 최초로 역사의식을 이러한 방식으로 유형화한 것은 사이토 히로시(齊藤博)의 글 〈역사적 의식의 발달(歷史的意識の發達)〉(《(시나노 교육연구회보(信濃教育研究紀要)》 19, 1953)이다(이찬희, 〈역사의식의 개념과 역사교육〉, 《사회과교육학연구》 22, 1989).

52) 김한종, 〈역사적 사고력의 개념과 그 교육적 의미〉, 《역사교육의 이론과 방법》, 삼지원, 1997, 322~323쪽.

53) 정선영, 〈역사교육의 최종목표와 역사적 통찰력〉, 《역사교육》 108, 2008, 24쪽.

54) J. Rüsen, "Historical Consciousness: Narrative Structure, Moral Function, and Ontogenetic Development", in P. Seixas(ed.), op. cit., pp.71~78.

55) J. Rüsen, op. cit., pp.71~78.

56) Ibid., pp.78~80.

57) Ibid., pp.78~81.

58) 이 점에 관해서는 양호환, 〈역사학습에서 인지발달에 관한 몇 가지 문제〉, 《역사교육》 58, 1995를 참조하시오.

59) C. Laville, op. cit, p.175.

60) P. Lee, "Understanding History", in P. Seixas(ed.), op. cit., pp.129~141.

61) Ibid., pp.143~153.

62) 양호환, 〈역사교과교육이론의 가능성과 문제점〉, 《역사교육》 53, 1993.

63) P. Lee, op. cit., p.142.

64) J. V. Wertsch, op. cit., p.134.

65) W. Kansteiner, op. cit., pp.179~197.

66) 추상적이고 일반화된 기능이라는 점에서 도식이라고 할 수 있으며, 그것의 조직적 형태는 내러티브다. 그리고 템플릿은 개별적인 상황, 등장인물, 날짜 등의 특정 내러티브에 내재하는 추상적인 구조를 포함한다.

67) 이러한 현상의 구체적인 사례는 J. V. Wertsch, "Specific Narrative and Schematic Narrative Templetes", in P. Seixas(ed.), op. cit., pp.49~62 참조하시오.

68) J. V. Wertsch, op. cit., pp.117~148.

69) Ibid., pp.140~142.

70) 양호환, 〈역사적 사고의 한계와 역사화의 가능성〉, 《역사교육》 87, 2003.

71) S. A. Crane, op. cit., p.1381.

72) Ibid., pp.1384~1385.

73) 양호환, 〈역사서술의 주체와 관점〉, 《역사교육》 68, 1998.

74) M. S. Phillips, "History Memory and Historical Distance", in P. Seixas(ed.), op. cit., p.89.

75) Ibid., p.86.

76) 예를 들어 미시사의 경우처럼 미시적 관찰을 택하는 경우와 사회의 구조를 패턴화하여 거시적으로 보는 경우, 그 인식적인 전제는 다를 수밖에 없다.

77) R. I. Simon, "The Pedagogical Insistence of Public Memory", in P. Seixas(ed.), op. cit., p.186.

78) Ibid., p.195.

79) Ibid., pp.197~198.

80) 테사 모리스-스즈키, 김경원 옮김, 《우리 안의 과거》, 휴머니스트, 2005, 328쪽.

참고문헌

〈21세기를 여는 현장의 역사교육: 전국역사교사모임 10주년 기념 좌담회〉, 《역사교육》(전국역사교사모임) 41, 1998.

강민선, 〈내러티브 교재를 활용한 비판적 역사이해 함양〉, 한국교원대학교 교육대학원, 2008.

강선주, 〈세계화시대의 세계사교육: 상호관련성을 중심원리로 한 내용구성〉, 《역사교육》 82, 2002.

강선주, 〈문화적 접촉과 교류의 역사의 내용 선정 방안〉, 《역사교육연구》 3, 2006.

강선주, 〈세계사교육의 '위기'와 '문제': 역사적 조망〉, 《사회과교육》 42(1), 2003.

강선주, 〈역사수업의 방법〉, 최상훈 외, 《역사교육의 내용과 방법》, 책과함께, 2007.

강우철, 〈교육과정과 교과서〉, 《역사교육》 창간호, 1956.

강우철, 〈역사교육과 역사의식〉, 《전국역사학대회 발표요지》, 1978.

강우철, 《역사연구방법론과 그 교육적 접근》, 탐구당, 1975.

강정인, 〈서구중심주의를 넘어서: 서구중심주의를 극복하기 위한 담론전략과 다중심적 다문화주의에 대한 고찰〉, 《이화여자대학교 지구사연구소 제2회 국제학술대회 발표집(유럽중심주의를 넘어 지구사로)》.

강철구, 〈한국에서 서양사를 어떻게 보아야 하나: 유럽중심주의의 극복을 위한 제언〉, 《제11회 한국서양사학회 학술대회 자료집》, 2006.

강환국, 〈공통사회과 교사양성의 체제와 교육과정에 대한 연구〉, 《사회과교육》 32, 1999.

고병권, 《니체의 위험한 책, 차라투스트라는 이렇게 말했다》, 그린비, 2003.

곽희정, 〈내러티브적 교재 구성 방안 연구〉, 숙명여자대학교 교육대학원,

2007.

김기봉, 〈기억과 망각 사이의 역사―역사교육의 새로운 패러다임 모색을 위한 역사이론적 성찰〉, 《호서사학》 27, 1999.

김기봉, 〈미시사―하나의 포스트모던적 역사서술?〉, 《역사교육》 61, 1997.

김성자, 〈교육과정 개발의 중립성과 전문성〉, 《역사교육》 98, 2006.

김순애, 〈전문성 제고를 위한 사범대학 교육과정의 발전 과제〉, 《조선대 교과교육연구》 1(1), 1998.

김유경, 〈국민국가의 집단기억과 역사교육·역사 교과서〉, 《창작과비평》 115, 2002.

김택현, 〈역사연구와 사실〉, 《역사연구》 4, 1995.

김학이, 〈민족의 기억, 민족의 상상: 얀 아스만의 '문화적 기억'〉, 김학이·김기봉 외, 《현대의 기억 속에서 민족을 상상하다》, 세종출판사, 2006.

김한종, 〈국사 교과서 연구의 성과와 과제〉, 《경상사학회》 7·8합집, 1992.

김한종, 〈역사교육 계열화를 위한 고등학교 국사교육 내용 구성 방안〉, 《호서사학》 40, 2005.

김한종, 〈역사수업이론, 그 현실과 거리〉, 《역사교육》(전국역사교사모임) 46, 1999.

김한종, 〈역사적 사고력의 개념과 그 교육적 의미〉, 《역사교육의 이론과 방법》, 삼지원, 1997.

김한종, 〈역사적 사고의 구성요소와 역사수업의 발문〉, 《사회과교육》 29, 1996.

김한종, 〈국사 교과서 연구의 성과와 과제〉, 《경상사학》 7·8합집, 1992.

김한종, 〈역사적 사고력의 개념과 그 교육적 의미〉, 양호환 외, 《역사교육의 이론과 방법》, 삼지원, 1997.

김한종, 〈역사적 사고력의 개념과 그 교육적 의미〉, 《이원순 교수 정년 기념 역사학 논총》, 교학사, 1991.

김한종, 〈역사학습에서의 상상적 이해〉, 서울대학교 박사학위논문, 1994.

김한종, 《역사교육과정과 교과서 연구》, 선인, 2006.

김한종 외, 《역사교육과 역사인식》, 책과함께, 2005.

김한종·송상헌, 〈중·고등학교 국사교육목표 설정 방안〉, 《역사교육》 63, 1997.

나탈리 제먼 데이비스, 양희영 옮김, 《마르탱 게르의 귀향》, 지식의 풍경, 2000.

데이비드 로웬덜, 김종원 · 한명숙 옮김, 《과거는 낯선 나라다》, 개마고원, 2006.

루샤오펑, 조미원 · 박계화 · 손수영 옮김, 《역사에서 허구로: 중국의 서사학》, 길, 2001.

미셸 푸코, 이규현 옮김, 〈역자 서문〉, 《성의 역사 1(앎의 의지)》, 민음사, 1997.

박상완, 《사범대학 교사교육의 특성 분석: 서울대학교 사례 연구》, 서울대학교 대학원 박사학위논문, 2000.

박선희, 〈내러티브를 활용한 교과서 보완교재 연구〉, 서강대학교 교육대학원 석사학위논문, 2006.

박용헌 외, 《교원양성체제의 모형 정립을 위한 연구: 사범대학 교육과정 체계화》, 문교부 학술연구 조성비에 의한 연구보고서, 1980.

박용헌 외, 《중등교원 양성기관의 교직과정 운영에 관한 세미나 보고서》, 서울대학교 사범대학 교육연구소, 1980.

박진동, 〈한국의 교원양성체계의 수립과 국사교육의 신구상: 1945~1954〉, 서울대학교 대학원 박사학위논문, 2004.

변웅룡, 〈새로운 역사서술체제로서의 내러티브와 대안 교과서 분석〉, 연세대학교 교육대학원, 2007.

서울대학교 사범대학 30년사 편찬위원회, 《서울대학교 사범대학 30년사—민주교육의 요람》, 1976.

신광현, 〈대학의 담론으로서의 논문〉, 《사회비평》 14, 1996.

신동렬, 〈고등학생의 역사의식 발달단계와 효과적 지도 방안〉, 《역사교육논집》 13 · 14, 1990.

신주백, 〈한 · 중 · 일 역사 교과서의 국가폭력에 대한 기억 관리〉, 《문화과학 40호 특집—기억과 망각의 정치학》, 문화과학사, 2004.

아리프 딜릭(Arif Dirlik), 〈탈중심화하기: 세계들 그리고 역사들〉, 《이화여자대학교 지구사연구소 제2회 국제학술대회 발표집(유럽중심주의를 넘어 지구사로)》.

안병직, 〈과거 청산과 역사서술—독일과 한국의 비교〉, 《역사학보》 177, 2003.

안병직, 〈동아시아의 역사 갈등과 한국 사회의 집단기억〉, 《제50회 전국역사학 대회 발표요지》, 2007.

안병직, 《세계의 과거사 청산》, 푸른역사, 2005.

안정애, 〈내러티브 역사교재의 개발과 적용〉, 전남대학교 대학원 박사학위논 문, 2007.

알라이다 아스만, 변학수 외 옮김, 《기억의 공간》, 경북대학교 출판부, 2003.

양정현, 〈특별기고: 노병은 사라질 뿐이다?!〉, 《역사교육》(전국역사교사모임) 49, 2000.

양호환, 〈'역사교과학'의 성과와 숙제〉, 《제38회 전국역사학대회 발표요지》, 1995.

양호환, 〈내러티브의 특성과 역사학습에서의 활용〉, 《사회과학교육》 2, 1998.

양호환, 〈역사 교과서의 서술양식과 학생의 역사이해〉, 《역사교육》 59, 1996.

양호환, 〈역사교과 교육이론의 가능성과 문제점〉, 《역사교육》 53, 1993.

양호환, 〈역사교과이론의 가능성과 문제점〉, 양호환 외, 《역사교육의 이론과 방법》, 삼지원, 1997.

양호환, 〈역사교육의 담론: 지속과 변화〉, 《윤세철 교수 정년 기념 역사학 논 총 2: 역사교육의 방향과 국사교육》, 솔, 2001.

양호환, 〈역사교과교육이론의 가능성과 문제점〉, 《역사교육》 53, 1993.

양호환, 〈역사교과학의 성과와 숙제〉, 《역사교육》 57, 1995.

양호환, 〈역사교육에서 인지발달의 몇 가지 문제〉, 《역사교육》 58, 1995.

양호환, 〈역사교육의 개념과 연구영역〉, 양호환 외, 《역사교육의 이론》, 책과 함께, 2009.

양호환, 〈역사교육의 목적을 다시 묻는다〉, 《역사교육》 99, 2006.

양호환, 〈역사서술의 주체와 관점—역사 교과서 읽기와 관련하여〉, 《역사교 육》 68, 1998.

양호환, 〈역사적 사고의 한계와 역사화의 가능성〉, 《역사교육》 87, 2003.

양호환, 〈역사학습의 인식론적 모색〉, 《역사교육》 75, 2000.

역사교육을위한교사모임 · 한국역사연구회, 〈제5차 교육과정 개편에 따른 국 사 교과서 분석〉, 《살아 있는 삶을 위한 역사교육》, 푸른나무, 1989.

유용태, 〈다원적 세계사와 아시아, 그리고 동아시아〉, 《역사교육과 역사인식》, 책과함께, 2005.

윤건차, 〈최근 한일관계와 문제: 역사인식, 과거 청산에 연관시켜〉, 《문화과학 40호 특집—기억과 망각의 정치학》, 문화과학사, 2004.

윤병희, 〈우리나라 교육과정 개정의 총체적 분석: 정책과 실제를 중심으로〉, 《한국교육과정학회 92년도 연차학술대회 발표논문 토론집》, 한국교육과정학회, 1992.

윤세철, 〈세계사와 아시아사—세계사 내용 선정상의 몇 가지 문제〉, 《역사교육》 32, 1982.

윤택림, 《인류학자의 과거 여행—한 빨갱이 마을의 역사를 찾아서》, 역사비평사, 2003.

이경식, 〈한국 근현대 사회와 국사교과의 부침〉, 《사회과학교육》 1, 1997.

이광래, 〈부록—니이체, 계보학, 역사〉, 《미셸 푸코》, 민음사, 1989.

이돈희, 〈교과교육학의 성격과 탐구방법〉, 이돈희 외, 《교과교육학탐구》, 교육과학사, 1994.

이돈희, 〈서울대학교의 종합화와 사범대학의 내실화〉, 서울대학교 사범대학 50년사 편찬위원회, 《서울대학교 사범대학 50년사》, 1996.

이돈희, 〈교과교육학의 성격과 과제〉, 이돈희 외, 《교과교육학탐구》, 교육과학사, 1994.

이명희, 〈하나의 과학으로서의 역사학론과 역사교육〉, 《제41회 전국역사학대회 발표요지》, 1998.

이미미, 〈역사가의 사고과정이 드러나는 서술의 특징과 교재 개발 방향〉, 《역사교육》 73, 2000.

이민호, 〈세계사를 어떻게 읽을 것인가—유럽중심주의 사관의 극복을 위하여〉, 《역사비평》 59, 2002.

이성규, 《사기(史記)의 구조적 이해를 위한 시론》, 서울대출판부, 1987.

이승찬, 〈국민학교 학생의 역사의식 발달의 실태 구분〉, 중앙대학교 석사학위논문, 1995.

이영효, 〈탐구식 역사수업모형의 재인식〉, 양호환 외, 《역사교육의 이론과 방법》, 삼지원, 1997.

이영효, 〈세계사교육에서의 '타자 읽기'—서구중심주의와 자민족중심주의를 넘어〉, 《역사교육》 86, 2003.

이원순 · 윤세철 · 허승일, 《역사교육론》, 삼영사, 1980.

이원순 외,《역사과 교육》, 능력개발사, 1975.

이인호, 〈역사는 가르쳐야 하나?〉,《역사비평》1990 가을호.

이찬희, 〈역사의식의 개념과 역사교육〉,《사회과 교육학 연구》22, 1989.

이홍우,《지식의 구조》, 교육과학사, 1992.

임상우, 〈역사서술과 문학적 상상력〉,《문학과사회》, 1992.

장상호,《발생적 인식론과 교육》, 교육과학사, 1991.

장언효, 〈교사교육 프로그램 교육과정의 문제점과 개선 방안〉,《교육논총》
   21(1), 2001.

전국역사교사모임,《살아있는 세계사 교과서》1 · 2, 휴머니스트, 2005.

전국역사교사모임,《우리 아이들에게 역사를 어떻게 가르칠 것인가》, 휴머니
   스트, 2002.

전진성,《역사가 기억을 말하다》, 휴머니스트, 2005.

정범모,《교육과 교육학—신교육학전서 1》, 배영사, 1977.

정선영 외,《역사교육의 이해》, 삼지원, 2001.

정선영, 〈역사교육에서의 일반화 문제 연구〉,《역사교육》35, 1984.

정선영, 〈역사학습의 구조화를 위한 시론〉,《역사교육》30 · 31, 1982.

정선영, 〈인지과정에 따른 역사교과의 탐구방법 연구〉,《역사교육》25, 1979

정선영, 〈역사교육에서의 일반화 문제 연구〉,《역사교육》35, 1984.

정선영, 〈역사교육의 최종목표와 역사적 통찰력〉,《역사교육》108, 2008.

정선영, 〈역사학습의 구조화를 위한 시론〉,《역사교육》30 · 31, 1982.

정선영, 〈지구적 시각에 기초한 세계사교육의 접근 방법〉,《역사교육》85,
   2003.

정선영, 〈학습자 중심 역사교육의 방향과 과제〉,《의암 송춘영 교수 정년기념
   사학 논총》, 2001.

정선영 · 양호환 · 이영효 · 김한종,《교원양성대학의 역사과 교육학 교재 개발
   연구》, 1997년 교과교육공동연구보고서.

정용택, 〈현장 역사교육의 한계〉,《제42회 전국역사학대회 발표요지》, 1999.

정용택, 〈현장에서의 역사교육의 한계와 목소리〉,《역사교육》(전국역사교사모
   임) 45, 1999. 6.

정지향, 〈내러티브 서술방식 적용을 통한 역사적 사고력 신장에 관한 연구〉,
   《초등사회과교육》17(2), 2006.

정현백, 〈역사교육이 강화되어야 한다〉,《사회와 사상》19, 1990.

제리 벤틀리(J. H. Bentley), 〈다양한 유럽 중심의 역사와 해결책들〉,《이화여자대학교 지구사연구소 제2회 국제학술대회 발표집(유럽중심주의를 넘어 지구사로)》.

조너선 스펜스, 이준갑 옮김,《강희제》, 이산, 2001.

조너선 스펜스, 주원준 옮김,《마테오 리치, 기억의 궁전》, 이산, 1999.

조지형, 〈'언어로의 전환'과 새로운 지성사〉, 안병직 외,《오늘의 역사학》, 한겨레신문사, 1998.

조창익, 〈역사적 사실과 상상력을 동시에 만족시킬 수업제재는 그 어디에? 수업제재 활용 실패기—역사〉,《중등우리교육》153, 2002.

존 듀이, 이홍우 옮김, 〈서문〉,《민주주의와 교육》, 교육과학사, 1991.

최갑수, 〈홀로코스트, 기억의 정치, 유럽중심주의〉,《사회와 역사》70, 2006.

최상훈, 〈역사과 독립의 필요성과 내용조직 방안〉,《호서사학》35, 2003.

최상훈, 〈역사적 사고력의 의미와 하위 범주〉, 김한종 외,《역사교육과 역사인식》, 책과함께, 2005.

최상훈, 〈역사적 사고력의 학습과 평가 방안〉, 서울대학교 박사학위논문, 2000.

최정운,《오월의 사회과학》, 풀빛, 1999.

최호근, 〈집단기억과 역사〉,《역사교육》85, 2003.

태혜숙, 〈한국인 군위안부 기억의 역사화를 위하여〉,《문화과학》40, 2004.

테사 모리스-스즈키, 김경원 옮김,《우리 안의 과거》, 휴머니스트, 2005.

피에르 노라, 이용재 요약 및 번역, 〈〈기억의 범세계적 도래(L'avenement mondial de la memoire)〉 국문요약〉,《프랑스사 연구》14, 2006.

하병수, 〈교사전문성의 시금석: 교원양성임용 개편 방안〉, 민주노동당 최순영의원실 · 정책위원회 주최 토론회 자료집,《최순영의 이야기 나누기⑥》, 2004. 9. 23.

한국서양사학회 엮음,《유럽중심주의 세계사를 넘어 세계사들로》, 푸른역사, 2009.

한명희, 〈교사교육의 이념과 내용의 한계〉,《한국교사교육》7, 한국교사교육연구협의회, 1990.

한소라, 〈내러티브를 활용한 역사수업자료의 제작〉, 군산대학교 교육대학원,

2008.

함수곤, 《교육과정의 편성》, 대한교과서주식회사, 1994.

홍후조, 〈교육과정학의 정체성 확립을 위한 탐구영역의 규명과 그 정당화(II)
 ―교육과정 결정의 세 요인을 중심으로〉, 《교육과정연구》22(4), 2004.

황규호, 〈미국과 영국의 교사양성교육 동향 분석〉, 《한국교육》30(3), 2003.

A. Crismore, "The Rhetoric of Textbooks: Metadiscourse", *Journal of Curriculum Studies* 16(3), 1984.

A. Funkenstein, *Perceptions of Jewish History*, Berkeley, 1993.

A. Giddens, *Social Theory and Modern Sociology*, Stanford: Stanford University Press, 1987.

A. Megill, "Recounting the Past: 'Description', Explanation, and Narrative in HIstoriography", *American Historical Review* 94(3), 1989.

A. N. Applebee, *The Child's Concept of Story: Ages Two to Seventeen*, Chicago: University of Chicago Press, 1978.

B. G. Smith, "Gender and Historical Understanding", L. Kramer, D. Reid & W. L. Barney(eds.), *Learning History in America*, Minneapolis: University of Minnesota Press, 1994.

B. VanSledright & J. Brophy, "Storytelling, Imagination, and Fanciful Elaboration in Children's Historical Reconstruction", *American Educational Research Journal* 29(4), 1992.

C. Behan McCullagh, "The Truth of Historical Narrative", *History and Theory, Beiheft 26, The Representation of Historical Events*, Middletown: Wesleyan University Press, 1987.

C. Ginzburg, trans., by John & Ann Tedeschi, *The Cheese and the Worms*, Baltimore: The Johns Hopkins University Press, 1980.

C. H. Cherryholmes, *Power and Criticism: Poststructural Investigations in Education, Advances in Contemporary Educational Thought*, Volume 2, Teachers College Press, 1988.

C. H. Cherryholmes, *Power and Criticism: Poststructural Investigations in Education*, Teachers College Press, 1988.

C. H. Cherryholmes, "Critical Research and Social Studies Education" in J. P. Shaver(ed.), *Handbook of Research on Social Studies Teaching and Learning*, New York: Macmillan, 1991.

C. Hake & Y. Haydn, "Stories or Sources", *Teaching History* 78, 1995.

C. Husband, *What Is History Teaching: Language, Ideas and Meaning in Learning about the Past*, Buckingham: Open University Press, 1996.

C. Laville, "Historical Consciousness and Historical Education: What to Expect from the First for the Second", in P. Seixas(ed.), *Theorizing Historical Consciousness*, Toronto: University of Toronto Press, 2004.

D. Elkind, *Child Development and Education: A Piagetian Perspective*, New York: Oxford University Press, 1976.

D. F. Walker & J. F. Soltis, *Curriculum and Aims*, 2nd Edition, New York: Teachers College Press, 1992.

D. Jean Clandinin & F. M. Connelly, "Teacher As Curriculum Maker" in P. W. Jackson(ed.), *Handbook of Research on Curriculum*, New York: Macmillan, 1992.

D. Kuhn, "The Application of Piaget's Theory of Cognitive Development to Education", *Harvard Educational Review* 49(3), 1979.

D. LaCapra, "Rethinking Intellectual History and Reading Texts", in *Rethinking Intellectual History: Texts, Contexts, Language*, Ithaca: Cornell University Press, 1983.

D. Lowenthal, *The Past Is a Foreign Country*, Cambridge: Cambridge University Press, 1985.

D. Middleton & S. D. Brown, "Issues in the Socio-Cultural Study of Memory: Making Memory Matter", in J. Valsiner & A. Rosa(eds.), *The Cambridge Handbook of Sociocultural Psychology*, Cambridge: Cambridge University Press, 2007.

D. Ravitch, "The Educational Backgrounds of History Teachers" in P. Stearn, P. Seixas & S. Wineburg(eds.), *Knowing Teaching & Learning History*, New York: New York University Press, 2000.

D. Schwartz, "Using History Department to Train Secondary Social Studies

Teachers: A Challenge for the Profession in the 21st Century", *The History Teacher* 34(1), 2000.

E. A. Peel, "Some Problems in the Psychology of History Teaching" in W. H. Burston & D. Thompson(eds.), *Studies in the Nature and Teaching of History*, New York: Humanities Press, 1967.

E. A. Peel, *The Nature of Adolescent Judgement*, New York: Wiley interscience, 1971.

E. Hawbsbaum, *The Age of Capital*, New York: Vintage Books, 1975.

E. W. Eisner & A. Peshkin, "Introduction", *Qualitative Inquiry in Education: The Continuing Debate*, New York: Teachers College Press, 1989.

E. W. Eisner, "Introduction to Special Section on Objectivity, Subjectivity, and Relativism", *Curriculum Inquiry* 22(1), 1992.

E. W. Eisner, *Cognition and Curriculum Reconsidered*, 2nd edition, Teachers College Press, 1994.

E. W. Eisner, *The Educational Imagination*, New York: Macmillan, 1985.

E. Wolf, *Europe and the People without History*, Berkeley and Los Angeles: University of California Press, 1982.

F. Fitzgerald, *America Revised: What History Textbooks Have Taught Our Children about Their Country, and How and Why Those Textbooks Have Changed in Different Decades*, New York: Vintage, 1979.

F. Kermode, "Secrets and Narrive Sequence", *Critical Inquiry* 7(1), 1980.

F. Stern, *The Varieties of History*, New York: Vintage Books, 1973.

G. D. Fenstermach, "Philosophy of Research on Teaching: Three Aspects", in M. C. Wittrock(eds.), *Handbook of Research on Teaching*, 3rd edition: *A Project of the American Educational Researcher Association*, New York: Macmillan, 1986.

G. Iggers, *Historiography in the Twentieth Century: From Scientific Objectivity to the Postmodern Challenge*, Wesleyan University. Press, 1998.

G. M. Spiegel, "Memory and History: Liturgical Time and Historical Time", *History and Theory* 41(2), 2002.

G. Partington, *The Idea of History Education*, NFER Publishing Company,

1980.

G. W. McDiarmid & P. Vinten-Johansen, "A Catwalk across the Great Divide: Redesigning the History Teaching Method Course" in P. Stearn, P. Seixas & S. Wineburg(eds.), *Knowing Teaching & Learning History*, 2000.

H. J. Kaye, *The Power of the Past: Reflections on the Crisis and the Promise of History*, University of Minnesota Press, 1991.

H. Kellner, *Language and Historical Representation*, Madison: University of Wisconsin Press, 1989.

H. L. Chiesi, H. J. Spilich & J. F. Voss, "Acquisition of Domain-Related Information in Relation to High and Low Dmain Knowledge", *Journal of Verbal Learning and Verbal Behavior* 18, 1979.

H. M. Kliebard, "The Tyler Rationale", in *Forging the American Curriculum*, New York: Routledge, 1992.

H. White, "The Politics of Historical Interpretation: Discipline and De-Sublimination", in *The Content of Form*, Johns Hopkins University. Press, 1987.

H. White, "The Value of Narrativity in the Representation of Reality", *Critical Inquiry* 7(1), 1980.

H. White, "The Value of Narrativity in the Representation of Reality", *The Content of the Form*, Baltimore: John Hopkins University, 1987.

H. White, "The Value of Narrativity in the Representation of Reality", *The Content of the Form*, Baltimore: Johns Hopkins University Press, 1987.

H. White, *Metahistory: The Historical Imagination in Nineteenth-Century Europe*, Boltimore: Johns Hopkins University. Press, 1973.

H. White, *Tropics of Discourse*, Baltimore: Johns Hopkins University Press, 1978.

I. L. Beck & M. G. McKeown, "Substantive and Methodological Consideration for Productive Textbook Analysis" in J. P. Shaver(ed.), *Handbook of Research on Social Studies Teaching and Learning*, New York: Macmillan, 1991.

J. Anyon, "Ideology and United States History Textbooks", *Harvard Educational*

Review 49(3), August, 1979.

J. Appleby, L. Hunt & M. Jacob, *Telling the Truth about History*, New York: Norton, 1994.

J. B. Coltham, *Junior School Children's Understanding of Some Terms Commonly Used in the Teaching of History*, Unpublished, Ph. D. Thesis, Manchester, 1960.

J. Brophy, B. VanSledright & N. Bredin, "Fifth Graders' Ideas about History Expressed before and after their Introduction to the Subject", *Theory and Research in Social Education* 20(4), 1992.

J. Bruner, "Narrative and Paradigmatic Modes of Thought", E. Eisner(ed.), *Learning and Teaching the Ways of Knowing: 84th Yearbook of the National Society for the Study of Education*, Part II, 1985.

J. Bruner, "The Narrative Construction of Reality", *Critical Inquiry* 18, 1991.

J. Bruner, *The Process of Education*, Harvard University Press, 1977.

J. Bruner, *Toward Theory of Instruction*, Harvard University Press, 1965.

J. Dewey, *Democracy and Education*, New York: McMillan, 1958.

J. J. Schwab, *Science, Curriculum and Liberal Education*, Chicago: University of Chicago Press, 1978.

J. K. Kennedy, "Assessing the Relationship between Information Processing Capacity and Historical Understanding", *Theory and Research in Social Education* 11(2), 1983.

J. K. Olick & J. Robbins, "Social Memory Studies", *Annual Review of Sociology* 24, 1998.

J. K. Smith & L. Heshusius, "Closing Down the Conversation: The End of the Quantitative-Qualitative Debate Among Educational Inquirers", *Educational Researcher*, January, 1986.

J. Le Goff, *History and Memory*, New York: Columbia University Press, 1992.

J. Pascual-Leone, "A Mathematical Model for the Transition Rule in Piaget's Developmetal Stages", *Acta Psychologica* 63, 1970.

J. Schwab, "Education and the Structure of the Disciplines", I. Westbury & N. J. Wilkof(eds.), *Science, Curriculum, and Liberal Education*, Chicago:

University of Chicago Press, 1961/1978.

J. Seigel, "Problematizing Self", in V. E. Bonnell & L. Hunt(eds.), *Beyond the Cultural Turn*, Berkeley: University of California Press, 1999.

J. Shedd, "Why and How Should History Department Train Secondary Social Studies Teacher", *The History Teacher* 34(1), 2000.

J. Topolski, "Historical Narrative: Towards a Coherent Structure", *History and Theory, Beiheft 26, The Representation of Historical Events*, Middletown: Wesleyan University. Press, 1987.

J. V. Wertsch, *Voices of Collective Remembering*, Cambridge: Cambridge University Press, 2002.

J. W. Scott, ""Experience"", in J. Butler & J. W. Scott(eds.), *Feminists Theorize the Political*, New York: Routledge, 1992.

J. W. Scott, "Gender: A Useful Category of Historical Analysis", in *Gender and the Politics of History*, New York: Columbia University Press, 1988.

J. W. Scott, "History in Crisis: The Others' Side of the Story", *The American Historical Review* 94(3), 1989.

J. W. Scott, "Some More Reflections on Gender and Politics", in *Gender and Politics of History*(revised edition), New York: Columbia University Press, 1999(배은경 옮김, 〈젠더와 정치에 대한 몇 가지 성찰〉, 《여성과 사회》 13, 2001).

J. White, "The Aim of School History", *Teaching History* 74, 1994.

J. Rüsen, "The Didactics of History in West Germany: Towards A New Self-awareness of Historical Studies", *History and Theory* 26(3), 1987.

K. C. Barton & L. S. Levstik, *Teaching History for the Common Good*, New Jersey: Lawrence Erlbaum Associates, Inc., 2004.

K. E. Metz, "Reassessment of Developmental Constraints on Children's Science Instruction", *Review of Educational Research* 65(2), 1995.

K. Egan, "Social Studies and the Erosion of Education", *Curriculum Inquiry* 13(2), 1983.

K. Egan, "What Children Know Best", *Social Education* 43(2), 1979.

K. Egan, *Education and Psychology: Plato, piaget and Scientific Psychology*,

London: Methuen & Co., Ltd., 1983.

K. J. Kennedy, "Assessing the Relationship between Information Processing Capacity and Historical Understanding", *Theory and Research in Social Education* 11(2), Summer, 1983.

K. L. Klein, "On the Emergence of Memory in Historical Discourse", *Representation* 69, 2000.

K. Jenkins, *Rethinking History*, London: Routledge, 1991.

K. P. Scott, "Achieving Social Studies Affective Aims: Values, Empathy and Moral Development", *Handbook of Research on Social Studies Teaching and Learning*, New York: Macmillan, 1991.

L. Fendler, "What Is It Impossible to Think? A Genealogy of the Educated Subject", in T. S. Popkewitz & M. Brennan(eds.), *Foucault's Challenge: Discourse, Knowledge, and Power in Education*, New York: Teachers College Press, 1998.

L. Hunt(ed.), *New Cultural History*, Berkeley: University of California Press, 1989.

L. Mink, "Narrative Form As a Cognitive Instrument", B. Fay, E. O. Golob, & R. T. Vann(eds.), *Historical Understanding*, Ithaca and London: Cornell University Press, 1987.

L. S. Levsik & C. C. Pappas, "New Directions for Studying Historical Understanding", *Theory and Research in Social Education* 20(4), 1992.

L. S. Levstik & C. C. Pappas, "Exploring the Development of Historical Understanding", *Journal of Research and Development in Education* 21(1), 1987.

L. S. Levstik & C. C. Pappas, "New Directions For Studying Historical Understanding", *Theory and Research in Social Education* 24(4), 1992.

L. S. Levstik, "Historical Narrative and the Young Reader", *Theory into Practice* 28(2), 1989.

L. S. Levstik, "The Relationship between Historical Response and Narrative in a Six-grade Classroom", *Theory and Research in Social Education* 14(1), 1986.

L. S. Shulman, "Disciplines of Inquiry in Education: An Overview", *Educational*

Researcher, June/July, 1981.

L. S. Shulman, "Knowledge and Teaching: Foundations of the New Reform", *Harvard Educational Review* 57(1), 1987.

L. S. Shulman, "Paradigms and Research Programs in the Study of Teaching: A Contemporary Perspective", in Merlin C. Wittrock(ed.), *Handbook of Research on Teaching*, 3rd edition, New York: Macmillan, 1986.

L. S. Shulman, "Those Who Understand: Knowledge Growth in Teaching", *Educational Researcher* 15(2), 1986.

L. S. Shulman, *Aristotle Had It Right: On Knowledge and Pedagogy*, The Holmes Group, Occasional Papers series based on keynote at Annual Meeting, Atlanta, Georgia, January 27, 1989.

L. Smith(ed.), *Jean Piaget: Critical Assessment*, Vol. III—Education and Society, Introduction, 1992.

L. Smith(ed), *Jean Piaget: Critical Assessment*, Vol. IV—Intellectual Development, Concluding Assessment, 1992.

L. Stone, "The Revival of Narrative: Reflections on a New Old Story", *Past and Present* 85, 1979.

M. Booth, "Ages and Concepts: A Critique of the Piagetian Approach to History", in C. Portal(ed.), *The History Curriculum for Teachers*, London: The Falmer Press, 1987.

M. Booth, "Skills, Concepts, and Attitudes: The Development of Adolescent and Children's Historical Thinking", *History and Theory* 22(4), 1983.

M. F. Jurd, "Adolescent Thinking in History-Type Material", *Australian Journal of Education* 17(1), 1973.

M. Foucault, "Governmentality", in G. Burchell, C. Gordon & P. Miller(eds.), *The Foucault Effect: Studies in Governmentality*, Chicago: The University of Chicago Press, 1991.

M. Foucault, "What is Enlightenment", in P. Rabinow(ed.), *Foucault Reader*, New York: Pantheon, 1984.

M. Foucault, *The Archaeology of Knowledge & The Discourse on Language*, New York: Pantheon Books, 1972.

M. Foucault, *The History of Sexuality*, Vol. 1, New York: Vintage Books, 1978.

M. Foucault, trans. by A. M. Sheridan Smith, *The Archaeology of Knowledge and the Discourse on Language*, New York: Pantheon, 1972.

M. Halbwachs, *On Collective Memory*, Chicago, 1992.

M. Lecompte & J. Goetz, "Problems of Reliability and Validity in Ethnographic Research", *Review of Educational Research* 52, 1982.

M. McKeown & I. Beck, "The Assessment and Characterization of Young Learners' Knowledge of a Topic in History", *American Educational Research Journal* 27(4), 1990.

M. R. Trouillot, *Silencing the Past: Power and the Production of History*, Boston: Beacon Press, 1995.

M. Robinson, "Asia in American Textbooks: Revising the Cold War Paradigm", 《한·미 상호이해 증진을 위한 국제이해교육》, 한국사회과교육연구회, 1994.

M. S. Gabella, "Beyond the Looking Glass: Bringing Students into the Conversation of Historical Inquiry", *Theory and Research in Social Education* 22(3), 1994.

M. T. Downey & F. Fischer, "Responding to the Winds of Change in History Education", *The History Teacher* 34(1), 2000.

M. T. Downey & L. S. Levstik, "Teaching and Learning History" in J. Shaver(ed.), *Handbook of Research on Social Studies Teaching and Learning: A Project of The National Council for the Social Studies*, New York: Macmillan, 1992.

M. T. Downey & L. S. Levstik, "Teaching and Learning History", in J. P. Shaver(eds.), *Handbook of Research on Social Studies Teaching and Learning: A Project of The National Council for the Social Studies*, New York: Macmillan, 1991.

M. W. Apple, *Teachers and Texts*, New York: Routldge, 1988.

N. C. Burbules & R. Berk, "Critical Thinking and Critical Pedagogy: Relations, Differences, and Limits", in T. S. Popkewitz & L. Fendler(eds.), *Critical*

Theories in Education, Routledge, 1999.

National Center for History in the Schools, National Standards for United States History, UCLA, 1994.

P. Brickley, "Teaching Post-Modern History: A Rational Proposition for the Classroom", Teaching History 74, 1994.

P. Burke(ed.), New Perspectives on Historical Writing, Pennsylvania: The Penn. State University. Press, 1992.

P. Burke, "History of Event" in P. Burke(ed.), New Perspectives on Historical Writing, Penn. State Press, 1995.

P. H. Hirst, "Liberal Education and the Nature of Knowledge", in R. D. Archambault(ed.), Philosophical Analysis and Education, London: Routledge and Kegan Paul, 1965.

P. H. Hutton, History as an Art of Memory, Hanover: University Press of New England, 1993.

P. Hamilton, Historicism, London: Routledge, 1996.

P. J. Lee, "History Teaching and Philosophy of History", History and Theory 22(4), 1983.

P. J. Rogers, "Why Teach History" in A. K. Dickenson(eds.), Learning History, London: Heinemann Educational Books, 1984.

P. Lee, "History in Schools Aims, Purposes and Approaches", in Peter Lee et al., The Aims of School History: National Curriculum and Beyond, London Tufnell Press, 1992.

P. Lee, J. Slater, P. Walsh & J. White, The Aims of School History, London: The Tufnell Press, 1992.

P. N. Stearn, Meaning over Memory: Recasting the Teaching of Culture and History, Chapel Hill: The University of North Carolina Press, 1993.

P. Nora, "Between Memory and History: Les Lieux de Memoire", Representation 26, 1989.

P. Novick, That Noble Dream: The Objectivity Question and the American Historical Profession, Cambridge University. Press, 1988.

P. Novick, The Holocaust in American life, Boston: Houghton Mifflin

Company, 1999.

P. Roth, "Narrative Explanation: The Case of History", *History and Theory* 27(1), 1988.

P. Seixas, "Schweigen! die Kinder! or, Does Postmodern History Have a Place in the Schools", in P. Stearns, P. Seixas & S. Wineburg(eds.), *Knowing Teaching & Learning History*, New York: New York University Press, 2000.

P. Seixas, "Student's Understanding of Historical Significance", *Theory and Research in Social Education* 22(3), 1994.

P. Veyne, *Did Greeks Believe in their Myths?*, The University. of chicago Press, 1988.

R. Barthes, "Historical Discourse", in M. Lane(ed.), *Introduction to Structuralism*, New York: Basic Books, 1970.

R. Barthes, "Introduction to the Structural Analysis of Narrative", *Image-Music-Text*, New York: Hill and Wang, 1977.

R. Berkhofer Jr., "A Point of View on Viewpoints in Historical Practice", in P. Burke(ed.), *New Perspectives on Historical Writing*, Penn. State Press, 1995.

R. Berkhofer Jr., *Beyond the Great Story: History as Text and Discourse*, Harvard University. Press, 1995.

R. Bin Wong, *China Transformed: Historical Change and the Limits of European Experience*, Ithaca, New York, 1997.

R. Castel, ""Problematization" as a Mode of Reading History", in J. Goldstein(ed.), *Foucault and the Writing of History*, Cambridge: Blackwell, 1994.

R. Danton, *The Great Cat Massacre: And Other Episodes in French Cultural History*, New York: Random House, 1985.

R. Evans, "Diane Ravitch and the Revival of History: A Critique", *The Social Studies* 80(3), 1989.

R. G. Collingwood, *The Idea of History*, Oxford University Press, 1946.

R. Glaser, "Education and Thinking: The Role of Knowledge", *American Psychologist* 39, 1984.

R. N. Hallam, "A Study of the Effect of Teaching Method on the Growth of

Logical Thougth with Special Reference to the Teaching of History", Unpublished Doctoral Dissertation, University of Leeds, 1975.

R. N. Hallam, "An Approach to Learning History in Primary Schools", *Teaching History* 21, 1978.

R. N. Hallam, "An Investigation into Some Aspects of the Historical Thinking of Children and Adolescents, Unpublished Master's Thesis", *University of Leeds*, 1966.

R. N. Hallam, "Attempting to Improve Logical Thinking in School History", *Research in Education* 21, May, 1979.

R. N. Hallam, "Logical Thinking in History", *Educational Review* 19(3), 1967.

R. N. Hallam, "Piaget and Moral Judgment in History", *Educational Research* 11(3), 1969.

R. N. Hallam, "Piaget and Teaching of History", *Educational Research* 12(1), 1969.

R. N. Hallam, "Piaget and Thinking in History" in M. Ballard(ed.), *New Movement in the Study and Teaching of History*, Bloomington and London: Indiana University Press, 1974.

R. N. Hallam, "Thinking and Learning in History", *Teaching History* 2(8), 1971.

R. Vann, "Turning Linguistic: History and Theory and History and Theory 1960~1975" in F. Ankersmit & H. Kellner(eds.), *A New Philosophy of History*, The University. of Chicago Press, 1995.

R. W. Evans, "Lessons From History: Teacher and Student Conceptions of the Meaning of History", *Theory and Research in Social Education* 16(3), 1988.

R. W. Tyler, *Basic Principle of Curriculum and Instruction*, Chicago: The University of Chicago Press, 1949.

S. A. Crane, "Writing the Individual Back into Collective Memory", *American Historical Review* 102(5), 1997.

S. Gudmundsdottir & L. S. Shulman, "Pedagogical Content Knowledge in Social Studies", *Scandinavian Journal of Educational Research* 31(2), 1987.

S. J. Ball, "Introducing Monsieur Foucault", in *Foucault and Education:*

Discipline and Knowledge, London: Routledge, 1990.

S. J. Ball, *Education Reform: A Critical and Post-structural Approach*, Buckingham: Open University Press, 1994.

S. J. Thornton, "Teacher as Curricular-Instructional Gatekeeper in Social Studies", *Handbook of Research on Social Studies Teaching and Learning*, New York: Macmillan, 1991.

S. L. Field, S. M. Burlbaw & O. L. Davis Jr., "I Think There Was a Storm in the Desert: Using Narrative to Assess Children's Historical Understanding of Gulf War", *The Social Studies* 85(6), 1994.

S. M. Wilson & G. Sykes, "Toward Better Teacher Preparation and Certification" in P. Gagnon & the Bradley Commission on History in Schools(eds.), *Historical Literacy: The Case for History in American Education*, New York: Macmillan, 1989.

S. M. Wilson & S. S. Wineburg, "Peering at History through Different Lenses", *Teachers College Record* 89(4), 1988.

S. Willson & S. Wineburg, "Peering at History through Different Lenses: The Role of Disciplinary Perspective in Teaching History", *Teachers College Record* 89(4), 1988.

S. Wineburg, "Historical Problem Solving: A Study of the Cognitive Process Used in the Evaluation of Documentary and Pictorial Evidence", *Journal of Educational Psychology* 83(1), 1991.

S. Wineburg, "Historical Thinking and Other Unnatural Acts", in *Historical Thinking and Other Unnatural Acts*, Philadelphia: Temple University Press, 2001.

S. Wineburg, "Historical Thinking and Other Unnatural Acts", *Phi Delta Kappan* 80, March 1999.

S. Wineburg, "On the Reading of Historical Texts: Notes on the Breach Between School and Acadamy", *American Educational Research Journal* 28(3), 1991.

S. Wineburg, "The Psychology of Learning and Teaching History", in David C. Berliner & Robert C. Calfee(eds.), *Handbook of Educational Psychology*,

New York: Macmillan, 1996.

S. Wineburg, *Historical Thinking and Other Unnatural Acts: Charting the Future of Teaching the Past*, Philadelphia: Temple University Press, 2001.

S. Wineburg, *Historical Understanding: A Study of the Cognitive Processes Used in the Evaluation of Documentary Evidence*, Doctoral Dissertation, Stanford University, 1990.

T. Holt, *Thinking Historically: Narrative, Imagination, and Understanding*, New York: College Board, 1990.

T. R. Tholfsen, *Historical Thinking*, New York: Harper and Row, 1967.

T. S. Kuhn, *The Essential Tension*, Chicago: University of Chicago Press, 1977.

T. S. Kuhn, *The Structure of Scientific Revolution*, Chicago: University of Chicago Press, 1962.

T. S. Popkewitz & M. Breman, "Restructuring of Social and Political Theory in Education: Foucault and a Social Epistemology of School Practice", in T. S. Popkewitz & M. Breman(eds.), *Foucault's Challenge: Discourse, Knowledge, and Power in Education*, Teachers college Press, 1998.

T. S. Popkewitz(ed.), *The Formation of the School Subjects*, New York: The Falmer Press, 1987.

T. S. Popkewitz, "The Production of Reason and Power: Curriculum History and Intellectual Traditions", *Journal of Curriculum Studies* 29(2), 1997.

U. Eco, *Semiotics and the Philosophy of Language*, Bloomington: Indiana University Press, 1984.

W. H. Dray, *Philosophy of History*, 2nd. edition, Englewood Cliffs: Prentice Hall, 1993.

W. H. Hertzberg, "Are Method and Content Enemies", in B. R. Gifford(eds.), *History in the Schools: What Shall We Teach?*, New York: Macmillan, 1988.

W. Kansteiner, "Finding Meaning in Memory: A Methodological Critique of Collective Memory Studies", *History and Theory* 41(2), 2002.

Yang, Ho-Hwan, *World History Textbooks and Political Transformations: Korea in the 20th Century*, Doctoral Dissertation, Stanford University, 1991.

수록논문 출처

1부 역사교과 교육이론의 모색

1장 역사교과 교육이론의 가능성과 문제점(《역사교육》 53, 1993)

2장 '역사교과학'의 성과와 숙제(《역사교육》 57, 1995)

3장 역사교육의 연구와 방법론(《역사교육》 55, 1994)

4장 역사교육의 담론: 지속과 변화(《윤세철 교수 정년 기념 역사학 논총 2: 역사교육의 향방과 국사교육》, 솔, 2001)

5장 역사교사 양성 문제와 교과과정(《역사교육》 97, 2006)

2부 역사서술과 역사인식

1장 역사 교과서의 서술양식과 학생의 역사이해(《역사교육》 59, 1996)

2장 역사서술의 주체와 관점(《역사교육》 68, 1998)

3장 내러티브와 역사인식

4장 역사적 사실의 특징과 역사교육의 특수성(《역사교육》 113, 2010)

5장 역사 교과서의 서술과 유럽중심주의(君島和彦 編,《歷史敎育から〈社會科〉へ―現場からの問り》, 東京堂出版, 2011(번역:《역사교육》 117, 2011))

3부 역사적 사고와 역사화

1장 역사학습에서 인지발달에 관한 몇 가지 문제(《역사교육》 58, 1995)

2장 역사학습의 인식론적 모색(《역사교육》 75, 2000)

3장 역사적 사고의 한계와 역사화의 가능성(《역사교육》 87, 2003)

4장 역사교육의 목적을 다시 묻는다(《역사교육》 99, 2006)

5장 집단기억, 역사의식, 역사교육(《역사교육》 109, 2009)

찾아보기

역사교육의 입론과 구상

1판 1쇄 2012년 7월 5일
1판 2쇄 2013년 3월 25일

지은이 ∣ 양호환

편집 ∣ 천현주, 박진경
마케팅 ∣ 김연일, 이혜지, 노효선
표지 디자인 ∣ 석운디자인
본문 디자인 ∣ 글빛

펴낸곳 ∣ 도서출판 **책과함께**
　　　　주소 서울시 마포구 서교동 444-17 덕화빌딩 5층
　　　　전화 (02) 335-1982~3
　　　　팩스 (02) 335-1316
　　　　전자우편 prpub@hanmail.net
　　　　블로그 blog.naver.com/prpub
　　　　등록 2003년 4월 3일 제25100-2003-392호

ISBN 978-89-97735-04-4 (93900)

이 도서의 국립중앙도서관 출판시도서목록(CIP)은
e-CIP 홈페이지(http://www.nl.go.kr/ecip)와 국가자료공동목록시스템
(http://www.nl.go.kr/kolisnet)에서 이용하실 수 있습니다. (CIP제어번호: CIP2012002739)